AF878423

Schmeilzl

Der Zivilprozess in England

Der Zivilprozess in England

von

Bernhard Schmeilzl
LL.M. (Leicester)
Rechtsanwalt

2024

C.H.BECK

beck.de

ISBN 978 3 406 76876 7

© 2024 Verlag C.H.Beck oHG
Wilhelmstraße 9, 80801 München
Druck und Bindung: Westermann Druck Zwickau GmbH
Crimmitschauer Straße 43, 08058 Zwickau

Satz: Druckerei C.H.Beck Nördlingen
(Adresse wie Verlag)
Umschlag: Druckerei C.H.Beck Nördlingen

myclimate
shape our future
chbeck.de/nachhaltig

Gedruckt auf säurefreiem, alterungsbeständigem Papier
(hergestellt aus chlorfrei gebleichtem Zellstoff)

Alle urheberrechtlichen Nutzungsrechte bleiben vorbehalten.
Der Verlag behält sich auch das Recht vor, Vervielfältigungen dieses Werkes
zum Zwecke des Text and Data Mining vorzunehmen.

Vorwort

Wozu ein Buch über den englischen[1] Zivilprozess aus der Perspektive eines deutschen Anwalts? Seit meinem *Master of Laws* Studium an der *University of Leicester* von 2002 bis 2004, also noch bevor man unter dem City Centre Parkplatz die königlichen Gebeine Richard des Dritten[2] fand und bevor der lokale Football Club im Jahr 2016 englischer Meister wurde, wenn auch nur ein einziges Mal, faszinierte mich die gänzlich andere Herangehensweise des englischen Rechts an die Lösung von Streitigkeiten *(dispute resolution).*

Wie jeder Jurist steckte ich damals knietief in den erlernten Prinzipien des eigenen, also deutschen Rechtssystems, die ich nach Studium und Referendariat für selbstverständlich und richtig hielt, fast hätte ich geschrieben: für alternativlos. Dies gilt gerade auch für die Regeln und praktischen Gepflogenheiten des Zivilprozesses. Zeugen werden nun einmal vom Richter vernommen und Gutachter werden vom Gericht ausgewählt und beauftragt. Was denn sonst?

Umso mehr staunt man dann zu sehen, dass und wie ein anderes Rechtssystem das Ziel einer gerechten Entscheidung auf ganz anderem Weg herbeiführt. Damit es plastisch wird, wie verschieden die Arbeitswelt der Prozessanwälte in England ist, vorab einige Beispiele:

- Prozessparteien müssen der Gegenseite alle streitbezogenen Unterlagen offenlegen *(disclosure),* auch interne E-Mails zwischen Mitarbeitern, Besprechungsnotizen, Prüfprotokolle usw. Dies betrifft ausdrücklich auch Dokumente mit ungünstigem Inhalt und es besteht eine Pflicht, nach diesen Unterlagen und EDV-Dateien zu suchen *(duty to search).*
- Zeugen müssen ihre Aussage bereits Monate vor der mündlichen Verhandlung in allen Details schriftlich niederlegen und deren Richtigkeit per förmlichem *„statement of truth"* versichern. Vor Gericht werden die Zeugen dann vom gegnerischen Anwalt ins Kreuzverhör genommen.
- Ein Zeugnisverweigerungsrecht von Ehegatten und Verwandten (wie in § 383 ZPO enthalten) kennt das englische Zivilprozessrecht nicht. Söhne und Töchter müssen – wenn vom Gericht geladen – gegen ihre Eltern aussagen und umgekehrt, ein Ehegatte gegen den anderen, die Schwester gegen ihren Bruder usw.
- Sachverständige werden nicht vom Gericht bestellt, sondern von den Parteien selbst. Das ist aber keineswegs eine Einflugschneise für Gefälligkeitsgutachten, denn die Sachverständigen beider Parteien müssen dem Gericht ein untereinander abgestimmtes Gutachten vorlegen. Falls sie sich nicht in allen Punkten einigen können, müssen sie dem Gericht ausführlich schriftlich erläutern, woraus genau ihre verschiedenen Auffassungen resultieren. All dies bereits viele Wochen vor der mündlichen Verhandlung.
- Die Prozessakte wird nicht vom Gericht geführt, sondern diese Verantwortung ist auf den Kläger bzw. dessen Anwalt ausgelagert. Dieser ist verpflichtet (inhaltlich abgestimmt mit dem Beklagten), frühestens sieben, spätestens drei Werktage vor Beginn der mündlichen Verhandlung eine komplette Prozessakte *(trial bundle)* einzureichen, in der Regel sowohl als Papierakte als auch als PDF, mag

[1] Gemeint ist England und Wales. Zivilprozesse in Schottland und Nordirland folgen jeweils eigenen Regeln und Traditionen. In diesem Buch ist daher stets von Zivilprozessen in England und Wales die Rede.

[2] Was sofort in der Eröffnung eines Tourist Visitor Center resultierte: https://kriii.com.

diese Akte auch mehrere tausend Seiten haben. Vollständigkeit und übersichtliche Aufbereitung (Inhaltsverzeichnis, Register, Summary) liegen in der Verantwortung der Klagepartei.

- Zivilurteile werden in England im Volltext und mit Klarnamen der Parteien, Anwälte, Zeugen und Sachverständigen usw. auf öffentlich zugänglichen Urteilsdatenbanken veröffentlicht, ohne jede Anonymisierung *(open justice principle)*[3]. So manchen deutschen Kläger trifft es im Nachhinein als unangenehme Überraschung, dass Geschäftspartner und Wettbewerber nun alle Details eines Rechtsstreits im Internet nachlesen und daraus wertvolle Informationen über Geschäftsgebahren, Preise und Netzwerk eines deutschen Mittelständlers erfahren können. Englische *solicitors* weisen auf diesen Aspekt in der Regel nicht ausdrücklich hin, da es für diese selbstverständlich ist, dass Urteile für jedermann einsehbar im Volltext veröffentlicht werden.

Die Liste der gravierenden Unterschiede zwischen deutschem und englischem Zivilprozess ist lang und dieses Praxishandbuch bemüht sich, ein Grundverständnis für die Denk- und Arbeitsweise englischer *litigation lawyer*[4] zu vermitteln.

Denn in 25 Jahren Anwaltstätigkeit, zunächst in einer Großkanzlei in München, dann in eigener Sozietät mit Schwerpunkt deutsch-britische Rechtsfälle[5], wurde mir immer klarer, dass deutsche Unternehmer und ihre hiesigen Juristen meist denselben Missverständnissen über *„Civil Litigation in England"* aufsitzen und, als Folge, ähnliche strategische und prozesstaktische Fehler begehen.

Deutschen Akteuren sind diese massiven Unterschiede zwischen deutschem und englischem Prozessrecht schlicht nicht bewusst, wenn sie mit britischen Geschäftspartnern Verträge verhandeln und in diesen Verträgen allzu oft völlig naiv englisches Recht und London als Gerichtsstand akzeptieren. Erst spät kommt dann im Streitfall die Erkenntnis, dass sie damit die bekannten Spielregeln der ZPO nicht nur leicht modifiziert haben, sondern dass sie sich auf eine ganz andere Sportart eingelassen haben. Die deutsche Prozesspartei sowie deren Beraterstab müssen nun – um im Bild zu bleiben – Snooker spielen, obwohl sie bisher ausschließlich mit Poolbillard Erfahrung hatten. Aus der Entfernung sehen die beiden Spiele durchaus ähnlich aus: Es gibt einen grünen Tisch, Kugeln und Queues. Je näher man hinsieht und sich mit den Details beschäftigt, desto klarer werden die frappierenden Unterschiede. Bis man schließlich zur Erkenntnis gelangt: Die Spielregeln haben in Wahrheit nur wenig Gemeinsamkeiten.

Dieser Leitfaden enthält meine Erfahrung aus gut 20 Jahren Anwaltstätigkeit im Bereich Zivilprozess, speziell *English-German civil litigation*, also der Beratung deutscher und englischer Mandanten zur Prozessstrategie, der Begleitung von Vergleichsverhandlungen, der Vorbereitung und Verschriftlichung von Zeugenaussagen, der Auswahl, Beauftragung und Instruktion von Sachverständigen und – vor allem – dem generellen Coaching deutscher Mandanten im Kontext englischer Zivilprozesse, inklusive der Medienkommunikation[6].

---

[3] Das Gericht kann nach CPR r 39.2(4) unter engen Voraussetzungen Ausnahmen von diesem Prinzip anordnen; in normalen Zivilprozessen und Wirtschaftsverfahren liegen solche Ausnahmen selten vor.

[4] Dieser Begriff erfasst für die Zwecke dieses Buches sowohl *barrister*, deren ureigene Aufgabe die Fallpräsentation im Verhandlungstermin *(trial)* ist, als auch diejenigen *solicitors* und *solicitor advocates*, die sich auf Rechtsstreitigkeiten *(litigation)* spezialisieren und die Hauptlast der Prozesskoordination tragen.

[5] Sowie als Betreiber von zwei im Jahr 2012 gestarteten Law Blogs zu anglo-deutschen Rechtsfragen www.cross-channel-lawyers.de und www.germancivilprocedure.com.

[6] Auch die Medienberichterstattung unterliegt in England anderer Regeln und Gepflogenheiten, auf die deutsche Parteien vorbereitet sein sollten, vor allem wenn sie planen, mit einem Fall selbst an die Medien zu gehen.

In manchen Fällen war und ist meine Rolle auch die einer gezielt eingesetzten *„loose cannon“*[7]. Da *solicitors* und vor allem *barristers* extrem strengen berufsrechtlichen Vorschriften unterliegen, die sie zur Zurückhaltung und zu allzeit „vernünftigem Verhalten“ *(reasonable conduct)* verpflichten[8], kann der *„overly aggressive German lawyer“* die Rolle des *bad cop* übernehmen, der in Verhandlungsgesprächen oder auch in Medieninterviews einmal über das Ziel hinausschießt und Statements abgibt, die englischen Anwälten nicht erlaubt sind. Danach können die vernünftigen englischen Kollegen den *„rude and silly German“* dann wieder einfangen. Transportiert ist die Message trotzdem. Diese Strategie passt nicht in allen Fällen und man muss die möglichen Vorteile gegen die Risiken abwägen. Es ist aber eine nützliche Option.

Ein weiterer Service, der sich für deutsche Klageparteien immer wieder als wertvoll erweist, ist das Coaching deutscher Zeugen[9], insbesondere deren Vorbereitung auf das Kreuzverhör durch den Gegneranwalt in der Gerichtsverhandlung. Wer hier mit der Fehlvorstellung den Saal betritt, dass die Zeugenvernehmung ähnlichen Regeln folgt wie in Deutschland, wird sehr schnell eines Besseren belehrt. Die Fragen stellt dort gerade nicht der Richter, der einen dann in Ruhe und im Gesamtzusammenhang den Sachverhalt ausführen ließe, sondern die Vernehmung beginnt in der Praxis sofort mit der *cross examination*[10] durch den gegnerischen *barrister,* der mit spezifischen Detailfragen Löcher in das *witness statement* schießen und die Glaubwürdigkeit des Zeugen unterminieren will. Wer hierauf nicht vorbereitet ist, Daten nicht parat hat oder verwechselt, sich unglücklich ausdrückt (in einer Fremdsprache), einen nervösen Eindruck macht oder sich gar in Widersprüche verwickelt, steht – buchstäblich[11] – schlecht da. All diese Risiken sind durch Coaching und übersichtliche schriftliche Notizen (Timeline, Chronologie usw.) reduzierbar.

Für alle, die sich – gewollt oder unversehens – als Partei, Zeuge oder Sachverständiger vor einem englischen Zivilgericht wiederfinden, soll dieses Praxishandbuch Missverständnisse sowie falsche Erwartungen beseitigen und damit teure Fehler und Frustrationen vermeiden.

Diesen Leitfaden nicht als trockenes Lehrbuch, sondern aus dem Blickwinkel der forensischen Praxis zu schreiben, war nur möglich durch die Einblicke in die reale Anwaltstätigkeit, auch hinter die Kulissen, die mir meine Kolleginnen und Kollegen in London gewährt haben.

In juristischen Lehrbüchern zum Prozessrecht steht, wie es theoretisch sein sollte. Erfahrene Praktiker schildern einem dagegen, wie das echte Leben im Gerichtssaal aussieht. Dies gilt umso mehr für eine Rechtsordnung, die durch so viele ungeschriebene historische Traditionen geprägt ist wie die von England und Wales.

---

[7] Die in Seefahrts-Metaphern verliebten Briten meinen damit eine Schiffskanone, die sich aus der Verankerung gelöst hat und nun unkontrolliert an Bord herumrutscht und die Besatzung zu erdrücken droht.

[8] Zum Beispiel sollen sich *barrister* aus berufsrechtlichen Gründen möglichst gar nicht in den Medien zu Verfahren äußern, an denen sie beteiligt sind, siehe Empfehlung des Bar Council Ethics Committee unter https://www.barcouncilethics.co.uk/wp-content/uploads/2017/10/Media-Comment.pdf.

[9] Da im englischen Zivilprozess auch die Parteien selbst Zeugen sind, oft sogar die wichtigsten, betrifft dies auch die Unternehmensinhaber oder GmbH-Geschäftsführer selbst.

[10] Denn die eigentliche Zeugenaussage wurde bereits vorher schriftlich eingereicht und wird im Termin nicht noch einmal verlesen oder wiederholt. So kommt es, dass die Vernehmung eines Zeugen gleich mit dem Kreuzverhör beginnt.

[11] Zeugen müssen während ihrer gesamten Vernehmung in der *witness box* stehen, die sie befragenden Anwälte allerdings auch. Bei gesundheitlichen Problemen oder hohem Alter gibt es natürlich Ausnahmen.

Dieses Buch verwendet in der Regel die Form des generischen Maskulinums, wobei selbstverständlich alle Geschlechter und non-binäre Personen gleichermaßen erfasst und vorbehaltlos angesprochen sind.

Die Verwendung der Begriffe „England“ und „englisch“ im juristischen Kontext (z. B. englisches Recht) erfasst in aller Regel auch Wales, da es sich um eine einheitliche Rechtsordnung handelt *(„single legal jurisdiction of England and Wales“*[12]*).* Die Waliser mögen verzeihen, dass in diesem Buch im Interesse der Lesbarkeit nicht immer und überall „England und Wales“ formuliert wird.

Großbritannien *(Great Britain)* meint England, Wales und Schottland. Das Vereinigte Königreich *(United Kingdom)* erfasst neben England, Wales und Schottland auch noch Nordirland *(The United Kingdom of Great Britain and Northern Ireland*[13]*).*

Zur Groß- und Kleinschreibung englischer Begriffe: Im Buchtext sind englische Begriffe in der Regel klein geschrieben, zum Beispiel Berufsbezeichnungen wie *barrister, solicitor* oder *judge.* Anders bei Eigennamen (z. B. *High Court*) oder Titeln (z. B. *Kings's Counsel*) sowie in Überschriften. Es gibt Grenzfälle, über die man streiten kann.

Mein herzlicher Dank gilt Stanley Harris, OBE *(solicitor),* James Maxey *(solicitor advocate),* Nicole Hirst *(litigation solicitor),* Simon Walsh *(litigation solicitor),* James Coppinger (*litigation solicitor, adjudicator*) und Jonathan Davies-Jones, KC *(barrister).*

Regensburg, Dezember 2023 *Bernhard Schmeilzl*

---

[12] www.legislation.gov.uk/ukpga/2006/32/schedule/7A/part/1/crossheading/single-legal-jurisdiction-of-england-and-wales; Schottland und Nordirland sind dagegen jeweils eigenständige Rechtsordnungen.

[13] United Kingdom ist auch die Staatsbürgerschaft, man ist also „UK citizen“, umgangssprachlich „British citizen, nicht etwa English citizen oder Scottish citizen. Sein *domicile* (in etwa vergleichbar, wenn auch nicht ganz identisch mit „gewöhnlichen Aufenthalt“) hat man degegen nicht in UK, sondern entweder in England und Wales oder in Schottland oder in Nordirland. Das ist relevant, um etwa das anwendbare Familienrecht oder Erbrecht festzustellen. Stirbt jemand mit *domicile* in England gelten ganz andere Nachlassregeln als bei *domicile* in Schottland. Die Formulierung in einem deutschen Erbscheinsantrag wie „der Erblasser hatte seinen letzten gewöhnlichen Aufenthalt in Großbritannien“ oder gar „im Vereinigten Königreich“ ist daher ungenau und führt zu Rückfragen des Gerichts.

Inhaltsverzeichnis

Anhang
Muster und Formulare

Abkürzungsverzeichnisse

A. Hinweis: Auswirkungen des Regentschaftswechsels 2022

Dieses Buch wurde geschrieben, während die Regentschaft von Queen Elizabeth II am 8.9.2022 auf King Charles III überging. Dieser Wechsel von Königin zu König führte im Vereinigten Königreich dazu, dass eine Vielzahl von Institutionen und Berufstiteln automatisch umbenannt wurden, was natürlich auch geänderte Abkürzungen zur Folge hat. So heißt die *Queen's Bench Division* (QBD) des *High Court* nunmehr *King's Bench Division* (KBD). Die rund 1.900 Elite-Prozessanwälte im Vereinigten Königreich (besonders ausgezeichnete *barrister*) tragen auf Visitenkarten, Briefköpfen und Schriftsätzen hinter ihrem Namen nun das Kürzel „KC" für *King's Counsel* anstelle des gut 70 Jahre lang gebräuchlichen „QC". Zahlreiche Leitfäden *(Guides)* und offizielle Websites (.gov.uk) wurden redaktionell überarbeitet oder sogar inhaltlich komplett neu erstellt. Es ist daher leider wahrscheinlich, dass auch einige der in diesem Buch angegebenen Internet-Links in kurzer Zeit geändert werden.

Das folgende Abkürzungsverzeichnis listet dennoch neben den neuen Kürzeln auch die bisher üblichen Kürzel auf, da es – vor allem im Printbereich – etliche Jahre dauern wird, bis die „Q"-Begriffe in allen Gesetzen, Vorschriften, Richtlinien, Lehrbüchern und Zeitschriften ersetzt sind.

B. Gebräuchliche Abkürzungen im Kontext Gerichtswesen und Zivilprozess

ABI	Association of British Insurers (www.abi.org.uk)
ABS	Alternative Business Structures (Organisationsformen für Kanzleien)
ACL	Association of Costs Lawyers (www.associationofcostslawyers.co.uk)
ADR	Alternative Dispute Resolution
AML	anti-money laundering
APIL	Association of Personal Injury Lawyers (www.apil.org.uk)
AQ	Allocation Questionnaire
A/S	acknowledgement of service
ATE	after-the-event (litigation) insurance
BAILII	British and Irish Legal Information Institute (www.bailii.org)
BAME	Black, Asian and minority ethnic
BCM	Better Case Management
BC	Bar Council (je nach Kontext ggf. auch: Borough Council)
BMIF	Bar Mutual Indemnity Fund
B&PC	Business & Property Courts (Abteilung des High Court, Chancery Division)

BSB	Bar Standards Board (www.barstandardsboard.org.uk)
BTE	before-the-event (litigation) insurance; auch: LEI
C	Chancellor (Oberster Richter am High Court, Chancery Division)
CA	Court of Appeal (auch: EWCA)
CC	County Court (je nach Kontext u. U. auch County Council)
CCA 1984	County Courts Act 1984
CCBC	The County Courts Business Centre, Northampton
CCMC	costs and case management conference
CCR	County Court Rules 1981
CDD	client due diligence
CEA	Civil Evidence Act 1968, 1972, 1995
CEDR	The Centre for Effective Dispute Resolution (www.cedr.com)
CFA	conditional fee agreement
CG	Chancery Guide
ChBA	Chancery Bar Association (www.chba.org.uk)
ChD	Chancery Division
ChFDR	Chancery financial dispute resolution
CJ	Circuit Judge
CJEU	Court of Justice of the European Union (bis 1.12.2009 „ECJ“)
CJC	Civil Justice Council
CLS	Community Legal Service
CLSA 1990	Courts and Legal Services Act 1990
CMC	case management conference
CNF	claims notification form
COMBAR	The Commercial Bar Association (www.combar.com)
Comm Ct	Commercial Court
CPD	continuing professional development
CPFO	Civil Proceedings Fee Order 2008
CPR	Civil Procedure Rules 1998
DBA	damages-based agreement
DDJ	Deputy District Judge
DJ	District Judge
DPS	Disclosure Pilot Scheme
DQ	directions questionnaire
DRD	disclosure review document
DX	document exchange
EAT	Employment Appeal Tribunal
ECHR	European Court of Human Rights
ECJ	European Court of Justice (jetzt „CJEU“)
ENE	early neutral evaluation
EWCA	England and Wales Court of Appeal (auch: CA)
EWHC	The High Court of Justice of England and Wales
FamD	Family Division

FOCIS	Forum of Complex Injury Solicitors (https://focis.org.uk)
FRC	fixed recoverable costs
GHRs	Guideline hourly rates for solicitors (www.gov.uk/guidance/solicitors-guideline-hourly-rates)
GLO	group litigation order
HCJ	High Court Judge
HL	House of Lords (seit 10/2009 ersetzt durch den Supreme Court, SC)
HMCS	Her/His Majesty's Courts System (2005 bis 2011)
HMCTS	Her/His Majesty's Courts and Tribunal System (seit 2011)
HMRC	Her/His Majesty's Revenue & Customs
HWF	help with fees (siehe auch Formular EX160A)
IBA	The International Bar Association
ICL	The Insolvency and Companies List
ICLR	The Incorporated Council of Law Reporting for England & Wales (www.iclr.co.uk)
JAC	Judicial Appointments Commission (https://judicialappointments.gov.uk)
JCPC	Judicial Committee of the Privy Council (www.jcpc.uk)
KBD	King's Bench Division (bisher: QBD)
KBG	King's Bench Guide (bisher: QBG)
KC	King's Counsel (bisher: QC)
KYC	know your client
LA 1980	Limitation Act 1980
LBC	letter before claim
LC	Lord Chancellor
LCD	Lord Chancellor's Department (jetzt: MoJ)
LCLCBA	London Common Law & Commercial Bar Association (https://lclcba.com)
LCJ	Lord Chief Justice
LEI	legal expenses insurance; siehe auch: BTE
LFA	litigation funding agreement
LJ	Lord Justice
LJJ	List of Lords Justices (Berufungsrichter)
LL	Law Lord
LSB	Legal Services Board (https://legalservicesboard.org.uk)
LSLA	London Solicitors Litigation Association (www.lsla.co.uk)
Mag.	Magistrate
MCOL	Money Claim Online (www.moneyclaim.gov.uk)
MF	McKenzie friend (neuerdings auch häufiger *„litigation friend"*)

MJ	Mr. Justice
MoJ	Ministry of Justice (www.gov.uk/government/organisations/ministry-of-justice)
MR	Master of the Rolls
MRO	medical reporting organization
NCBA	Northern Chancery Bar Association (www.nchba.org.uk)
ODR	online dispute resolution
OIC	Official Injury Claim (www.officialinjuryclaim.org.uk)
OLC	Office for Legal Complaints (www.legalombudsman.org.uk)
P	President
PBA	Property Bar Association (www.propertybar.org.uk)
PC	Privy Council
PCO	protective costs order
PCOL	Possession claim online (www.gov.uk/possession-claim-online-recover-property)
PD	Practice Direction
PI	personal injury
PIBA	Personal Injuries Bar Association (www.piba.org.uk)
PII	professional indemnity insurance
PI Protocol	pre-action protocol for personal injury claims
POC	particulars of claim
PTR	pre-trial review
QBD	Queen's Bench Division (nun: KBD)
QBG	Queen's Bench Guide (nun: KBG)
QC	Queen's Counsel (nun: KC)
QOCS	qualified one-way costs shifting
RCJ	Royal Courts of Justice
REL	Registered European Lawyer (seit Brexit nicht mehr relevant)
RFL	Registered Foreign Lawyer
RSC	Rules of the Supreme Court 1965
RTA	road traffic accident
SC	Supreme Court (oft auch zitiert als: UKSC)
SCA 1981	Senior Courts Act 1981
Sch	Schedule
SCR	Supreme Court Rules 2009
SDT	Solicitors Disciplinary Tribunal (www.solicitorstribunal.org.uk)
SI	statutory instrument
SJE	single joint expert
SRA	Solicitor's Regulation Authority (www.sra.org.uk)
TCC	Technology and Construction Court

TECBAR	Technology and Construction Bar Association (https://tecbar.org)
TeCSA	Technology and Construction Solicitors Association (https://tecsa.org.uk)
TPF	third party funding
UKSC	The Supreme Court of the United Kingdom (oft auch nur: SC)
VC	Vice Chancellor

C. Zitierabkürzungen

app	appendix
art	article
cl	clause
ord	order
para	paragraph
r	rule
reg	regulation
s	section

D. Fallsammlungen, Datenbanken, juristische Fachzeitschriften

Die *Official Law Reports* (Offizielle Entscheidungssammlungen), herausgegeben vom *Incorporated Council of Law Reporting for England and Wales, ICLR* (www.iclr.co.uk), haben eine herausgehobene Stellung *(best citation)* unter den Publikationen der Präjudiz-Rechtsprechung. Sie erscheinen seit 1865 in den Band-Serien:

AC	Appeal Cases (Court of Apeal)
Ch/ChD	Chancery / Chancery Division (of the High Court)
KB (KBD)[1]	King's Bench Division (of the High Court)
Fam	Family Division (of the High Court)

Daneben existieren folgende Online-Datenbanken, Entscheidungssammlungen bzw. themenspezifische Fachzeitschriften:

All ER	All England Law Reports
BAILLI	British and Irish Legal Information Institute (www.bailii.org)
CMLR	Common Market Law Reports
ECR	European Court Reports
ICLR	Incorporated Council of Law Reporting for England and Wales (www.iclr.co.uk)
ICR	Industrial Cases Reports

[1] Während der langen Regentschaft von Queen Elizabeth II abgekürzt als QB bzw. QBD.

IRLR	Industrial Relations Law Reports
RPC	Reports of Patent Cases
TLR	Times Law Reports
WLR	Weekly Law Reports

Literaturverzeichnis

Kommentare zum englischen Zivilprozessrecht

The White Book Service 2023: Civil Procedure Volumes 1 & 2, 2023
The Civil Court Practice 2023: The Green Book, 2023
Civil Court Service 2023 (The Brown Book), 2023

High Court Guides[1]

The Chancery Guide, Praxisleitfaden des High Court of Justice, Chancery Division (The Business and Property Courts of England & Wales)[2]

The King's Bench Guide, Praxisleitfaden des High Court of Justice, King's Bench Division[3]

Technology and Construction Court Guidance[4]

Patents Court Guide (Stand 2/2022)[5]

Admiralty Court Guidance[6]

Bücher

A Dictionary of Law, 10. Auflage, 2022

Anonym, The Secret Barrister. Stories of the Law and How it's Broken, 2019

Anonym, The Secret Barrister. Nothing but the Truth, 2022

Blake/Brown/Sime, A Practical Approach to Alternative Dispute Resolution, 5. Aufl. 2018

Boal, A Drink at the Bar, 2021

Brinkmann, Das Beweismaß im Zivilprozess aus rechtsvergleichender Sicht, 2005

Browne/Catlow, Civil Litigation 2022/2023, 2022

Bunge, Zivilprozess und Zwangsvollstreckung in England und Schottland, 2. Aufl. 2005

Colman, Cross-Examination. A Practical Handbook, 2. Aufl. 1973

Darbyshire, Sitting in Judgment – The Working Lives of Judges, 2011

Dwyer (Hrsg.), The Civil Procedure Rules Ten Years On, 2009; [Kapitel 22 dieser Beitragssammlung (S. 416–433) enthält die berühmt gewordene Kritik von Prof. Michael Zander an der Woolf Reform „The Woolf Reforms: What's the Verdict?"]

Edge/Mills (Hrsg.), Evidence, 20. Aufl. 2020

Emmet (Hrsg.), Remedies, 20. Aufl. 2020

Evans, The Golden Rules of Advocacy, 1993

---

[1] www.justice.gov.uk/courts/procedure-rules/civil/court_guides.

[2] Aktuelle Fassung vom Juli 2022 mit Update Oktober 2022, als PDF-Download unter: www.judiciary.uk/courts-and-tribunals/business-and-property-courts/chancery-division/litigating-in-the-chancery-division/the-chancery-guide mit ergänzenden *„Practice Notes by the Chancellor of the High Court"*, zum Download hier www.judiciary.uk/guidance-and-resources/practice-note-by-the-chancellor-of-the-high-court-the-chancery-guide-2022/.

[3] Aktuelle Fassung vom März 2023, als PDF-Download unter: www.judiciary.uk/wp-content/uploads/2023/06/14.284_JO_Kings_Bench_Division_Guide_14-06-23_FINAL.pdf.

[4] www.gov.uk/government/collections/technology-and-construction-court-forms.

[5] www.judiciary.uk/wp-content/uploads/2022/06/Patents-Court-Guide-Feb-2022.pdf .

[6] Schiffahrts- und Reederei-bezogene Streitigkeiten und Ansprüche; www.gov.uk/courts-tribunals/admiralty-court.

Frost/Huxley-Binns/Martin/Mithani, Unlocking the English Legal System, 7. Aufl. 2023

Lyons, Advocacy. A Practical Guide, 2019

Macgregor/Peacey/Ridsdale, Civil Litigation, 15. Aufl. 2022
McPeake (Hrsg.), Advocacy, 20. Aufl. 2020
McPeake (Hrsg.), Professional Ethics, 19. Aufl. 2020
Morley, The Devils Advocate, 3. Aufl. 2015

Ostendorf, Englisches Recht in der Vertragsgestaltung, 2021 (dort insbesondere Kapitel 4: Grundzüge der Prozessführung in England & Wales)

Rose/Eastman, Pleading without Tears. A Guide to Legal Drafting under the Civil Procedure Rules, 9. Aufl 2017

Sime, A Practical Approach to Civil Procedure, 25. Aufl. 2022
Soanes, Conference Skills, 20. Aufl. 2020

Woods, Flying Solo – How to represent yourself in the Courts of England & Wales, 2020
Woodworth, Prepare to Pass Bar Training Courses from 2020 – Civil Litigation and Evidence Revision, 2020

Yazdani, The Habit of a Judge: A History of Court Dress in England & Wales, and Australia, 2019

Zimmermann, England und Deutschland: Unterschiedliche Rechtskulturen?, 2019

Englischsprachige Aufsätze

Goodman, Uneasy lies the Crown. Cross border disputes[7], Law Society Gazette, Ausgabe vom 4.11.2022, auch online unter www.lawgazette.co.uk/features/uneasy-lies-the-crown/5114198.article

Zander, The Woolf Report: Forwards or Backwards for the New Lord Chancellor?, Arbitration: The International Journal of Arbitration, Mediation and Dispute Management 1998, 118
Zander, Zander on Woolf – More harm than good?, New Law Journal 2009 (13.3.2009), 367

Deutschsprachige Aufsätze

An Aufgaben wachsen. Die Präsidentin der Law Society of England and Wales, Anwaltsblatt 2021, 647
Armbrüster/Wächter, Englisches Anwaltsprivileg und deutsches Vertragsrecht, NJW 2019, 1412

Brand, Grenzen zivilprozessualer Wahrheit und Gerechtigkeit. Disclosure- und Discovery-Elemente im deutschen Zivilverfahrensrecht, NJW 2017, 3558

De Paoli, Der Türöffner. Die britische Ausbildungsreform, Anwaltsblatt 3/2021, 138

Kilian/Eckardt, Die Reform der englischen Juristenausbildung", Anwaltsblatt 3/2021, 157

Mankowski, Brexit und Internationales Privat- und Zivilverfahrensrecht, EuZW-Sonderausgabe 2020, 3

[7] Zur Akzeptanz der englischen Gerichte für internationale Wirtschaftsstreitigkeiten nach Brexit.

Raschke, Failure to comply with the rules – Auswirkungen einer fehlerhaften Disclosure auf einen englischen Prozess, RIW 2015, 493

Schneider, Die ZPO und die englischen Civil Procedure Rules. Gemeinsamkeiten und Unterschiede, IWRZ 2018, 195

Schneider, Part 36 Offer im englischen Zivilprozess, IWRZ 2017, 216

Steinbrück/Lieberknecht, Grenzüberschreitende Zivilverfahren nach dem Brexit, EuZW 2021, 517

Ungerer, Folgen des harten Brexit im Internationalen Privat- und Zivilverfahrensrecht, NJW 2021, 1270

Zwickel, Die Strukturierung von Schriftsätzen. Lösungen des französischen und englischen Rechts, MDR 2016, 988

Gerichtsentscheidungen

Gerichtsurteile (*case law* oder auch *precedent*) sind im *common law* naturgemäß von noch größerer Bedeutung als in kodifizierten Rechtsordnungen (wie Deutschland oder Frankreich). Wichtigster Referenzpunkt für die (Fort-)Entwicklung von Rechtsprinzipien sind Gerichtsentscheidungen.

Das führt zu einem – gar für Laien – kaum zu überblickenden Berg von mehr oder weniger wichtigen Urteilen. So listet etwa das Standardlehrbuch *„A Practical Approach to Civil Procedure"* von Professor Stuart Sime im *Table of Cases* auf 28 Seiten gut 1.370 Gerichtsentscheidungen auf, obwohl es sich um eine praxisorientierte Einführung handelt, die sich auf das Wesentliche beschränkt. Großkommentare zum englischen Zivilrecht (White Book, Green Book) zitieren sogar einige tausend Gerichtsentscheidungen.

Für die Zwecke dieses Praxisleitfadens ergibt es daher keinen Sinn, an dieser Stelle mehrere Hundert englischer Gerichtsentscheidungen aufzulisten.

Leserinnen und Leser, die eine in diesem Buch zitierte Gerichtsentscheidung nachschlagen wollen, finden diese einfach und kostenlos auf der Website des *British and Irish Legal Information Institute (BAILI):* www.bailii.org

Zitierwesen

A. Übersicht

Wollen Anwältinnen oder Anwälte gegenüber dem Gericht sowie der Gegenseite ihre Argumentation untermauern, brauchen sie überzeugungskräftige Unterstützung, wenn ihre Sicht des konkreten Falles nicht nur die Einzelmeinung eines Parteivertreters bleiben soll.

Auch in Deutschland, obwohl keine Präjudiz-Rechtsordnung, ist vor Gericht der beste Argumentationshelfer „der BGH", idealerweise in der Variante „BGH in ständiger Rechtsprechung", d.h. der Bundesgerichtshof hat einen bestimmten Lebenssachverhalt juristisch seit langem identisch beurteilt und mehrfach so entschieden. Hat sich der BGH zu dem speziellen Thema dagegen bisher noch nicht geäußert, dann zitiert man als Anwalt für seinen Mandanten günstige Urteile von Oberlandesgerichten oder Landgerichten. Sind auch solche nicht zu finden oder muss man für seinen Mandanten im schlimmsten Fall sogar gegen die aktuell bestehende Rechtsprechung argumentieren, bleibt als Rettungsanker nur die Bezugnahme auf „das Schrifttum", soll heißen die Auffassung von Juraprofessorinnen und Professoren, belegt durch als hochwertig anerkannte Gesetzeskommentare und Aufsätze in juristischen Fachzeitschriften. Hat man Glück, kann man sich auf „die herrschende Meinung" berufen (soll heißen: die Mehrheit der Juraprofessorinnen und Professoren), die der Auffassung des BGH widerspricht. Das ist allerdings selten. Noch seltener kann man in dieser Konstellation ein Gericht davon überzeugen, im konkreten Streitfall gegen die bisherigen Rechtsprechung des BGH oder auch „nur" der Oberlandesgerichte zu entscheiden. Denn die Wahrscheinlichkeit ist hoch, dass dieses Urteil in der Berufungsinstanz aufgehoben wird. Passiert das öfter, leidet nämlich die Karriere der Richterin bzw. des Richters.

In *Common Law* Rechtsordnung wie England und Wales haben frühere Gerichtsentscheidungen *(precedent)* einen noch höheren Stellenwert. Wir wollen hier nicht im Detail eingehen auf die anspruchsvolle Unterscheidung zwischen strikter Bindungswirkung *(stare decisis)* von Entscheidungen höherer Gerichte *(binding precedent)* einerseits und der bloßen argumentativen Überzeugungskraft, also Leitbildfunktion früherer Urteile *(persuasive precedent)* andererseits. Diese *„doctrine of legal precedent"* füllt Bände,[1] also die Frage, wann frühere Gerichtsentscheidungen strikte Bindungswirkungen entfalten und unter welchen Voraussetzungen welche Gerichte davon doch wieder abweichen dürfen[2] (etwa weil sich die gesellschaftliche Rechtsauffassung zu einem Thema gewandelt hat (z.B. Strafbarkeit von Homosexualität, Vergewaltigung in der Ehe u.a.). Hier soll die Feststellung genügen, dass die umfassende Recherche nach und das technisch korrekte Zitieren von *„relevant case law"* in England und Wales von außerordentlich großer Bedeutung sind.

Allerdings sind auch in England und Wales nicht ausschließlich Gerichtsurteile relevant. Die Auffassung von Rechtsgelehrten hat ebenfalls Einfluss auf die Entscheidungen von Gerichten, wenn auch in geringerem Umfang als in Deutschland. So existieren in England und Wales einige Standardwerke zu bestimmten Rechts-

---

[1] Einen guten Einstieg in das Thema bietet das Kapitel „The doctrine of judicial precedent" in Frost et al.

[2] *„the self-binding nature of previous decisions and the exceptions to these self-binding rules".*

gebieten, zum Thema Vertragsrecht etwa „*Chitty on Contracts*“[3]. Englische Gerichte zitieren in ihren Urteilsbegründungen auch solche juristische Literatur[4], allerdings in deutlich geringerem Umfang als die einschlägige Rechtsprechung.

Die Bezugnahme auf Urteile und sonstige juristische Publikationen mit Überzeugungskraft *(authority)* in juristischen Schriftsätzen läuft unter der Bezeichnung „*citation of authorities*“. In der forensischen Praxis sind damit aber zu mehr als 90% Gerichtsentscheidungen gemeint.

B. Benennung von Gerichtsentscheidungen

Ein offizielles „neutrales“ Zitierwesen für Gerichtsurteile *(neutral citations)* mit eindeutig zugeordneten Gerichtsaktenzeichen wurde in England und Wales erst nach und nach eingeführt, beginnend ab Januar 2001[5]. Davor existierte keine allgemein verbindliche Zitierweise für Gerichtsentscheidungen.

Neutral[6] bedeutet in diesem Kontext, dass als Referenz nicht die Veröffentlichung des Urteils in einer Publikation eines juristischen Verlags zitiert wird, sondern die vom Gericht vergebene offizielle Bezeichnung der Entscheidung.[7] Diese setzt sich zusammen aus dem Jahr der Entscheidung, der abgekürzten Bezeichnung des Gerichts, der vom Gericht vergebenen Geschäftsnummer *(unique reference)* und einem Zusatz, der den Gerichtszweig bzw. die Abteilung angibt.

Schwerpunkt dieses Praxishandbuchs sind Zivil- und Wirtschaftsprozesse, die in erster Instanz vor dem *High Court* verhandelt werden. Die Abteilungen des *High Court von England und Wales (EWHC)*[8] verwenden folgendes Referenzsystem:

Chancery Division	[*year*] **EWHC** *number* **(Ch)**
King's Bench Division	[*year*] **EWHC** *number* **(KB)**
Commercial Court	[*year*] **EWHC** *number* **(Comm)**
Technology & Construction Court	[*year*] **EWHC** *number* **(TCC)**
Patents Court	[*year*] **EWHC** *number* **(Pat)**
Family Division	[*year*] **EWHC** *number* **(Fam)**

Das Berufungsgericht für Zivilsachen in England und Wales wird so zitiert:

Court of Appeal (Civil Division)	[*year*] **EWCA Civ** *number*

Das vollständige Zitat der Entscheidung nennt zudem vorab die Namen der Parteien, meist in verkürzter Form. Als Beispiel hier die vollständige *neutral citation* einer Entscheidung des High Court, Chancery Division:

Court v Despalliers [2009] EWHC 3340 (Ch)

und hier das Zitat einer Berufungsentscheidung in Zivilsachen:

Chandler v Cape plc [2012] EWCA Civ 525

---

[3] Hugh Beale (Hrsg.), 34. Aufl. 2022.

[4] Siehe etwa *Tombs v Wilson Connolly Ltd* [2005] EWCA Civ 432, para. 20.

[5] Zunächst für den *Court of Appeal* und den *Administrative Court* durch *Practice Direction (Judgments: Form and Citation)*, im Januar 2002 erweitert auf den High Court durch *Practice Direction (Judgments: Neutral Citations)*. Der *Family Court* (Familiengericht) und der *Court of Protection* (Betreuungsgericht) haben die *neutral citation* erst am 22 April 2014 eingeführt.

[6] Auch bezeichnet als „*medium neutral*“, „*vendor neutral*“ oder „*publisher neutral*“.

[7] „*the unique reference given to a particular judgment by HM Courts and Tribunals Service*“.

[8] Die Zuständigkeiten des *High Court* und dessen *Divisions* behandelt § 2 Rn. 21 im Detail.

Am Ende der zitierten Entscheidung wird sodann die Seitenzahl oder Randziffer angegeben, wenn man auf eine spezielle Passage Bezug nimmt. Will man etwa auf die Randziffern 19 bis 22 verweisen, ergänzt man am Ende: *„at [19]-[22]"*.[9]

C. Fundstellen für Gerichtsentscheidungen

In der anwaltlichen Praxis nützt die *neutral citation* für sich allein allerdings wenig, da im Vereinigten Königreich bislang keine umfassende Online-Datenbank existiert, über die man auf diese Entscheidungen zugreifen könnte.

HINWEIS – Projekt *„Caselaw"* des Nationalarchivs

Eine solche Internet-basierte Datenbank von Gerichtsentscheidung wird derzeit auf Initiative des UK Justizministeriums aufgebaut[10]. Seit April 2022 werden Entscheidungen des High Court von England & Wales, des Court of Appeal, des Supreme Court sowie Entscheidungen der Upper Tribunals an das Nationalarchiv *(The National Archives)*[11] übermittelt und dort auf der „Caselaw" Website[12] für die Allgemeinheit kostenlos im Volltext zugänglich gemacht. Dabei handelt es sich allerdings um ein Pilotprojekt in einem sehr frühen Stadium *(„alpha website")* und Urteile vor 2003 sind noch nicht erfasst.[13] Die Datenbank soll stetig erweitert und optimiert werden. Zielgruppe dieses Projekts ist die Öffentlichkeit, weniger die *legal profession*. Juristinnen und Juristen werden daher auch künftig die juristischen Fallsammlungen und Zeitschriften zitieren, da die Urteile dort redaktionell aufbereitet sind.[14]

D. Rangliste der Fundstellen

Um auf den Text einer Gerichtsentscheidung zugreifen zu können und die relevante Passage für Dritte eindeutig auffindbar zu machen, muss daher nach wie vor eine konkrete Fundstelle in einer Publikation angegeben werden. Oft sind Urteile in mehreren Fallsammlungen und Fachzeitschriften veröffentlicht. Anwaltsschriftsätze sollen dann die sogenannte „beste Fundstelle" *(best citation)* zitieren. Hierfür legt die *Practice Direction (Citation of Authorities) [2012] 1 WLR 780*[15] eine offizielle **Rangliste der Fundstellen** fest, an die sich englische Prozessanwälte dringend halten sollten, um keine Rüge durch das Gericht zu riskieren. Die PD legt hinsichtlich der Wahl der zu zitierenden Fundstelle folgendes Vorgehen fest:

---

[9] Weitere Details zur *neutral citation* und Hinweise für die Praxis auf www.bailii.org/bailii/citation.html und im *Guide to Neutral Citations* www.innertemplelibrary.org.uk/wp-content/uploads/2018/08/Neutral-Citations.pdf der *Inner Temple Library* https://www.innertemplelibrary.org.uk/about/.

[10] Pressemitteilung des UK Ministry of Justice vom 19.4.2022 www.gov.uk/government/news/court-judgments-made-accessible-to-all-at-the-national-archives.

[11] Das Nationalarchiv ist ein Institut der britischen Regierung *(non-ministerial department of the UK government)*, das mehr als 1.000 historische Originaldokumente verwahrt: www.nationalarchives.gov.uk/about/our-role.

[12] https://caselaw.nationalarchives.gov.uk.

[13] Welche Entscheidungen bereits jetzt verfügbar sind und welche Erweiterungen geplant sind, wird hier im Detail erläutert https://caselaw.nationalarchives.gov.uk/what-to-expect.

[14] Mehr dazu im übernächsten Kapitel „Unterscheidung *Transcript* und *Law Report*".

[15] www.judiciary.uk/wp-content/uploads/JCO/Documents/Practice+Directions/lcj-pract-dir-citation-authorities-2012.pdf.

- Ist die Entscheidung in einem der *Official Law Reports*[16] veröffentlicht, so ist dieser Report zu zitieren;
- Ist die Entscheidung dort (noch) nicht veröffentlicht, aber im *Weekly Law Reports (W. L. R.)* oder im *All England Law Reports (All ER)* zu finden, so ist diese Veröffentlichung zu zitieren;
- Nur wenn die betreffende Entscheidung (bislang) in keiner der oben genannten Publikationen veröffentlicht wurde, darf in Anwaltsschriftsätzen auf andere Fachzeitschriften verwiesen oder – falls eine Entscheidung noch gar nicht in einem *Law Report* veröffentlich wurde – ein schlichter Ausdruck des Urteils selbst *(transcript)* beigefügt werden.

E. Unterscheidung *Transcript* und *Law Report*

Warum legen englische Gerichte so viel Wert darauf, dass eine Entscheidung mit der Fundstelle aus einem renommierten *Law Report* zitiert wird, nicht nur als reiner Urteilstext *(transcript)?*[17] Grund hierfür ist die redaktionelle Aufbereitung des Urteils, die dem Gericht und den gegnerischen Prozessanwälten die Arbeit erheblich erleichtert.

Als ***„transcript of a handed down judgment"*** bezeichnet man den vollständigen Text des schriftlich abgefassten Urteils, wie das Gericht dieses veröffentlicht.[18] Ein *transcript* besteht aus:

- Geschäftszeichen des Gerichts *(neutral citation)*
- Namen der Parteien, auch bezeichnet als *„case header"*
- Liste der Richterinnen und Richter *(list of judges)*
- Datum der Entscheidung *(date of judgment)*
- Datum der Verhandlung (date the case was heard)
- Namen der anwaltlichen Parteivertreter *(names of counsel*[19] *and the firms of solicitors instructing them)*
- vollständiger Urteilstext

In dieser „rohen", redaktionell nicht aufbereiteten Form, stehen die Urteile auf der BAILII-Datenbank[20] oder auf der neuen Caselaw-Website des Nationalarchivs, meist bereits wenige Tage nach der Urteilsverkündung.

Urteilsveröffentlichungen in einem ***Law Report***[21] bieten dem juristischen Nutzer dagegen einen erheblichen Mehrwert. Zusätzlich zum *transcript,* das in aller Regel vollständig abgedruckt wird, erarbeitet ein erfahrenes juristisches Redaktionsteam folgende Ergänzungen *(additional components),* die dem eigentlichen Urteil vorangestellt werden:

---

16 Diese offiziellen Entscheidungssammlungen werden herausgegeben vom ICLR (www.iclr.co.uk) und erscheinen getrennt für Appeal Cases, King's Bench Division, Chancery Division und Family Division).

17 Ausführlich: www.iclr.co.uk/blog/legal-profession/whats-the-difference-between-a-law-report-and-a-transcript.

18 Der Begriff „veröffentlicht" ist bewusst gewählt, denn in England und Wales (wie in den meisten Common Law Rechtsordnungen) werden Gerichtsurteile der Allgemeinheit in aller Regel im Volltext und ohne Anonymisierung zur Verfügung gestellt (Stichwort: *public record*).

19 *Counsel* bedeutet in diesem Kontext *barrister.*

20 British and Irish Legal Information Institute, www.bailii.org.

21 Der Begriff wird mit zweierlei Bedeutung verwendet, zum einen (groß geschrieben) für die Fallsammlung selbst, also die physischen Bände (z. B. All England Law Report), zum anderen (klein geschrieben) aber auch für die einzelne Veröffentlichung eines Urteils.

- die *catchwords*, eine Liste von Stichworten, umreißen schlaglichtartig die von der Entscheidung behandelten juristischen Fragen und betroffenen Normen;[22]
- als Kern der redaktionellen Leistung die als *headnote* bezeichnete Zusammenfassung des rechtlich relevanten[23] Sachverhalts, des Verfahrensablaufs und – besonders wichtig – die präzise Widergabe des vom Gerichts angewandten (ggf. neuen) Rechtsgrundsatzes;[24]
- die sog *„blocklist"* nennt sodann alle Gerichtsentscheidungen, auf die sich die Parteien im Verfahren bezogen haben, sei es in Schriftsätzen oder in der mündlichen Verhandlung;
- sodann folgt der sog. *„facts paragraph"*, der den tatsächlichen Sachverhalt unter voller Namensnennung der Beteiligten sowie die konkrete Prozesshistorie bis zum Verhandlungstermin zusammenfasst.

Diese *additional components* erstrecken sich in der Regel über vier bis sechs Seiten. Vor allem *catchwords* und *headnote* machen Urteile, die in England oft 50 bis 200 Seiten ausmachen, bewältigbar.

ICLR, als Herausgeber der offiziellen *Law Reports* die führende Autorität zu diesem Thema, illustriert diese Redaktionsleistung anschaulich in einem Blogbeitrag von *Barrister* Daniel Hoadley[25], der auf ein farblich markiertes Beispiel eines Urteils des UK Supreme Court verlinkt.[26] Den 56 Seiten des eigentlichen Urteils *(transcript)* sind sechs Seiten redaktioneller Aufbereitung vorangestellt.

Um in einem *Law Report* abgedruckt[27] zu werden, muss eine Gerichtsentscheidung veröffentlichungswürdig *(reportable)* sein, also entweder einen neuen Rechtsgrundsatz einführen *(lay down a new principle of law)* oder – häufiger der Fall – bestehendes Recht präzisieren *(clarify the existing law).*

F. Aufbereitung für das Gericht

Präsentiert werden diese Fundstellen, ob Urteile oder Literatur, dem Gericht dann in einem sog. *„bundle of authorities"*, als Bestandteil der *„bundles"*, die dem Gericht vor der mündlichen Verhandlung übersandt werden müssen. Speziell für Berufungsverfahren legt die *Practice Direction 52C*[28] in Ziffer 29 strenge Regeln in Bezug auf Auswahl, Formatierung und Markierung der relevanten Textstellen fest. Um die Unterschiede zur deutschen Prozesspraxis zu verdeutlichen, in der solche formellen Vorgaben gänzlich fehlen, lohnt es sich, einen Auszug aus der PD im Wortlaut wiederzugeben:

(3) Photocopies of authorities should not be in landscape format and the type should not be reduced in size.

(4) The bundle should not –

[22] Dies dient der thematisieren Kategorisierung und inhaltlichen Verschlagwortung der Entscheidung und ist damit von besonderer Relevanz für die juristische Recherche.

[23] Also getrennt von den individuellen Fakten wie Parteinamen, dies erscheint unter *„facts"*.

[24] *„the principle of law which the case establishes"*.

[25] www.iclr.co.uk/blog/legal-profession/whats-the-difference-between-a-law-report-and-a-transcript.

[26] www.iclr.co.uk/wp-content/uploads/media/R-Evans.pdf.

[27] Englische Anwälte und deren Kanzleien bzw. Chambers sind daher in der Regel erfreut und stolz, wenn ein Fall, an dem diese mitgewirkt haben, in einem Law Report veröffentlicht wird. Da in England die Namen der Prozessvertreter nicht anonymisiert werden, ist eine solche Nennung in einer *„landmark decision"* auch ein wichtiges Marketing Tool und hilft auf dem Karrierepfad zum *King's Counsel.*

[28] www.justice.gov.uk/courts/procedure-rules/civil/rules/part52/practice-direction-52c-appeals-to-the-court-of-appeal#29.1.

(a) include authorities for propositions not in dispute; or
(b) contain more than 10 authorities unless the issues in the appeal justify more extensive citation.

(5) A bundle of authorities must bear a certificate by the advocates responsible for arguing the case that the requirements of sub-paragraphs (2) to (4) of this paragraph have been complied with in respect of each authority included.

Es handelt sich also keineswegs um bloße Anregungen, sondern um verbindliche Vorgaben und jeder Prozessanwalt muss durch Unterschrift versichern *(certificate)*, dass alle diese Formvorschriften beachtet wurden.

Welche Konsequenzen es hat, wenn man das Gericht durch Verstoß gegen diese Vorschriften verärgert, zeigt die Entscheidung im Berufungsfall *Keystone Healthcare Ltd v Parr*[29]. Dort erteilt Lord Justice Lewison den Parteien in Randziffern (para) 26 und 27 folgenden Rüffel, der für Unbeteiligte amüsant zu lesen ist, die gerügten Anwaltskanzleien im Kollegenkreis aber bis auf die Knochen blamiert:

26. Finally, by way of postscript, it is a matter of considerable regret that the practice direction on the citation of authorities [...] has been almost wholly ignored. We were supplied with print outs and handed down transcripts of authorities that have been reported in the official law reports [...]. Unreported cases were cited for propositions that could be found in reported ones. The whole of my gargantuan judgment in Ultraframe (UK) Ltd v Fielding [...] (which runs to 494 pages) was copied, even though only a few pages were of any conceivable relevance to the issues on the appeal. Contrary to PD 52C paragraph 29 (2) many of the authorities were supplied without marking the relevant passages.
27. Judges of this court have limited time for pre-reading in advance of an appeal. Adherence to the practice directions means that that limited time can be more productively spent. Parties can expect that the cost of preparing a non-compliant bundle of authorities is at risk of being disallowed.

Dieses Zitat ist ein gutes Beispiel dafür, wie unmittelbar die individuellen Richterpersönlichkeiten in solchen Urteilsbegründungen in den Vordergrund treten. Sie sind dabei nicht schüchtern, ihre Meinung kundzutun und erzieherisch auf die Anwaltschaft einzuwirken. Man spürt regelrecht die Empörung des *Lord Justice* darüber, dass er in Bergen von Papier mühsam die relevanten Passagen heraussuchen musste und die zitierten Entscheidungen oft nicht den Regeln der *best citation* folgten, was dem Gericht bei der Abfassung des Urteils Mehrarbeit auflädt, da das Gericht die *best citation* dann selbst recherchieren muss.

Zum anderen zeigt das Urteil in para. 27 auf, welche handfesten Konsequenzen solche handwerklichen Nachlässigkeiten und Regelverstöße haben können: Den betreffenden Anwälten werden schlicht die Kosten nicht erstattet, die sie für die Erstellung des Schriftsatzes und der Anlagenkonvolute *(bundles)* geltend machen wollen.[30] Das kann in einem großen Verfahren ein fünfstelliger Betrag sein. Die Kanzlei muss dann entweder dem eigenen Mandanten erklären, warum die Gegenseite diese Kosten nicht tragen muss, obwohl sie den Prozess verloren hat, oder die Kanzlei bleibt auf diesen Kosten sitzen.

Dass es sich bei der deutlichen Ermahnung der Prozessanwaltschaft durch Lord Justice Lewison, sich an die formellen Regeln zu halten, nicht um einen Einzelfall handelt, sei durch ein weiteres – in Fachkreisen berühmt gewordenes – Zitat aus der Urteilsbegründung *R v. Erskine*[31] illustriert:

---

29 [2019] EWCA Civ 1246.

30 In England und Wales existiert keine streitwertbasierte Anwaltsgebührenordnung. Kanzleien rechnen daher stets nach Zeitaufwand ab. Wie viel davon ggf. von der Gegenseite erstattet werden muss, prüft und entscheidet das Gericht nach Abschluss des eigentlichen Prozesses per Kostenbeschluss *(costs order)*.

31 [2009] EWCA Crim 1425.

> [If] it is not necessary to refer to a previous decision of the court, it is necessary not to refer to it. Similarly, if it is not necessary to include a previous decision in the bundle of authorities, it is necessary to exclude it. That approach will be rigidly enforced.[32]

FAZIT

Eine Anwaltsstrategie, das Gericht unter dem Motto „viel hilft viel" mit Unterlagen und Präzedenzfällen zu überschwemmen, hätte vor englischen Gerichten den gegenteiligen Effekt. Prozessvertreter müssen sich selbst disziplinieren, nur die für den Rechtstreit wirklich relevanten *authorities* heranziehen und diese sodann unter Auswahl der qualitativ besten Fundstelle präzise zitieren und markieren.

[32] Übersetzt: „Wenn es nicht erforderlich ist, auf eine frühere Entscheidung des Gerichts zu verweisen, dann ist es erforderlich, *nicht* darauf zu verweisen. Ebenso gilt, wenn es nicht erforderlich ist, eine frühere Entscheidung des Gerichts in das Anlagenkonvolut der Referenzen aufzunehmen, dann ist es erforderlich, dieses wegzulassen. Dieser Ansatz wird strikt umgesetzt." Siehe para. 74–81 der Entscheidung.

§ 1. Einleitung

„Come to England to litigate" ruft die Präsidentin der Law Society von England & Wales im Dezemberheft 2021 des DAV-Anwaltsblatts[1] auf. Kein Einzelfall. Geschickt preisen die Engländer ihr Rechtssystem seit vielen Jahrzehnten als fair und effizient und werben selbstbewusst für London als den besten Gerichtsstandort für internationale Wirtschaftsstreitigkeiten *(business disputes).* 1

Den Aspekt *fair* kann man uneingeschränkt gelten lassen, denn wir werden in diesem Buch sehen, dass die Wahrheitsfindung im englischen Zivilprozess einen höheren Stellenwert hat als in Deutschland. Nur einige Stichworte: Pflicht zur Offenlegung aller Dokumente, Korrespondenz und Dateien *(disclosure),* eidesstattliche Versicherung der Prozessparteien und Zeugen, kein Aussageverweigerungsrecht für Zeugen, Weisungsunabhängigkeit der Prozessanwälte *(barrister)* u. v. m. 2

Über die Effizienz des englischen Justizsystems, insbesondere was die Kosten und den Arbeitsaufwand für die Prozessbeteiligten angeht, wird allerdings ausgiebig zu reden sein. So ist deutschen Klägern selten bewusst, dass jeder Zeuge bereits Monate vor der mündlichen Verhandlung viele Stunden, in komplexen Streitfällen sogar mehrere Tage, für das *„proofing of witness"* zur Verfügung stehen muss. 3

Vor allem aber muss man sich als potenzielle deutsche Prozesspartei klar machen, dass auf der Insel gänzlich andere prozessuale Spielregeln gelten. Es handelt sich eben nicht „um einen normalen Zivilprozess, nur in englischer Sprache", wie viele deutsche Unternehmer, Manager und deren Juristen anscheinend häufig denken. Weit gefehlt! Stellt ein deutsches Unternehmen fest, dass für einen Vertragskonflikt die englischen Gerichte zuständig sind, ist die Lage meist dramatisch. Warum? 4

Viele berufliche Instinkte, die einen Prozessanwalt in Deutschland erfolgreich machen, sind im englischen Zivilprozess kontraproduktiv und reiten den Mandanten ins Unheil. Strategien und Taktiken, die vor deutschen Gerichten zum Ziel führen, lösen in England einen Haftungsfall für den Anwalt aus. 5

Ein gutes Beispiel hierfür ist „aggressive" Prozessführung. Deutsche Prozessanwälte sind in aller Regel nicht schüchtern oder zurückhaltend. Sie formulieren, sowohl in der vorprozessualen Korrespondenz als auch in den späteren Schriftsätzen an das Gericht, oft scharf und angriffslustig. Das Bundesverfassungsgericht[2] hat unter der berühmt gewordenen Formulierung „Kampf ums Recht" sogar polemische und überspitzte Kritik, selbst am Gericht und an der Staatsanwaltschaft, für ausdrücklich zulässig erklärt. 6

Solch offen gezeigte Kampflust führt in England ins Verderben, denn die oberste Grundregel des englischen Zivilprozessrechts ist: *Litigation as a means of last resort!* Der Rechtsstreit soll möglichst gar nicht erst vor Gericht kommen, die Behelligung des Gerichts ist ultima ratio. In jeder Phase des Konflikts sind die Parteien und deren Anwälte zudem aufgefordert, sich „vernünftig" *(reasonable)* zu verhalten, Zurückhaltung *(restraint)* walten zu lassen, kompromissbereit zu sein und sich gütlich zu einigen. Das beginnt mit dem *pre-action protocol,* der Pflicht der Parteien, bereits in der vorprozessualen Korrespondenz den gesamten Prozessstoff formell auszutauschen, sowohl die juristische Begründung des Anspruchs wie auch sämtliche Beweismittel. 7

---

[1] AnwBl 12/2021, 647, 649.

[2] BVerfG 28.7.2014 – 1 BvR 482/13, NJW 2014, 3357.

8 Deutschen Juristen gänzlich fremd ist das Prinzip der *disclosure,* also die Pflicht, der Gegenseite sämtliche Unterlagen im Zusammenhang mit dem Rechtsstreit proaktiv offen legen zu müssen – auch interne Korrespondenz zwischen den eigenen Mitarbeitern, Protokolle interner Besprechungen, Memos und Aktennotizen. Man kann sich vorstellen, dass es den Aktionsspielraum in einem Zivilprozess stark einschränkt, wenn man für die Gegenseite absolut gläsern ist. Allerdings gilt das natürlich in beide Richtungen. Auch der Gegner darf nichts verheimlichen. Hogan Heaton, Präsident der *London Solicitors Litigation Association*[3], wertet dieses Offenlegungsprinzip des englischen Zivilprozessrechts in seinem Interview in der Law Society Gazette vom 4.11.2022 als klaren Standortvorteil: „*There are significant procedural advantages to litigating in London. In Europe, youdon't have access to the other parties' documents. This can be an important factor in deciding where to bring a claim.*"

9 Als weitere Beispiele für den anderen „Spirit" des englischen Zivilprozesses seien genannt: Alle Zeugen und jeder Parteivertreter, etwa der Geschäftsführer der Klägerin, reichen ihre Aussagen vorab detailliert ausformuliert in schriftlicher Form bei Gericht ein, eigenhändig unterzeichnet und versehen mit einer eidesstattlichen Versicherung der Richtigkeit des Inhalts. Das diszipliniert sowohl die Parteivertreter als auch deren Anwälte enorm. Will man nicht den späteren Unmut des Gerichts riskieren, dann stimmt besser jeder Satz dieser schriftlichen Zeugenaussage (wobei im englischen Recht auch die Parteien selbst Zeugen sind). Die von den Gerichten herausgegebenen Praxisanweisungen (*Court Guides* und *Practice Directions*) weisen an vielen Stellen ausdrücklich darauf hin, dass Vorwürfe nicht leichtfertig erhoben werden dürfen. Englischen Anwälten wird in der Ausbildung vornehme Zurückhaltung antrainiert. Das wird von deutschen Mandanten oft als fehlendes Engagement missverstanden. Aus Sicht des deutschen Klägers hat sein englischer Prozessanwalt zu wenig Biss.

10 Natürlich sind in Wahrheit auch englische Prozessanwälte beruflich keine Pazifisten. Der Kampf für den eigenen Mandanten findet allerdings erheblich subtiler statt. Schriftsätze sind freundlicher formuliert als in Deutschland. Sarkasmus und Spitzen verkneift man sich besser, um sich nicht sofort den Vorwurf der Unsachlichkeit einzufangen. Und man muss der Gegenseite und dem Gericht stets Vergleichsbereitschaft signalisieren.

11 Ein weiterer verblüffender Unterschied in der Zivilprozesskultur ist die absolute Wahrheitspflicht, die sowohl in den englischen Civil Procedure Rules als auch in den anwaltlichen Berufsordnungen für *solicitor* und – ganz besonders – *barrister* – immer wieder betont werden. In Schriftsätzen deutscher Anwälte soll sich ja gelegentlich die eine oder andere Tatsachenbehauptung finden, von der der Prozessbevollmächtigte ahnt, dass man diesen Vortrag im Prozess wohl nicht unbedingt wird beweisen können. Was soll schon passieren? Schlimmstenfalls konnte man eben den Beweis nicht führen, wenn der Zeuge in der mündlichen Verhandlung anders aussagt als vom Anwalt im Schriftsatz angekündigt. In meinen 25 Jahren Berufstätigkeit habe ich jedenfalls kein einziges Mal erlebt, dass ein deutsches Gericht den derart „ins Blaue hinein" vortragenden Anwalt auch nur gerügt hätte. In England hat der Anwalt in diesem Fall dagegen ein ernstes Problem, weil er oder sie damit gegen ausdrückliche Berufspflichten verstößt und englische Gerichte dies nicht tolerieren.

12 Apropos *solicitor* und *barrister:* In allen größeren Zivil- und Wirtschaftsprozessen benötigt man zwei Arten von Anwälten, den „Hauptanwalt" *(solicitor)* als direkten Ansprechpartner und den Prozessanwalt *(barrister).* Letzterer wird nicht direkt vom Mandanten beauftragt, sondern vom *solicitor.* Das persönliche Verhältnis zwi-

[3] www.lsla.co.uk/.

schen Mandant und „seinem" Prozessanwalt ist oft nicht eng. Nicht selten trifft der Mandant „seinen" Prozessanwalt beim Verhandlungstermin zum ersten Mal. *Barrister* tragen nur vor, wovon sie selbst absolut überzeugt sind. Auch hier gelten die Prinzipien Zurückhaltung, Höflichkeit und Verpflichtung zur Wahrheit.

All diese unerwarteten Komplikationen frustrieren deutsche Unternehmer und 13
deren Juristen ungemein, die einen aus ihrer Sicht eindeutig gegebenen Anspruch einklagen wollen. Statt einer schnellen und konsequenten Klage innerhalb weniger Tage, müssen in England zunächst über Wochen und Monate formelle Anwaltsbriefe ausgetauscht *(pre-action conduct)* und interne Dokumente offengelegt werden *(disclosure)*. Schon jetzt bereuen viele deutsche Unternehmer, im Vertragswerk mit den englischen Geschäftspartnern nicht auf heimischem Recht bestanden zu haben.

Doch es kommt noch ärger, denn wir haben noch gar nicht über die Kosten ge- 14
sprochen. *„Let's talk about funds"*, ist einer der ersten Sätze, den ein klagewilliger deutscher Mandant von seinem englischen Anwalt hört. Frei übersetzt bedeutet dieser Satz: *„Sind Sie sicher, dass ihre Kriegskasse für den Prozess reicht?"* Einen Zivilprozess in England muss man sich nämlich leisten können. Die Prozesskosten sind dort um ein Vielfaches höher als in Deutschland. Je nach Umfang und rechtlicher Komplexität des Falles gut und gerne fünf bis zehn Mal so hoch, allein was die normalen Prozesskosten betrifft, also Honorare für Anwälte und Sachverständige sowie Gerichtsgebühren. Noch nicht berücksichtigt ist dabei der erhöhte Aufwand der in grenzüberschreitenden Prozessen für beglaubigte Übersetzungen deutscher Dokumente, Apostillen, Dolmetscher in der mündlichen Verhandlung und Reisekosten entsteht, sowie durch den Erklärungs- und Abstimmungsbedarf zwischen den englischen und deutschen Juristen des Mandanten.

Ganz so schlimm wird es schon nicht sein? Nun ja, bei einem Streitwert von 15
50.000 Euro oder weniger wird ein Kläger von seinem englischen *litigation solicitor* in aller Regel schriftlich darauf hingewiesen, dass die Verfahrenskosten den Streitwert *(claim value)* sehr wahrscheinlich übersteigen werden und dass es selbst im Erfolgsfall nicht sicher ist, dass die Gegenseite die Prozesskosten in voller Höhe erstatten muss. Die Höhe der Kostenerstattung liegt nämlich – wie so vieles im englischen Recht – im relativ freien Ermessen des Gerichts *(cost order)*. Hochqualifizierte Prozessanwälte *(barrister)* berechnen in Wirtschaftsprozessen 1.000 Pfund netto pro Stunde oder mehr. Unter 500 Pfund pro Stunde bekommt man nur unbekannte Berufsanfänger, die der Prozessgegner nicht ernst nimmt.

Das Risiko unverhältnismäßig hoher Kosten besteht vor allem bei umfangrei- 16
chen und/oder juristisch komplizierten Fällen (sehr häufig in Wirtschaftsrechtprozessen), oder wenn die Beweislage nicht eindeutig ist. Englische Prozessanwälte nennen das *„high risk litigation"*. Dann erreichen die Prozesskosten mühelos einen mittleren oder sogar hohen sechsstelligen Bereich. Der Mandant merkt das bereits in einem frühen Stadium des Rechtsstreits, denn wegen der prozessualen Pflicht zur Offenlegung *aller* relevanten Unterlagen *(disclosure)* sowie der umfangreichen vorprozessualen Korrespondenz zwischen den jeweiligen Parteien bzw. deren Anwälten *(pre-action protocol)* fallen gerade im Vorfeld eines Prozesses extrem viele Stunden an. Englische Juristen haben dafür die charmante Formulierung: *„Litigation cases are front loaded regarding costs."*

Mangels verbindlicher Gebührentabellen fehlt eine klare Vorhersagbarkeit der 17
Anwaltskosten. Eine verbindliche Kostendeckelung wird neuerdings zwar von den englischen Gerichten angestrebt *(agreed cost budget)*, aber man hat in England dennoch nie eine wirklich verbindliche Kostendeckelung. Somit ist es in englischen Zivilprozessen eine typische Strategie der finanziell stärkeren Partei, den weniger liquiden Gegner durch hohe Kosten auszuhungern und zur Aufgabe bzw. zum Abschluss eines Vergleichs zu zwingen. Daher tragen englische Anwälte in fast

jedem Schriftsatz vor, dass bestimmte Maßnahmen der Gegenseite unnötig, unvernünftig *(unreasonable)* oder unverhältnismäßig *(unproportional)* sind. Denn Anwaltskosten, die der Rechtspfleger später in seinem Kostenbeschluss als *unreasonable* oder *unproportional* einstuft, werden aus der Kostenaufstellung gestrichen und müssen nicht erstattet werden. Da solche Entscheidungen häufig subjektiv sind (es wird immer etwas gestrichen), bleibt man auch als zu 100 Prozent obsiegende Partei meist auf einem Anteil seiner Anwaltskosten sitzen.

18 Noch ein Wermutstropfen: Für Kläger mit Wohn- oder Geschäftssitz in Deutschland besteht seit Brexit zudem die unerfreuliche und kostspielige Situation, dass der in England ansässige Beklagte Sicherheitsleistung für seine eigenen Prozesskosten vom Kläger verlangen kann *(security for costs).* In Wirtschaftsprozessen ist das schnell ein sechsstelliger Betrag, den der Kläger an Liquidität aufbringen muss, zusätzlich zu seinen eigenen Prozesskosten.

19 Für alle, die meinen, diese Einleitung befasst sich zu einseitig mit dem Kostenaspekt, sei einer der bekanntesten englischen Prozessanwälte und Schriftsteller zitiert, Sir John Clifford Mortimer, nicht nur *barrister,* sondern auch *Queens Counsel (QC),* also Angehöriger des edlen Standes der Elite-Prozessanwälte[4]. Von ihm, dem Schöpfer der Roman- und Filmfigur *Horace Rumpole* ist das Bonmot überliefert:

> If someone tries to steal your watch, by all means, fight them off. If someone sues you for your watch, hand it over and be glad you got away so lightly.

20 Deutsche Unternehmen, die sich in einem englischen Zivilverfahren wiederfinden, etwa weil sie naiv einen Vertrag mit englischer Gerichtsstandklausel unterschrieben haben, müssen sich also auf eine juristische Papierschlacht ungewohnten Ausmaßes sowie eine mehrtägige mündliche Verhandlung in England einstellen. Zudem auf Anwaltsrechnungen aus England, die man besser nur unter ärztlicher Aufsicht öffnet.

21 Der vorliegende Praxisleitfaden soll deutschen Firmeninhabern, Geschäftsführern, Justiziaren in Rechtsabteilungen und externen Rechtsanwälten, die die Einladung *„come to England to litigate"* annehmen möchten (oder müssen) ein realistisches Bild vom Ablauf eines englischen Zivilprozesses vermitteln. Denn auf diese Reise muss gut vorbereitet sein, wer Schiffbruch vermeiden will.

22 Mit klarem Fokus auf Praxisrelevanz beantwortet der Leitfaden Fragen wie: Welche typischen Fehler muss man in der Prozessvorbereitung vermeiden? Zu welchem Zeitpunkt braucht man welchen Anwalt *(solicitor, barrister, adjudicator, solicitor advocate)?* Wann ist der beste Zeitpunkt für eine gütliche Einigung *(settlement)?* Wie bereitet man sich auf die mündliche Verhandlung vor?

23 Das Buch erklärt den Ablauf des englischen Zivilprozesses, zeigt die – teils verblüffenden – Unterschiede zwischen den Zivilprozessordnungen in Deutschland und England auf und macht die Leser mit den relevanten Akteuren – den englischen Richtern und Anwälten – vertraut. Was ist deren Hintergrund, Selbstverständnis und praktisches Arbeitsumfeld?

24 Schwerpunkte der Darstellung sind – neben den einzelnen Schritten des Verfahrens – die Beweisaufnahme mittels Zeugen und Sachverständigen, die im englischen Zivilprozess völlig anders abläuft als in Deutschland.

25 Eine Auswahl der praktisch relevantesten Formulare sowie Muster-Mandantenbriefe im Anhang des Buches vermitteln einen konkreten Eindruck der englischen Prozesspraxis und runden das Bild ab.

---

[4] Seit dem Regentschaftswechsel zu King Charles III nun natürlich *„King's Counsel"* (KC).

§ 2. Das Gerichtswesen in England & Wales

A. Struktur und Zuständigkeiten der Zivilgerichte von England & Wales

1 Auf der offiziellen Website der englischen[1] Justiz, www.judiciary.uk, lautet der erste Satz zum Thema Struktur des Gerichtswesens[2]: *„Rather than being designed from scratch, our courts system has evolved and developed over 1,000 years. This has led to a complicated and, in places, confusing structure."*[3]

2 Dieser erstaunlich realistischen Selbsteinschätzung kann man nicht widersprechen. Schon das für einen konkreten Fall zuständige Eingangsgericht zu finden, ist eine Herausforderung. Wer in England nach klar verständlichen Zuständigkeitsregeln und absolut trennscharfen Kompetenzabgrenzungen zwischen den einzelnen Gerichten sucht, muss an seiner Frustrationstoleranz arbeiten. Der erfahrene *solicitor* und BBC-Rechtsexperte Alex Woods fasst es in seinem Ratgeber[4] für prozesswillige Laien so zusammen:

> Unfortunately, the English [court] system is not a system of certainty. It is full of qualifications, caveats, variations and discretionary powers [...]. A lot of the CPR rules often finish [...] saying something like this: "But the judge can exercise his discretion to do anything he wants!" Continentals with their legal system would go crazy trying to work in ours. Our system is from the grassroots up and all vague and a bit woolly, whilst theirs are codes and it is all top-down.[5]

3 Es wird nicht einfacher und übersichtlicher dadurch, dass seit 2016 im Rahmen des *„HMCTS Reform Programme"* eine konstante Modernisierung von Abläufen, Online-Angeboten und Formularen stattfindet[6] und dass der Tod von Queen Elizabeth II im September 2022 zu einer teilweisen Umbenennung von Gerichten geführt hat. Alle Publikationen und Internet-Fundstellen mit einem Datum vor Herbst 2022 sind deshalb mit Vorsicht zu genießen und einige der in diesem Buch zitierten Judiciary- oder GOV.UK-Webseiten sind aktuell in Überarbeitung.

4 Auch die interne Organisation des Gerichtswesens wurde modernisiert. Der aktuelle Status Quo zum 20.9.2022 ist in der Richtlinie *„The Organisation of the Judiciary"*[7] zusammengefasst.

5 Eine grafische Übersicht der gesamten **Gerichtsstruktur von England und Wales** *(Structure of Courts and Tribunals System)* ist in der seit April 2023 aktualisier-

---

[1] Wales ist bei dieser Formulierung immer mit gemeint. Schottland und Nordirland dagegen haben ihr eigenes, teils erheblich abweichendes Rechtssystem und Gerichtswesen.

[2] www.judiciary.uk/about-the-judiciary/our-justice-system/court-structure/.

[3] „Unser Gerichtssystem ist kompliziert und – an manchen Stellen – verwirrend, da es sich über 1.000 Jahre hinweg entwickelt hat, statt von Grund auf konzipiert worden zu sein."

[4] Woods, S. 15.

[5] Übersetzt in etwa: „Leider ist das englische Gerichtswesen kein System sicherer Zuständigkeiten. Es ist voll von Bedingungen, Ausnahmen, Abweichungen und Ermessenvorbehalten [...]. Viele Paragrafen der Zivilprozessordnung enden mit einer Formulierung wie dieser: „Jedoch kann der Richter sein Ermessen ausüben um zu tun, was er will!" Kontinentaleuropäer, die ihr Rechtssystem gewohnt sind, würden wahnsinnig werden, wenn sie in unserem arbeiten wollten. Unser System ist von unten her gewachsen, unpräzise und verworren, während deren System durch Gesetze von oben nach unten reguliert ist."

[6] www.gov.uk/guidance/the-hmcts-reform-programme; Ziel ist unter anderem ein *„integrated digital justice system"* mit nutzerfreundlichen Online-Portalen für potentielle Kläger und Beklagte.

[7] www.judiciary.uk/wp-content/uploads/2022/09/organisation-of-the-judiciary-2022.pdf.

ten Fassung auf der Judiciary-Website[8] veröffentlicht. In der Online-Version dieser Grafik ist jedes Gericht mit einem Link hinterlegt, der zu einer weiteren Seite mit detaillierten Informationen über die fachliche Zuständigkeit dieses Gerichts, dessen Besetzung und die dort speziell geltenden Verfahrensvorschriften führt.

6 Da sich dieses Buch mit zivilrechtlichen Streitigkeiten befasst, hier eine vereinfachte Grafik zur Struktur der Zivilgerichte von England und Wales, also ohne Strafgerichte (Magistrate's Court, Crown Court und Court of Appeal Criminal Division), ohne Verwaltungs- und Finanzgerichte (Admninistrative Court, Tax Court) und auch ohne die Arbeitsgerichtsbarkeit (Employment Tribunals).

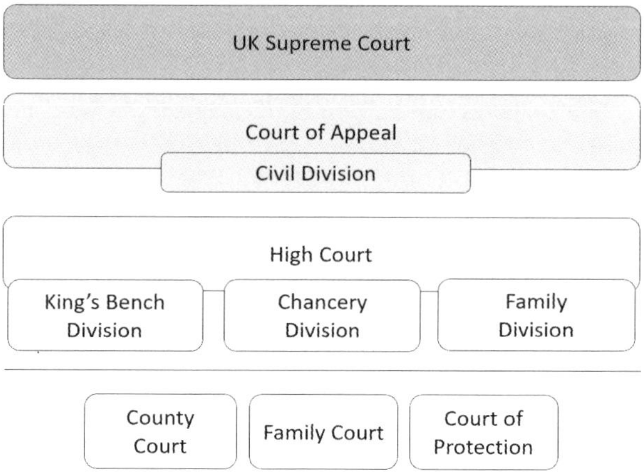

Abb. 1: *Struktur der englischen Zivilgerichte*

7 Innerhalb des *High Court* wurde, neben der seit jeher bestehenden Unterteilung in die drei *Divisions* (*King's Bench, Chancery* und *Family Division*) mit Beginn zum 2.10.2017 auch eine weitere Organisationseinheit *„The Business & Property Courts"* geschaffen. Darin sind fachlich spezialisierte Gerichte zusammengefasst, ähnlich den Kammern für Handelssachen sowie den Zivilkammern für bestimmte Sachgebiete an deutschen Landgerichten (§ 95 und § 72a Gerichtsverfassungsgesetz).

8 Internationale Zivil- und Wirtschaftsprozesse mit Beteiligung einer deutschen Prozesspartei werden mit hoher Wahrscheinlich einem dieser *Business and Property Courts* zugewiesen. Deshalb ist für deutsche Prozessbeteiligte der 2022 komplett überarbeitete Praxisleitfaden *„The Business and Property Courts of England & Wales Chancery Guide 2022"* von besonderem Interesse.[9]

B. Zuordnung des Falls an ein Gericht und den richtigen *„track"*

9 Welches dieser vielen Gerichte ist nun konkret zuständig? Zunächst muss man seinen englischen Zivilrechtsstreit dem zuständigen Gerichtszweig zuordnen und ihn dort – in einem zweiten Schritt – buchstäblich auf das richtige Gleis setzen. Neben der Frage, ob ein Zivilprozess vor dem *County Court* oder dem *High Court*[10]

[8] www.judiciary.uk/structure-of-courts-and-tribunals-system/.
[9] www.judiciary.uk/wp-content/uploads/2023/01/Chancery-Guide-2023-23-6–23-web.pdf.
[10] Korrekt bezeichnet als "*High Court of Justice of England and Wales*" (EWHC).

verhandelt wird (sehr grob vergleichbar mit der Unterscheidung zwischen Amtsgericht und Landgericht[11]), ordnet das Gericht im Rahmen des *„case management"* den Prozess per Beschluss auch noch einem von mehreren *„tracks"* (Verfahrensgleise) zu. Eine Entsprechung hierfür sucht man im deutschen Zivilprozessrecht vergeblich. Für diese *„tracks"* gelten jeweils verschiedene Verfahrensvorschriften. Es existieren drei „Verfahrensgleise", nämlich:

- *Small claims track*[12]
- *Fast track*
- *Multi-track*

Die Entscheidung des Gerichts über den *„track"* erfolgt allerdings nicht gleich zu Anfang des Gerichtsverfahrens, sondern in der Regel erst nachdem die Parteien Schriftsätze ausgetauscht haben, mindesten die Klageerwiderung eingegangen ist. 10

I. Grundregeln der Fallzuordnung

Bei welchem Gericht erhebt man nun seine Klage? Dieses Buch betrachtet primär Fälle, die in der ersten Instanz vor dem *High Court* verhandelt werden, also Rechtsstreitigkeit mit höheren Streitwerten und einer gewissen rechtlichen oder tatsächlichen Komplexität. 11

Bevor das nächste Kapitel daher die Zuständigkeiten des *High Court* im Detail erläutert, hier zum besseren Verständnis zunächst eine grobe Übersicht über die allgemeinen Zuständigkeitsregeln. Die Details regelt CPR 7.1 *(„Where to start proceedings?")* mit Verweis auf PD 7A. 12

1. Stufe 1: *High Court* oder *County Court?*

- Klagen wegen Verletzung des Körpers oder des Lebens *(personal injury claims)* mit einem Streitwert unter 50.000 Pfund werden in der Regel beim *County Court* erhoben *(commenced)*. Liegt der Streitwert höher, kann[13] man die Klage auch beim *High Court* einreichen. 13
- Andere Geldforderungen *(monetary claims)* können erst ab einem Streitwert *(case value)* von mehr als 100.000 Pfund beim *High Court* erhoben werden, darunter ist der *County Court* zuständig[14].

Verfahren, die beim *County Court* begonnen wurden, können auch später noch an den *High Court* verwiesen *(transferred)* werden und umgekehrt (CPR Part 30 und PD 30).[15] 14

---

[11] Wobei es in England keine feste Streitwertgrenze gibt. Am englischen *County Court* (vor allem am *Central County Court* in London) werden nicht selten auch Verfahren mit hohen sechsstelligen Streitwerten verhandelt, insofern hinkt der Vergleich.

[12] Oft fälschlich *"small claim court"* genannt, ein solches spezielles Gericht für geringe Streitwerte existiert aber nicht.

[13] Laut PD 7A, 2.4 soll der Kläger insbesondere dann den *High Court* anrufen, wenn der Fall rechtlich oder tatsächlich komplex ist oder/und die Entscheidung von Bedeutung für die Allgemeinheit ist.

[14] Was aber gerade nicht bedeutet, dass umgekehrt alles über 100.000 Pfund zwingend am *High Court* verhandelt wird.

[15] Dieser *„transfer of proceedings"* geschieht in der Praxis relativ häufig. Der *High Court* verweist immer häufiger auch komplexe mit Streitwerten jenseits der 150.000 Pfund „nach unten" zum *County Court*.

2. Stufe 2: Welches Verfahrensgleis?

15 Die Kriterien für die gerichtsinterne Zuordnung zu einem „*track*" *(allocation criteria)* definiert CPR 26.6, mit den für die englische Zivilordnung typischen Ausnahmen und weiten Ermessensspielräumen für das Gericht (CPR 26.8).

16 Konkret schlägt ein Gerichtsbeamter *(officer of the court)* nach summarischer Auswertung von Klage *(particulars of claim)* und Klageerwiderung *(defence)* vor, welches „Gleis" am besten geeignet ist. Die Grundregeln hierfür sind:

- Streitwert unter 10.000 Pfund → *small claims track*[16]
- Streitwert ab 10.000 bis 25.000 Pfund → *fast track*[17]
- Streitwert über 25.000 Pfund → *multi track*

17 Neben den bloßen Streitwerten sind für die *track allocation* auch weitere Kriterien bedeutsam wie Umfang und rechtliche Komplexität des Falles, Erforderlichkeit von ausgiebiger *disclosure* oder umfangreicher Sachverständigengutachten *(expert witness evidence)*. So sind Fallkonstellationen möglich, bei denen der Streitwert im sechsstelligen Bereich liegt, der Sachverhalt aber einfach gelagert ist, so dass selbst der *High Court* „nur" ein *fast track* Prozedere anordnet, statt des am *High Court* meist greifenden *multi track*.

18 Die praktische Bedeutung dieser Zuordnung liegt darin, dass in den verschiedenen *tracks* unterschiedliche Regeln für das *case management* gelten, vor allem im Rahmen der Beweisführung. Die Gerichte wenden etwas unterschiedliche Verfahren an und stellen in ihren *Guides* unterschiedliche Formulare zur Verfügung.

19 Zudem werden für die Phase der mündlichen Verhandlung je nach *track* mehr oder weniger Gerichtstage eingeplant, in *multi-track* Prozessen in der Regel zwei bis vier ganze Tage (unmittelbar nacheinander), für *fast track* Verfahren dagegen in der Regel nur ein Prozesstag. Extrem komplexe und umfangreiche Gerichtsverfahren können auch über mehrere Wochen am Stück verhandelt werden.

20 Eine für die Parteien wichtige Besonderheit ist, dass bei Prozessen, die dem ***small claims track***[18] zugewiesen werden, in der Regel die gegnerischen Anwaltskosten nicht erstattet werden müssen.[19]

II. Zuständigkeiten des *High Court*

1. Untergliederung des *High Court of Justice*

21 Dieses Praxishandbuch konzentriert sich auf Zivilklagen mit Streitwerten deutlich oberhalb der *small claims* Schwelle von 10.000 Pfund, insbesondere auf Wirtschaftsprozesse mit einer gewissen Komplexität und größerem Umfang. Zivilverfahren mit einem Wert *(case value)* zwischen 50.000 und 100.000 Pfund können sowohl am *High Court* landen als auch beim *County Court*. Eine sichere Prognose hierüber können sogar erfahrene englische Prozessanwälte kaum abgeben. Streitigkeiten im Wirtschaftsrecht, vor allem solche mit internationaler Komponente, wie sie dieses Buch im Fokus hat, sind schon deshalb meist rechtlich überdurch-

---

[16] Der *small claims track* ist wegen der Streitwertregeln faktisch nur für den *County Court* relevant.

[17] Es sei denn, es ist bereits absehbar, dass mehr al sein ganzer Prozesstag für die mündliche Verhandlung benötigt wird [CPR 26.6(5)(a)] oder mehr als ein einzelner Sachverständiger gehört werden muss [CPR 26.6(5)(b)]. Dann wird der Fall dem *multi track* zugewiesen.

[18] Wird häufig irrtümlich „*small claims court*" genannt, ein solches Spezialgericht existiert aber nicht. Bitte auch nicht verwechseln mit dem neu eingeführten webbasierten Mahnverfahren „*Money Claims Online*" (dazu → Rn. 37).

[19] Rule 27.14 CPR.

schnittlich schwierig und werden auch bei einem Streitwert zwischen 50.000 und 100.000 Pfund an den *High Court* gehen.

Jedenfalls aber *high value cases,* also Fälle mit einem Streitwert ab 100.000 Pfund aufwärts, werden in aller Regel schon in erster Instanz am ***High Court*** verhandelt, weshalb wir die interne Zuständigkeit und Aufgabenverteilung innerhalb dieses Gerichts besonders genau betrachten. Der *High Court* ist untergliedert in drei Bereiche *(Divisions)* mit verschiedenen Zuständigkeiten, nämlich die: 22

- *Chancery Division*
- *King's Bench Division*
- *Family Division*

Familiensachen sind nicht Thema dieses Handbuchs, so dass wir die *Family Division* hier ausblenden. Sehr praxisrelevant ist aber die fachliche Aufgabenverteilung zwischen der *Chancery Division* und der *Kings's Bench Division* (die während der langen Regentschaft von Queen Elizabeth II natürlich als *Queen's Bench Division* bezeichnet wurde, so wie auch die heute wieder *King's Counsel* genannten Edelanwälte, mehr als 70 Jahre lang *Queen's Counsel* hießen). 23

Leider besteht zwischen den beiden *Divisions* keine völlig trennscharfe Zuständigkeitsverteilung. Vielmehr findet man häufig die Formulierung, dass Fälle in bestimmten Rechtsgebieten, vor allem im Wirtschaftsrecht, sowohl vor der *Chancery* als auch vor der *King´s Bench Division* verhandelt werden können[20]. Nur in einigen, klar zuordenbaren Rechtsgebieten, wie zum Beispiel Patentrecht oder Insolvenzrecht, ordnet das englische Zivilprozessrecht ausschließliche Zuständigkeiten an. 24

2. Chancery Division

Als Gericht erster Instanz ist die ***Chancery Division of the High Court (ChD)*** unter anderem zuständig für Rechtstreitigkeiten auf folgenden Gebieten: 25

- Unternehmen, sowohl Kapital- wie Personengesellschaften *(disputes relating to businesses)*
- Immobilien oder Grundstücke *(disputes relating to property or land)*
- Treuhandverhältnisse[21] *(disputes over trusts)*
- Wettbewerbsrecht *(competition claims under EU or UK competition law)*
- Handelsrecht *(commercial disputes, both domestic and international)*
- IP-Recht *(intellectual property issues)*
- Erbrecht, Wirksamkeit von Testamenten *(disputes over the validity of a will)*

Innerhalb der *Chancery Division* bestehen folgende fachlich spezialisierte Kammern *(specialist courts):* 26

- *Business List*
- *Insolvency and Companies List*
- *Competition List*
- *Intellectual Property List*
- *Revenue List*
- *Property, Trusts and Probate List*

---

[20] So findet sich auf der offiziellen Website der *King's Bench Division* unter der Liste der Zuständigkeiten die für den Rechtssuchenden frustrierende Aussage: *„Many of these cases can also be heard by the Chancery Division."* www.gov.uk/courts-tribunals/kings-bench-division-of-the-high-court.

[21] Solche *trusts* sind im *common law* ein wichtiges und häufig genutztes rechtliches Instrument, nicht nur im Finanzwesen, sondern etwa auch im Erbrecht oder Familienrecht.

27 Nun würde man den *Commercial Court*, also die Spezialkammer für Handelssachen, auch bei der *Chancery Division* verortet vermuten, da in der obigen Liste ja *commercial disputes* auftaucht. Verwirrenderweise ist der *Commercial Court* aber der *King's Bench Division* zugeordnet.

28 Der Vollständigkeit halber kurz zur Zuständigkeit in zweiter Instanz: Als Berufungsgericht entscheidet die *Chancery Division* über *appeals* gegen Urteile des County Court oder andere unterinstanzliche Entscheidungen.[22]

29 Details zur Zuständigkeit, der Arbeitsweise und den Spezialkammern finden sich auf der offiziellen Website[23] sowie im ***Chancery Guide***[24], einem vom Gericht selbst herausgegebenen 292-seitigen Praxisleitfaden, der die relevanten Bestimmungen der CPR gut verständlich erläutert und durch konkrete Handlungsanweisungen, Formulare und Muster ergänzt. Hinzu kommen die *„Practice Notes by the Chancellor of the High Court"*.[25]

3. King's Bench Division

30 Als Gericht erster Instanz ist die ***King's Bench Division of the High Court* (KBD)** unter anderem zuständig für Rechtstreitigkeiten auf folgenden Gebieten:

- Verletzung von Leib und Leben *(personal injury)*
- Pflichtverletzung *(negligence)*
- Vertragsverletzung *(breach of contract)*
- Verletzung gesetzlicher Pflichten *(breach of a statutory duty)*
- Rufschädigung, Verleumdung und andere unerlaubte Handlungen *(libel, slander and other torts)*

31 Hier geht es somit meist um Schadensersatzansprüche wegen schuldhafter Verletzung vertraglicher oder gesetzlicher Pflichten, wobei hier – wie oben ausgeführt – keine ausschließliche Zuständigkeit der *King's Bench Division* existiert.

32 Anders auf den folgenden Gebieten, die zwingend nur vor die *King's Bench Division* gebracht werden können. Darunter (Liste ist nicht abschließend):

- Registrierung und Anerkennung ausländischer Urteile zur Vollstreckung in England *(registration of judgments obtained abroad so that they can be enforced in England)*
- Zustellung von Dokumenten im Ausland *(serving documents overseas)*
- Beweiserhebung in England für Prozesse an ausländischen Gerichten *(obtaining evidence for foreign courts)*

33 Auch an der *King's Bench Division* sind fachlich spezialisierte Kammern *(specialist courts)* eingerichtet, darunter die für deutsch-britische Wirtschaftsprozesse so wichtigen Handelskammern sowie die Kammer für Baurecht (Liste nicht abschließend):

- *Commercial Court*
- *Circuit Commercial Court* (früher: *Mercantile Court*)
- *Technology and Construction Court*

34 Die *King's Bench Division*, als größte und thematisch am breitesten aufgestellte der drei Divisions, veröffentlicht auf ihrer Website[26] ebenfalls einen *Guide*[27], mit 260 Seiten etwas knapper als der *Chancery* Leitfaden.

---

[22] Etwa von *Masters, Registrars* und bestimmten Tribunalen.

[23] https://www.gov.uk/courts-tribunals/chancery-division-of-the-high-court.

[24] In der aktuellen Version 2022 (Update Juni 2023) als PDF-Download verfügbar hier: www.judiciary.uk/wp-content/uploads/2023/01/Chancery-Guide-2023-23-6–23-web.pdf.

[25] Download hier www.judiciary.uk/guidance-and-resources/practice-note-by-the-chancellor-of-the-high-court-the-chancery-guide-2022.

[26] www.gov.uk/courts-tribunals/kings-bench-division-of-the-high-court.

[27] In der Version vom März 2023 zum Download: www.judiciary.uk/wp-content/uploads/2023/06/14.284_JO_Kings_Bench_Division_Guide_14-06-23_FINAL.pdf.

PRAXISTIPP

Wer sich tiefer in die Prozessregeln und tatsächlichen Abläufe eines englischen Zivilverfahrens einarbeiten möchte, um die Aktivitäten der englischen Anwaltskollegen besser zu verstehen, sollte nicht primär die *Civil Procedure Rules* lesen. Es ist erheblich Gewinn bringender, mit den Praxisleitfäden der Gerichte zu beginnen, also dem *Chancery Guide 2022* oder dem *King's Bench Guide 2022.* Diese haben gerade den Zweck, englischen Prozessanwälten und den Prozessparteien praktische Anweisungen an die Hand zu geben[28] und sind daher als Lektüre weniger spröde als die *Civil Procedure Rules* selbst.

III. Zuständigkeit des *County Court*

Die meisten deutschen Unternehmen, die einen Zivilprozess in England führen, finden sich am *High Court* wieder. Schon allein wegen der internationalen Komponente werden solche Fälle häufig dem *High Court* zugewiesen, selbst wenn der Streitwert unterhalb von 100.000 Pfund liegt. Unter Umständen[29] kann aber auch ein solcher internationaler Prozess beim *County Court* landen, etwa wenn der Sachverhalt einfach gelagert ist oder wenn die Parteien ausdrücklich damit einverstanden sind, dass der *County Court* entscheidet. Meist wird der *County Court* den Fall dann auf den *fast track* oder *multi track* setzen. Es ist jedenfalls kein Automatismus, dass wirtschaftsrechtliche Streitigkeiten *(business disputes, commercial matters)* immer am *High Court* landen, auch der *County Court* hat eines sog. *„Business and Property List"*. 35

FAZIT – small claims track

Die Geltendmachung von kleinen Geldforderungen bis 10.000 Pfund ist nicht Schwerpunktthema dieses Buches. Zur Vollständigkeit hier trotzdem einige Worte zum ***small claims track.***
Hier gilt unter Kostengesichtspunkten die wichtige Besonderheit, dass bei Prozessen am *County Court,* die dem *small claims track*[30] zugewiesen werden, in der Regel die gegnerischen Anwaltskosten nicht erstattet werden müssen, grob vergleichbar mit der Kostenregelung bei deutschen Arbeitsgerichtsprozessen erster Instanz (§ 12a Abs. 1 S. 1 ArbGG). Ausnahmen von diesem Prinzip gelten bei „unreasonable behaviour" einer Partei, bei ungeschicktem Timing einer Klagerücknahme *(discontinuance)* oder bei einer Teilklage.

Am *County Court* vertreten sich Parteien relativ häufig selbst *(litigants in person),* auch weil *solicitors* of wenig Interesse an solchen Verfahren mit geringen Streitwerten zeigen. Das Gericht hat gegenüber solchen *litigants in person* stärkere Fürsorge- und Hinweispflichten im Vergleich zu anwaltlich vertretenen Parteien. 36

[28] So lautet etwa der Untertitel des Queen's Bench Guide *„A guide to the working practices of the Court"*, also „Leitfaden zur praktischen Arbeitsweise des Gerichts" und in der Einleitung heißt es in Ziffer 1.8: *„The aim of this guide is to provide practical information"*.

[29] Wegen der hohen Fallbelastung des *High Court* verweist dieser allerdings immer häufiger auch Fälle mit erstaunlich hohen Streitwerten an den *County Court* (der allerdings kaum weniger überlastet sein dürfte).

[30] Wird häufig irrtümlich *„small claims court"* genannt, ein solches Spezialgericht existiert aber nicht. Bitte auch nicht verwechseln mit dem neu eingeführten webbasierten Mahnverfahren *„Money Claims Online"*.

IV. *Money Claims Online.* Eine Art Mahnverfahren

37 Für reine Geldforderungen bis 100.000 Pfund, die auf einem simplen Sachverhalt basieren, hat die englische Justiz als Projektversuch den Service *„Money Claims Online" (MCOL)*[31] eingerichtet, der Ähnlichkeit mit dem deutschen Mahnverfahren hat, bislang aber nur als Beta-Version Website existiert.

38 Wer prüfen will, ob ein Anspruch im Weg des MCOL geltend gemacht werden kann, klickt sich am besten durch den Fragenkatalog hier www.gov.uk/make-money-claim. Ausführlichere Informationen zum *MCOL* finden sich im *User Guide*[32]. Alternativ zum Online-Service kann man die Forderung auch klassisch per Formular N1[33] auf dem Postweg geltend machen.

39 Für Kläger mit Sitz in Deutschland scheidet das Verfahren in der Regel schon mangels eigener Adresse in UK aus. Wer damit rechnet, dass der Schuldner dem Anspruch widersprechen wird, sollte das *MCOL* ohnehin vermeiden und besser direkt beim *County Court* klagen.

V. *Official Injury Claim.* Portal für kleinere Verkehrsunfallschäden

40 Obwohl es sich hierbei nicht um ein gerichtliches Verfahren handelt, sondern um eine Art staatlich gelenktes Schlichtungsverfahren zwischen Straßenverkehrsunfallopfer und der gegnerischen Versicherung, sei der offizielle Online-Service *„Official Injury Claim" (OIC)* erwähnt: www.officialinjuryclaim.org.uk.

41 Der Anwendungsbereich ist auf Bagatellfälle beschränkt, die auf der Online-Plattform so definiert werden:

> You can make a claim through Official Injury Claim if:
> – you are aged 18 or over
> – the accident happened in England or Wales
> – you were inside a vehicle
> – you believe the accident was not your fault
> – you have a minor injury with a value under £5,000.

42 Dieser Service wurde vom *Ministry of Justice* ins Leben gerufen, um Personen, die bei einem Kfz-Unfall eine leichte Körperverletzung erlitten haben, eine einfache und kostengünstige Möglichkeit der Regulierung zu schaffen, ohne teure Anwälte und langwierige Gerichtsverfahren.

---

[31] www.moneyclaim.gov.uk/web/mcol/welcome.

[32] PDF-Download unter: https://assets.publishing.service.gov.uk/government/uploads/system/uploads/attachment_data/file/1032258/mcol-userguide-eng.pdf.

[33] www.gov.uk/government/publications/form-n1-claim-form-cpr-part-7.

§ 3. Die Organe der Rechtspflege

A. Die Richterschaft in England

Im Unterschied zu Deutschland werden Richter in England und Wales nicht frisch von der juristischen Schulbank weg rekrutiert, also unmittelbar nach dem zweiten Examen, sondern aus der Anwaltschaft[1]. Voraussetzung für eine Ernennung zum Richter ist nämlich eine „angemessene juristische Berufserfahrung" *(reasonable judicial experience).* In der Praxis bedeutet das heute mindestens fünf bis sieben Jahre[2]. Meist sind es jedoch erheblich mehr, so dass man kaum Richterinnen oder Richtern begegnet, die jünger als 40 Jahre sind. 1

Ein weiterer Unterschied zu Deutschland: Wer Richter werden will, bewirbt sich auf eine ganz konkrete freie Position. Diese werden auf der Website der *Judicial Appointments Commission (JAC)* in der Rubrik *„Vacancies"* ausgeschrieben[3]. Auf beliebte Richterpositionen bewerben sich in der Regel mehrere hundert Kandidaten. Es gibt weder ein bestimmtes Mindest- noch Höchstalter, so dass auch Anwälte jenseits der 50 oder sogar 60 regelmäßig zu Richtern ernannt werden. Eine faktische Grenze resultiert aber aus dem gesetzlichen Pensionierungsalter *(mandatory retirement age),* das im Jahr 2021 von bisher 70 auf nun 75 Jahre erhöht wurde. 2

Was für deutsche Berufsrichter befremdlich wirken dürfte: Viele starten ihre Justizkarriere – neben der Anwaltstätigkeit – als Teilzeit-Richter *(part-time judges)* auf Honorarbasis oder sogar ehrenamtlich in einem *tribunal.* Es erhöht nämlich die Chancen auf die Benennung in ein höheres Richteramt, wenn man vorher an *lower courts* in ehrenamtlichen Richterfunktionen oder als Schiedsrichter *(arbitrator, adjudicator)* tätig war.[4] 3

I. Der „typische englische Richter"

Wer sitzt bei einem Zivilprozess eines deutschen Unternehmers in England nun nach statistischer Wahrscheinlichkeit auf der Richterbank? Obwohl sich in der englischen Bevölkerung und Boulevardpresse hartnäckig das Stereotyp vom „alten weißen Tory-Richter[5] mit Privatschulausbildung und Oxbridge-Studium[6]" hält, ist die Richterschaft *(judiciary)* in England heute sehr viel heterogener als noch in den 1980er und 1990er Jahren. 4

Bis zur *Constitutional Reform Initiative* wurde die Rekrutierung des Richternachwuchses oft als *„old boys network"* kritisiert, in der etablierte Elite-Uni-Absolventen ihre Verwandten und Freunde bzw. deren Kinder beriefen.[7] 5

---

[1] www.judiciary.uk/about-the-judiciary/who-are-the-judiciary/.

[2] Früher mussten Bewerber um ein höheres Richteramt (*circuit judge, High Court judge, master* u. a.) mindestens zehn Jahre Berufserfahrung als *barrister* aufweisen, seit 2004 genügen sieben Jahre, für *district judges* mindestens fünf Jahre.

[3] https://apply.judicialappointments.digital/vacancies.

[4] Hierzu genauer unten Ziffer 3 "Qualifikation und Karriere".

[5] Tory = politisch konservativ; Anhänger der Conservative Party.

[6] Darbyshire, S. 21, 23. „Oxbridge" bezeichnet die Universitäten von Oxford und Cambridge".

[7] The Guardian vom 1.6.1999 „Time's up for the old-boys' network" www.theguardian.com/world/1999/jun/01/law.theguardian1; The Times vom 30.1.2007 „Delay to judges' selection sparks 'old boy network' row" www.thetimes.co.uk/article/delay-to-judges-selection-sparks-old-boy-net

6 Der *Constitutional Reform Act (2005)*[8] brachte eine völlig neue Methode der Personalrekrutierung, erheblich transparentere Kriterien der Personalauswahl und eine bessere Vorbereitung der Richter auf ihre praktische Tätigkeit. Die Auswahl der am besten geeigneten Kandidatinnen und Kandidaten obliegt seither den 15 Mitgliedern[9] der neu geschaffenen *Judicial Appointments Commission (JAC).*[10] Statt *„old boys network"* nun klare Einstellungs- und Beförderungskriterien[11] sowie größere Diversität der Richterschaft als ausdrücklich benanntes Ziel.

7 Laut jüngster *Judicial Diversity Statistics*[12] vom 14. Juli 2022, die Auskunft gibt über Geschlechterverteilung, ethnische Abstammung und beruflichen Hintergrund der Richterschaft zum Stichtag 1.4.2022, waren 32 %[13] der *court judges* und 50 % der *tribunal judges* Frauen. Der in Großbritannien unter der Bezeichnung *BAME (Black, Asian and minority ethnic)* zusammengefassten Bevölkerungsgruppe gehörten 9 % der *judges* an (allerdings nur 5 % der *senior judges,* also *High Court* und darüber), wobei der BAME-Anteil in London erheblich höher ist als im Rest des Landes. Als beruflichen Hintergrund gaben *69 %* der *court judges* an, vorher *barrister* gewesen zu sein, 31 % waren vorher als *solicitor, chartered legal executive* (CILex) oder in einem anderen Beruf tätig.

8 Wer sich genauer für den soziologischen Hintergrund und die tatsächliche Arbeitswelt der englischen Richterschaft interessiert, deren Einstellungen, Alltagsablauf und praktische Probleme, dem sei das Buch *„Sitting in Judgment – The Working Lives of Judges"* (2011) von Penny Darbyshire empfohlen, Ergebnis einer siebenjährigen Studie, während der die Autorin Richterinnen und Richter auf allen Ebenen der englischen Justiz bei ihrer Tätigkeit beobachtete *(work-shadowing)* und hunderte von Interviews führte.

II. Kategorien und Amtsbezeichnungen

9 Wie vieles im englischen Justizwesen sind auch die Amtsbezeichnungen für das Richterpersonal verwirrend und unübersichtlich, zumal der Amtstitel keine eindeutigen Rückschlüsse auf den Einsatzort zulässt. So kann etwa ein *Circuit Judge* an vier verschiedenen Gerichten tätig sein, darunter der *High Court*[14]. Obwohl der *Crown Court* ausschließlich für Strafverfahren (schwere Delikte) und der *County Court* ausschließlich für Zivilverfahren zuständig sind, bezeichnet man Strafrichter, die am *Crown Court* tätig sind, ihrer Hierarchiestufe nach als *High Court Judges* oder *County Court Judges.*[15]

10 Die Justiz *(judiciary)* in England ist strikt hierarchisch gegliedert, wobei Positionen wie *Lord Chief Justice* oder *Lord Chancellor* keine Entsprechung in Deutschland

---

work-row-f3cd0wn36vt; Blackwell, „Old Boys' Networks, Family Connections and the English Legal Profession", 22.5.2011 [2012] Public Law 426, verfügbar unter https://ssrn.com/abstract=1809876.

[8] www.legislation.gov.uk/ukpga/2005/4/.

[9] Details zur Zusammensetzung: https://judicialappointments.gov.uk/the-board-of-commissioners/the-commission/.

[10] https://judicialappointments.gov.uk.

[11] Hierzu genauer unten „Qualifikation und Karriere" → Rn. 23 ff.

[12] *Diversity of the judiciary: Legal professions, new appointments and current post-holders – 2022 Statistics Published 14 July 2022:* www.gov.uk/government/statistics/diversity-of-the-judiciary-2022-statistics

[13] Eine Steigerung um 11 Prozentpunkte seit dem Stand vom April 2014.

[14] Deutsch-englische Wirtschaftsfälle, die im Fokus dieses Buch stehen, werden in aller Regel am *High Court* verhandelt. Deutsche Parteien stehen daher voraussichtlich einem *Circuit Judge* gegenüber, möglicherweise aber auch einem *Justice.* Im Vorverfahren hat man es meist auch mit einem *Master* zu tun.

[15] www.judiciary.uk/about-the-judiciary/our-justice-system/jurisdictions/criminal-jurisdiction/.

haben. Hier eine **Übersicht** der gesamten Richterschaft[16], beginnend an der Spitze mit der *Senior Judiciary*, über den Mittelbau, bis zu den *Masters, Registrars* und *District Judges*, die Bunge[17] wenig charmant als „das untere Richterpersonal" bezeichnet.

1. Lord Chief Justice of England and Wales

Der *Lord Chief Justice of England and Wales* (LCJ) ist der oberste Richter *(Head of the* 11 *Judiciary)* sowie Präsident aller Gerichte von England und Wales. Nur der Präsident des *Supreme Court of the United Kingdom* steht protokollarisch im Rang noch über ihm. Neben zahlreichen Verwaltungs- und Repräsentationsaufgaben, verantwortet der LCJ auch die Fortbildung der Richterschaft *(training for the judiciary)*, die vom *Judicial College* in London[18] organisiert und durchgeführt wird.

2. Lord Chancellor

Der *Lord Chanellor* (LC) übt selbst kein Richteramt aus, hat aber – gemeinsam mit 12 dem *Lord Chief Justice* – die Disziplinargewalt und verantwortet über die *Judicial Appointments Commission* die Benennung von Richtern.

3. Heads of Division

Die vier *Heads of Division* sind die obersten Vertreter des Berufungsgerichts sowie 13 der drei Zweige des *High Court*. Sie werden wie folgt bezeichnet:

- *Master of the Rolls* steht der *Civil Division of the Court of Appeal* vor und wird in Urteilen und juristischen Aufsätzen mit dem Kürzel *„MR"* hinter dem Namen bezeichnet, also zum Beispiel *„Smith MR"*
- *President of the King's Bench Division*, abgekürzt bezeichnet als „Smith P"
- *President of the Family Division*, abgekürzt bezeichnet als „Smith P"
- *President of the Chancery Division of the High Court*, der allerdings, damit es nicht zu einfach wird, anders bezeichnet wird, nämlich: *Chancellor of the High Court*, abgekürzt als „Smith C"

4. List of Lords/Ladies Justices of Appeal

Die Richter am Berufungsgericht *(judges of the Court of Appeal)* tragen den Titel 14 *„Lord Justice Smith"* bzw. *„Lady Justice Smith"*. In Urteilen und juristischer Literatur werden die Berufungsrichter bezeichnet als *„Smith LJ"* oder, wenn mehrere gemeint sind, als *„Smith and Jones LJJ"*.

Die Berufungsrichter gehören per Funktion, wie auch der *LCJ*, der *LC* und alle 15 vier *Heads of Division*, automatisch dem sogenannten *„Privy Council"* an, dem offiziellen Beraterstab der Königin bzw. des Königs.

5. High Court Justices, Masters, Companies Court Judges, Insolvency Court Judges

Mit diesen Richtern, den *High Court Justices*, hat eine deutsche Prozesspartei in 16 einem deutsch-englischen Zivilprozess mit hoher Wahrscheinlichkeit zu tun. Sie

[16] Sehr detailliert mit den aktuellen Amtsträgern auch hier: https://en.wikipedia.org/wiki/Judicial_titles_in_England_and_Wales.
[17] Bunge, S. 79 ff.
[18] www.judiciary.uk/about-the-judiciary/training-support/judicial-college/.

sind ungefähr vergleichbar mit deutschen Richtern am Landgericht, wobei der englische *High Court* tendenziell einen etwas höheren Status hat als das Landgericht in Deutschland. Auch wenn *High Court Justices* nicht automatisch zum *Privy Council* gehören, befinden sie sich in der Richterhierarchie schon sehr weit oben.

17 *Master,* die man übrigens auch so nennt wenn sie weiblich sind, organisieren das frühe Stadium des Verfahrens *(pre-trial stage)* und sind meist für das *case management* zuständig, entscheiden also über die Zuordnung zum richtigen Verfahrensgleis (*„fast track"* oder *„multi track"*). Sie legen Fristen und Verhandlungstermine fest und entscheiden über Fristverlängerungsanträge, die in England viel restriktiver gehandhabt werden als in Deutschland. Mit *Masters* sollte man sich daher gut stellen und sie nicht durch Fristüberschreitungen oder andere Formalfehler verärgern. In manchen Fällen leiten Master auch selbst die Verhandlungen *(trials),* sind also „vollwertige" Richter. Jede *High Court Division* hat einen *Senior Master.* Für deutsche Juristen ist von besonderer Bedeutung, dass der Senior Master of the *Queen's Bench Division* für die Anerkennung ausländischer Urteile zuständig ist *(registration of foreign judgments).*

18 Ferner findet man am *High Court* die spezialisierten *Insolvency and Companies Court Judges (ICC Judges),* die unter anderem für Gesellschaftsrecht im engeren Sinn *(pure company law)* zuständig sind.

6. Circuit Judges, Recorders

19 *Circuit Judges* stehen in der Hierarchie zwischen den *High Court Judges* und den *District Judges.* Der Name bezieht sich auf die *court circuits* (Gerichtsbezirke) in England und Wales[19], man könnte sie daher als Bezirksrichter bezeichnen. Die Einsatzbereiche der insgesamt rund 600 *Circuit Judges* sind der für Strafsachen zuständige *Crown Court,* die *County Courts* sowie einige spezialisierte Abteilungen des *High Court* (etwa dem *Technology and Construction Court*). *Circuit Judges* können auch zu *Deputy High Court Judges* ernannt und zur Tätigkeit an den *High Court* abgeordnet werden.

20 Nebenberufliche *(part-time) Circuit Judges* werden als *Recorders* bezeichnet. Sie sind in der Regel im Hauptberuf *barristers* oder *solicitors* und werden für die richterliche Nebentätigkeit (meist im Umfang von drei bis sechs Wochen pro Jahr) mit Tageshonorarpauschalen *(daily fees)* vergütet.

7. District Judges, Deputy District Judges

21 Für *district judges* gibt es zwei verschiedene Einsatzbereiche, die *county courts,* wo sie über allgemeine Zivilsachen sowie Familiensachen entscheiden, und die für Ordnungswidrigkeiten und Strafsachen (geringerer Bedeutung) zuständigen *magistrates' courts.* Auch auf dieser Ebene sind viele Richter nebenberuflich auf Tageshonorarbasis tätig, dann bezeichnet als *deputy district judges.*

22 Alle Richter sind auf der offiziellen *Judiciary Website* namentlich aufgeführt,[20] nicht nur die obersten Richter *(senior judiciary),* sondern alle, bis hinunter zu den *district judges.* Zu den Angehörigen der *senior judiciary* (*High Court Judges* aufwärts) findet man meist auch weitere Informationen wie berufliche Lebensläufe und Fotos[21].

---

[19] Früher existierten sechs solche *circuits,* mit der Einführung des HMCS am 1.4.2005 (ab 2011 dann HMCTS) wurden diese ersetzt durch die sieben Regionen: Midlands, North West, North East, South East, London, South West und Wales.

[20] www.judiciary.uk/about-the-judiciary/who-are-the-judiciary/judicial-roles/list-of-members-of-the-judiciary/.

[21] www.judiciary.uk/about-the-judiciary/who-are-the-judiciary/biographies/.

III. Qualifikation und Karriere

Die englische Justiz leidet seit etlichen Jahren unter Personalnot und einem dadurch verursachten Rückstau unbearbeiteter Fälle,[22] was zu Zeitungsüberschriften führt wie *„Judge recruitment crisis worsens court backlog"* in der Times vom 7.2.2023[23]. 23

Um Juristinnen und Juristen für eine Karriere in der Justiz zu gewinnen, geben sich die britische Regierung und Justizverwaltung deshalb verstärkt Mühe, dem Richternachwuchs den Einstieg zu erleichtern. Das 2022 neu geschaffene Portal *„Judicial Careers"*[24] bietet *„work shadowing"* und *„mentoring programmes"*, also Schnupperpraktika für unsichere Interessenten und Mentorenprogramme für Einsteiger. 24

Auch die Karrieremöglichkeiten sowie die für jede Position jeweils erforderlichen Qualifikationen werden nunmehr sehr transparent dargestellt in der Übersicht *„Judicial Progression Chart (Courts)"*[25]. 25

IV. Wie spricht man Richter an?

In der Regel wird ein deutscher Mandant und auch ein deutscher Anwalt nicht direkt an ein englisches Gericht schreiben, noch weniger im Gerichtssaal selbst das Wort ergreifen. Denn schon bei der Ansprache kann man vieles falsch machen. Hier eine (vereinfachte) Übersicht, wie man die *judges* und *justices* auf den verschiedenen Hierarchiestufen in schriftlicher Korrespondenz bzw. in der mündlichen Verhandlung adressieren sollte[26]. 26

Position	Adressfeld des Briefes	Dear …	Im Gericht
Court of Appeal Judge	The Right Honourable Lord Justice [Name] The Right Honourable Lady Justice [Name]	Lord Justice Lady Justice	My Lord My Lady
High Court Judge	The Honourable Mr Justice [Name] The Honourable Mrs/Ms Justice [Name]	Judge Judge	My Lord My Lady
Master	Master [Name] (auch bei Frauen)	Master	Judge[27]

[22] Ganz besonders im Bereich der Strafjustiz und Gefängnisverwaltung (https://committees.parliament.uk/committee/102/justice-committee/news/174666/inquiry-launched-into-staffing-issues-in-the-prison-system/), aber auch im Bereich der Zivilgerichte, siehe: The Guardian vom 25.4.2018 www.theguardian.com/law/2018/apr/25/judicial-shortages-pose-threat-court-system-top-judge-warns.

[23] www.thetimes.co.uk/article/judge-recruitment-crisis-worsening-criminal-court-backlog-lord-chief-justice-warns-r8pk5dhlg.

[24] www.judicialcareers.judiciary.uk.

[25] Übersetzt in etwa „Übersicht der Aufstiegsmöglichkeiten in der Justiz (Gerichtswesen)", als Download (Stand März 2023) unter: www.judiciary.uk/about-the-judiciary/judges-career-paths/judicial-career-progression-chart/; eine entsprechende Übersicht existiert auch für die von den Courts getrennten „Tribunals" und ist ebenfalls a. a. O. als Download verfügbar.

[26] Wobei die obersten Richter sowie Richter an den diversen *Tribunals* hier mangels praktischer Relevanz außen vor bleiben sollen; ausführlich dazu: www.judiciary.uk/you-and-the-judiciary/what-do-i-call-judge/.

[27] Bis zum 1.12.2022 war die Bezeichnung im Gericht *„master"*; per Mitteilung *(message)* vom 1.12.2022 wurde für die meisten Richterpositionen der mittleren Hierarchie einheitlich die Anrede *„judge"* eingeführt www.judiciary.uk/message-from-the-lord-chief-justice-and-senior-president-of-tribunals-modes-of-address-in-courts-and-tribunals/.

Position	Adressfeld des Briefes	Dear ...	Im Gericht
Registrar	Mr/Mrs/Ms Registrar [Name]	Registrar	Registrar
ICC Judge	Judge [Name]	Judge	Judge
Circuit Judge	His Honour Judge [Name]	Judge	Your Honour
	Her Honour Judge [Name]	Judge	Your Honour
District Judge	District Judge [Name]	Judge	Judge[28]

V. Amtstracht

27 Die hierarchische Gliederung der Richterschaft spiegelt sich auch in den feierlichen Amtstrachten wider (*full gown* oder auch *habit* genannt). Diese farbenprächtigen Roben und langen Perücken *(full-bottomed wigs)* werden heute aber nur mehr zu zeremoniellen Anlässen getragen. In Gerichtsverhandlungen tragen Richter – wenn überhaupt – nur mehr einfache Perücken *(short wigs)*.[29] Nach wie vor verpflichtend sind Perücken in allen Strafverfahren. An Zivilgerichten erster Instanz, auch am *High Court*, tragen Richter heute dagegen gar keine *wigs* mehr. Die *Court Dress Reform 2008*[30] brachte zudem ein neues, schlichteres Design für Richterroben.[31] Den Status des Richters erkennt man an zwei farbigen Streifen *(tabs)* unterhalb des Kragens: *Appeal Court Judges* tragen goldene Streifen, bei *High Court Judges* sind sie rot, bei *Masters* und *Companies Court Judges* des *High Court* sind sie pink und bei *District Judges* blau. Die Einführung des neuen *„bare headed"* Look[32] war in der Richterschaft wenig beliebt, die sich darüber beschwerte, dass man sie nicht konsultiert habe und dass englische Richter nun aussähen wie Figuren aus Raumschiff Enterprise[33]. Die konservative Boulevardpresse beklagte den Verlust einer Jahrhunderte alten Tradition[34]. Konsequenterweise haben sich die Prozessanwälte *(barrister)* der *Court Dress Reform* verweigert und auf Beibehaltung ihrer charakteristischen *wigs* bestanden, auch in Zivilverfahren.

VI. Vergütung

28 Für das Richterpersonal in England und Wales gibt es acht Besoldungsklassen *(salary groups)*, veröffentlicht auf der Website des Justizministeriums.[35]

[28] Bis 1.11.2022 war die Anrede *„Sir / Madam"*, siehe vorige Fußnote.
[29] Zur historischen Entwicklung der Amtstrachten hier www.judiciary.uk/about-the-judiciary/the-justice-system/history/ und noch ausführlicher Yazdani.
[30] www.judiciary.uk/about-the-judiciary/who-are-the-judiciary/court-dress/.
[31] Die neuen Richterroben bestehen aus Kammgarn in Mitternachtsblau mit einem Samtbesatz in Navy Blue.
[32] Entworfen von Stardesignerin Betty Jackson.
[33] Der Independent vom 27.3.2009 titelte „Judges reject new robes" www.independent.co.uk/news/uk/home-news/objection-judges-reject-new-robes-1655348.html und die Daily Mail vom 1.4.2009 sogar „Judges' horror at designer Betty Jackson robes which look like a Star Trek costume" www.dailymail.co.uk/news/article-1166423/Judges-horror-designer-Betty-Jackson-robes-look-like-Star-Trek-costume.html.
[34] Daily Mail vom 13.5.2008 www.dailymail.co.uk/news/article-1019342/Pictured-Judges-throw-away-300-years-tradition-reveal-new-bare-headed-Star-Trek-look.html.
[35] www.gov.uk/government/publications/judicial-salaries-and-fees-2022-to-2023.

Judicial Salaries by Salary Group (effective 1 April 2022)

Salary Group	Annual Full Time Salary
1	£275,534
1.1	£246,034
2	£237,639
3	£225,978
4	£198,459
5	£159,163
5.1	£153,285
5.2	£147,388
6	£138,759
7	£118,237
8	£93,954

Die Vergütung für diese Berufsrichter liegt auf allen Stufen erheblich über der 29 Besoldung deutscher Richter. Dabei darf man aber nicht vergessen, dass im Vereinigten Königreich Richterinnen und Richter in der Regel erst jenseits des 45. Lebensjahres berufen werden und oft eine erfolgreiche Anwaltskarriere aufgeben, um auf die Richterbank zu wechseln.

Anders als in Deutschland ist dort auch längst nicht jeder Richter ein Berufsrich- 30 ter, der ein richtiges Gehalt *(salary)* erhält. Wie oben bereits erwähnt, werden – vor allem an unteren Gerichten und Tribunals – viele Richter nebenamtlich auf Honorarbasis *(fee paid judges)* eingesetzt, also mit einer Tagespauschale *(day rate)* pro Sitzungstag bezahlt. Diese Honorare *(fees)* sind ebenfalls gesetzlich festgelegt und in einer Tabelle veröffentlicht *(Judicial Fee Schedule of the Ministry of Justice)*[36]. Die nebenamtlichen Richter sind meist *barrister* oder *solicitors,* seltener Unternehmensjuristen *(inhouse counsels),* die später eine Richterkarriere anstreben (oder das zumindest nicht ausschließen) und durch die Nebentätigkeit auf Honorarbasis Punkte für den beruflichen Lebenslauf sammeln und an ihrem Justiz-Netzwerk arbeiten. Selbst wenn ein *barrister* in Wahrheit gar keine Richterambitionen hegt, sondern dauerhaft in seinem Beruf bleiben möchte, hilft eine solche Nebentätigkeit bei der Bewerbung um den begehrten *King´s Counsel* Status.

B. Die Anwaltschaft in England & Wales

I. Zulassungszahlen im Vergleich

Zum 1.1.2023 waren laut Statistik der Bundesrechtsanwaltskammer insgesamt 31 165.186 Rechtsanwältinnen und Rechtsanwälte zugelassen (Vorjahr: 165.587), davon 60.572 Rechtsanwältinnen (Vorjahr: 60.057).[37] Diesen stehen in England und Wales folgende Zulassungszahlen gegenüber: Im März 2023 waren in der offiziellen Liste *(roll of solicitors)*[38] der *Solicitors Regulation Authority* insgesamt 222.007 *soli-*

[36] www.gov.uk/government/collections/judicial-salaries-and-fees.

[37] Quelle: www.brak.de/presse/zahlen-und-statistiken/.

[38] Die monatlich erfasste Statistik seit 2011 (also inklusive der Auswirkung des Brexit auf die *Registered European Lawyers*) ist hier abrufbar www.sra.org.uk/sra/research-publications/regulated-community-statistics/data/population_solicitors.

citors erfasst, von denen allerdings nur 159.568 aktiv praktizierten.[39] Hinzu kommen laut Statistik des *Bar Standards Board* (Stand 2022)[40] gut 17.500 aktive *barrister.* Bezogen auf die Bevölkerungszahl von knapp 60 Millionen[41] praktizieren somit in England und Wales erheblich mehr Anwältinnen und Anwälte.[42]

II. Praktische Bedeutung der Kanzleiauswahl für den Rechtsstreit

32 Es lohnt sich ein genauer Blick auf diese Akteure, denn die englischen Anwältinnen und Anwälte, vor allem die *solicitors,* sind für deutsche Mandanten die wichtigsten Ansprechpartner und Lotsen durch das komplexe Zivilverfahren. Die Auswahl der „passenden" Kanzlei ist für den Prozesserfolg von großer Bedeutung.

33 Deutsche Mandanten bewegen sich in einem englischen Rechtsstreit meist in unbekannten Gewässern und unterliegen deshalb oft Fehleinschätzungen über den Ablauf des Zivilprozesses, dessen Dynamiken, die optimalen *windows of opportunity,* die *do's and don'ts* und – ganz besonders – die finanziellen Risiken.

34 Eine typische Beschwerde eines deutschen Mandanten lautet: „Ich habe Sie vor drei Monaten mit einer Zivilklage beauftragt. Warum haben wir immer noch keine Klageschrift eingereicht?" Der deutsche Mandant ist überzeugt, dass der englische Anwalt zu wenig *drive* an den Tag legt. Die *solicitors* wiederum schütteln den Kopf über die *unreasonable and overly aggressive Germans.* Die Wahrheit ist: Englische Prozessanwälte unterliegen strengen Regularien des Berufsrechts sowie des Prozessrechts. Dieses enge Korsett macht die englischen Anwaltskollegen erheblich weniger flexibel und zwingt sie zur Einhaltung zahlreicher formeller Schritte, die Wochen und Monate Zeit in Anspruch nehmen und deren Notwendigkeit deutschen Mandanten oft nicht einleuchtet. Als Stichworte seien genannt: *„strict know your client (KYC) procedure and anti-money-laundering checks"*, ausführliche Mandanteninformationsbriefe *(„client care letters")*, vorprozessuale Kommunikations- und Offenlegungspflicht *(„pre action protocol")*, Gebot der Zurückhaltung *(„restraint")* und des vernünftigen Verhaltens *(„reasonableness")*. Daher ist die Erwartungshaltung eines deutschen Mandanten, „mal schnell eine Klage einzureichen", in England[43] schlicht nicht zu erfüllen. Es wäre auch kontraproduktiv. Hektik schadet den prozessualen Erfolgsaussichten, weil dann mit hoher Wahrscheinlichkeit das *„pre-action protocoll"* verletzt wird, was dem Prozessgegner in die Karten spielt.

35 Wegen dieser gänzlich unterschiedlichen Herangehensweise an einen Zivilrechtsstreit kommt es deshalb bereits bei der Anbahnung eines Mandatsverhältnisses *(client onboarding)* oft zu Missverständnissen und wechselseitiger Frustration.

36 Wie deutsche Prozessparteien im englischen Gerichtssaal, erleben nämlich umgekehrt auch englische Kanzleien, die für deutsche Mandanten tätig werden, oft einen Kulturschock. *Solicitors* und in noch höherem Maße *barristers* haben ein anderes Selbstverständnis und eine andere Arbeitsweise als deutsche Unternehmer das von ihren heimischen Rechtsanwälten gewöhnt sind. Daraus resultieren oft Miss-

[39] Im Unterschied zu Deutschland müssen *solicitors* in England und Wales ihr *practising certificate* jährlich erneuern. Details hier: www.sra.org.uk/mysra/manage-account/individual-account/step-by-step-guides/apply-practising-certificate.

[40] www.barstandardsboard.org.uk/news-publications/research-and-statistics/statistics-about-the-bar/practising-barristers.html.

[41] Office for National Statistics: www.ons.gov.uk/peoplepopulationandcommunity/populationandmigration/populationestimates.

[42] Dies bereits ohne Berücksichtigung der weiteren *legal professions* wie Cilex lawyer, conveyancers usw.

[43] Das gilt für das gesamte Vereinigte Königreich, also auch für Schottland und Nordirland.

verständnisse und unrealistische Erwartungshaltung sowie – nicht selten – falsche Entscheidungen.

Man sollte daher, vor allem bei komplexen Wirtschaftsstreitigkeiten, vielleicht eine Kanzlei wählen, die neben der fachlichen Kompetenz auf dem betreffenden Gebiet[44] auch Erfahrung mit *„clients from Europe"* hat und deren typische Erwartungshaltung kennt. Umgekehrt müssen sich deutsche Mandanten an die anderen Spielregeln im Verhältnis Anwalt zu Mandant sowie im Verhältnis der Parteien zueinander anpassen. Beschwert man sich ständig über die (vermeintliche oder tatsächliche) Umständlichkeit des englischen Zivilprozessrechts, macht man sich damit nicht beliebt – auch nicht bei den eigenen Anwälten. 37

III. Übersicht und allgemeine Rollenverteilung

Wer im Vereinigten Königreich[45] Rechtsrat oder anwaltlichen Beistand in einem Zivilstreit benötigt, steht einer verwirrenden Anzahl verschiedener Anwaltsberufe[46] gegenüber. Neben der traditionellen Unterscheidung zwischen ***solicitor***[47] und ***barrister,***[48] gibt es seit 1990 auch ***solicitor advocates,*** die ihre Mandanten auch vor höheren Gerichten allein vertreten dürfen. 38

Warum gibt es in vielen[49] Common Law Rechtsordnungen[50] diese Trennung des Anwaltsberufs in *solicitors and barristers (split legal profession)?* Einem deutschen Rechtsanwalt, aber auch einem US-amerikanischen *Attorney at Law* erscheint diese Aufgabentrennung künstlich und überflüssig. Warum kann mein Anwalt, der die Akte bestens kennt und die vorprozessuale Korrespondenz mit der Gegenseite geführt hat, den Fall nicht auch selbst vor Gericht präsentieren, Zeugen befragen und Plädoyers halten? Für englische Juristen ist die traditionelle Trennung des Anwaltsberufs selbstverständlich und völlig natürlich. 39

Man muss sich klar machen, dass diese Rollenverteilung unter den anwaltlichen Verfahrensbeteiligten im *Common Law* über viele Jahrhunderte historisch gewachsen ist. Bereits im 13. Jahrhundert bestand in England die Trennung zwischen *pleaders* (die Vorläufer der späteren *barristers*) und *attorneys* (Vertreter einer Partei), der Begriff *solicitor* tauchte erst erheblich später auf und bezog sich zunächst auf *attorneys* die am damaligen *Court of Chancery* tätig waren. Die *pleaders* wiederum wur- 40

[44] Ggf. belegt durch Zusatzqualifikation (*Law Society Accreditation,* www.lawsociety.org.uk/public/for-public-visitors/using-a-solicitor/law-society-accreditations), Mitgliedschaft in einer *Specialist Lawyer Association* oder natürlich vor allem durch *„track record",* also erfolgreich geführte Prozesse auf dem jeweiligen Gebiet.

[45] Die Anwaltschaft in Schottland ist eigenständig organisiert und unterliegt anderen Berufsregeln als in England & Wales. Terminologie und Rechtstradition sind sehr verschieden. Es gibt daher nur wenige Anwaltskanzleien, die „grenzüberschreitend" in England und Schottland zugleich tätig sind, was natürlich auch dem unterschiedlichen materiellen und prozessualen Recht geschuldet ist. Ein englischer *solicitor* berät daher in aller Regel nicht im schottischen Recht und umgekehrt. Ähnliches gilt für Nordirland.

[46] Mit dem Begriff Anwalt sind hier *solicitor* und *barrister* gemeint, also Anwälte im engeren Sinn. Zu den weiteren *legal professions* mehr unter → Rn. 66.

[47] Abgeleitet vom altfranzösischen *"soliciteur"*: jemand, der etwas beantragt, auf etwas drängt, etwas erbittet.

[48] Abgeleitet von der (meist hölzernen) Barriere, die den Bereich des Richters vom Bereich der Anwälte, Parteien und Zuschauer abtrennt; *barristers* sind somit Anwälte, die berechtigt sind, an diese Barriere zu treten und einen Fall vorzutragen.

[49] Wenn auch nicht in allen. Der US-amerikanische *Attorney at Law* ist „Allroundanwalt", der Mandanten außerhalb und innerhalb des Gerichtssaals vertritt, wie es auch das natürliche Selbstverständnis eines deutschen Rechtsanwalts ist.

[50] Neben dem Vereinigten Königreich etwa auch in Australien, Kanada, Irland, Südafrika, wobei in manchen Rechtsordnungen, etwa Teilen von Kanada und Teilen von Australien, die beiden Berufe verschmolzen *(fused)* sind. Dort lautet die Berufsbezeichnung dann *Barrister and Solicitor.*

den unterschieden in *serjeants* und *apprentices at law.* Sie versammelten sich in „*Inns*", später „*Inns of Court*", die bis heute als die beruflichen Zusammenschlüsse *(professional societies)* der *barrister* bestehen[51]. Die historische Entwicklung der Anwaltschaft ist ebenso komplex, facettenreich und verwirrend[52] wie die Entwicklung der englischen Gerichtsstruktur. Einen guten Überblick mit vielen weiterführenden Literaturfundstellen gibt das Manuskript zur Vorlesung „*Do we need barristers?*" von Professor Leslie Thomas KC.[53]

41 Für die Zwecke dieses Praxishandbuchs konzentrieren wir uns auf die – im Wesentlichen auch heute noch gültigen – zentralen Unterschiede im Rollenverständnis zwischen *solicitor* und *barrister:*

42 *Solicitors* hatten traditionell das Monopol auf die Prozessführung *(conduct of litigation),* also u. a. die Erhebung von Klagen im Namen ihrer Mandanten, das Einreichen von Unterlagen *(filing documents)* und die Zahlung der Gerichtsgebühren. *Barristers* durften all dies nicht. Ihre Rolle war stattdessen die Präsentation des Falles vor Gericht, insbesondere die juristische Argumentation. Nur sie hatten an höheren Gerichten Rederecht *(right of audience).* Beauftragt wurden *barristers* nicht von den Mandanten direkt, sondern von *solicitors.* Mit schnöden finanziellen Dingen sollten *barristers* nicht befasst sein[54]. Sie durften insbesondere keine Mandantengelder entgegennehmen und selbst ihr eigenes Honorar konnten *barristers* bei Nichtzahlung nicht einklagen.

43 Bis heute sprechen *barristers* in der Regel nicht über ihr Honorar, sondern überlassen dies ihren *clerks.* Die Bedeutung dieser *clerks* unterschätzen deutsche Mandanten oft. Es handelt sich dabei nicht nur um bloße Assistenten. Vielmehr organisieren diese *clerks* – vergleichbar mit den früher in manchen deutschen Anwaltskanzleien vorhandenen „Kanzleivorstehern" – alle internen Kanzleiabläufe, sie verteilen die eingehenden Mandatsanfragen auf die Anwälte[55] und verhandeln mit den Mandanten[56] das Honorar, sind also für den wirtschaftlichen Erfolg eines *barristers* bzw. der *chambers* von großer Bedeutung. Meist erhalten *clerks* auch eine umsatzbasierte Vergütung bzw. eine Erfolgsbeteiligung[57].

44 Als Hauptvorteile der Aufgabentrennung gelten zum einen die hohe Kompetenz der *barristers* in der Fallpräsentation, Rhetorik und juristischen Argumentation *(advocacy).* Zum anderen das Vier-Augen-Prinzip: Da ein *barrister* die gesamte vom

[51] *Barristers* müssen auch heute einem der vier *Inns of Court* beitreten: Gray's Inn, Inner Temple, Lincoln's Inn oder Middle Temple (www.barcouncil.org.uk/becoming-a-barrister/students-and-graduates/school-student-inns-of-court-events-and-schemes.html). Welchem *Inn* man beitritt, können die Nachwuchsbarrister frei wählen. Die *Inns of Court* bieten Aus- und Fortbildungsveranstaltungen an und organisieren die sogenannten „*dinners in Hall*", von denen *barristers* während ihrer Ausbildung traditionell mindestens 36 besucht haben müssen *(qualifying sessions),* also eine Art institutionalisiertes „Zwangs-Networking", das dafür sorgt, dass Nachwuchsanwälte mit erfahrenen Kollegen (und Richtern) in persönlichen Kontakt kommen und von diesen lernen. Ob die Pflicht zur Teilnahme an solchen formellen Dinnern noch zeitgemäß ist, diskutiert dieser ICLR-Blogbeitrag: www.iclr.co.uk/blog/legal-profession/ways-into-law-dining-in-hall%E2%80%8A-%E2%80%8Atradition-or-torment.

[52] Neben *pleaders, attorneys* und *solicitors* existierten auch die Anwaltsberufe *proctor* and *advocate,* die in den *ecclesiastical courts* (unter anderem zuständig für Erbrecht und Scheidungen) sowie den *admiralty courts* (zuständig für Schiffahrtsangelegenheiten).

[53] Verfügbar als PDF-Download auf der Website des Gresham College www.gresham.ac.uk/watch-now/barristers.

[54] Dazu ein Auszug aus Graham Boals Memoiren „A Drink at the Bar", S. 26: „*Traditionally, a barrister has nothing whatsoever to do with the rather distasteful and vulgar matter of being paid for his services; it would have been serious professional misconduct for a barrister to be found on the telephone to a solicitor negotiating fees…*"

[55] Je nach fachlicher Qualifikation und Erfahrung des *barristers* sowie nach dessen Kapazität.

[56] Meist sind die Auftraggeber ja die *solicitors* des Mandanten.

[57] Jedenfall die „*senior clerks*", die in der Hierarchie faktisch ein höheres Standing haben als *junior barristers;* mehr dazu bei Boal, S. 26 und 43.

solicitor zusammengestellte Fallakte *(bundle)* noch einmal unabhängig und unbefangen prüft, werden rechtzeitig vor der Verhandlung etwaige Schwachstellen aufgezeigt und rechtliche Aspekte ggf. noch einmal unter einem anderen Blickwinkel beleuchtet. *Barristers* haben somit eine gewisse Kontrollfunktion, auch wenn sie dies gegenüber *solicitors* kaum so formulieren würden.[58]

Die *split profession* und die dadurch erforderliche Beiziehung eines teuren *barrister* wird allerdings auch immer wieder als ineffizient, unnötig teuer und anachronistisch kritisiert.[59] 45

Durch zahlreiche Gesetzesreformen im Vereinigten Königreich haben sich die Berufsbilder in den vergangenen Jahrzehnten aufeinander zu bewegt. Die Kompetenzen wurden in beide Richtungen stark erweitert. *Solicitors* dürfen heute ebenfalls vor vielen britischen Gerichten auftreten, ohne zwingend einen *barrister* einschalten zu müssen. Umgekehrt können sich *barristers,* wenn sie dies möchten, von Mandanten direkt beauftragen lassen. Allerdings ist beides in der Praxis eher die Ausnahme, da die meisten englischen Anwälte die traditionelle Aufgabenverteilung nach wie vor als sinnvoll betrachten. 46

Dies gilt insbesondere für internationale Zivilprozesse sowie wirtschaftsrechtliche Streitigkeiten. Deutsche Mandanten in einem solchen Rechtsstreit vor englischen Gerichten werden daher mit beiden Typen von Anwälten zu tun haben. Beleuchten wir die zwei Berufsgruppen sowie die Art der Zusammenarbeit daher in den folgenden Kapiteln noch genauer. 47

IV. Solicitors

Solicitors sind die ersten Ansprechpartner, die direkten juristischen Berater und Vertreter des Mandanten. Dies gilt auch und besonders in Gerichtsverfahren. Die oft gehörte Aussage „*solicitors* sind außerprozessuale Vertragsanwälte, *barristers* sind Prozessanwälte" ist schlicht falsch. Gerade in komplexen Zivilprozessen sind *solicitors* die für den Mandanten wichtigsten Anwälte. Sie ermitteln den relevanten Sachverhalt, prüfen die Rechtslage, entwerfen Schriftsätze und andere Dokumente und vertreten ihre Mandanten, selbst wenn für den konkreten Vortrag des Falles vor Gericht ein *barrister* eingeschaltet wird. 48

In der Ausbildung hören angehende englische Juristen oft den Vergleich mit der Ärzteschaft[60] (*solicitor* als Allgemeinarzt, der den Patienten insgesamt betreut, und *barrister* als punktuell hinzugezogene Fachärzte zur Klärung von Spezialfragen). Etwas martialischer folgende Metapher[61]: 49

> *Solicitors* sind die Ingenieure, die das Flugzeug bauen (also den Sachverhalt ermitteln, Dokumente beibringen, Sachverständige instruieren, Schriftsätze vorbereiten), der *Barrister* ist der Kampfpilot, der das Flugzeug dann in den Einsatz fliegt (also den Fall in der mündlichen Verhandlung präsentiert, Zeugen und Sachverständige befragt, juristische Plädoyers hält und schlagfertig auf Einwände der Gegenseite reagiert).

Oder noch drastischer: 50

> The solicitor is like the producer of a movie, the barrister is the actor.[62]

---

[58] Zum gegenseitigen Verhältnis und den wirtschaftlichen Abhängigkeiten → 68 ff. unten.

[59] Auch hierzu findet sich eine gute Bestandsaufnahme der Argumente pro und contra in der Vorlesung *„Do we need barristers?"* von Professor Leslie Thomas KC vom 2.2.2023 (siehe Fn. 53).

[60] The Secet Barrister, Nothing but the Truth, S. 18.

[61] Die Alex Woods in seinem Leitfaden „Flying Solo – How to represent yourself in the courts of England and Wales", verwendet, dort S. viii (Preface).

[62] Zitat aus Interview mit *litigation solicitor* Alex Woods, YouTube www.youtube.com/watch?v=7VLOcn2BdNI bei 22 Min 8 Sek.

51 Soll heißen, der *solicitor* trägt die Gesamtverantwortung für den Rechtsstreit, diskutiert mit dem Mandanten die Strategie, besorgt und ordnet das Beweismaterial, sucht geeignete Sachverständige aus und holt deren Gutachten ein. Und zu guter Letzt wählt der *solicitor* den *barrister* aus und versorgt diesen mit allen nötigen Unterlagen für die Verhandlung (sog. *„brief to counsel"*).

52 Dieses allgemein durchaus zutreffende Bild muss man allerdings in einigen Aspekten relativieren. Erstens weil *barristers,* auch wenn sie sich primär als *„courtroom lawyer"* definieren, in der Regel auch bereits bei den Schriftsätzen mitwirken, vor allem bei der rechtlichen Argumentation. Hier holen *solicitors* oft schon weit vor Klageerhebung spezifischen Rechtsrat beim *Barrister* ein *(seek the opinion of counsel),* da *barristers* eine umfassende Kenntnis der einschlägigen Präzedenzfälle besitzen *(expert knowledge of relevant case law and precedent).*

53 Zweitens sind erfahrene *solicitors* ihrerseits keineswegs nur Sachverhaltsermittler, Dokumentensortierer, Organisatoren und Ablaufkoordinierer (wobei all diese Aspekte nicht zu unterschätzende Voraussetzungen für einen erfolgreichen Zivilprozess sind), sondern sie besitzen auf ihrem Rechtsgebiet oft vertiefte Spezialkenntnisse. *Solicitors* sind es auch, nicht *barristers,* die mit der Gegenseite verhandeln, auch nach Klageerhebung, und ggf. einen Vergleich abschließen. *Solicitors* tragen also die Gesamtverantwortung.

V. Barristers

54 Die Perücke und Robe tragenden *barristers* sind zunächst Spezialisten für den Gerichtssaal *(trial specialists),* also Experten für Prozessrecht, die juristische Argumentationsführung in Schriftsätzen *(drafting)* sowie die Präsentation des Falles in der mündlichen Verhandlung, inklusive Zeugenbefragungen und Plädoyers *(advocacy).*

55 Zudem sind *barristers* (auch als *counsel*[63] bezeichnet) oft Spezialisten für bestimmte materielle Rechtsgebiete, also Kenner der einschlägigen Rechtsprechung zu einem Thema, und werden als juristische Berater und Rechtsgutachter beigezogen. Wird es rechtlich komplex, hört ein Mandant vom *solicitor* meist die Empfehlung: *„It may be sensible to obtain counsel's opinion regarding …"* Frei übersetzt heißt das: „Ich kenne mich nicht mehr aus und schlage dringend vor, dass wir die Stellungnahme eines *barrister* zu dieser Rechtsfrage einholen." Für die Suche nach ausgewiesenen Expertinnen und Experten auf einem bestimmten Fachgebiet *(practice area)* sind die *Specialist Bar Associations (SBA)* eine gute Anlaufstelle.[64] Alternativ die etablierten Ranking-Publikationen wie *„The Legal 500"* oder *„Chambers"* und natürlich die Webauftritte des *barrister* selbst.

56 Besonders erfahrene und verdiente *barrister* werden zu ***King's Counsel*** *(KC)* ernannt, umgangssprachlich auch als ***„silks"*** bezeichnet wegen der nur von ihnen getragenen Seidenrobe *(silk gown).*[65] In den meisten juristischen Publikationen und auch noch auf etlichen Websites und Visitenkarten von *barristers* findet man allerdings noch die bis zum Tod von Queen Elizabeth II im September 2022 gut 70 Jahre lang gültige Bezeichnung ***Queen's Counsel*** *(QC).* King James I ernannte im Jahr 1603 Francis Bacon als *„one of our Counsel learned in the law",* der Ursprung dieser Auszeichnung für besonders renommierte Juristen. Ursprünglich waren diese King's Counsel tatsächlich Berater am königlichen Hof, mit der Zeit wandelte sich

---

[63] Nicht *„counselor",* wie in den Vereinigten Staaten als Anrede für *attorneys-at-law* üblich.

[64] Alle 24 SBAs sind auf der *Bar Council* Website aufgelistet: www.barcouncil.org.uk/about/about-the-bar/other-organisations.html.

[65] Einfache *barristers* tragen Roben aus Wolle.

die Bezeichnung zu einem Ehrentitel für beruflich herausragende oder einflussreiche Anwälte, in der Regel *barristers,* ausnahmsweise auch *solicitor advocates.* Seit 2005[66] entscheidet ein unabhängiges *Selection Panel*[67] darüber, welche *barristers* die begehrte[68] Auszeichnung erhalten, um die man sich aktiv bewerben[69] und ein strenges Auswahlverfahren bestehen muss.[70] In der aktuellen Ernennungsrunde 2022/2023 waren von 279 Bewerberinnen und Bewerbern 95 erfolgreich und erhielten am 27.3.2023 vom *Lord Chancellor* den Titel verliehen[71].

Barristers sind meist als Einzel-Freiberufler tätig *(self-employed sole practitioner),* 57 die sich allerdings in sog. *chambers* organisieren[72]. Bei diesen *chambers* handelt es sich in der Regel um bloße Bürogemeinschaften[73] und gerade nicht um echte gesellschaftsrechtliche Zusammenschlüsse, wie dies bei Kanzleien von *solicitors* meist der Fall ist.[74] Somit können zwei als *sole practitioner* agierende *barristers,* auch wenn sie derselben *chamber* angehören, auf unterschiedlichen Seiten desselben Rechtsstreits tätig werden, ohne dass dies einen Interessenkonflikt auslöst.[75]

Mandatiert werden *barristers* in aller Regel durch *solicitors.* Traditionell durfte ein 58 nichtanwaltlicher Mandant einen *barrister* gar nicht direkt kontaktieren, sondern musste ausnahmslos über einen *solicitor* gehen, dem – wie im vorherigen Kapitel geschildert – die Gesamtkoordination des Falles obliegt und der dem *barrister* zuarbeitet, ihm also die Fakten und Beweismittel liefert (etwa ähnlich den Rechtsanwälten beim BGH[76] in Deutschland). Spätestens einige Wochen vor dem Verhandlungstermin *(trial)* erhält der *barrister* vom *solicitor* dann den *„brief to counsel",* also die Zusammenfassung des Falls und Anweisungen an den *barrister* – sowie meist

---

[66] Davor oblag die Ernennung dem *Lord Chancellor,* also einem Mitglied des Regierungskabinetts, nach vertraulicher Konsultation mit hochrangigen Richtern und Anwälten, was als völlig intransparentes Verfahren und als „old boys network" kritisiert wurde.

[67] https://kcappointments.org/the-selection-panel/.

[68] KCs können erheblich höhere Stundensätze verlangen als „einfache" *barrister.*

[69] Im Jahr 2022 bewarben sich 279 *barrister,* 95 davon mit Erfolg.

[70] Mehr zu den Ernennungskriterien und dem Ablauf des Bewerbungsverfahrens im Februarheft des Counsel Magazin (13.2.2023): www.counselmagazine.co.uk/articles/who-gets-silk-2022 und auf der Website der Law Society www.lawsociety.org.uk/topics/advocacy/becoming-a-kc.

[71] www.gov.uk/government/news/new-kings-counsel-welcomed-by-lord-chancellor.

[72] Wer als frisch qualifizierter *barrister* also nicht ganz alleine auf dem hart umkämpften Markt auftreten und seine Infrastruktur von Null aufbauen will, ist darauf angewiesen, dass eine etablierte *chamber* ihr bzw. ihm eine sog. *„tenancy"* anbietet, faktisch ein Untermietvertrag mit dem *„head of chambers",* der die Räume wiederum von einem *Inn of Court* gemietet hat, dem die Gebäude im historischen Londoner legal district gehören; mehr dazu bei Boal, S. 41.

[73] Die sich die Büromiete und manchmal auch Personalkosten teilen sowie gemeinsame Marketing-Aktivitäten organisieren; hierzu haben *chambers* oft sehr komplizierte interne Vereinbarungen, wie eingehende Fälle zugewiesen werden und wie der generierte Umsatz und die Kosten verteilt werden; mehr dazu bei Boal, S. 43 f.

[74] Andere Zusammenschlüsse sind zulässig, seit 2009 auch interdisziplinär in Form einer *Alternative Business Structure (ABS),* zuvor als *Legal Disciplinary Practice (LDP)* bezeichnet, werden jedoch selten genutzt; auch zulässig, aber ebenfalls selten, sind Anstellungsverhältnisse *(employed barristers);* zur Tätigkeit von *barristers* innerhalb einer *solicitor firm* hier: www.barcouncilethics.co.uk/wp-content/uploads/2017/10/Solicitors-firms-barristers-as-partners-2.pdf.

[75] Zumindest theoretisch, in der Praxis versuchen *chambers* natürlich trotzdem, so etwas zu vermeiden, da es gegenüber den Mandanten keinen guten Eindruck macht, wenn die selbe „Kanzlei" auf beiden Seiten des Rechtsstreits agiert.

[76] Die Website der Rechtsanwaltskammer beim BGH (www.rak-bgh.de/die-bgh-anwaltschaft) nennt in der Rubrik „Funktion" ebenfalls das Vier-Augen-Prinzip sowie das Zusammenwirken von Voranwalt und BGH-Anwalt. Ferner die „Endkontrolle" durch den BGH-Anwalt. Zitat: „Im Interesse des Mandanten gilt aber auch: BGH-Anwälte sind aufgrund ihrer Erfahrung mit dem jeweiligen Rechtsmittel und mangels eigener Vorbefassung in der Lage, die Aussichten in der Revisionsinstanz unbefangen zu bewerten, neue Rechtsaspekte aufzudecken, Vortragsschwerpunkte zu ändern und von der Durchführung aussichtsloser Verfahren abzuraten. Der Mandant erhält so eine zweite, unabhängige Beurteilung seiner Sache und die Möglichkeit, die Kosten aussichtsloser Rechtsmittel zu vermeiden." Diese Aufgabe hat auch ein *barrister.*

auch das *trial bundle,* also die Zusammenstellung aller relevanten Prozessunterlagen. Arbeiten *solicitors* und *barristers* gut und vertrauensvoll zusammen, dann leistet der *barrister* eine wertvolle Qualitätskontrolle, da er alle Unterlagen noch einmal mit frischen Augen liest und auf Vollständigkeit sowie Stringenz der Argumentationsführung prüft. Das *trial bundle* kann dann bei Bedarf noch einmal optimiert werden[77], bevor es ans Gericht geht.

59 Diese Rollenverteilung ist auch heute noch der absolute Regelfall. Zwar wurden die Beschränkung in den letzten zwei Jahrzehnten gelockert, so dass die Direktbeauftragung eines *barristers* in manchen Bereichen zulässig ist, sofern ein *barrister* sich hierfür bereit erklärt und eine entsprechende Zusatzausbildung zum sog. *public access barrister* erworben hat.[78] Empfehlenswert ist das aber nur im Ausnahmefall, da *barrister* auch bei einer solchen Direktmandatierung gerade nicht den gesamten Fall übernehmen, sondern „nur" die originären *barrister*-Aufgaben (also Beratung zu speziellen Rechtsfragen und die Präsentation im Gerichtssaal). Der Mandant muss bei einer direkten Mandatierung eines *barrister* daher viele Aufgaben selbst übernehmen, um die sich sonst der *solicitor* kümmert (Schriftsätze einreichen, schriftliche Zeugenaussagen und Sachverständigengutachten beibringen, Absprachen mit Gericht und Gegenseite treffen usw.).

60 Für die allermeisten Zivilprozesse, insbesondere Wirtschaftsstreitigkeiten oder internationale Fallkonstellationen, bleibt es daher bei der klassischen Rollenverteilung zwischen *solicitor* und *barrister.* Deutsche Mandanten sollten unter keinen Umständen versuchen, einen solchen Prozess ohne die Beratung und Gesamtkoordination einer Solicitorkanzlei zu führen.

VI. Solicitor Advocates

61 Trotz der oben beschriebenen Lockerungen besitzen vor höheren Gerichten nach wie vor prinzipiell nur *barrister* das *„right of audience"*, also „Anspruch, gehört zu werden."[79]

62 *Solicitors* mit Affinität zur *advocacy* (Prozessgewandtheit, rhetorische Expertise, Zeugenbefragung usw.), die ihre Mandanten aber auch in der mündlichen Verhandlung *(trial)* selbst vertreten wollen, können eine Zusatzausbildung durchlaufen und die *„advocacy assessment"* Prüfung[80] in Beweisrecht, Ethik für Prozessanwälte und Rhetorik ablegen (entweder nur für Zivilverfahren, nur für Strafverfahren oder beides). Als *solicitor advocates* haben sie dann ebenfalls die *„higher rights of audience"*, sind somit „Hybrid-Anwälte" des englischen Prozessrechts. Auch *solicitor advocates* fokussieren sich meist auf ein bestimmtes Rechtsgebiet bzw. eine bestimmte Branche.

63 Für Mandanten hat das den Vorteil, dass (teure) *barrister* entweder gar nicht mehr nötig sind oder – wenn man wegen ihrer Fachbereichsexpertise nicht ganz darauf verzichten will – diese nur ganz punktuell hinzugezogen werden müssen, nicht aber für die gesamte Dauer des *trial* anwesend sein müssen. In England sind

---

[77] Vorausgesetzt die *solicitors* haben das *trial bundle* früh genug vor dem gerichtlichen Abgabetermin erstellt, so dass hierfür noch Zeit bleibt.

[78] www.barstandardsboard.org.uk/for-the-public/finding-and-using-a-barrister/how-to-instruct-a-barrister.html.

[79] *„Right of audience"* ist dabei nicht identisch mit dem ZPO-Betriff der Postulationsfähigkeit, also dem Recht, wirksame Prozesshandlungen vornehmen zu können, denn den englischen Zivilprozess führt ja gerade nicht der *barrister,* sondern der *solicitor. „Right of audience"* bezieht sich somit auf die Verhandlung selbst.

[80] www.sra.org.uk/solicitors/resources/continuing-competence/cpd/accreditation/higher-rights-of-audience/statement-of-standards-for-solicitor-higher-court-advocates.

mündliche Verhandlungen nämlich in aller Regel erheblich länger als in Deutschland, ein Zivilverfahren wird oft für mehrere ganze Tage am Stück angesetzt.

Solicitor advocates werben mit Aussagen wie: „*I undertake my own advocacy at court which allows me to provide clients with a streamlined service and continual representation throughout their matter.*" Das erscheint manchen deutschen Mandanten verlockend, weil dies nach Rechtsberatung aus einer Hand klingt, wie sie dies von ihrer deutschen Anwaltskanzlei gewohnt sind. **64**

Theoretisch richtig, nur: Insgesamt nehmen relativ wenige *solicitors* diese Möglichkeit der Zusatzqualifikation wahr. Im März 2023 registrierte die offizielle Statistik der SRA nur 7.118 *solicitor advocates*, hiervon waren 2.965 nur im Strafrecht tätig. Von den rund 160.000 *solicitors* in England und Wales sind somit nur 4.153 (2,6 Prozent) daran interessiert, ihre Mandanten auch vor den höheren Zivilgerichten direkt zu vertreten. Dies belegt, dass die große Mehrheit der englischen Anwälte die traditionelle Rollenverteilung gut und richtig findet. Anders formuliert: *Solicitors* wollen in aller Regel gar nicht selbst als Prozessanwälte vor Gericht. Deutsche Mandanten sollten daher nicht allzu große Hoffnung darin setzen, einen für ihren internationalen Wirtschaftsprozess ideal geeigneten *solicitor advocate* zu finden. **65**

VII. Weitere *Legal Professions*

Neben diesen drei Anwaltsberufen im engeren Sinn existieren zahlreiche weitere juristische Berufe wie *CILEX lawyers, patent attorneys, trademark attorneys, costs lawyers, licensed conveyancers, notaries, scrivener notaries und chartered accountants* (Wirtschaftsprüfer). **66**

CILEX steht für *Chartered Institute of Legal Executives Lawyers,*[81] das Fachjuristen *(specialist lawyers)* ausbildet und prüft. Erfolgreiche Absolventen haben dann – auf ihrem speziellen Fachgebiet – eine ähnliche Stellung wie *solicitors,* besitzen also ein *practising certificate* und dürfen Mandanten beraten und vertreten.[82] *CILEX lawyer* sind oft ehemalige *para-legals,* die bereits einige Jahre Berufserfahrung in einer Kanzlei gesammelt haben und sich dann auf einem bestimmten Fachgebiet (zum Beispiel Arbeitsrecht oder Grundstücksrecht) weiter qualifizieren möchten, ohne die umfangreichere, weil allgemeine, *solicitor* Ausbildung durchlaufen zu müssen. **67**

VIII. Hierarchie und wirtschaftliche Abhängigkeiten

Deutsche Prozessparteien haben oft keine oder eine falsche Vorstellung, wie *solicitor* und *barrister* bei der Fallbearbeitung kooperieren, was deren jeweiliges Selbstverständnis ist und welche Abhängigkeiten bestehen. Da dies bei Mandanten aus Deutschland oft zu Missverständnissen und falschen Erwartungen führt, lohnt sich ein genauerer Blick hinter die Kulissen. **68**

Die verschiedenen Rollen und die fachliche Aufgabenverteilung haben wir oben bereits erläutert. Wie ist nun aber das Verhältnis zwischen *solicitors* und *barristers* unter wirtschaftlichen sowie unter psychologischen Gesichtspunkten? Gibt es eine Rangordnung? Nun, stellt man diese Frage in gleichzeitiger Gegenwart beider Berufsgruppen – was als ungehörig empfunden würde – so erhält man die offizielle Antwort, dass beide Arten der Anwaltschaft natürlich auf Augenhöhe arbeiten. **69**

---

[81] https://cpq.cilex.org.uk/.

[82] *CILEX lawyer* sind somit „echte Anwälte", sie können Partner in Anwaltskanzleien sein und werden nicht selten in unteren Gerichten und Tribunalen zu Richtern berufen.

70 Historisch war dies lange Zeit anders. Die Ausbildung der *barristers* erfolgte vom 15. bis ins 18. Jahrhundert an den *Inns of Court,* was mit hohen Kosten verbunden war. *Barrister*-Nachwuchs rekrutierte sich daher vorwiegend aus wohlhabenden Familien mit höherem sozialen Status.[83] Über Jahrhunderte sahen *barristers* daher versnobt auf *attorneys* und *solicitors* herab.[84] Noch 1846 wetterte der *Attorney-General* in der Parlamentsdebatte gegen den Entwurf des *County Courts Act,* der auch anderen Anwälten als *barristers* dort (also am *County Court*) das *right of audience* geben sollte, mit folgenden harschen Worten:

> „...the business of the advocate in all our courts, superior or inferior, should be conducted by men of trained education as advocates, of established position as gentlemen, as men of honour (...) a class of men who had enjoyed the highest education, and who were known to be influenced by the highest feelings .... if any monopoly at all were allowed to exist, it would surely be better to place it in the hands of a highly-educated class of men, rather than in those of an inferior class."[85]

71 Starker Tobak. Die Zeiten, in denen *barrister* ihren „Kollegen der unteren Klasse" die Eigenschaft als *„gentlemen"* und *„men of honour"* absprachen, sind gottlob seit langem vorbei.

72 Dennoch ist aber auch heute evident, dass *barrister* in aller Regel die „fachlich besseren" Juristen[86] sind und als solche auch akzeptiert und geachtet werden, sowohl von *solicitors* als auch von den Mandanten. Das erkennt man zum einen an den erheblich höheren Stundensätzen (oft das Doppelte oder Dreifache eines *solicitors*), vor allem für erfahrene *King's Counsels.*

73 Im Gegenzug sind es aber die *solicitors,* vor allem Großkanzleien *(big firms)* und spezialisierte *boutique law firms,* die eine wirtschaftliche Machtposition besitzen. Denn sie haben den faktischen Zugriff auf Mandanten und entscheiden darüber, welche *barrister* (bzw. welche *chamber of barristers*) mit lukrativen Prozessen und Rechtsgutachten beauftragt werden. Mandanten folgen nämlich in aller Regel der Empfehlung ihrer *solicitors* und formell betrachtet werden *barrister* in aller Regel von *solicitors* beauftragt und bezahlt, nicht direkt vom Mandanten.[87]

74 Wirtschaftlich betrachtet gilt deshalb: *„solicitors feed barristers".* Ein *barrister* wird sich davor hüten, den „zuweisenden" *solicitor* von oben herab zu behandeln oder gar gegenüber dem Mandanten schlecht aussehen zu lassen, etwa indem er andeutet, die Dokumentenmappe *(bundle)* sei unordentlich geführt. Das wäre dann nämlich der letzte Fall gewesen, mit dem dieser *barristers* oder seine *chamber* von der Kanzlei beauftragt wurde. Auch die oben erwähnte Kontrollfunktion des *barristers* findet deshalb in der Praxis, wenn überhaupt, eher dezent statt.

75 Diese wirtschaftliche Abhängigkeit des *barrister* Berufsstands von ihren Auftraggebern (Fallzuweisern) ist auch der Grund dafür, dass *chambers* oft umfangreiches Netzwerk-Marketing betreiben. *Solicitors* werden regelmäßig zu Fachvorträgen und Seminaren mit „Rahmenprogramm" eingeladen. Oder man lässt den Vortragsteil gleich ganz weg und lädt zu einem Premier League Fußballspiel oder Theaterabend. Solche Bewirtungsprogramme nahmen bereits Anfang der 2000er Jahre ein Ausmaß an, dass der *Bar Standards Council* (als Berufsaufsicht der *barrister*) sich im Dezember 2006 veranlasst sah, ein *Consultation Paper* mit dem Titel

[83] Pound, Legal Profession in England from the End of the Middle Ages to the Nineteenth Century, (1944) 19 Notre Dame Law Review 315 ff, insbesondere 319 und 327.
[84] Thomas, siehe Fn. 53, S. 4.
[85] Hansard Official Report, HC Deb 15 July 1851, Vol. 118, cc. 779–780.
[86] Jedenfalls im Hinblick auf *drafting, advocacy* und Detailkenntnis des einschlägigen *case law.* Im Handling von Mandanten, der Sammlung von Beweisen und der Organisation des gesamten Verfahrens sind dagegen *solicitor* versierter, ebenso bei Vergleichsverhandlungen.
[87] Natürlich berechnen *solicitors* die Vergütung der *barrister* an den Mandanten weiter.

„Entertainment of solicitors and others by the bar. Gifts to solicitors"[88] herauszugeben, welches die Problematik plastisch beschreibt:[89]

> (3) In recent years there has been a large expansion in the use of entertainment by barristers to further their interests. Usually, the client of the barrister is the solicitor. In general, the lay client will instruct a solicitor, and, where necessary, the solicitor will instruct a barrister. This will usually be the case if the matter is litigious, whether civil or criminal, and the solicitor instructs the barrister with a view to the barrister appearing as advocate in court proceedings, and advising on the evidence and tactics to be adopted. Barristers are also instructed by solicitors for specialist advice, such as tax advice, where barristers hold themselves out as having expertise in a particular specialised area of law. It follows that in the vast majority of cases, the barrister's client will be the solicitor. It follows, therefore, that any rules restricting entertainment by barristers will principally, but not exclusively, affect entertainment of solicitors.
> (4) Entertainment is carried out by individual barristers, or more commonly sets of chambers, with a view to marketing to solicitors or firms of solicitors. Many sets of chambers now have large marketing budgets which involve a substantial amount of entertainment. Some hospitality and entertainment is provided in the context of, and subordinate to seminars and lectures and similar events, but some is not. It is becoming increasingly common for sets of chambers to entertain solicitors and provide hospitality at dinners and with invitations to social and sporting events that have no connection with any specific case, or any general continuing education. Some examples involve the expenditure of considerable amounts of money on individual solicitors.

Diese Initiative hat jedoch nicht zu restriktiveren Regeln geführt. In welchem Umfang solche *„Hospitality and Entertainment Events"* oder gar Geschenke standesrechtlich zulässig sind, ist nur sehr allgemein und ohne konkrete Betragsgrenzen im BSB Handbook geregelt. In der Rubrik *„Guidance to Rules C8-C9"* finden sich folgende (unverbindliche) Handlungsempfehlungen: **76**

> **gC18:** The following may reasonably be seen as compromising your independence in breach of Rule 8 (whether or not the circumstances are such that Rule rC10 is also breached):
>
> 1. offering, promising or giving:
>   a. any commission or referral fee (of whatever size) – note that these are in any case prohibited by Rule rC10 and associated guidance; or
>   b. a gift (apart from items of modest value), to any client, professional client or other intermediary; or
> 2. lending money to any such client, professional client or other intermediary; or
>
> **gC20:** The giving or receiving of entertainment at a disproportionate level may also give rise to a similar issue and so should not be offered or accepted if it would lead others reasonably to think that your independence had been compromised.

Barristers müssen somit selbst einschätzen, wie weit sie mit solchen Hospitality-Maßnahmen gehen können und wollen. **77**

IX. Aufsichtsorganisationen, Berufsordnungen, Berufshaftpflichtversicherung

Den regulatorischen Rahmen für die juristischen Berufe in England und Wales gibt der *Legal Services Act 2007* vor.[90] Die Struktur ist dabei erheblich komplizierter **78**

---

[88] www.barstandardsboard.org.uk/uploads/assets/8de1ede5-6f23-4d16-85526cdab213a5e4/entertainmentofsolicitors.pdf.
[89] In Randziffern 3 und 4.
[90] www.legislation.gov.uk/ukpga/2007/29/contents.

als in Deutschland. Die formal primären Regulierungsorganisationen *(frontline regulators)* und *„representative bodies"* für die jeweiligen juristischen Berufe sind *The Law Society*[91] (für *solicitor*) und *The Bar Council*[92] (für *barrister*).[93] Diese haben jedoch für die tatsächliche Umsetzung der Aufgaben (Verwaltung, Aufsicht und Kontrolle) jeweils eine unabhängige Unterorganisation *(independent regulatory arms)* geschaffen, die *„regulatory bodies"*, die bekanntesten „SRA" und „BSB" (dazu sogleich → Rn. 84 ff.).

79 Fachlich überwacht werden diese *regulatory bodies* jedoch nicht von *The Law Society* oder *The Bar Council,* sondern vom wiederum unabhängigen *Legal Services Board (LSB).*[94] Eine gute grafische **Übersicht**[95] **zur Organisationsstruktur der juristischen Berufe in England und Wales** (inklusive Aufsichtsorgane) findet sich auf der LSB-Website[96].

80 Für Beschwerden von Verbrauchern über (mangelhafte) Dienstleistungen von angehörigen regulierter juristischer Berufe besteht seit 2010 das Online Portal www.legalombudsman.org.uk. Das *Office for Legal Complaints (OLC)* prüft und entscheidet über diese Beschwerden.

81 Fokus dieses Praxishandbuchs sind die anwaltlichen Berufsgruppen *solicitor* und *barrister.* Betrachten wir also deren Berufsaufsichten und die von diesen erlassenen Berufsregularien genauer.

82 Die Bedeutung dieser berufsrechtlichen Verhaltensregeln *(professional ethics),* die Gegenstand zahlreicher Lehrbücher und Universitätsvorlesungen sind, ist auch deshalb so hoch, weil **disziplinarische Maßnahmen** gegen Angehörige beider Anwaltsberufe offen einsehbar sind. Man kann per einfacher Namenssuche für jeden *solicitor*[97] und *barrister*[98] deren *„disciplinary record"* abrufen, also nachsehen, ob gegen sie oder ihn berufsrechtliche Sanktionen verhängt wurden, von einer einfachen Rüge bis zum dauerhaften Entzug der Zulassung.[99]

83 Solche Einträge schaden nicht nur bei der Mandantenakquise und der Reputation im Kollegenkreis, sie haben auch handfeste finanzielle Auswirkungen beim Thema Berufshaftpflichtversicherung, da solche disziplinarischen Verstöße die Versicherungsprämien massiv in die Höhe schnellen lassen[100].

1. Solicitors Regulation Authority

84 Die organisatorische Selbstverwaltung, die Führung des Anwaltsverzeichnisses (*solicitors register*[101] bzw. altmodisch *roll of solicitors*), die berufsrechtliche Regulierung und Aufsicht über *solicitors* erfolgt durch die *Solicitors Regulation Authority*

---

[91] www.lawsociety.org.uk.
[92] www.barcouncil.org.uk.
[93] Daneben existieren separate Organisationen für weitere juristische Berufe wie CILEX Lawyers, Patent Attorneys, Trademark Attorneys, Costs Lawyers, Licensed Conveyancers, Notaries und Chartered Accountants (Wirtschaftsprüfer).
[94] https://legalservicesboard.org.uk/.
[95] https://legalservicesboard.org.uk/wp-content/uploads/2021/07/LSB-regulators-and-oversight-map-infographic.pdf.
[96] https://legalservicesboard.org.uk/about-us/approved-regulators.
[97] Unter www.sra.org.uk/consumers/register.
[98] Unter www.barstandardsboard.org.uk/for-the-public/search-a-barristers-record.html.
[99] Ein in Anwaltskreisen sehr bekanntes aktuelles Beispiel sind die Sanktionen gegen *Barrister* Sophia Rebecca Cannon, der im März 2023 wegen schwerem *professional misconduct* sogar die Anwaltszulassung entzogen wurde. Deutsche Datenschützer lesen mit Gänsehaut, in welcher Detailgenauigkeit all dies auf der offiziellen Website der englischen Anwaltskammer für jeden einsehbar aufgeführt wird: www.barstandardsboard.org.uk/disciplinary_finding/183557.html.
[100] Details zur Berufshaftpflichtversicherung → Rn. 95 ff.
[101] www.sra.org.uk/consumers/register/.

(SRA),[102] die von *The Law Society* als deren *„independent regulatory arm"* ins Leben gerufen wurde. Verfasst ist die SRA seit Mai 2020[103] in der Rechtsform einer *„private company limited by guarantee"*, deren alleiniger Gesellschafter *The Law Society* ist.[104]

Von 2011 bis November 2019[105] regelte das *SRA Handbook* die berufsrechtlichen Pflichten von *solicitors*. Die Kritik an diesem detailverliebten und immer mehr ausufernden Handbuch[106] wuchs, so dass es mit Wirkung zum 25.11.2019 durch die knapper und allgemeiner gehaltenen *SRA Standards and Regulations*[107] ersetzt wurde. Der Grad der berufsrechtlichen Regulierung und der Aufsicht sind trotzdem beachtlich und erheblich intensiver als in Deutschland. 85

Von besonderer Bedeutung und Lästigkeit für deutsche Mandanten, die eine englische *solicitor*-Kanzlei beauftragen wollen, sind die Themen: 86

- *know your client*[108] *(KYC)* und
- *anti money laundering (AML)*

Anwälte müssen in ihrer Mandantenakte nämlich penibel dokumentieren, wer ihre Mandantschaft ist (seien es Privatpersonen oder Unternehmen) und wo diese eine zustellungsfähige Adresse hat (Wohnsitz oder Geschäftssitz). Dies führt zu – aus Sicht eines deutschen Mandanten – ärgerlichen Formalitäten. Die englischen Anwälte (wie übrigens auch englische Banken) verlangen als Nachweis des Wohnsitzes nämlich eine sog. *„utility bill"*, also eine „Alltagsrechnung", etwa einen Kontoauszug, eine Rechnung des Gas-, Strom- oder Wasserversorgers[109] oder einer Behörde, adressiert an den offiziellen Wohnsitz des Mandanten. Und zwar im Original[110] per Post, bei ganz peniblen Kanzleien auch noch mit Übersetzung. In der Praxis hat dies zur Folge, dass die *solicitors* die Akte erst offiziell anlegen, wenn die Original-utility bill per Post aus Deutschland angekommen ist. 87

Zudem fragen englische Anwaltskanzleien auch danach, wo der Mandant das Geld her hat, mit dem er oder sie etwa eine Immobilie in UK kaufen oder aber den Zivilprozess in England finanzieren will, was deutsche Klienten in aller Regel extrem befremdlich finden. Es führt aber nicht zum Ziel, mit den englischen Anwälten über die Sinnhaftigkeit dieser Frage zu diskutieren. *Solicitors* müssen nun einmal in ihrer Mandantenakte dokumentieren, dass sie danach gefragt haben und dass ihnen glaubhaft erläutert wurde, dass die Gelder nicht aus illegalen Quellen stammen. 88

Man bekommt einen Eindruck vom Stellenwert, den das Thema Geldwäscheprävention in der englischen Anwaltspraxis hat, wenn man sich die offizielle Empfehlung der *Law Society* vom 28.3.2023 mit dem Titel *„Anti-money laundering guidance for the legal sector"* ansieht[111]. Auf 220 (!) Seiten (die Website warnt mit dem Hinweis *„a 5 hour read"*) wird dort ausgeführt, welche Maßnahmen Anwälte und Kanzleien gegen Geldwäsche treffen sollen und wie man sich in Verdachtsfällen am besten verhält. 89

---

[102] www.sra.org.uk.
[103] Davor war die SRA eine unselbstständige Untergliederung der *Law Society*.
[104] https://find-and-update.company-information.service.gov.uk/company/12608059.
[105] Zuletzt in der Version 21 vom 6.12.2018, im Archiv der SRA Website immer noch verfügbar unter www.sra.org.uk/solicitors/handbook/welcome/pdfcentre.
[106] Es umfasste zum Stand 2011 stattliche 661 Seiten im A4-Format und auch in seiner letzten Fassung von 2018 – trotz Wegfall der vielen REL-Vorschriften – immer noch 574 Seiten.
[107] www.sra.org.uk/solicitors/standards-regulations/.
[108] Statt *client* manchmal auch *customer*.
[109] Rechnungen von Mobilfunk-Providern werden dagegen meist nicht akzeptiert.
[110] Eine Forderung, die in Zeiten von PDF-Rechnungen immer schwieriger zu erfüllen ist.
[111] www.lawsociety.org.uk/topics/anti-money-laundering/anti-money-laundering-guidance.

90 Als Fazit kann man deutschen Mandanten daher nur empfehlen, die Formalitäten der Akteneröffnung *(onboarding formalitites)* stoisch zu ertragen, inklusive eines zehnseitigen Mandanteninformationsschreibens *(client care letter).* Das Einzige, womit ein Mandant aus Deutschland rechnet, nämlich eine Anwaltsvollmacht unterschreiben zu müssen, fällt aus. Solche Vollmachten kennt man in England nicht. Wenn ein *solicitor* anzeigt, dass er einen Mandanten vertritt, dann glaubt der Empfänger das, auch ohne Vorlage einer Vollmacht.

2. Bar Standards Board

91 Das *Bar Standards Board* (BSB) übt eine ähnliche Funktion für *barristers* aus, wie die SRA für *solicitors,* wobei die Festlegung der Berufszugangsregeln *(qualification rules)* und die disziplinarische Aufsicht zusammen mit den *„Four Inns of Court"* erfolgt. Das *Legal Services Board* nimmt die Überaufsicht wahr[112].

92 Die konkreten Berufsregeln enthält das 181-seitige *BSB Handbook* in der aktuellen Version 4.6 vom 31.12.2020[113], unterteilt in verbindliche *„rules"* (r) und Empfehlungen („guidance" (g)). Wenn Mandanten aus Deutschland, die mit englischen *barristers* zu tun haben, deren Selbstbild und Rollenverständnis besser begreifen wollen, sollten diese vor allem Part 2 des BSB Handbook lesen, den *„Code of Conduct".* Als Beispiel sei hieraus *rule C9* im Wortlaut zitiert, insbesondere weil es zeigt, dass *barrister* im Zivilprozess gerade nicht kompromisslos[114] die Interessen des eigenen Mandanten vertreten, sondern „Gehilfen des Gerichts bei der objektiven Wahrheitsfindung" sind:

> **rC9**
> Your duty to act with honesty and with integrity under CD3 includes the following requirements:
> 1. you must not knowingly or recklessly mislead or attempt to mislead anyone;
> 2. you must not draft any statement of case, witness statement, affidavit or other document containing:
>   a. any statement of fact or contention which is not supported by your client or by your instructions;
>   b. any contention which you do not consider to be properly arguable;
>   c. any allegation of fraud, unless you have clear instructions to allege fraud and you have reasonably credible material which establishes an arguable case of fraud;
>   d. (in the case of a witness statement or affidavit) any statement of fact other than the evidence which you reasonably believe the witness would give if the witness were giving evidence orally;
> 3. you must not encourage a witness to give evidence which is misleading or untruthful;
> 4. **you must not rehearse, practise with or coach a witness in respect of their evidence;**

93 Praxisrelevante Auswirkungen hat das insbesondere im Umgang der *barrister* mit Zeugen, auch und gerade mit *„friendly witnesses"* der eigenen Seite. Aus amerikanischen Filmen und Serien ist man gewohnt, dass Anwälte ihre Zeugen optimal auf deren Aussage vor Gericht vorbereiten. Die Befragungssituation wird geübt, Antworten werden einstudiert und Zeugen werden auf aggressive Kreuzverhör-Befragung durch den Gegneranwalt *(cross examination)* eingestellt. Es gibt in USA sogar spezielle Dienstleister *(witness preparation coaches),* die Anwälte dabei unterstützen, ihre Zeugen im Hinblick auf Stimmeinsatz, Körpersprache, Auftreten und Kleidung optimal vorzubereiten, um bei der Jury einen möglichst sympathischen

---

[112] https://legalservicesboard.org.uk/wp-content/uploads/2021/07/LSB-regulators-and-oversight-map-infographic.pdf.
[113] www.barstandardsboard.org.uk/the-bsb-handbook.html.
[114] Im Unterschied zu *attorneys-at-law* in den USA.

und glaubwürdigen Eindruck zu hinterlassen. In USA wäre es daher wohl sogar ein Kunstfehler, mit einem wichtigen Zeugen dessen Aussage nicht vorab zu trainieren und diesen nicht auf das Kreuzverhör vorzubereiten.

In England ist all dies – jedenfalls *barristern* – berufsrechtlich ausdrücklich 94
verboten! Ein englischer *barrister* darf Zeugen maximal über ihre Pflichten und den Ablauf der Vernehmung belehren *(„familiarise witnesses")*[115]. Englische *barristers* treffen „ihre" Zeugen in der Regel im Termin zur mündlichen Verhandlung erstmals persönlich[116]. Eine völlig andere Herangehensweise an die Zeugenvernehmung als in den USA. Aus Sicht des englischen Rechts soll ein Zeuge möglichst unbeeinflusst und mit eigenen Worten aussagen. Für *solicitors* besteht ein solches berufsrechtliches Verbot der Zeugenvorbereitung nicht, allerdings dürfen auch *solicitors* keinen Einfluss auf den Inhalt der Aussage nehmen und sich nicht an einer Täuschung des Gerichts beteiligen[117]. Innerhalb dieser Rahmenbedingungen ist aber ein Coaching von Zeugen auch in England zulässig, findet aber nach meiner Erfahrung selten statt.

3. Berufshaftpflichtversicherung

Die *SRA Indemnity Insurance Rules*[118] verpflichten ***solicitors*** zum Abschluss einer 95
professional indemnity insurance (PII)[119]. Aus deutscher Sicht sind diese englischen PII absurd teuer und kundenunfreundlich. Die Auswahl des Versicherers und des für die konkrete Kanzlei jeweils besten Tarifs sind hochkomplex, weshalb in der Regel Makler *(insurance broker)* eingeschaltet werden, die den Markt gut kennen. Die Versicherungsprämie hängt von mehreren Faktoren ab, Umsatz *(fee income)*, Anzahl und Art von Mandanten, die damit verbundenen typischen Risiken (je nach Rechtsgebieten und Branchen) und – besonders wichtig – von der Schadenshistorie *(claims history)* der Kanzlei. All diese Faktoren werden von den Versicherungen in langen Fragebögen jedes Jahr neu erfasst und überprüft, bevor diese ein Angebot (auf Neuabschluss oder Verlängerung) erstellen. Die Police verlängert sich nämlich nicht automatisch, sondern muss jedes Jahr aktiv verlängert werden.

Die Mindestjahresprämie liegt meist um die 4.000 bis 5.000 Pfund. Ist ein *solicitor* 96
aber auf einem „Risikorechtsgebiet" tätig[120] und hatte er vielleicht bereits einmal einen Haftungsfall, sei es auch „nur" eine nicht mehr auffindbare Mandantenakte, kann die Jahresprämie bei 20.000 Pfund oder mehr liegen, wohl gemerkt für einen einzelnen Anwalt. Dies bei – im Vergleich zu den deutschen Vermögensschadenhaftpflichtversicherungen – erheblich schlechterem Deckungsumfang.

Diese Kosten können *solicitors* finanziell in die Knie zwingen und zur Kanzlei- 97
aufgabe zwingen. Da Versicherer nicht zum Abschluss oder zur Verlängerung eines Vertrags verpflichtet sind, kommt es gar nicht so selten vor, dass Kanzleien schlicht

---

[115] Das Ethics Committee des Bar Council hat zum Thema *„witness preparation"* im Jahr 2005 (zuletzt überarbeitet 11/2019) eine unverbindliche Stellungnahme herausgegeben, die den berufsrechtlich zulässigen Rahmen konkretisiert: www.barcouncilethics.co.uk/wp-content/uploads/2017/10/Witness-preparation-guidance-2019.pdf. Der Spielraum ist aus Sicht des *Bar Council* offenbar weiter als der Wortlaut des *Code of Conduct* vermuten lässt. In der Praxis gehen die meisten *barrister* nach meiner Erfahrung hier aber kein Risiko ein.

[116] Ausgenommen Zeugen, die selbst Partei sind, diese haben meist bereits vorher Kontakt mit „ihrem" *barrister.*

[117] SRA Code of Conduct 1.4: *„You do not mislead or attempt to mislead your clients, the court or others, either by your own acts or omissions or allowing or being complicit in the acts or omissions of others (including your client)."* www.sra.org.uk/solicitors/standards-regulations/code-conduct-solicitors.

[118] www.sra.org.uk/solicitors/standards-regulations/indemnity-insurance-rules/.

[119] www.lawsociety.org.uk/topics/professional-indemnity-insurance.

[120] Das sind insbesondere Rechtsgebiete mit hohen Gegenstandswerten, wie etwa Unternehmenstransaktionen (M&A), aber auch *conveyancing*, also Immobilientransaktionen.

keinen Versicherer finden. Für diesen Fall schildert die SRA-Website[121] detailliert, wie die Kanzlei abzuwickeln ist.

98 Für ***barristers*** ist das Thema Berufshaftpflichtversicherung einfacher. Sie sind berufsrechtlich[122] zur Mitgliedschaft im *Bar Mutual Indemnity Fund* (BMIF) verpflichtet, einer von der Anwaltschaft 1988 selbst geschaffenen und selbst verwalteten Haftpflichtversicherung auf Gegenseitigkeit. Diese *Bar Mutual*[123] gewährleistet für alle *barrister* eine Mindestdeckung von 500.000 Pfund pro Schadensfall. Gegen freiwillige Zahlung einer höheren Prämie können sich *barrister* bis zu einer maximalen Deckungssumme von 2,5 Millionen Pfund versichern[124]. Wem auch das nicht genügt, der kann auf dem freien Markt eine Zusatzversicherung *(top up insurance)* erwerben.

X. Ausbildung und Examen

1. Solicitors

99 Die Ausbildung von *solicitors* und die Zulassungsprüfung *(Solicitors Qualifying Examination, SQE)* wurden im Herbst 2020 umfassend reformiert[125]. Die Website der *Law Society* erläutert die verschiedenen Wege zur Anwaltszulassung, sowohl nach bisherigem System[126] (das für eine Übergangszeit von 2021 bis 2031 weiterhin besteht), als auch das mit Wirkung zum 1.9.2021 neu eingeführte zweistufige Anwaltsexamen SQE[127].

100 Kandidatinnen und Kandidaten müssen zwei Examen ablegen. Das SQE1 besteht aus einem Nachweis praktischer Erfahrung in einem juristischem Arbeitsumfeld *(qualifying work experience*[128]*)* sowie zwei computerbasierten Tests mit jeweils 180 Multiple-Choice Fragen. Im SQE2 sind 12 schriftliche und vier mündliche Prüfungen abzulegen. Für jedes Examen gelten maximal drei Versuche.

101 Erstaunlich aus Sicht deutscher Rechtsanwälte: Man muss kein juristisches Studium absolviert haben, um *solicitor* zu werden *(to qualify as a solicitor)*. Schon nach dem bisherigen Ausbildungssystem war es möglich, auch mit Studienabschlüssen aus anderen Richtungen, und sogar über den Weg einer Berufsausbildung, also ganz ohne Studium, eine Zulassung als *solicitor* zu erwerben. Das neue Ausbildungssystem fördert diese noch intensiver, wobei in der Realität natürlich die allermeisten *solicitors* nach wie vor einen *law degree* haben.

102 Details zu den verschiedenen Zugangspfaden zum Beruf des *solicitors*, Ausbildungsinhalte[129], Lehrgangsinformationen und Examenstermine finden sich auf der SRA-Website.[130]

---

[121] www.lawsociety.org.uk/topics/professional-indemnity-insurance/what-happens-if-you-can not-renew-your-pii.

[122] www.barstandardsboard.org.uk/for-barristers/compliance-with-your-obligations/professional-indemnity-insurance.html.

[123] www.barmutual.co.uk/about-bar-mutual/what-is-a-mutual-insurance-company/.

[124] www.barmutual.co.uk/insurance-cover/premiums-rates-and-limits-of-cover/.

[125] Die Hintergründe sind auf der Website der SRA erläutert www.sra.org.uk/sra/news/press/2020-press-release-archive/sqe-approved-lsb/; siehe Kilian/Eckardt, S. 157 ff., zum Download unter https://soldaninstitut.de/wp-content/uploads/2021/03/AnwBl-Heft-03–2021.grosser-Artikel pdf.pdf.

[126] www.lawsociety.org.uk/career-advice/becoming-a-solicitor#h3-heading5.

[127] www.lawsociety.org.uk/career-advice/becoming-a-solicitor/solicitors-qualifying-examination-sqe/.

[128] www.sra.org.uk/become-solicitor/sqe/qualifying-work-experience-candidates/.

[129] https://sqe.sra.org.uk/about-sqe/what-is-the-sqe/assessment-topics.

[130] www.sra.org.uk/become-solicitor; besonders plastisch die grafischen Übersichten hier www.sra.org.uk/become-solicitor/sqe/sqe-visuals.

Das neu eingeführte Zulassungsexamen (SQE) gilt nun auch für deutsche Anwältinnen und Anwälte, die als *solicitor* tätig werden möchten. Das *Qualified Lawyers Transfer Scheme* (QLTS) wurde 2021 abgeschafft und durch das SQE ersetzt[131]. Ausländische Kandidaten schreiben somit die identischen Examensprüfungen. 103

2. Barristers

Die Ausbildung zum *barrister* ist aufwendiger, teurer, inhaltlich „juristischer" und extrem kompetitiv, da es erheblich mehr Bewerberinnen und Bewerber gibt, als Ausbildungsplätze in der letzten Vorbereitungsphase zur Verfügung stehen, der sog. *„pupillage"* Stufe[132], eine Art Referendariat bei einem erfahrenen *barrister.* 104

Der traditionelle Weg umfasst drei Ausbildungsphasen[133]: 105

- *academic component:* i.d.R. ein abgeschlossenes Jurastudium oder ein *Graduate Diploma in Law* (GDL)[134]
- *vocational component:* ein einjähriger, streng strukturierter *„bar training course"* bei einer hierfür zugelassenen *Authorised Education and Training Organisations (AETOs)*[135]
- *pupillage:* eine einjährige praktische Tätigkeit[136] unter der Anleitung und Aufsicht eines erfahrenen *barrister*[137]

Nach erfolgreichem Abschluss der *pupillage* erhalten *junior barristers* dann *tenancy,* meist in der selben Kanzlei *(chambers),* in der sie als *pupil* tätig waren, denn die *chambers* bieten *pupillage* gerade zu dem Zweck an, Nachwuchs für die eigene Kanzlei auszubilden. Anders formuliert: Wenn man als *pupil* keine groben Fehler macht, erhält man in der Regel ein Angebot[138]. 106

Barrister sind während der Ausbildung und auch noch in den ersten Berufsjahren einem hohen Druck ausgesetzt. Obwohl *„the bar"* (also die *barrister*-Anwaltschaft) heute sehr viel mehr Diversität aufweist als vor 20 Jahren, berichten viele Berufsanfänger und besonders Berufsanfängerinnen auch heute noch von Standesdünkel, Sexismus und extrem konservativen Ansichten. 107

Einen spannenden Blick hinter die Kulissen lieferte ein junger Londoner Prozessanwalt *(junior barrister),* der 2018 unter dem Pseudonym *„The Secret Barrister"* ein Buch über den Praxisalltag der englischen Justiz veröffentlichte, das zum Bestseller wurde und als Vorlage für eine ausführliche TV-Dokumentation auf 108

---

131 www.sra.org.uk/become-solicitor/qualified-lawyers.

132 www.barcouncil.org.uk/becoming-a-barrister/pupil-barristers.html.

133 www.barstandardsboard.org.uk/training-qualification/becoming-a-barrister.html.

134 Bewerber müssen Nachweisen, dass sie die *„foundations of legal knowledge"* erworben haben, also Kenntnisse in *legal research* sowie in den folgenden Rechtsgebieten: Criminal Law; Equity and Trusts; EU Law in Context; Obligations 1 (Contract); Obligations 2 (Tort): Property/Land Law; and Public Law.

135 Inhalte sind Prozessrecht, Beweisführung, Rhetorik und Präsentationstechnik *(advocacy).*

136 Unterteilt in zwei Phasen: in den ersten sechs Monaten *(first six: non-practicing period)* darf *der pupil barrister* noch nicht selbst vor Gericht auftreten; in den *„second six"* darf der Nachwuchs-barrister dann bereits erste eigene Fälle annehmen und vor Gericht auftreten.

137 Es gibt keine Garantie auf einen *pupillage*-Ausbildungsplatz. Kandidaten müssen sich bewerben und darauf hoffen, dass ihre Noten und ihr persönliches Auftreten eine/n ausbildungsbereite/n *barrister/in* so beeindrucken, dass dieser ihnen eine *pupillage* anbietet. *The Bar Council* hat für diesen Bewerbungsprozess eine Art Vermittlungsbörse eingerichtet, das *„Pupillage Gateway":* www.pupillagegateway.com; viele bewerben sich aber auch (zusätzlich) direkt bei *chambers.*

138 Angebot bedeutet hier aber nicht Anstellungsvertrag und auch nicht Partnerschaftsvertrag, da *barrister* in aller Regel als Freiberufler tätig sind. Ein *tenancy agreement* ist somit eher eine Art Bürogemeinschaftsvertrag. Dennoch ist die Zugehörigkeit zu einer etablierten *chamber* wichtig für den beruflichen Erfolg.

Channel 4 diente[139]. Schon zuvor betrieb der Autor einen preisgekrönten Blog[140] zum Thema Strafjustiz in England. 2022 erschien sein zweites Buch *„Nothing but the Truth"*, das die Ausbildung zum *barrister* genauer beleuchtet.

XI. Ausblick: Wird sich an der Trennung der Anwaltschaft etwas ändern?

109 Juristen haben generell den Ruf, eher konservativ und traditionsbewusst zu sein. Das gilt auch – und gerade – für Großbritannien. Zwar fand in den letzten zwei Jahrzehnten eine gewisse Modernisierung und Liberalisierung der Berufsordnungen statt, manche Beschränkungen wurden als veraltet aufgegeben (etwa das Verbot des Direktkontakts zwischen *barrister* und Mandant) und sogar einige althergebrachte Symbole fielen. So besteht an etlichen Gerichten für *barrister* heute keine Pflicht mehr, die traditionelle Pferdehaar-Perücke *(wig)* zu tragen. Fast alle tun es trotzdem.

110 Die meisten englischen Juristen sind fest davon überzeugt, dass die *split profession,* also die Aufgabenteilung zwischen den beiden Kategorien der Anwaltschaft richtig und sinnvoll ist. In England und Wales ist daher nicht mit einer wesentlichen Änderung oder gar einer „Fusionierung" der beiden Anwaltsberufe (wie in Teilen Kanadas und Australiens) zu rechnen.

---

[139] Online verfügbar unter www.channel4.com/news/inside-the-criminal-justice-system-with-the-secret-barrister.

[140] https://thesecretbarrister.com.

§ 4. Zivilprozessordnung, Richtlinien, Leitfäden, Formulare und Traditionen

1 Was sind die normativen und faktischen Rahmenbedingungen, innerhalb denen Zivilrechtsstreitigkeiten in England und Wales stattfinden? Dieses Kapital verschafft einen Überblick über die relevanten Normen und offiziellen Praxisleitfäden, die das englische Zivilverfahren regeln. Im Unterschied zur deutschen Anwalts- und Gerichtspraxis existieren in England und Wales für so gut wie jeden Zweck offizielle Prozess- und Antragsformulare, Muster und Anleitungen, die Prozesspraktiker kennen und verwenden müssen.

A. *Civil Procedure Rules* und *Practice Directions*

2 Die Zivilprozessordnung von England und Wales in ihrer heutigen Form ist erstaunlich jung. Als Ergebnis der *Lord Woolf Inquiry,* einer Untersuchung des Status Quo der englischen Ziviljustiz, und dem von ihm verfassten *„Access to Justice Report 1996"*[1] mit zahlreichen Empfehlungen traten am 26.4.1999 die neuen *Civil Procedure Rules*[2] *(CPR)* sowie die für die praktische Arbeit besonders relevanten *Practice Directions (PD)* in Kraft. Die *Practice Directions,* Verfahrensrichtlinien, konkretisieren die oft allgemein gehaltenen *Civil Procedure Rules.* CPR und PD sollten daher in Gesamtschau gelesen werden. Sie werden in juristischer Literatur und anwaltlichen Schriftsätzen oft auch in Kombination zitiert.

3 Die *CPR 1998* ersetzten die bis dahin geltenden Verfahrensregeln einzelner Gerichte. Ziele der Reform waren, ein einheitliches und auch für Laien besser verständliches Regelwerk zu schaffen, den Ablauf zu beschleunigen und die Kosten zu reduzieren. Dazu wurden unter anderem die verschiedenen Verfahrensgleise *(tracks)* eingeführt und konkrete vorprozessuale Korrespondenz- und Verhandlungspflichten für die Prozessparteien eingeführt *(pre-action protocols),* die einen Gerichtsprozess bestenfalls ganz vermeiden, jedenfalls aber beschleunigen und verschlanken sollen.

4 Ob die *Lord Woolf Reform* insgesamt als Erfolg betrachtet werden kann, ist in der Literatur umstritten.[3] Die erwünschte Reduzierung der Prozesskosten, insbesondere der Anwaltskosten, ist dadurch jedenfalls kaum eingetreten.[4] Gerade im Vergleich zu Deutschland sind englische Zivilprozesse geradezu aberwitzig teuer.

---

[1] Online verfügbar unter https://webarchive.nationalarchives.gov.uk/ukgwa/20060213223540/http://www.dca.gov.uk/civil/final/contents.htm.

[2] *Civil Procedure Rules 1998* (SI 1998/3132), verabschiedet am 1012.1998 und seither natürlich häufig geändert und ergänzt.

[3] Dwyer; Frost et al., S. 181 f.; der von Beginn an größte Kritiker der Woolf Reformen ist Prof. Michael Zander, der bereits gegen die Einführung votierte (The Woolf Report: Forwards or Backwards for the New Lord Chancellor?, Arbitration: The International Journal of Arbitration, Mediation and Dispute Management 1998, 118–128) und auch zehn Jahre nach Einführung der CPR eine vielbeachtete Kritik in der Jubiläumsfestschrift verfasste: „The Woolf Reforms: What's the Verdict?" in Dwyer (Hrsg.), 2009.

[4] Jedenfalls nicht bei Verfahren mit Streitwerten jenseits der 10.000 Pfund. Bei Streitwerten darunter hat sich dagegen der Effekt eingestellt, dass Mandanten kaum mehr *solicitors* finden, die bereit sind, solche Fälle anzunehmen. Immer mehr Mandanten gehen daher bei niedrigen Streitwerten ohne anwaltliche Unterstützung vor Gericht *(litigants in person),* was die Gerichte durch unstrukturierte Prozessführung belastet.

Daran hat auch die am 1. April 2013 in Kraft getretene sogenannte *Lord Justice Jackson Cost Reform* nur wenig geändert, die sich speziell mit *personal injury cases* befasste, aber auch Auswirkungen auf andere Bereiche hatte[5]. Die *Jackson Reform* führte unter anderem das Kriterium der Verhältnismäßigkeit der Kosten *(cost proportionality)* ein und verpflichtet Parteivertreter und Gerichte zu einem aktiven *cost management*[6]. Ferner wurden anwaltliche Erfolgshonorarvereinbarungen *(conditional fee agreement, CFA)* strenger geregelt. Ausführlich zu den Gerichts- und Anwaltskosten § 8.

B. Court Guides

5 Ergänzend zu CPR und PD geben einige Gericht zudem umfangreiche Leitfäden[7] in Form von Handbüchern heraus, in denen die praktischen Abläufe und Gepflogenheiten an diesen Gerichten noch detaillierter dargestellt werden. Insbesondere sind das die Abteilungen des *High Court:*

- *King's Bench Guide*
- *Chancery Division Guide*
- *Admiralty, Commercial and Mercantile Courts Guides*
- *Technology and Construction Court Guide*
- *Patents Court Guide*

6 Diese *Court Guides,* speziell *Chancery Guide* und *King's Bench Guide,* sind somit gerade für internationale Zivilprozesse mit wirtschaftsrechtlichem oder technologischem Hintergrund von großer praktischer Bedeutung.

C. HMCTS Leaflets

7 Die *County Courts* geben keine solchen Handbücher heraus. Parteien, die sich nicht anwaltlich vertreten lassen wollen *(litigants in person),* finden online jedoch viele einzelne Informationsblätter *(leaflets),* die gut verständliche Erklärungen, Checklisten und häufig auch kurze Musterformulierungen für Prozessanträge enthalten. Diese *leaflets,* herausgegeben von *HMCTS,*[8] sind mit dem Kürzel „EX" sowie einer Nummer versehen und thematisieren oft eine konkrete Situation in einem Rechtsstreit, zum Beispiel:

- *EX302 How do I make a court claim?*
- *EX303 A court claim has been made against me – what should I do?*
- *EX304 I've started a claim in court – what happens next?*
- *EX321 I have a judgment but the defendant hasn't paid – What do I do?*
- *EX342 Coming to a court hearing? – Some things you should know.*

---

[5] Insbesondere auf das Bau- und Werkvertragsrecht *(construction and engineering cases).*

[6] In der Praxis führt dies u. a. dazu, dass die jeweiligen Prozessvertreter vorab ein Kostenbudget vorlegen und begründen müssen, das dann vom Gericht genehmigt (cost budget approval) wird. Bei Budgetüberschreitung können die überschießenden Gebühren dann nicht vom Gegner erstattet verlangt werden.

[7] Online verfügbar unter www.justice.gov.uk/courts/procedure-rules/civil/court_guides.

[8] Verfügbar unter „County Court Forms" hier: www.gov.uk/government/collections/county-court-forms.

Weitere *leaflets* stellen Informationen zu einem bestimmten prozessualen Thema in vereinfachter Form zusammen, das Infoblatt EX50 zum Beispiel die Gerichtsgebühren in Zivil- und Familiensachen.[9] 8

D. Court Forms

Das Sprichwort „Von der Wiege bis zur Bahre, Formulare, Formulare" trifft auf das Vereinigte Königreich noch mehr zu als auf Deutschland. Dies gilt nicht nur für die britische Steuerverwaltung *(HM Revenue & Customs, HMRC)*,[10] sondern ganz besonders auch für die englische Justiz. Ein deutscher Rechtsanwalt ist es gewohnt, zivilprozessuale Schriftsätze – innerhalb gewisser Rahmenvorgaben – nach eigenem Gusto zu gestalten und Sachverhaltsvortrag sowie rechtliche Argumentation individuell aufzubauen. Die wenigen praktisch relevanten Ausnahmen im Bereich des deutschen Zivilrechts, in denen offizielle Formulare zu verwenden sind, dürften Anträge auf Mahnbescheid, Vollstreckungsbescheid, Prozesskostenhilfe sowie Verbraucherinsolvenz sein.[11] 9

Ganz anders in England und Wales.[12] Hier existieren für alle gerichtlichen Tätigkeitsbereiche spezielle Formulare, die auf der Regierungswebsite www.gov.uk unter *„Court and Tribunal Forms"* als PDF-Dateien zum Download zur Verfügung stehen[13], eine beeindruckende **Sammlung von insgesamt mehr als 1.100 offiziellen Formularen.** Diese sind thematisch nach Rechtsgebieten sortiert, von – um nur einige wenige Beispiele zu nennen – *„Adoption"* (allein hierfür sind 31 Formulare abrufbar), über *„Bankruptcy"*, *„County Court"* und *„Divorce"* bis zu *„Road Traffic Accident"* und *„Supreme Court"*. Diese Übersicht der Themenbereiche ist diesem Buch als **Anhang 1** beigefügt. 10

Eine Zusammenstellung der **speziell für Zivilverfahren** relevanten offiziellen **Prozessformulare** (mit Anmerkungen und Erläuterungen) findet sich in der Rubrik *„List of civil court forms"*[14]. Eine Auswahl dieser Formulare ist wegen der großen praktischen Bedeutung ebenfalls abgedruckt als **Anhang 2.** 11

Die Arbeitsweise mit offiziellen Formularen betrifft dabei nicht etwa nur die unteren Gerichte (County Court[15]) und Tribunals, sondern gerade auch die für dieses Handbuch besonders im Fokus stehenden Verfahren vor dem *High Court.* Allein an der *Chancery Division* gibt es mehr als 50 gerichtsspezifische Musterformulare *(Chancery forms)*[16]. 12

Positiv betrachtet kann man sich in englischen Zivilprozessen somit an den jeweiligen Formularen orientieren und es werden alle relevanten Aspekte struktu- 13

[9] EX50 Civil and Family Court fees https://assets.publishing.service.gov.uk/government/uploads/system/uploads/attachment_data/file/1093005/EX50_web_0722.pdf.

[10] Deren hunderte Steuerformulare hier zum Download stehen www.gov.uk/government/collections/hmrc-forms.

[11] Siehe Justizportal https://justiz.de/service/formular/index.php. Für familienrechtliche Verfahren existieren ebenfalls einige offizielle Formulare.

[12] Dies gilt für das gesamte Vereinigte Königreich. So stehen etwa auf der Justiz-Website für Schottland *(Scotcourts)* allein für Zivilverfahren vor dem *Sheriff's Court* gut 300 PDF-Formulare zum Download: www.scotcourts.gov.uk/rules-and-practice/forms/sheriff-court-forms/ordinary-cause-forms.

[13] www.gov.uk/government/collections/court-and-tribunal-forms.

[14] www.gov.uk/government/publications/civil-procedure-rules-court-forms/list-of-civil-court-forms-arranged-by-subject-matter.

[15] Eine Übersicht der Formulare und Informationsblätter *(leaflets)* des *County Court* findet sich unter *„Collection County Court forms":* www.gov.uk/government/collections/county-court-forms.

[16] www.gov.uk/government/collections/chancery-forms.

riert abgefragt (etwa in einem Scheidungsverfahren), so dass die Richter wissen, wo im Formularschriftsatz sie welche Informationen finden.[17] Negativ formuliert sind englische Anwälte in ein erheblich engeres formales Korsett gezwängt und können Schriftsätze nicht so individuell gestalten wie deutsche Juristen das gewohnt sind.

E. Traditionen und Praxis-Gepflogenheiten

I. Traditions and courtroom etiquette

14 Das über Jahrhunderte gewachsene englische Rechtswesen ist voller Gebräuche und Gepflogenheiten, die sich „Außenseitern" nicht erschließen und die häufig auch nicht niedergeschrieben sind. Missachtet man solche Gepflogenheiten, etwa als deutscher Anwalt, outet man sich mindestens als Amateur, schlimmstenfalls verärgert man ohne Not und ohne Wissen englische Anwälte oder Richter.

15 Ein paar Beispiele für (ungeschriebene) Verhaltensregeln gegenüber englischen Anwälten und im Gerichtssaal *(courtroom etiquette)*[18]:

- Mit einem *barrister* spricht oder gar verhandelt man nie über dessen Honorar. Diese schnöden finanziellen Aspekte übernimmt der *clerk* des *barristers.* Dieser ist auch Ansprechpartner für alle anderen organisatorischen Fragen.
- Anwälte bezeichnen sich vor Gericht nicht als „Kollege", sondern als *„my friend"*, wenn es sich um einen *solicitor* handelt, und als *„my learned friend"* bei *barristers*[19]. Wie im englischen Parlament spricht man sich nicht direkt an, sondern stets in der dritten Person. Also nicht: „Frau Kollegin, in diesem Punkt haben Sie Unrecht", sondern *„It appears quite obvious that my learned friend is mistaken in her interpretation of the law"*. Eine humorvolle Gegenüberstellung zwischen dem, was *barrister* vor Gericht – für deutsche Ohren übertrieben freundlich – sagen, und was sie wirklich meinen, findet sich in *„Nothing but the Truth"*[20].
- *Barristers* schütteln sich vor Gericht nicht die Hände. Ihre Anzüge und Schuhe müssen dunkel sein (schwarz oder sehr dunkles grau oder blau, braun ist bei Traditionalisten verpöhnt[21]).
- *Barristers* drehen einem Richter nie den Rücken zu. Verlässt ein *barrister* den Gerichtssaal, während ein Richter anwesend ist, verbeugt er sich und geht rückwärts aus dem Saal.

16 Die Liste könnte man noch über einige Seiten fortsetzen[22]. Der Unterschied zu Anwaltsverhalten und allgemeiner Atmoshphäre in einem deutschen Gerichtsaal dürfte klar geworden sein. Der interessante Aspekt daran ist, dass bei vielen dieser

---

[17] Die aktuellen Überlegungen, im deutschen Zivilverfahren einen „strukturierten Parteivortrag" sowie eine Gerichtsakte in Form eines elektronischen Basisdokuments einzuführen, gehen in eine ähnliche Richtung. Mehr in Anwaltsblatt Heft 12/2021, 653 sowie online vom 26.4.2021 https://anwaltsblatt.anwaltverein.de/de/anwaeltinnen-anwaelte/anwaltspraxis/modernisierung-des-zivilprozesses-kommt-der-grosse-aufschlag.

[18] www.legalcheek.com/2019/09/the-unspoken-rules-of-life-at-the-bar-dont-wear-a-brown-suit-and-never-turn-your-back-on-the-judge/.

[19] www.lawsociety.org.uk/topics/advocacy/crown-court-advocacy-procedure-tips.

[20] Nothing but the Truth, S. 88–91.

[21] Das *Legal Services Committee* des *Bar Council* hat 2009 eine *„Court dress guidance note"* herausgegeben, die im Juli 2020 zuletzt überarbeitet wurde und nach wie vor als Richtschnur für *barrister* gilt, was die Bekleidung vor Gericht betrifft: www.barcouncilethics.co.uk/documents/court-dress/.

[22] Eine lebensnahe Beschreibung des Arbeitsalltags von *barristers* und englischen Gerichten bieten die unter dem Pseudonym *„The Secret Barrister"* publizierenden Bestseller: The Secret Barrister (2018) und Nothing but the Truth (2022).

Traditionen keine echten Sanktionen drohen, außer vielleicht einem leicht sarkastischen Kommentar eines Kollegen oder Richters über *„brown shoes in court"*. Dennoch halten sich so gut wie alle *barristers* freiwillig an all diese *do's and dont's* und sind offenkundig stolz darauf.

II. Praxis-Gepflogenheiten im Rechtsalltag

Neben diesen historischen Traditionen, die überwiegend *barrister* und das Verhalten im Gerichtssaal betreffen, existieren im englischen Rechtsalltag auch „moderne" Gepflogenheiten, die sich von der deutschen Anwaltspraxis stark unterscheiden und die man kennen sollte. 17

1. Mandatsannahme

Englische *solicitors* zu mandatieren *(onboarding)*, ist mühsamer und langwieriger als einen deutschen Anwalt zu beauftragen. Dies liegt daran, dass *solicitors* großen Wert auf die Einhaltung der *„know your client"* (KYC), auch *„customer due diligence"* (CDD) sowie der *„anti money laundering"* (AML)[23] Formalitäten legen. Hintergrund ist, dass englische *solicitor*-Kanzleien regelmäßig von der SRA auf die Qualität der Aktenführung hin geprüft werden *(audits)*[24]. Für deutsche Anwälte erscheint die Vorstellung befremdlich, dass Mitarbeiter der Anwaltskammer die Akten daraufhin durchsehen, ob man sich von jedem Mandanten eine beglaubigte Passkopie sowie einen Adressnachweis besorgt und ordnungsgemäß in der Akte abgelegt hat. In England ist das Alltag und Rügen durch die SRA führen zu handfesten Nachteilen bei der Berufshaftpflichtversicherung. 18

Wer einen *solicitor* beauftragen will, muss deshalb damit leben, dass er seine Identität mit zwei verschiedenen Dokumenten nachweisen muss (der Personalausweis allein genügt nicht, es müssen zwei verschiedene Dokumente sein). Es löst zwar bei deutschen Mandanten Kopfschütteln aus, wenn englische Kanzleien (wie übrigens auch Banken) als Adressnachweis eine sog. *„utility bill"* akzeptieren, also eine „Alltagsrechnung", z. B. die Rechnung eines kommunalen Strom- oder Wasserversorgers, aber Diskussionen darüber, dass die Adresse doch ohnehin bereits auf der Rückseite des Personalausweises steht und dies der erheblich bessere Nachweis ist, sind sinnlose Zeitverschwendung. Die Kanzlei braucht zwei Belege, eine für die Identität und eine für die Wohnadresse. 19

Noch erheblich aufwendiger sind die Mandatsannahme-Formalitäten *(onboarding formalities)*, wenn der Mandant ein Unternehmen ist. Hier müssen die Existenz des Unternehmens, die wirtschaftlich Berechtigten und die vertretungsbefugten Akteure per beglaubigten (ggf. Apostille!) Handelsregisterauszügen plus Übersetzungen und – je nach Fall – ggf. auch noch einem *legal affidavit* eines deutschen Anwalts nachgewiesen werden. 20

Kanzleien müssen ein schriftliches Konzept erstellen, wie sie Geldwäsche vorbeugen und Risiken erkennen *(„anti money laundering risk assessment")*. Weitere Informationen zu diesem Thema, das im Alltag englischer *solicitor*-Kanzleien[25] sehr präsent ist, auf der Website der SRA[26]. 21

---

[23] www.sra.org.uk/solicitors/resources/money-laundering/aml-regulations-apply/.

[24] www.sra.org.uk/solicitors/resources/money-laundering/guidance-support/aml-questions-answers/.

[25] Für *barister* stellte sich das Problem nicht, da diese erstens nicht mit Mandanten-Fremdgeld in Berührung kommen und zweitens in aller Regel von *solicitors* beauftragt und bezahlt werden, so dass der Geldwäsche-Check bereits auf die *solicitors* ausgelagert ist.

[26] www.sra.org.uk/solicitors/guidance/topic/money-laundering/.

22 Ferner übermitteln englische Kanzleien meist ein ausführliches Mandanteninformationsschreiben („*client care letter*“, manchmal auch als „*engagement letter*“ bezeichnet) und oft zusätzlich Vertragsbedingungen („*terms*“), die der Mandant gegenzeichnen muss. Diese Unterlagen enthalten auch die Honorarvereinbarung, wobei in aller Regel nach Zeitaufwand abgerechnet wird, also mit einem Stundensatz, der nach Qualifikation, Erfahrung und Alter unterschiedlich ist. Meist rechnen englische Kanzleien auch die Arbeitszeit von *paralegals*, Assistenten und *trainee lawyers* ab[27].

23 Für deutsche Mandanten bedeutet all dies, dass die Mandatierung und das Anlegen einer Akte erheblich länger dauert als in Deutschland. *Solicitors* werden im Regelfall erst tätig, wenn alle Formalitäten erledigt sind.

2. Keine Anwaltsvollmachten

24 Im englischen Rechtsverkehr ist es überflüssig und unüblich, seinen Anwälten eine schriftliche Vollmacht zu erteilen. Wenn sich ein *solicitor* als Vertreter eines Mandanten anzeigt, dann hinterfrägt dies in aller Regel niemand. Erklärungen eines *solicitors* im Namen seines Mandanten werden akzeptiert, auch ohne schriftliche Mandantenvollmacht. Eine dem § 174 BGB[28] entsprechende Vorschrift kennt das englische Recht nicht.

25 Umgekehrt ist es eher ein Warnsignal, ob man es nicht vielleicht mit Betrügern[29] zu tun hat, wenn ein (angeblicher) englischer *solicitor* um Unterzeichnung einer „*power of attorney*“[30] bittet.

3. Unterzeichnung mit Namen der Kanzlei

26 Für deutsche Augen gewöhnungsbedürftig ist, dass englische *solicitors* ihre Anwaltsbriefe und Schriftsätze in aller Regel nicht mit ihrem eigenen Namen unterschreiben, sondern mit der Bezeichnung der Kanzlei. Als Signatur, wenn überhaupt handschriftlich unterzeichnet wird, steht unten also nicht zum Beispiel „Jonathan Smith“, sondern etwa „Bird & Bird LLP“. Dies macht manche Mandanten aus Deutschland nervös, weil es wirkt, als wolle der konkrete *solicitor* für seine Arbeit keine persönliche Verantwortung übernehmen. In England ist dies jedoch übliches Prozedere, insbesondere bei größeren Kanzleien.

4. Dokumentenversand über DX

27 Die formelle schriftliche Kommunikation[31] und der Austausch von Dokumenten (Verträge, Urkunden etc.) zwischen Anwälten erfolgt in England meist per „DX“.

[27] Zum Thema Gebühren und Stundensätze ausführlich → § 8.

[28] „Ein einseitiges Rechtsgeschäft, das ein Bevollmächtigter einem anderen gegenüber vornimmt, ist unwirksam, wenn der Bevollmächtigte eine Vollmachtsurkunde nicht vorlegt und der andere das Rechtsgeschäft aus diesem Grunde unverzüglich zurückweist. Die Zurückweisung ist ausgeschlossen, wenn der Vollmachtgeber den anderen von der Bevollmächtigung in Kenntnis gesetzt hatte.“

[29] Eine häufige Masche im Bereich Internet-Betrug ist, dass sich Kriminelle als englische Anwälte ausgeben, deren Website klonen und nur die Telefonnummer und E-Mail-Adresse austauschen, um sodann Geld für angebliches Honorar, erfundene Gerichtsgebühren oder Steuern zu verlangen. Ein echter englischer Anwalt verlangt keine schriftliche Vollmacht, sondern die Unterzeichnung einer Honorarvereinbarung und eines sog. „*client care letter*“.

[30] Hierunter versteht man in England Vollmachten bzw. Vorsorgevollmachten an vertrauenswürdige Privatpersonen, mehr dazu hier: www.lawsociety.org.uk/public/for-public-visitors/common-legal-issues/power-of-attorney.

[31] Wenn nicht per E-Mail korrepondiert wird, was bei englischen Anwälten mittlerweile ebenso üblich ist wie in Deutschland. Tendenziell sogar noch mehr, da ein dem deutschen besonderen elektronischen Anwaltspostfach (beA) entsprechendes eigenes Mailsystem für die Kommunikation unter Anwälten in UK nicht existiert.

Das Kürzel DX steht für *„document exchange"* (manchmal auch bezeichnet als *„direct exchange"*), ein privates Post- bzw. Kuriersystem, das sich ab 1975 in den *legal professions*[32] immer weiter etabliert hat und heutzutage von fast allen Kanzleien genutzt wird[33], die daher auf ihren Briefbögen und Kanzleiwebsites zusätzlich zur Postadresse auch eine DX number angeben. Die Zustellung erfolgt in der Regel am nächsten Tag gegen 9 Uhr, wenn es am Vortag bis 17 Uhr aufgegeben wurde *(overnight service).*

Für die Kommunikation mit Gerichten wird DX eher nicht genutzt. Hierfür haben die Gerichte E-Filing-Portale eingerichtet[34], deren Nutzung für englische Anwälte nach und nach als verpflichtend angeordnet wird[35]. **28**

---

[32] Aber auch bei Banken.

[33] Weitere Hintergründe hier: www.lawgazette.co.uk/news/life-on-the-exchange-lawyers-have-been-putting-it-in-the-dx-for-20-years-/20089.article sowie www.dxdelivery.com/sectors/legal.

[34] www.gov.uk/guidance/hmcts-e-filing-service-for-citizens-and-professionals.

[35] Siehe PD 51O: www.justice.gov.uk/courts/procedure-rules/civil/rules/part51/practice-direction-51o-the-electronic-working-pilot-scheme.

§ 5. Der Ablauf des Zivilprozesses im Überblick

A. Das Gerichtsverfahren als *Ultima Ratio*

Für das deutsche Wort „Prozesshansel" gibt es im Englischen keine griffige Entsprechung.[1] Die herkömmlich als prozesswütig geltenden Deutschen[2] müssen sich klar machen: In England ist der Zivilprozess definitiv das allerletzte Mittel der Streitbeilegung. Wer einen deutschen Zivilprozess bereits für kostspielig hält, kann sich in England auf ein Vielfaches der Kosten gefasst machen. Bevor man in England tatsächlich eine Klage einreichen kann, müssen zudem viele formelle Schritte durchlaufen werden *(pre-action protocol)* und die Parteien müssen ernsthaft versuchen, eine gütliche Einigung zu erreichen. 1

Die *Practice Directions* zum *Pre-Action Conduct*[3] führen den Klageparteien in den Paragraphen 8–11 unter der Überschrift *„Settlement and ADR"* (Vergleich und alternative Streitbeilegung) sehr deutlich vor Augen, was von ihnen erwartet wird, bevor sie die Gerichte belästigen (und auch später während eines laufenden Verfahrens): 2

> 8. Litigation should be a last resort. As part of a relevant pre-action protocol or this Practice Direction, the parties should consider whether negotiation or some other form of ADR might enable them to settle their dispute without commencing proceedings.
> 9. Parties should continue to consider the possibility of reaching a settlement at all times, including after proceedings have been started. Part 36 offers may be made before proceedings are issued.
> 10. Parties may negotiate to settle a dispute or may use a form of ADR including—
>   (a) mediation, a third party facilitating a resolution;
>   (b) arbitration, a third party deciding the dispute;
>   (c) early neutral evaluation, a third party giving an informed opinion on the dispute; and
>   (d) Ombudsmen schemes.
>   (Information on mediation and other forms of ADR is available in the Jackson ADR Handbook or at — www.gov.uk/guidance/a-guide-to-civil-mediation
> 11. If proceedings are issued, the parties may be required by the court to provide evidence that ADR has been considered. A party's silence in response to an invitation to participate or a refusal to participate in ADR might be considered unreasonable by the court and could lead to the court ordering that party to pay additional court costs.

---

[1] Leo.org bietet hierzu überhaupt nichts an und das PONS Großwörterbuch Englisch für Experten müht sich mit der Umschreibung *„someone who is always going to law"*. Nun ja.

[2] Allerdings belegen die Justizstatistiken, dass dieses Klischee, wenn es überhaupt jemals zutraf, heute jedenfalls überholt ist: Von 1997 bis 2017 gingen die Klage-Neuzugänge bei den Amtsgerichten um 44,4% (!) und bei den Landgerichten um 27,2% zurück, was das Bundesjustizministerium dazu bewog, im September 2020 eine Studie zu den Ursachen hierfür in Auftrag zu geben: www.bmj.de/DE/Ministerium/ForschungUndWissenschaft/Zivilgerichtliche_Verfahren/ZivilgerichtlicheVerfahren_node.html; siehe auch den SZ-Artikel „Rätselhafter Klageschwund. Warum immer weniger Menschen vor Gericht ziehen" vom 25. April 2023 unter www.sueddeutsche.de/politik/justiz-zivilverfahren-studie-1.5820972; seit 24.4.2023 liegt das Ergebnis der Studie vor www.bmj.de/SharedDocs/Pressemitteilungen/DE/2023/0424_Abschlussbericht_Eingangszahlen_Zivilgrichte.html. Der 425-seitige Abschlussbericht ist als PDF verfügbar unter www.bmj.de/SharedDocs/Downloads/DE/Fachinformationen/Abschlussbericht_Eingangszahlen_Zivilgerichte.pdf?__blob=publicationFile&v=1.

[3] www.justice.gov.uk/courts/procedure-rules/civil/rules/pd_pre-action_conduct.

3 Auch die Informationsblätter *(HMCTS leaflet)* empfehlen dringend *Alternative Dispute Resolution (ADR)* und weisen darauf hin, dass eine außergerichtliche Lösung besser ist als ein Prozess. In *leaflet EX301* mit dem Titel *„I'm in a dispute – what can I do?"* liest sich das – ganz typisch – so:

> Going to court should always be a last resort. It can be expensive, stressful and can take a lot of time. Before going to court you should always try to reach an agreement. [...] If you make a claim through the court without making any effort to reach an agreement first, you may find that the judge will hold this against you when considering paying the costs in the case. You may not get your costs back, or the court may order you to pay the other party's costs, even if you win the case.

4 Diese Grundeinstellung der Gerichte und auch der Anwälte ist in der Praxis ein ganz zentraler Unterschied zu Deutschland. Wenn ein deutscher Unternehmer mit der Haltung nach England kommt, „jetzt aber ganz schnell und aggressiv eine Zivilklage zu erheben", wird die Frustration nicht lange auf sich warten lassen.

5 Denn sowohl vor Klageerhebung, als auch später auf jeder Stufe des Verfahrens müssen die Parteien überzeugende Gründe vorbringen, dass und warum der Disput nicht ohne Zivilprozess beigelegt werden kann, etwa durch Vergleichsgespräche oder Mediation. Aussagen wie „Ich will mich nicht vergleichen" oder „Wir brauchen gar nicht erst in Verhandlungen eintreten, ich bestehe auf 100 Prozent meiner Forderung" sind in England brandgefährlich, da eine solche rigide Position oft als *unreasonable behaviour* gewertet wird. Kommt der Richter zum Ergebnis, dass eine Partei sich konstruktiven Gesprächen mit dem Ziel einer gütlichen außerprozessualen Lösung ohne gute Gründe verweigert hat, drohen scharfe Konsequenzen – mindestens bei der Kostenentscheidung. So enthält etwa das Handbuch *„Alternative Dispute Resolution"* [4] ein eigenes 26-seitiges Kapitel *„The sanctions for refusing to engage in ADR processes"*. Zu solchen – aus englischer Sicht unvernünftigen und zu harschen – Formulierungen neigen aber gerade deutsche Prozessanwälte und ihre Mandanten manchmal, weil ihnen nicht klar ist, dass dies – im Unterschied zu Deutschland – später handfeste negative Auswirkungen haben kann.

6 Weitere Unterschiede zu Deutschland sind, neben den deutlich höheren Kosten, auch die erheblich höheren Anforderungen an die prozessuale Wahrheitspflicht. Als Stichworte seien genannt *disclosure* (Offenlegung aller Dokumente), *affidavit of truth* (Parteien und Zeugen müssen ihre ausführliche schriftliche Zeugenaussage unterzeichnen und damit eine eidesstattliche Versicherung abgeben), *clean hands doctrine* (man kann einen Prozess allein deshalb verlieren, weil man sich selbst unredlich verhalten hat) u. a. m.

7 Diese erheblich strengeren prozessualen Regeln, die in England auch strikt gehandhabt werden, haben zur Folge, dass dort zwar noch relativ viele Zivilklagen eingereicht werden, vor allem im *small claims* Segment, aber im Vergleich zu Deutschland sehr viel weniger Zivilprozesse bis zur Stufe der tatsächlichen mündlichen Verhandlung *(trial)* fortgeführt werden. Die offizielle Civil Claims Statistik[5] für das Kalenderjahr **2019** (also das letzte Jahr vor dem Covid-Pandemie-Effekt) weist folgende Zahlen aus:

– Eingereichte Zivilklagen (ohne Familiensachen)	2.029.258
– Davon wurden streitig gestellt *(defended claims)*	298.605
– Mündliche Verhandlung *(claims gone to trial)*	64.754

---

[4] Blake et al, S. 131–157.

[5] https://data.justice.gov.uk/courts/civil-courts und noch detaillierter hier www.gov.uk/government/collections/civil-justice-statistics-quarterly sowie im House of Commons Briefing Paper, Number CBP 8372, 22.12.2020, PDF-Download: https://researchbriefings.files.parliament.uk/documents/CBP-8372/CBP-8372.pdf.

Von den eingereichten Zivilklagen schaffen es somit nur rund 3,2 Prozent bis zur Stufe der mündlichen Verhandlung. Fast 97 Prozent der Zivilprozesse enden dagegen entweder durch Versäumnisurteil, Anerkenntnis, Klagerücknahme oder eben per Vergleich *(settlement)*, über den die Parteien gerade in den Tagen unmittelbar vor der mündlichen Verhandlung *(trial hearing)* oft noch einmal besonders intensiv und ernsthaft verhandeln, um sich das massive Honorar für die *barristers* zu sparen[6]. 8

Die bei Erstellung des Buches aktuelle Statistik betrifft das Kalenderjahr **2022.** Hier sind die Verfahrenszahlen, wohl aufgrund der Covid-Pandemie, insgesamt erheblich niedriger. Das Verhältnis zwischen zunächst bei Gericht eingereichten zu später tatsächlich verhandelten Prozessen ist mit knapp 3,5 % jedoch ähnlich: 9

– Eingereichte Zivilklagen (ohne Familiensachen)	1.537.759
– Davon wurden streitig gestellt *(defended claims)*	248.117
– Mündliche Verhandlung *(claims gone to trial)*	53.154

B. Bedeutung von ADR und Verhandlungsgeschick

I. ADR in der englischen Ziviljustiz

Alternative Dispute Resolution (ADR) ist die gängige Sammelbezeichnung für unterschiedliche Versuche, einen Streit auf anderem Weg zu lösen als durch einen klassischen Zivilprozess[7]. Welche *dispute resolution methods* genau unter diesen Begriff fallen, wird unterschiedlich definiert[8]. Meist versteht man ADR weit, fasst darunter also Mediation, Arbitration, Adjudication und oft auch Ombudsman-Verfahren oder das freiwillige Unterwerfen unter das Gutachten eines gemeinsam bestellten Experten. 10

In anglo-amerikanischen Rechtsordnungen hat ADR seit Jahrzehnten einen höheren Stellenwert als in Deutschland, insbesondere Arbitration wird dort häufig als schneller und effizienter angesehen, vor allem bei internationalen Vertragsbeziehungen. Auf deutsche Anwälte passt dagegen häufig das Sprichwort: *„to someone with a hammer, everything looks like a nail"*. Soll heißen: Bevorzugt wird das Werkzeug eingesetzt, mit dem man am besten vertraut ist, die Zivilklage zum staatlichen Gericht. Positiv betrachtet kann die Gerichtstreue deutscher Kanzleien aber auch daran liegen, dass hiesige Zivilprozesse im internationalen Vergleich extrem geringe Kosten auslösen. 11

Daher kommt es für deutsche Anwältinnen und Anwälte überraschend, wie massiv die Gerichte in England und Wales darauf drängen, dass die Prozessparteien sich entweder vergleichen oder eben ADR versuchen. Nun regt zwar auch in Deutschland das eine oder andere Gericht einmal Mediation an[9] und natürlich unternimmt das Gericht in der Güteverhandlung einen Vergleichsversuch[10]. 12

---

[6] Bei einem mittleren Stundensatz von 600 Pfund kostet ein *barrister* pro Verhandlungstag mit Vorbereitungszeit gut 5.000 Pfund (*Queen's Counsels* noch erheblich mehr), der *solicitor*, der ebenfalls anwesend ist (in großen Verfahren ggf. auch mehrere), etwa die Hälfte. Werden an dem Tag noch Sachverständige gehört, kann ein solcher *full day in court* für jede Partei rund 10.000 Pfund an Kosten generieren.

[7] So auch die Definition im Glossary der CPR: „Alternative dispute resolution: collective description of methods of resolving disputes otherwise than through the normal trial process"; www.justice.gov.uk/courts/procedure-rules/civil/glossary.

[8] Sime et al, S. 5 f.

[9] § 278a ZPO; ggf. auch vor einem Güterichter des Gerichts selbst.

[10] § 278 Abs. 1 und 2 ZPO.

13 In England hat das allerdings eine völlig andere Intensität. Parteien und deren Prozessvertreter werden in allen Phasen des Verfahrens auf Schritt und Tritt mit der Frage konfrontiert, ob sie sich nicht lieber vergleichen oder Mediation versuchen wollen. Die Erklärung hierfür ist einfach: Das Selbstverständnis der auf Basis der *Lord Woolf Reform* in Kraft getretenen *Civil Procedure Rules 1998* ist, dass ADR die vorrangige Methode der Streitbeilegung sein soll und ein Zivilprozess nur das letzte Mittel ist[11].

14 Ziffern 8 bis 11 der ***Practice Directions Pre-Action Conduct*** belegen, dass es sich dabei nicht nur um sanftes *„nudging"* (stupsen) handelt, sondern dass eine Partei, die sich Vergleichsgesprächen oder ADR-Empfehlungen des Gerichts verweigert, unter massiven Rechtfertigungsdruck gerät und sogar negative Kostenfolgen zu fürchten hat[12]:

(8) **Litigation should be a last resort.** As part of a relevant pre-action protocol or this Practice Direction, the **parties should consider** whether negotiation or some other form of ADR might enable them **to settle their dispute without commencing proceedings.**
(9) Parties should continue to consider the possibility of reaching a settlement at all times, including after proceedings have been started. Part 36 offers may be made before proceedings are issued.
(10) Parties may negotiate to settle a dispute or may use a form of ADR including— (a) mediation, a third party facilitating a resolution; (b) arbitration, a third party deciding the dispute; (c) early neutral evaluation, a third party giving an informed opinion on the dispute; and (d) Ombudsmen schemes.
(11) **If proceedings are issued, the parties may be required by the court to provide evidence that ADR has been considered.** A party's silence in response to an invitation to participate or a refusal to participate in ADR might be considered unreasonable by the court and could lead to the court ordering that party to pay additional court costs.

15 Wenn sich (mindestens) eine Prozesspartei dennoch standhaft weigert, kann das Gericht diese aber natürlich nicht zwingen, was auch in mehreren Gerichtsentscheidungen ausdrücklich festgestellt wurde[13].

II. Stellenwert von *„negotiation skills"* englischer Anwälte

16 Vor diesem Hintergrund wird verständlich, warum englische *litigation solicitors* meist auch mit Mediation und Arbitration gut vertraut sind und warum auf *civil litigation* spezialisierte Großkanzleien in aller Regel sogar Expertenabteilungen für ADR unterhalten. Es macht englische Rechtsanwältinnen und Rechtsanwälte für die Mandanten erheblich wertvoller, wenn sie die gesamte Klaviatur der Streitschlichtungsmethoden bespielen können.

17 Wegen des vom Gericht ausgeübten Drucks auf eine Einigung im Vergleichsweg ist Verhandlungsgeschick *(negotiation skills)* eine gefragte Kernkompetenz bei englischen Anwälte. Dazu gehört mehr als gute Rechtskenntnisse und seine Sachverhaltsfakten im Griff zu haben, nämlich insbesondere psychologisches Geschick und die Fähigkeit, sich so in die Gegenseite hineinzuversetzen, dass man *win win* Lösungen erarbeiten kann, auf die man bei rein konfrontativer Prozesslogik (A gewinnt, B verliert) nicht kommt. Dabei geht es gerade nicht darum, der Gegenseite so lange entgegenzukommen (also nachzugeben), bis diese endlich einem Kom-

[11] Sime et al., S. 101: *„The Woolf reforms placed ADR at the centre of the civil justice system and the spirit of the CPR is that ADR should be the primary method for resolving a dispute, with litigation the last resort."*
[12] Hervorhebungen vom Autor.
[13] *Halsey v Milton Keynes General NHS Trust* [2004] 1 WLR 3002 sowie in *M v M* [2014] EWHC 537.

promiss zustimmt. Die Kunst liegt vielmehr darin, nach ganz anderen Lösungen zu suchen, mit denen sich keine Partei als Verlierer fühlt. Zugegeben: Das gelingt nicht immer, aber einen ernsthaften Versuch ist es wert.

Solche *„negotiation skills"* werden an anglo-amerikanischen Universität bereits seit langer Zeit unterrichtet, nicht nur für Betriebswirte, sondern gerade auch für Juristen, am bekanntesten wohl das *Program on Negotiation at Harvard Law School*[14]. 18

FAZIT und EMPFEHLUNG

Deutsche Prozessparteien in einem englischen Zivilverfahren sollten sich Vergleichsverhandlungen oder/und ADR-Methoden nicht verweigern, sondern dies als echte Chance begreifen, ein besseres und vor allem kostengünstigeres Ergebnis zu erreichen, als mit einem klassischen Prozess inklusive mehrtägigem *trial* vor dem *High Court*. Bei der Auswahl der geeigneten englischen Anwaltskanzlei sollte man diesen Aspekt ebenfalls berücksichtigen.

C. Litigation Train: Ablauf des Zivilprozesses im Überblick

Scheitert eine vorprozessuale gütliche Einigung und entscheiden sich die Parteien auch gegen ADR (Mediation, Arbitration etc.), dann nimmt das strenge Prozedere des englischen Zivilgerichtsverfahrens seinen Lauf. 19

Die Parteien werden dabei von Anfang an in die Pflicht genommen, dem Gericht bei einer effizienten Gestaltung des Prozessablaufs zu helfen (CPR r 1.3). Part 1 der CPR nennt als *„Overriding Principles"* mehrfach die Aspekte *„proportionate costs"* sowie die begrenzten Ressourcen des Gerichts. Fehlende Sorgfalt der Prozessvertreter bei der Vorbereitung von Unterlagen oder von schriftlichen Zeugenaussagen, chaotische Aktenführung oder gar vorsätzliche Prozessverzögerung werden vom Gericht in aller Regel nicht toleriert und – spätestens bei der Kostenentscheidung – sanktioniert. 20

Bevor das nächste Kapitel die einzelnen Phasen im Detail beleuchtet, hier zunächst eine Übersicht über den Ablauf eines Zivilverfahrens (in der Variante *multitrack*) und die in England gebräuchliche Fachterminologie[15]. 21

Phase 1: Pre-commencement
(vor Klageerhebung)

Contemplating a lawsuit
Vorüberlegungen / Analyse der Chancen und Risiken / Prozessstrategie / Kostenbudget
(inkl. Prozesskostensicherheit für Gegenseite)

↓

[14] www.pon.harvard.edu mit zahlreichen Lehrmateralien; einen interessanten Einblick in die Harvard Method of Negotiation bietet Mnookin, Bargaining with the Devil. When to Negotiate, when to Fight, 2011.

[15] Die sich von den in USA oder auch in Schottland verwendeten Begriffen teils stark unterscheiden. Zur Terminologie in den USA hier www.uscourts.gov/glossary und hier www.justice.gov/usao/justice-101/glossary.

Selecting and instructing a firm of solicitors[16]
Auswahl und Mandatierung der englischen Kanzlei

↓

Pre-action correspondence (letter of claim and disclosure)
Vorprozessuale Korrespondenz mit formeller Klageankündigung unter Beachtung des jeweils einschlägigen *pre-action protocol*

↓

Part 36 Offer[17]
Offizielles Vergleichsangebot an die Gegenseite
(evtl. Vorteile bei der späteren Kostenentscheidung)

↓

Phase 2: Commencement of action
(Klageerhebung und Schriftsätze)

Issue claim form
Einreichung des Klageformulars bei Gericht

↓

Service of claim form and particulars of claim
Zustellung des Klageformulars und der Klagebegründung

↓

Acknowledgement of service[18]
Empfangsbestätigung des Beklagten

↓

Defence (and possible counterclaim)
Klageerwiderung (und etwaige Widerklage)

↓

Reply (optional)/
Replik des Klägers (wenn nötig)

↓

Phase 3: Interim matters and case management
(prozessleitende Verfügungen und Vorbereitung der Verhandlung)

Provisional track allocation
vorläufige Zuordnung zu einem „track"

↓

Directions questionnaires
Fragebögen an Parteien für Fallzuordnung (PD 26)

---

[16] Faktisch werden deutsche Kläger manche der Vorüberlegungen (Prozesstrategie, Kostenkalkulation) wohl nur zusammen mit englischen *solicitors* anstellen können. Dieser Punkt könnte also auch ganz zu Anfang stehen.

[17] Ein solches *„Part 36 offer to settle"* kann in jeder Phase des Verfahrens unterbreitet werden; lehnt die Gegenseite das Angebot ab, kann dies später Nachteile bei der Kostenentscheidung bringen; Details hier in → Rn. 34.

[18] „optional", d. h. freiwillig, wird von Anwälten aber in aller Regel abgegeben.

↓

Costs budgets (multi-track)
Vereinbarung eines verhältnismäßigen Prozesskostenbudgets

↓

Disclosure report (multi-track non-personal injury cases)
Verbindliche Stellungnahme der Parteien (mit *statement of truth*), welche relevanten Dokumente und Dateien existieren (können), wo sich diese befinden und welche Kosten zu erwarten sind

↓

Case management conference[19]
Erörterung der Fallzuordnung mit den Parteien

↓

Lists of documents (preparation and exchange)
Liste der (offengelegten/noch fehlenden) Dokumente

↓

Inspection of documents
Auswertung der zur Verfügung gestellten Dokumente durch die jeweils andere Partei

↓

Witness statements
Erstellung der schriftlichen Zeugenaussagen

↓

Expert reports
Schriftliche Sachverständigengutachten

↓

Without prejudice meeting of experts
Abstimmung der Sachverständigen und Herausarbeitung der Dissens-Punkte

↓

Exchange of witness statements and expert reports
Austausch der schriftlichen Zeugenaussagen und Sachverständigengutachten

↓

Pre-trial checklists (CPR r 29.6)/
Bestätigung der Parteien, dass die Checkliste erfüllt ist

↓

Listing for trial
Festsetzung des Termins zur mündlichen Verhandlung

↓

Pre-trial review[20] ***(CPR r 29.7)***
Vorbereitung der mündlichen Verhandlung

↓

---

[19] Falls vom Gericht angeordnet.
[20] Falls vom Gericht angeordnet.

Briefing of counsel
Instruktion der jeweiligen *barrister* der Parteien

↓

Preparation of trial bundles and skeleton arguments
Vorbereitung der Verhandlungsordner und
der rechtlichen Argumentationsübersichten

↓

Phase 4: Trial & Judgment
(Gerichtsverhandlung und Urteil)

Trial
Termin(e) zur mündlichen Verhandlung, meist auf 2–5 Tage am Stück angesetzt.
Ziel ist abschließende Erörterung des Rechtsstreits und Anhörung
aller Zeugen und Sachverständigen.

↓

Handing down of judgment
Verkündung des Urteils

↓

Phase 5: Post Trial
(Nach Entscheidung in erster Instanz)

Falls die unterlegene Partei dem Urteil nicht freiwillig nachkommt,
entweder ***appeal*** (Berufung) oder ***enforcement*** (Vollstreckung).

D. Vergleich

22 Eine gütliche Einigung zwischen den Parteien ist in jeder Phase des Rechtsstreits gewünscht und der Abschluss eines Vergleichs *(settlement)* wird vom Gericht ausdrücklich angeregt.

I. Vergleich vor Klageerhebung

23 Einigen sich die Parteien bereits vor Klageerhebung handelt es sich dabei um eine vertragliche Vereinbarung, die präzise und vollständig dokumentiert werden sollte *(pre-action settlement)*. Insbesondere wenn – wie häufig – mehrere Angebote hin und her gehen, müssen die Parteien in der Korrespondenz eindeutig klarstellen, ab wann sie sich als endgültig gebunden betrachten und welchen Inhalt der Vergleich hat[21].

24 Besser als ein Vergleich im Weg der Korrespondenz *(offer, acceptance)* ist eine separate Vergleichsvereinbarung, die von beiden Parteien[22] unterzeichnet wird und

[21] Browne/Catlow, S. 234, Rn. 13.2.2.; die Frage, ob bereits ein abschließender Vergleich zustande gekommen war oder ob die Parteien noch die Details der *„settlement terms"* aushandelten, war Inhalt des Rechtsstreits *Evans v Trebuchet Design Ltd* [2020] EWHC 3037 (IPEC).

[22] *Solicitors* haben vor Klageerhebung noch keine automatische Vertretungsmacht *(implied authority to settle claim)*, will ein *solicitor* also für seinen Mandanten unterschreiben, sollte er sich ausdrücklich

die Formulierungen enthält wie: *„the parties HEREBY agree … in full and final settlement of…"*. Erstattung von Anwaltskosten oder Verzugszinsen werden in solchen Vergleichen üblicherweise nicht vereinbart.

Hält sich eine Partei nicht an den Vergleich, muss die andere Partei wegen *breach of contract* doch noch vor Gericht ziehen, denn aus einem solchen vorprozessualen Vergleich kann nicht unmittelbar vollstreckt werden. 25

II. Vergleich in einem laufenden Zivilverfahren

Nach Klageerhebung *(issue of claim)* greifen die Vorschriften in CPR r 40.6 in Verbindung mit PD 40B *„Judgments and Orders"*, dort insbesondere Ziffern 3.1 bis 3.5 *„Consent Orders"*[23], die detailliert die Voraussetzungen für einen gerichtlich bestätigten Vergleich regeln *(„consent order sealed by the court")*. 26

1. Gerichtlich protokollierter Vergleich

Kommen die Parteien zu einer Übereinkunft und sind beide anwaltlich vertreten *(no litigant in person)*, entwerfen die Anwälte der Parteien den Vergleichsbeschluss *(consent order)* und reichen diesen zur Bestätigung *(sealing)* bei Gericht ein. Sind die Formalitäten[24] eingehalten, bestätigt ein *court official* (vergleichbar einem Rechtspfleger) den Vergleich und trägt diesen ein[25], ohne dass ein Verhandlungstermin oder eine Anhörung stattfinden müssen. Typischer Wortlaut eines solchen *consent order* ist wie folgt: 27

CONSENT ORDER

Upon the parties agreeing to settle this matter
AND BY CONSENT
IT IS ORDERED THAT

1. The Defendant shall pay the Claimant the sum of £ … by 2 p.m. on 15 May 2024;
2. Upon payment, the claim and counterclaim are stayed;
3. No order as to costs.[26]

We consent to the terms of this order.	We consent to the terms of this order.
Solicitors A (Unterschrift/Datum)	Solicitors B (Unterschrift/Datum)

Bei solchen gerichtlich bestätigten Vergleichen sind aber zwei wichtige Aspekte zu beachten: 28

bevollmächtigen lassen; nach Klageerhebung besitzt ein *solicitor* nach außen diese Vertretungsmacht, wobei er im Innenverhältnis natürlich nur gemäß Weisungen des Mandanten *(client's instructions)* handeln darf; siehe Browne/Catlow, S. 233, Rn. 13.1.1.

[23] www.justice.gov.uk/courts/procedure-rules/civil/rules/part40/pd_part40b#3.1.

[24] Siehe CPR r 40.6(7).

[25] CPR 40.6(2): *„A court officer may enter and seal an agreed judgment or order if…"*

[26] Hier können natürlich auch andere Kostenanordnungen getroffen werden, aber bei Vergleichen werden die Kosten meist – wie in Deutschland auch – gegeneinander aufgehoben, d.h. jede Partei trägt seine eigenen Anwaltskosten selbst.

- Der Inhalt des abgeschlossenen und bei Gericht registrierten Vergleichs ist öffentlich zugänglich *(open justice principle)*[27]. Dies wollen Parteien oft vermeiden, auch und gerade in wirtschaftsrechtlichen Streitigkeiten.
- Ein gerichtlicher Vergleichsbeschluss *(consent order)* darf nur die in CPR 40.6(3) abschließend aufgelisteten Inhalte[28] haben (Hervorhebungen hinzugefügt):

(3) The judgments and orders referred to in paragraph (2) are –
  (a) a judgment or **order for** –
    (i) **the payment of an amount of money** (including a judgment or order for damages or the value of goods to be decided by the court); or
    (ii) **the delivery up of goods** with or without the option of paying the value of the goods or the agreed value.
  (b) an order for –
    (i) the dismissal of any proceedings, wholly or in part;
    (ii) **the stay of proceedings on agreed terms,** disposing of the proceedings, whether those terms are recorded in a schedule to the order or elsewhere;
    (iii) the stay of enforcement of a judgment, either unconditionally or on condition that the money due under the judgment is paid by instalments specified in the order;
    (iv) the setting aside under Part 13 of a default judgment which has not been satisfied;
    (v) the payment out of money which has been paid into court;
    (vi) the discharge from liability of any party;
    (vii) **the payment, assessment or waiver of costs,** or such other provision for costs as may be agreed.

29 Für reine Zahlungsvergleiche (A zahlt an B Betrag X) ist ein solcher direkt vollstreckbarer *consent order* das Mittel der Wahl. Wollen die Parteien dagegen, wie häufig der Fall, in den Vergleich weitere – komplexere – Inhalte aufnehmen, etwa die Verpflichtung zum Abschluss eines Vertrags, zum Kauf oder Verkauf von Unternehmensanteilen, zur Mitwirkung bei Marketingmaßnahmen usw., so ist dies per klassischem *consent order* nicht möglich, da solche Inhalte – mangels einfacher Vollstreckbarkeit – kein zulässiger Inhalt eines *consent order* sind.

2. Tomlin Order

30 Die Lösung für solche Fälle ist ein sog. *„Tomlin Order"*, der seinen Namen *Justice Tomlin* verdankt, der diese Art eines Vergleichsbeschlusses in *Dashwood v Dashwood*[29] erstmalig anwandte und im Nachgang eine berühmt gewordene *Practice Note*[30] zum Thema verfasste.

31 Die Details sind komplex und bei der Formulierung solcher *Tomlin Orders* können die beteiligten Anwälte viele formelle und inhaltliche Fehler begehen[31]. Die Grundidee dieses prozessualen Werkzeugs ist, dass die laut CPR „erlaubten" Vergleichsinhalte (im Wesentlichen sind das etwaige Zahlungen sowie Kostenregelungen) im Vergleichsbeschluss selbst *(body of the order itself)* aufgenommen werden, die darüber hinaus gehenden Vergleichsinhalte in einen Anhang *(schedule)* ausgelagert werden, auf den der Vergleichsbeschluss dann verweist. PD 40B Ziffer 3.5 sagt dazu:

---

27 Browne/Catlow, S. 235 Rn. 13.3.1 und S. 236 mit Hinweisen auf Entscheidungen.
28 Grund hierfür ist die Vollstreckbarkeit.
29 [1927] WN 276] https://discovery.nationalarchives.gov.uk/details/r/eddd8eb5-c931-4f6a-9ad4-ca0fbeb0f988.
30 www.iclr.co.uk/ic/2019001134#.
31 Browne/Catlow, S. 235, Rn. 13.3.2.

> Where the parties draw up a consent order in the form of a stay of proceedings on agreed terms, disposing of the proceedings, and where the terms are recorded in a schedule to the order, any direction for:
>
> (1) payment of money out of court, or
> (2) payment and assessment of costs
>
> should be contained in the body of the order and not in the schedule.

Tomlin orders unterscheiden[32] sich in der Formulierung von normalen *consent orders* durch die Verweisung auf eine Anlage. Hier ein einfaches **Beispiel** (die wesentlichen Passagen sind hervorgehoben): 32

ORDER BY CONSENT

Upon the parties having agreed terms of settlement
BY CONSENT IT IS ORDERED THAT

1. **All further proceedings in this action are stayed upon the terms set out on the attached SCHEDULE,** except for the purpose of carrying such terms into effect.
2. **Each party shall have the right to apply to the court if the other party does not give effect to the terms set out in the SCHEDULE.**
3. The Defendant shall pay the Claimant .... until ... in respect of Claimant's costs.

We consent to the terms of this order.	We consent to the terms of this order.
Solicitors A (Unterschrift/Datum)	Solicitors B (Unterschrift/Datum)

SCHEDULE

1. Defendant shall pay the Claimant the sum of ... until ... in full and final settlement of ...
2. In the event of late payment ...
3. **Claimant and Defendant shall enter into an ... agreement on the terms already agreed between the parties and which is enclosed hereto as Annex ...**

Die in den *schedule* ausgelagerten Vergleichsinhalte können bei Nichteinhaltung durch die verpflichtete Partei zwar nicht unmittelbar vollstreckt werden, in diesem Fall wird der Gläubiger aber bei Gericht beantragen, dass die im *Tomlin Order* angeordnete Verfahrensaussetzung *(stay of proceedings)* aufgehoben und in der Hauptsache weiter verhandelt wird, in der Regel mit desaströsen Kostenfolgen für diejenige Partei, welche die im *schedule* dokumentierten vertraglichen Verpflichtungen nicht eingehalten hat. 33

[32] Die aktuelle Entscheidung *Vanden Recycling Ltd v Kras Recycling BV* [2017] EWCA Civ 354 (www.bailii.org/ew/cases/EWCA/Civ/2017/354.html) hat die Unterschiede zwischen normalem *consent oder* und *Tomlin order* noch einmal herausgearbeitet.

III. Formelles Vergleichsangebot mit (potentieller) Kostensanktion

34 Wie bereits ausgeführt kann jede Partei in jeder Phase des Verfahrens ein Vergleichsangebot unterbreiten, welches von den Anwälten mit dem Vermerk *„without prejudice save as to costs"* versehen wird, damit sichergestellt ist, dass die andere Partei Informationen aus solchen Vergleichsverhandlungen nicht im Prozess nutzt (→ § 6 Rn. 33 ff.). Ein solches „einfaches" Vergleichsangebot nennt man ***„Calderbank offer"***.

35 Für die Konstellation, in der eine Prozesspartei zu einem Vergleich bereit ist, die Gegenseite darauf aber bislang nicht eingegangen ist, bietet die englische Zivilprozessordnung in *Part 36*[33] ein interessantes Tool, das im deutschen Zivilprozess keine Entsprechung hat.

36 Die vergleichsbereite Partei macht ein formelles schriftliches Vergleichsangebot, das sog. ***„Part 36 offer"*** und gibt der Gegenseite (mindestens) 21 Tage, dieses Angebot anzunehmen (und damit den Rechtsstreit zu beenden) oder das Angebot abzulehnen[34].

37 Wer ein solches formelles Angebot ablehnt, sollte sich sehr sicher sein, dass das Gericht ihm im späteren Urteil mehr zuspricht als die Gegenseite im Vergleich angeboten hat. Denn falls das Gericht in seiner Entscheidung „nur" das Vergleichsangebot oder gar weniger zuspricht, hat die ablehnende Partei **alle Kosten** zu tragen, die **seit dem Ablauf der Annahmefrist** des Vergleichsangebots angefallen sind[35]. Wenn man sich vor Augen hält, dass die meisten Prozesskosten in der Phase der Erarbeitung der *witness statements* und *expert reports* sowie natürlich in der meist mehrtägigen mündlichen Verhandlung *(trial)* anfallen, ist das ein massives Kostenrisiko. Niemand sollte daher ein *Part 36 offer* leichtfertig in den Wind schlagen.

BEISPIEL

Kläger klagt 100.000 ein. Beklagter macht ein *Part 36 offer* über 60.000. Kläger lehnt ab. Gericht spricht im Urteil 60.000 zu. Kläger trägt nun – obwohl er insgesamt betrachtet zu 60 % gewonnen hat – 100 % der Kosten, die nach dem *Part 36 offer*[36] angefallen sind, denn dieses Ergebnis hätte er – ohne den Zeit- und Kostenaufwand von *trial* und *judgement* – bereits früher haben können.

38 Diese *„Part 36 offers"* haben in der englischen Prozesspraxis einen hohe praktische Bedeutung, gerade in wirtschaftsrechtlichen Streitigkeiten. Nicht selten überziehen die Parteien sich im Vorfeld des *trial* wechselseitig mit mehreren Angeboten. Ein Anbieter kann auch mehrfach „nachbessern"[37]. Allerdings muss ein Angebot rechtzeitig (mindestens 21 Tage) vor der angesetzten mündlichen Verhandlung *(trial)* erfolgen, um die Kostenfolgen auslösen zu können.

39 Welche konkreten Kostenfolgen sowohl die Annahme als auch die Ablehnung eines *Part 36 offer* haben, ist kompliziert[38]. Sogar das Studenten-Handbuch Brow-

[33] www.justice.gov.uk/courts/procedure-rules/civil/rules/part36.

[34] CPR r 36.5(1).

[35] Details siehe CPR r 36.13: "Costs consequences of acceptance of a Part 36 offer" (www.justice.gov.uk/courts/procedure-rules/civil/rules/part36#36.13) sowie Schneider, IWRZ 2017, 216.

[36] Präzise: seit dem Ablauf der Annahmefrist.

[37] Browne/Catlow, S. 239, Rn. 13.4.1.2.

[38] Zu den Kostenfolgen kommt in manchen Konstellationen auch noch „Bonus". Unterbreitet zum Beispiel der Kläger ein solches *Part 36 Offer*, das der Beklagte ausschlägt, und wird dem Kläger

ne/Catlow, Civil Litigation 2022/23, behandelt allein die möglichen Kostenauswirkungen eines *Part 36 offer* auf 20 (!) Seiten (S. 237–256), inklusive diversen Berechnungstabellen. Ein weiterer Beleg für den dauernden harten Kampf um die Kostenerstattung in englischen Zivilprozessen.

---

später im Urteil dann sogar mehr zugesprochen als der Inhalt seines Angebots war (*„claimant beats his/her own Part 36 offer"*), gewährt das Gericht oft einen Aufschlag *(upflift)* auf die Klageforderung.

§ 6. Die Phasen des Zivilprozesses im Detail

1 Betrachten wir nun die wichtigsten Stationen des *„Litigation Train"* genauer. Der Fokus bei den folgenden Ausführungen liegt auf Zivilprozessen vor dem *High Court* (und dort insbesondere in der Variante *multi track*).

A. Vorüberlegungen

2 Bevor man einen Zivilprozess in England startet, streng genommen sogar bevor man der Gegenseite einen solchen Zivilprozess auch nur androht[1], sollte man die Chancen und Risiken sorgfältig analysieren und alle möglichen Verläufe nüchtern durchspielen.

3 Dies ist, sofern der deutsche Kläger nicht bereits Erfahrung mit Zivilprozessen in England hat, nur mit Hilfe einer englischen Kanzlei oder eines *litigation consultant* möglich (zu deren Auswahl → Rn. 12 ff.), weil ein diesbezüglich naiver deutscher Kläger viele spezifische Risiken des englischen Prozessrechts gar nicht (er)kennt, also auch nicht bei der Risikoanalyse berücksichtigen kann.

I. Checkliste: Fragenkatalog für potenzielle Kläger

4 Mindestens folgende Fragen sollte sich jeder in Deutschland ansässige Kläger stellen:

5 **1. Erfolgsaussichten:** Kann ich den Fall unter Anwendung des englischen materiellen Rechts und trotz der Besonderheiten des englischen Prozessrechts, insbesondere des Beweisrechts, realistisch betrachtet gewinnen?

- Mit den beweisrechtlichen Besonderheiten ist zunächst vor allem die ***disclosure obligation*** gemeint, also die Pflicht, alle (!) prozessrelevanten Unterlagen zu suchen und diese der Gegenseite offen zu legen[2]. Diese Disclosure-Pflicht verhindert, dass man die Schwachstellen des eigenen Anspruchs vor der Gegenseite versteckt. Daher sollten potentielle Kläger vorab eine intensive interne Bestandsaufnahme durchführen *(litigation due diligence).* Existieren schädliche Dokumente *(incriminating paper trail),* insbesondere interne Korrespondenz[3] zwischen Mitarbeitern oder zwischen Mitarbeitern und externen Subunternehmern, Zulieferern usw.? Solche internen Dokumente, in denen zum Beispiel Sätze stehen wie „die von uns gelieferte technische Anlage hatte im Probebetrieb erhebliche Ausfälle, deren Ursache wir nicht vollständig klären konnten[4]", sollten nicht erst im laufenden Zivilprozess auftauchen, sondern dem Kläger vor der Entscheidung bekannt sein, ob man überhaupt ein Verfahren startet[5].

---

[1] Denn auch das kann bereits Kosten auslösen, die der Gegner später erstattet verlangt.

[2] Ausführlich zur *disclosure* → Rn. 27.

[3] Man kann sich vorstellen, wie schwierig es ist, die interne E-Mail-Korrespondenz unter den projektbeteiligten Mitarbeitern eines Großunternehmens hierauf zu durchkämmen. Zudem kollidiert das deutsche Datenschutzrecht hier sehr schnell mit dem englischen *disclosure* Prinzip.

[4] Ein echtes Fallbeispiel aus meiner Praxis; der Satz war in einem internen Bericht an den Technikvorstand des Unternehmens enthalten.

[5] In einer solchen Konstellation kann ein Kläger ggf. versuchen, den Gegner zu Mediation oder Arbitration mit anderen Verfahrensregeln zu bewegen. Auf keinen Fall sollten Dokumente vernich-

- Stehen die wichtigen Zeugen für die aufwendige und mühsame Beweisführung[6] zur Verfügung? Für die Erstellung des schriftlichen *witness statement* muss sich jeder Zeuge etliche Stunden, in komplexen Wirtschaftsprozessen sogar Tage, mit einem englischen Anwalt unterhalten, dessen Fragen beantworten und eine eidesstattliche Versicherung abgeben, dass die schriftliche Zeugenaussage richtig und vollständig ist. Für den späteren Termin zur mündlichen Verhandlung *(trial)* müssen die Zeugen dann nach England anreisen[7] und sich dem Kreuzverhör durch die Gegneranwälte aussetzen. Kann und will man das den Zeugen zumuten? Wie reagieren diese hierauf?
- Ist eine Beweiserhebung im jeweils anderen Land nötig, also zum Beispiel eine Zeugenbefragung[8] oder ein richterlicher Augenschein in Deutschland oder eine sachverständige Begutachtung eines Objektes in Deutschland (etwa zur Beurteilung eines Baumangels)? Eine solche Beweisaufnahme außerhalb der Jurisdiktion des englischen Gerichts macht den Prozess noch einmal erheblich komplexer, langwieriger und teurer, da hierfür in der Regel internationale Rechtshilfeersuchen nötig sind[9].

6 **2. Finanzierbarkeit:** Kann ich den Rechtstreit bis zu Ende durchfinanzieren, notfalls inklusive Berufungsinstanz *(appeal)* und Zwangsvollstreckung *(enforcement)?*

- Das Problem der Prozesskosten nimmt in diesem Praxisleitfaden einen so großen Raum ein, weil Kläger aus Deutschland – trotz aller Hinweise und Warnungen – die Dimension der Kosten immer wieder unterschätzen[10]. Wer es nicht glaubt: Das erste (!) inhaltliche Kapitel[11] des Standard-Lehrbuchs *„A Practical Approach to Civil Litigation"*[12] von Professor Stuart Sime trägt den Titel ***„Funding Litigation"***, also: wie finanziert man die Prozessführung? Erst danach folgt das Kapitel *„The Civil Courts".* Diese Reihenfolge sagt viel über die Bedeutung des Themas Prozesskosten aus, sogar bei rein nationalen englischen Zivilprozessen.
- Daher lautet eine der ersten Fragen, die potenzielle Kläger von ihren *litigation solicitors* gestellt bekommen: *„How deep are your pockets compared to those of the defendant?"*[13] Nicht wenige Beklagte, vor allem im Business Sektor, spekulieren nämlich darauf, dass (insbesondere ausländischen) Klägern das Geld ausgeht.
- Englische *litigation solicitors* sind berufsrechtlich verpflichtet, ihre Mandanten auf dieses Kostenrisiko dezidiert und vehement hinzuweisen[14], was in der Regel durch mehrseitige *client care letters* erfolgt[15], die auch etwaige alternative Methoden der Finanzierung darstellen[16].

---

tet werden. Kommt so etwas heraus (entweder durch technische Analysen des IT-Systems oder weil es ein Zeuge später unter Eid im Kreuzverhör zugibt), drohen scharfe Sanktionen.

[6] Ausführlich zum Zeugenbeweis → § 7 Rn. 11 ff.

[7] Eine Zeugenaussage per Videoübertragung ist zwar in vielen Fällen möglich, ein persönlich anwesender Zeuge wirkt aber besser, weil das Gericht einen unmittelbaren Eindruck von dessen Persönlichkeit und Glaubwürdigkeit verschaffen kann als bei einer Videoübertragung. Aus prozesstaktischen Gründen ist es daher nicht ratsam, wichtige Zeugen nur per – wie es in England genannt wird – *„Video Link"* aussagen zu lassen.

[8] Etwa weil ein Zeuge nicht bereit ist, freiwillig nach England anzureisen.

[9] Hierzu auch → Rn. 139.

[10] Etwa jeder Fünfte Kläger aus Deutschland, die ich in den letzten 20 Jahren betreut – und gewarnt – habe (in der Regel mittelständische Unternehmen), geben irgendwann während des Verfahrens aus Kostengründen auf. In manchen Fällen übersteigen die Prozesskosten den Streitwert erheblich.

[11] Nach dem Kapitel *Introduction.*

[12] 25. Aufl. 2022.

[13] Frei übersetzt: Wer hat die größere Kriegskasse bzw. wer ist bereit, weiter ins finanzielle Risiko zu gehen?

[14] SRA Code of Conduct for solicitors 2019, Rn. 8.7.

[15] Ein Beispiel eines solchen *client care letter* ist abgedruckt bei Sime, S. 11–13.

[16] Z. B. ATE insurance, third party funding, legal aid etc.; ausführlich dazu Sime, S. 10 ff.

– Für Kläger aus Deutschland hat sich das Kostenthema durch Brexit unter dem Gesichtspunkt der **Sicherheitsleistung für Prozesskosten der Gegenseite** *(security for costs)*[17] noch einmal erheblich verschärft, da für Klagen, die ab 1.1.2021 erhoben werden *(claims issued)*, die bisherige automatische und umfassende Privilegierung für Kläger aus EU-Mitgliedsstaaten entfallen ist. Rule 25.13 CPR, das Gegenstück zu § 110 der deutschen Zivilprozessordnung, regelt, dass das englische Gericht Kläger mit Sitz außerhalb des Vereinigten Königreichs auf Antrag des Beklagten verpflichten kann, für die voraussichtlichen Kosten des Beklagten in England eine Sicherheit zu leisten. Damit verdoppelt sich die Finanzierungslast für den im Ausland sitzenden (deutschen) Kläger, der nicht nur seine eigenen Anwälte und Experten zahlen, sondern auch noch Sicherheit für die voraussichtlichen Kosten des Prozessgegners leisten muss. Der englische Beklagte wird diesen Antrag[18] deshalb schon aus prozesstaktischen Gründen regelmäßig stellen, um den finanziellen Druck auf den deutschen Kläger und somit ggf. dessen Vergleichsbereitschaft zu erhöhen. In manchen Fallkonstellation kann sich ein in Deutschland ansässiger Kläger auch nach Brexit noch auf Ausnahmen berufen[19], aber das Risiko, zu einer solchen Sicherheitsleistung verpflichtet zu werden, ist durch Brexit erheblich gestiegen.[20] Das muss ein Kläger aus Deutschland wissen, bevor die Klage erhoben wird, um nicht von einem Gerichtsbeschluss zur Sicherheitsleistung im hohen fünfstelligen oder gar sechsstelligen Bereich überrascht zu werden und gleich zu Anfang in massive finanzielle Bedrängnis zu geraten.

3. Vollstreckbarkeit: Ist der Prozessgegner ausreichend stabil und solvent, so 7
dass ein teuer erstrittenes Urteil später auch tatsächlich vollstreckt werden kann? Diese Frage stellt sich sowohl bei natürlichen Personen[21] als auch bei Unternehmen/Körperschaften[22]. Hierbei sollten Kläger beachten, dass die englischen Insolvenzvorschriften weniger streng sind als in Deutschland.

4. Reputations- und PR-Risiken: Will ich mich der – im Vergleich zu Deutsch- 8
land – erheblich invasiveren englischen Medienberichterstattung aussetzen und gehe ich das Risiko ein, dass das Urteil im Volltext mit allen Klarnamen für immer und für jedermann in der englischen Urteilsdatenbank einsehbar sein wird?

5. Psychologische Analyse des Prozessgegners: Wie „ticken" die Entscheider 9
auf der Gegenseite? Verhandelt man mit kühlen, rational abwägenden Geschäftsleuten oder hat man es mit rechthaberischen Patriarchen zu tun, denen es „um das Prinzip" geht, oder stehen auf der Gegenseite im Extremfall sogar irrationale Narzissten? Je nach Fallkonstellation kann dies der wichtigste Aspekt der Analyse sein. Der Autor vertrat 2020/2021 einen süddeutschen Mittelständler gegen einen internationalen Konzern, für den der Mittelständler ein Heizkraftwerk in Wales errichtet hatte. Der Konzern behielt die letzte Rate von 900.000 Euro ein und behauptete Mängel der Anlage. Wir klagten die letzte Rate ein und bekamen diese zugespro-

[17] Allgemein zu *security for costs* siehe Sime, S. 295 ff.

[18] Siehe dazu auch die Prozessformulare: PF43 Application for security for costs under rule 25.12 and 25.13 und PF44 Order for security for costs (rules 25.12 and 25.13).

[19] Siehe insbesondere die Ausnahme in CPR, r 25.13 (2)(a)(ii).

[20] Eine gute Zusammenfassung im Beitrag „Security for Costs After Brexit" der *Barrister* Rachel Tandy und William Moody vom 25.11.2021 unter https://www.hendersonchambers.co.uk/wp-content/uploads/2021/11/Security-for-Costs-After-Brexit-Rationale-vs-Residence.pdf.

[21] Wie eng ist der Schuldner an England gebunden? Flüchtet der Schuldner vielleicht einfach in ein anderes Land, wenn ihm die Vollstreckung zu nahe rückt?

[22] Bei Unternehmen als Prozessgegner sollte man mindestens eine *„good standing"* Recherche über das englische Companies House (www.gov.uk/guidance/order-certified-copies-and-certificates-from-companies-house) und ggf. weiter reichende Recherchen über private Wirtschaftsdienste durchführen.

chen. Hierauf erhob der Konzern eine Widerklage über verblüffende 27 Millionen Euro, bei einem ursprünglichen Gesamtbauvolumen von knapp 5 Millionen Euro. Ein völlig irrationales Verhalten des knapp 80jährigen Patriarchen des Konzerns, der es psychologisch nicht verkraften konnte, dass ein – aus seiner Sicht – winziger süddeutscher Mittelständler ihn herausgefordert und dann auch noch gewonnen hatte. Fazit: Die 27 Millionen Klage wurde abgewiesen und die Prozesskosten für den Konzern beliefen sich auf mehr als 500.000 Euro. Hätte der Konzern ursprünglich 500.000 Euro statt der offenen 900.000 Euro angeboten, wäre der Mittelständler darauf eingegangen.

FAZIT

Man muss (versuchen zu) wissen, mit wem man es auf der anderen Seite zu tun hat.

II. Alternativen zu einer Klage in England

10 Bevor ein Kläger aus Deutschland das Verfahren an einem staatlichen Gericht in England einleitet, sollte er alle in Betracht kommenden Alternativen geprüft und ernsthaft in Erwägung gezogen haben.

11 Neben den oben bereits erläuterten Möglichkeiten der *Alternative Dispute Resolution (ADR)*[23] kann man auch versuchen, die Gegenseite von einer **nachträglichen Gerichtsstandsvereinbarung** zugunsten deutscher Gerichte zu überzeugen. Hierfür sprechen vor allem dann gute Gründe, wenn (partiell) deutsches Recht anwendbar ist und/oder Beweisaufnahmen in Deutschland erfolgen müssen (z.B. Augenscheinsobjekte und Zeugen in Deutschland). In solchen Fällen wäre es für beide Parteien erheblich billiger und effizienter, den Streit vor einem deutschen Gericht zu verhandeln. Allerdings lässt das der Stolz englischer Parteien und deren englischer Anwälte[24] selten zu.

B. Auswahl und Mandatierung einer Kanzlei

12 Kläger müssen zunächst die Auswahlkriterien festlegen und gewichten. Benötigt man eine Kanzlei mit besonderer Expertise auf einem Spezialgebiet (z. B. Baurecht, Kapitalanlagerecht o.ä.)? Ist der Sitz der Kanzlei relevant? Erlaubt das Budget die Beauftragung einer teuren Londoner Großkanzlei (gar einer der fünf „*Magic Circle*[25] *law firms*“) bzw. einer hochspezialisierten Boutique[26] oder muss man hier aus Kostengründen Kompromisse eingehen?

13 Fachanwälte nach deutschem Verständnis[27] existieren in England nicht. Die *Law Society* verleiht zwar „*accreditations*“ auf verschiedenen Rechtsgebieten[28]. Dies betrifft aber primär die Gebiete „*private client*“, „*personal injury*“ und „*family law*“. Wer ausgewiesene Spezialist/innen im Wirtschafts- und Gesellschaftsrecht, in einem

---

[23] → § 5 Rn. 10ff.

[24] Die sich damit ja selbst als Prozessvertreter aus dem Rennen nehmen würden.

[25] https://en.wikipedia.org/wiki/Magic_Circle_(law_firms).

[26] So bezeichnet man kleinere oder mittlere Kanzleien, die auf ein bestimmtes Gebiet spezialisiert sind.

[27] Oder *Board Certified Specialist Attorneys-at-Law* wie in den meisten USA-Bundesstaaten.

[28] www.lawsociety.org.uk/public/for-public-visitors/using-a-solicitor/law-society-accreditations.

Tech-Sektor oder in Business Litigation sucht, findet diese über die speziellen *Lawyer Associations* im jeweiligen Fachgebiet[29]. Auf den Websites dieser *Associations* werden meist die Mitglieder aufgelistet und deren jeweilige Expertise und Schwerpunkttätigkeit genannt. Einige der bekannteren *Associations* sind:

- Association of Costs Lawyers, ACL (www.associationofcostslawyers.co.uk)
- Association of Personal Injury Lawyers, APIL (www.apil.org.uk)
- Chancery Bar Association, ChBA (www.chba.org.uk)
- Commercial Bar Association, COMBAR (www.combar.com)
- Forum of Complex Injury Solicitors, FOCIS (https://focis.org.uk)
- London Solicitors Litigation Association, LSLA (www.lsla.co.uk)
- Northern Chancery Bar Association, NCBA (www.nchba.org.uk)
- Property Bar Association, PBA (www.propertybar.org.uk)
- Personal Injuries Bar Association, PIBA (www.piba.org.uk)
- Technology and Construction Bar Association, TECBAR (https://tecbar.org)
- Technology and Construction Solicitors Association, TeCSA (https://tecsa.org.uk)

Die *Associations* mit *„Bar"* im Titel sind Vereinigungen von *barristers* und *solicitor* 14
advocates[30]. Auch diese spezialisieren sich oft auf bestimmte Rechtsgebiete, so dass es sinnvoll sein kann, nach ausgewiesenen Experten für die konkrete Fallthematik zu suchen. Allerdings werden *barrister* in der Regel nicht von den Parteien selbst beauftragt, sondern von deren *solicitors,* welche meist ein etabliertes Netzwerk von *barristern* haben, auf die sie regelmäßig zurückgreifen und die sie bevorzugt beauftragen möchten. Eine solche eingespielte Zusammenarbeit hat viele Vorteile. Dennoch kann der Mandant seinem *solicitor* natürlich bestimmte *barrister* vorschlagen, die besonders qualifiziert erscheinen, und die Auswahl intern diskutieren.

Ist die Entscheidung zugunsten einer bestimmten *solicitor*-Kanzlei getroffen und 15
die ***onboarding*** **Formalitäten**[31] erledigt, sollten neben der inhaltlichen Aspekte und Prozessstrategie auch frühzeitig organistorische Fragen wie Zeitplan, Budget und personelle Ressourcen (sowohl bei der Kanzlei, aber auch beim Mandanten) diskutiert und festgelegt werden, damit in bestimmten heißen Phasen (z.B. Erarbeitung der *witness statements,* Erstellung des *trial bundle* und natürlich der *trial* selbst) alle erforderlichen Personen verfügbar sind. Anträge auf Fristverlängerung oder gar Terminsverlegung haben bei englischen Zivilgerichten nämlich geringe Erfolgsaussicht.

C. Formelle Ankündigung eines Rechtsstreits

I. Mindestinhalt des Klageankündigungsschreibens

Ist die Entscheidung gefallen, dass man die Gegenseite definitiv mit einem An- 16
spruch konfrontieren will *(making a claim),* teilen die eigenen *solicitors* dies dem Anspruchsgegener in einem formellen Anspruchsschreiben mit, bezeichnet als ***letter before claim*** (LBC), manchmal auch als ***letter of claim*** oder ***pre-action letter.***

---

[29] Die wichtigsten dieser *Associations* sind im Abkürzungsverzeichnis mit jeweiliger Website aufgeführt.

[30] Für internationale Prozesse bieten sich als besonders geeignet an die 1.300 Mitglieder der *Chancery Bar Association* (www.chba.org.uk/) sowie die 1.800 Mitglieder der *COMBAR* (www.com bar.com) mit Schwerpunkt Business und International.

[31] Zum *onboarding* im Detail → § 3 Rn. 86 ff.

17 Ab jetzt sind stets die Anforderungen der CPR zum Thema *pre-action protocol*[32] einzuhalten. Konkret: Der LBC muss bestimmte formelle und inhaltliche Anforderungen erfüllen. Er hat den Zweck, der Gegenseite den Ernst der Lage vor Augen zu führen und diese zu ernsthaften Vergleichsgesprächen zu motivieren[33]. Umgekehrt riskiert man mit diesem Schritt der formellen Ankündigung des Rechtsstreits, dass die Gegenseite – die spätestens jetzt ihrerseits Anwälte einschalten wird – später ihre *legal costs*[34] ersetzt verlangt. Es schwebt nun stets die Kostendrohung über den Parteien, deren Anwälte deshalb auch jeden Brief und jede E-Mail mit dem Betreff ***„without prejudice (save as to costs)"*** kennzeichnen[35].

18 Das *Ministry of Justice* hat nicht weniger als 18 verschiedene *pre-action protocols* veröffentlicht[36], die – je nach Rechtsgebiet bzw. Rechtsnatur des Anspruchs – im Detail unterschiedliche Anforderungen stellen. Ist keines der spezifischen Protokolle einschlägig, greift man auf die allgemeine *Practice Direction Pre-action conduct and protocols*[37]. Generell enthält ein *letter before claim* mindestens folgende Punkte:

- Name und Anschrift des Anspruchstellers
- Darlegung aller Fakten *(summary of facts)*
- Darlegung der rechtlichen Argumentation/Anspruchsbegründung *(consise details of claim)*
- Offenlegung (wenigstens Benennung der relevanten Dokumente und Beweismittel
- Berechnung des Anspruchs/etwaiger Schäden/etwaiger Zinsen
- angemessene Antwortfrist *(reasonable time limit for the defendant to reply)*[38]
- die klare Ankündigung einer Klage für den Fall, dass die Gegenseite nicht reagiert *(a clear statement that court proceedings will be initiated if defendant does not respond).*

II. Beispiel eines *letter before claim*

19 Hier ein vereinfachtes anwaltliches Klageankündigungsschreiben im Kontext eines vertraglichen Zahlungsanspruchs:

> … This letter is being sent to you in accordance with the Practice Direction on Pre-Action Conduct and Protocols (the Pre-action PD) contained in the Civil Procedure Rules (CPR). In particular, we refer you to paragraphs 13 to 16 of the Pre-action PD concerning the court's powers to impose sanctions for failing to comply with its provisions.
>
> We have been instructed by … of … to obtain payment of the above debt from your company. [… detaillierte Beschreibung des Sachverhalts und der Beweismittel …]
>
> You have failed to settle the outstanding amount of £ … which was due on … and therefore you are in breach of the agreement. You owe our client the sum of £ … The Debt is payable immediately and does not include costs. Interest continues to accrue at the rate of … % p. a.
>
> An acknowledgment to this letter should be provided within 14 days of receipt, namely by … . You should provide a full response to this letter no later than … days after the date of this letter, namely by the [Kalenderdatum].

---

32 Dazu ausführlich → Rn. 26.
33 Sime, S. 48, Rn. 5.01.
34 Auch die bereits vorprozessual entstehenden Anwaltskosten.
35 Was diese Formulierung genau bedeutet, wird in unten im Detail erläutert → Rn. 33.
36 www.justice.gov.uk/courts/procedure-rules/civil/protocol; Sime, S. 48.
37 www.justice.gov.uk/courts/procedure-rules/civil/rules/pd_pre-action_conduct.
38 Mindestens 14 Tage, in komplexen Fällen aber bis zu 90 Tagen; PD pre-action conduct, Rn. 6(b).

Our client reserves all its rights, including the right to commence proceedings (without further reference to you should that prove necessary) to obtain a court judgment requiring you to pay the Debt plus interest and costs. Ignoring this letter may lead to our client starting proceedings against you and may increase your liability for costs.

Wer vor Erhebung der Klage diese Abläufe nicht einhält, also insbesondere dem 20
Beklagten keine detaillierte Anspruchsbegründung mit den relevanten Unterlagen schickt und sodann die Antwort der Gegenseite hierauf innerhalb angemessener Frist abwartet, muss im englischen Zivilprozess mit empfindlichen Konsequenzen[39] rechnen, die im folgenden Abschnitt genauer dargelegt werden.

III. Sonderproblem: Drohende Verjährung des Anspruchs

Hat der Kläger mit der außergerichtlichen Geltendmachung des Anspruchs[40] so 21
lange gewartet, dass bereits innerhalb weniger Wochen oder gar Tagen Verjährung droht *(expiry of period of limitation*[41]*)*, würde die ordnungsgemäße Durchführung des *pre-action* Prozederes zur Verjährung führen.

Ziffer 17 der *PD pre-action conduct and protocols*[42] stellt ausdrücklich klar, dass die 22
pre-action Anforderungen nichts an den Verjährungsvorschriften ändern. Ein *letter before claim* unterbricht somit nicht die Verjährung.

In dieser Konstellation muss der Kläger notgedrungen kurzfristig Klage erheben, 23
sollte dann aber gleichzeitig mit der Klageerhebung:

- dem Gericht mitteilen, dass dies zunächst nur zur Verjährungsunterbrechung erfolgt, und
- eine Aussetzung des Verfahrens beantragen *(stay of proceedings)*, um die Anforderungen des *pre-action protocol* nachholen zu können[43].

Alternativ können die Parteien, wenn der Anspruchsgegner hierzu bereit ist, 24
auch eine Unterbrechung oder Verlängerung der Verjährungsfrist vereinbaren, ein sog. *„standstill agreement to suspend or extend limitation"*. Es war lange umstritten, ob eine solche Vereinbarung nach englischem Recht möglich ist. Der *Court of Appeal* schaffte Klarheit mit der Entscheidung *Thomas v Home Office* [44], bejahte die Zulässigkeit einer solchen Vereinbarung und stellte gleichzeitig strenge Voraussetzungen hierfür auf. Ein *„standstill agreement"* muss schriftlich abgeschlossen werden, ausdrücklich klarstellen, dass es sich um eine einvernehmliche Verlängerung oder Unterbrechung der Verjährung handelt, und sollte ein präzises Enddatum enthalten.

---

[39] Das Gericht kann das Verfahren aussetzen und/oder Kostensanktionen gegen die Partei verhängen, die gegen pre-action Regeln verstoßen hat, siehe PD Pre-action conduct and protocols, Rn. 15 f.

[40] Also dem Versand eines *letter before claim.*

[41] Die Verjährung zivilrechtlicher Ansprüche in England und Wales regelt der *Limitation Act 1980.* www.legislation.gov.uk/ukpga/1980/58. Die Details sind komplex, da viele unterschiedliche Verjährungsfristen je nach Anspruchsart *(classes of action)* existieren.

[42] www.justice.gov.uk/courts/procedure-rules/civil/rules/pd_pre-action_conduct#17.1.

[43] Hierzu auch Sime, S. 55, Rn. 5.22.

[44] [2006] EWCA Civ 1355 www.bailii.org/cgi-bin/markup.cgi?doc=/ew/cases/EWCA/Civ/2006/1355.html.

PRAXISTIPP

Im Unterschied zur Situation in Deutschland (§ 203 BGB) hemmen nach englischem Recht Vergleichsverhandlungen per se nicht automatisch den Verjährungseintritt! Man muss dort bei Verhandlungen daher immer die Verjährungsfrist im Blick haben und rechtzeitig ein *standstill agreement* abschließen oder – falls die Gegenseite dies verweigert – Klage erheben.

D. Vorprozessuales Verhalten

I. Allgemeine Verhaltenspflichten

25 Neben dem in Ziffer III dargestellten Erfordernis eines formellen ***letter before claim*** bestehen für die Parteien einer zivilrechtlichen Auseinandersetzung auch weitere Verhaltenspflichten. Man kann sich nicht oft genug vor Augen halten, dass ein vorrangiges Ziel der *Civil Procedure Rules* und der korrespondierenden *Practice Directions* ist, einen Zivilprozess möglichst ganz zu vermeiden[45], und – sofern das nicht gelingt – wenigstens den Arbeitsaufwand für das Gericht sowie die Kosten für alle Beteiligten möglichst gering zu halten.

26 Zu diesen Verhaltenspflichten gehören die Einhaltung der allgemeinen Regeln des *pre-action conduct*[46] sowie etwaiger Rechtsgebiet-spezifischer *pre-action protocols*[47]. Im Wesentlichen bestehen diese Verhaltenspflichten in:

- der Bereitschaft zu konstruktiven Verhandlungen
- der Offenlegung aller relevanten Informationen *(disclosure)*
- der Pflicht zur aktiven Schadens- und Kostenminderung.

II. Offenlegung

27 Der im forensischen Alltag bedeutsamste und für deutsche Prozessparteien überraschendste Aspekt ist die **Pflicht zur proaktiven Suche** nach allen Informationen und Dokumenten (inklusive digitaler Dateien), die mit dem Rechtsstreit in Zusammenhang stehen, und deren **Offenlegung** *(disclosure)* gegenüber dem Gegner. Das kennen deutsche Prozessparteien und ihre Anwälte in dieser Form schlicht nicht, weshalb nicht wenige deutsche Parteien ihre diesbezüglichen Pflichten unterschätzen und dagegen verstoßen, zum Beispiel indem sie relevante Dokumente vernichten (Gesprächsnotizen von Mitarbeitern, interne E-Mails, Fotos von Anlagenbesichtigungen usw.).

28 Ab dem Zeitpunkt, ab dem sich eine Prozesspartei bewusst ist, dass es zu einem Rechtsstreit kommen kann, ist diese verpflichtet, alle (potenziell) relevanten Unterlagen und Dateien aufzubewahren und diese sogar aktiv zu sichern *(duty to preserve documents in the anticipation of litigation).* Selbst turnusmäßige automatische Datenlöschungen müssen sofort verhindert und gestoppt werden. Dies betrifft alle *„documents"* (inkl. EDV-Dateien), die sich *„in the party's control"* befinden, also auch Dokumente und Dateien bei Mitarbeitern, externen Dienstleistern *(agents)*, Tochtergesellschaften, Steuerberatern und Anwälten[48].

---

[45] Am besten durch frühzeitigen Vergleich; zu diesem Ultima Ratio Prinzip → § 5 Rn. 1 ff.

[46] www.justice.gov.uk/courts/procedure-rules/civil/rules/pd_pre-action_conduct.

[47] www.justice.gov.uk/courts/procedure-rules/civil/protocol.

[48] Ob und inwieweit hier ein *legal privilege of confidentiality* (Anwaltsgeheimnis) geltend gemacht werden kann, ist eine separate Frage. Es darf jedenfalls nichts vernichtet werden.

29 Die strenge Pflicht zur Offenlegung kommt erst im eigentlichen Zivilprozess zum Tragen, so dieser nicht vermieden werden kann. Dort müssen die Parteien dann – nach Austausch der Schriftsätze und vor mündlicher Verhandlung *(trial)* – sämtliche Dokumente offenlegen und austauschen[49].

30 Es ist aber wenig ratsam, in der *pre-trial* Phase Informationen zu verschweigen oder Unterlagen zu unterdrücken. Denn falls es zum Zivilprozess kommt, in dem die Unterlagen dann doch offengelegt werden müssen, wird die Gegenseite das Gericht darauf hinweisen, dass sich die Klagepartei vorprozessual unlauter verhalten hat.

III. Sanktionen bei Verstößen

31 Bei signifikanten[50] und unentschuldigten Verstößen gegen diese *pre-action* Pflichten kann das Gericht in weitem Ermessen Sanktionen verhängen[51]. Gemäß para. 15 und 16 der *Practice Direction pre action conduc*t gehören zu den möglichen Maßnahmen des Gerichts:

- Aussetzung des Verfahrens
- Auferlegung der Gerichtskosten
- Auferlegung der Anwaltskosten der Gegenseite
- Aberkennung von Zinsansprüchen.

32 In gravierenden Fällen (vorsätzliche Vernichtung von Dokumenten) kann das Gericht unter den Aspekten *„contempt of court"* (Missachtung des Gerichts)[52] oder *„abuse of process"*[53] auch noch erheblich strengere Sanktionen verhängen, insbesondere den Vortrag einer Partei auch ohne Beweisführung als zutreffend anerkennen, einzelne Beweisangebote oder die gesamte Klage verwerfen *(strike out a claim)*[54].

E. Privilegierte Kommunikation bei Vergleichsverhandlungen

33 Die Parteien sind in jeder Phase des Rechtsstreits gehalten, eine gütliche Einigung anzustreben. Wie solche Vergleiche konkret geschlossen und formell dokumentiert werden, ist in § 5 D dargelegt.

34 Um Vergleichsgespräche zu erleichtern, gewährt das englische Recht eine Privilegierung[55] für Kommunikation zwischen den Parteien, die im Rahmen von Einigungsversuchen stattfindet (*„without prejudice communications"*).

35 Spätestens ab dem Zeitpunkt, in dem eine Partei den *letter before claim* verschickt (siehe oben), versehen *solicitors* ihre Kommunikation (Briefe, E-Mails, Faxe, Entwürfe von Vergleichsvereinbarungen usw.) mit dem Betreff ***„without prejudice (save as to costs)"***. Dies hat eine doppelte Funktion:

---

[49] Siehe hierzu → Rn. 92 ff.

[50] Also nicht nur kleineren formalen Verstößen einer Partei, insbesondere wenn diese nicht anwaltlich vertreten ist.

[51] Sime, S. 55.

[52] CPR Part 81 (www.justice.gov.uk/courts/procedure-rules/civil/rules/part-81-applications-and-proceedings-in-relation-to-contempt-of-court).

[53] CPR r 3.4(2)(b); Sime, S. 328, Rn. 30.21.

[54] Vor allem bei Vernichtung oder Fälschung von Beweismitteln; siehe Sime, S. 329, Rn. 30.25 mit Verweisen auf Urteile.

[55] Privilegierung im Sinne von Vertraulichkeit: Die Gegenseite darf solche Äußerungen oder Schriftstücke später nicht gegen die sie äußernde Partei verwenden.

- *„without prejudice"* bedeutet[56], dass alle Einlassungen, Statements, Angebote etc. die im Rahmen von Vergleichsverhandlungen erfolgen, vom Gegner – falls die Vergleichsverhandlungen scheitern – nicht im Prozess vorgetragen werden dürfen[57]. Sie sind *„privileged"*, ähnlich wie Informationen, die dem Anwaltsgeheimnis[58] unterfallen.
- *„save as to costs"* bedeutet, dass man sich jedoch vorbehält, die für diese Verhandlungen aufgewendete Arbeitszeit später im Kostenverfahren geltend zu machen, unabhängig vom konkret diskutierten Inhalt.

36 Allerdings hat sich unter *solicitors* in der Praxis die schlechte Angewohnheit etabliert, diese Klausel inflationär zu gebrauchen, also so gut wie jede vorprozessuale Kommunikation mit diesem Betreff zu versehen, auch wenn der Brief oder die Mail gar nicht im Zusammenhang mit Einigungsversuchen steht. Dies ist eine ärgerliche und verwirrende Unsitte, denn wirklich privilegiert sind Äußerungen (auch mündliche), schriftliche Kommunikation und ausgetauschte Dokumente nur, wenn diese im Rahmen echter Vergleichsverhandlungen erfolgen (*„communications which are made with the genuine intention of seeking settlement"; „there must be a bona fide attempt to resolve a dispute"*)[59]. Wenn *solicitors,* wie in der Praxis häufig, jede vorprozessuale Mail mit diesem Betreff versehen, auch wenn es sich nur um eine Zurückweisung des Anspruchs oder um die Darstellung der eigenen Rechtsposition handelt, hat dies keine privilegierende Wirkung, sondern führt später eher zur Verärgerung des Gerichts[60].

F. Klageerhebung

I. Überblick

37 Scheitern vorprozessuale Einigungsversuche und will der Kläger seinen Anspruch auch nach Austausch der Argumente in der *pre-action correspondence* immer noch geltend machen, kann und muss er formell Klage einreichen, was als *„to commence proceedings"*[61] oder *„to bring proceedings against…"* oder *„to file a claim"* bezeichnet wird.

38 Die Zivilklage wird gemäß CPR Part 7[62] erhoben, indem der Kläger bzw. dessen *solicitor* das einschlägige offizielle Klageformular *(claim form)* auswählt, dieses ausfüllt und – zusammen mit der Gerichtsgebühr – beim aus Sicht des Klägers zuständigen[63] Gericht einreicht, damit das Gericht das Klageformular mit dem Gerichtsstempel versieht *(to issue the claim).* Das mit dem *official court seal* versehene Formular *(claim form)* muss der Kläger (nicht das Gericht) dann innerhalb von vier

[56] Ähnlich der von deutschen Anwälten häufig verwendeten Formulierung: „ohne Anerkenntnis einer Rechtspflicht, allein unter prozessökonomischen Erwägungen".

[57] *„such communication cannot be used against the other party if the matter is put in front of the court"*; siehe auch *CPR Glossary:* www.legislation.gov.uk/uksi/1998/3132/part/GLOSSARY/made.

[58] *„Legal professional privilege"*, das im englischen Recht jedoch enger definiert ist als in Deutschland; es ist also nicht jede Anwaltskommunikation automatisch vollumfassend privilegiert; siehe Sime, S. 351, Rn. 31.48.

[59] Sime, S. 354, Rn. 31.59.

[60] Sime,S. 354, Rn. 31.60.

[61] Browne/Catlow, S. 65 ff.

[62] www.justice.gov.uk/courts/procedure-rules/civil/rules/part07.

[63] Wie oben dargelegt, entscheidet das Gericht selbst über die Zuständigkeit, so dass es sich hier nur um eine „Empfehlung" des Klägers handelt *(„jurisdictional endorsement");* in England ist es wenig planbar, ob eine Klage im Ergebnis beim County Court oder High Court „landet" → § 2 Rn. 9 ff.

Monaten[64] formell an den Beklagten zustellen, in der Regel zusammen mit der ausführlichen Klagebegründung *(particulars of claim)*[65].

II. Klageformulare

Für die meisten Zivilklagen außerhalb des Wirtschafts- oder Technologie-/Baurechts ist das fünfseitige Standardformular ***N1 claim form***[66] einschlägig, hier im Buch abgedruckt als **Anhang 3.** Das Klageformular *(claim form)* muss mindestens enthalten[67]: 39

- Namen und Anschriften der Parteien
- präzise Beschreibung der Art des Anspruchs *(nature of claim)*
- den geltend gemachten Klageanspruch *(remedy sought)*
- Angabe des Streitwerts *(value of claim)*

Das Klageformular enthält in der Regel auch eine Zusammenfassung der Klagegründe. Die eigentliche ausführliche Klagebegründung *(particulars of claim)* wird allerdings[68] in Form eines Schriftsatzes *(statement of claim)*[69] entweder gleich als Anlage beigefügt oder – wenn die Klageerhebung eilig war – innerhalb einer Frist von zwei Wochen nachgereicht. 40

Für bestimmte Klagen existieren spezielle Klageformulare *(specialized claim forms)*[70]. Von besonderer Bedeutung ist Formular ***N1(CC)***[71] für Klagen zum *Commercial Court (King's Bench Division)* bzw. zum *Technology and Construction Court,* abgedruckt als **Anhang 4.** 41

III. Einreichung bei Gericht und Zahlung Gerichtsgebühr

Das ausgefüllte und unterzeichnete *claim form* wird – in der Regel zusammen mit den *particulars of claim* – sodann in mehrfacher Ausfertigung (eine für den Kläger selbst, eine für das Gericht und eine für jeden Beklagten) bei der Geschäftsstelle *(court office)* des zuständigen[72] Gerichts eingereicht[73]. 42

Gleichzeitig mit Einreichung der *claim form* muss die Klagepartei nun auch die erste von mehreren Gerichtsgebühren zahlen, nämlich die als *„filing fee"* bezeichne- 43

---

[64] Sitzt der Beklagte im Ausland, dann innerhalb von sechs Monaten, CPR r 7.5.

[65] Alternativ kann die Klagebegründung auch etwas später separat zugestellt werden, spätestens aber zwei Wochen nach Zustellung des *claim form,* CPR r. 7.4(1).

[66] Die aktuelle Version 06.22 sowie eine offizielle Anleitung sind auf der Gerichtswebsite zum Download verfügbar www.gov.uk/government/publications/form-n1-claim-form-cpr-part-7.

[67] Siehe die offiziellen Guidance Notes, also die Anleitungshilfe zum jeweiligen Formular; siehe auch: Sime, S. 59; Browne/Catlow, S. 68 f.

[68] Außer in ganz einfach gelagerten Sachverhalten ohne jede tatsächliche oder rechtliche Komplikation (was nur sehr selten vorkommt).

[69] Hierzu im Detail → Rn. 53 ff.

[70] Für *possession claims* (Immobilienbezogene Herausgabeklagen) existieren die Formulare N5, N5A bzw. N5B (www.gov.uk/government/collections/property-possession-forms); für Anträge auf Arbitration das Formular N8 (www.gov.uk/government/publications/form-n8-claim-form-arbitra tion); für Schiffahrts-/Reederei-bezogene Klagen zum Admiralty Court existiert eine ganze Reihe eigener Formulare (www.gov.uk/government/collections/admiralty-forms).

[71] Download unter www.gov.uk/government/publications/make-a-claim-in-the-commercial-court-n1-cc.

[72] Hier kann man im Detail viele Fehler machen, da die Gerichte und deren Divisions jeweils eigene Geschäftsstellen haben, die zum Teil unterschiedliche Anforderungen an die Einreichungsformalitäten (Papierform oder elektronisch) stellen; ausführlich dazu: Sime, S. 65 f.

[73] Zur Terminologie: Die Übermittlung von Formularen, Schriftsätzen und Dokumenten an das Gericht wird als *„filing"* *(„to file something with the court")* bezeichnet, das Zustellen an den Prozessgegner als *„serving"* *(„to serve the defendant with …")*.

te Gebühr für die Einleitung des Verfahrens, *Civil Proceedings Fees (Amendment) Order 2014*[74] *(CPFO), schedule 1, Ziffer 1*[75].

44 Hat der Kläger alle Formalitäten erfüllt und die Gerichtskosten bezahlt, versieht das Gericht die Ausfertigungen des *claim form* mit dem *court seal,* vergibt ein Aktenzeichen *(„allocate a claim number"),* trägt die Klage ins gerichtsinterne System ein *(„enter details of claim into the court records"),* behält die für das Gericht bestimmte Ausfertigung ein und schickt dem Kläger die für die Beklagtenseite vorgesehene/n Ausfertigung/en zu. Dieser Vorgang wird als *„issuing a claim"* oder *„issuing a claim form"*[76] bezeichnet, übersetzt also „das Erteilen/Herausgeben der Klage" durch das Gericht.

45 Dies ist relevant für die Unterbrechung der Verjährung. Hat ein Anspruchsberechtigter vor Ablauf der Verjährung[77] nicht entweder einen *„issue of claim"* oder ein *„standstill agreement"* bewirkt, ist sein Anspruch *„time barred"*.

IV. Zustellung an die Beklagtenseite

46 Zustellung *(service)* an den Prozessgegner erfolgt in England in der Praxis meist im Parteibetrieb, obwohl sich CPR r 6.4(1) zunächst anders liest[78]. Diese Norm bezieht sich aber nur auf die ***claim form,*** alle späteren Schriftsätze und Dokumente *(disclosure!)* müssen sich die Parteien ohnehin wechselseitig direkt im Parteibetrieb zustellen[79]. Die Gerichte delegieren aber selbst die Zustellung der *claim form* häufig bereits an die Parteien und die Parteivertreter *(solicitors)* wollen das meist auch so, denn sie möchten das Zustellprozedere aus Zeit- und Kontrollgründen selbst in der Hand haben, statt sich auf das Gericht verlassen zu müssen[80].

47 Nach CPR r 7.5 hat der Kläger für die formelle Zustellung *(effecting service)* vier Monate Zeit *(„period of validity"*[81]*),* gerechnet ab dem *„issue of claim"* Datum. Befindet sich der Prozessgegner außerhalb der Jurisdiktion von England und Wales[82], beträgt die Frist sechs Monate.

48 Neben der mit dem Gerichtssiegel versehenen *claim form* und den *particulars of claim*[83], muss der Kläger dem/jedem Beklagten auch ein sog. ***„response pack"***[84] mit zustellen, also ein „Paket mit Antwortformularen". In Standardfällen[85] besteht dieses *response pack* aus:

- Formular **N9:** Deckblatt und Empfangsbestätigung (acknowledgement of service), und
- Formular **N9A** oder[86] **N9C:** Anerkenntnis des Klageanspruchs *(admission),* und
- Formular **N9B** oder[87] **N9D:** Formular für Verteidigung gegen Anspruch und ggf. Widerklage

---

[74] www.legislation.gov.uk/uksi/2014/874/contents/made.

[75] www.legislation.gov.uk/uksi/2014/874/schedule/made. Ausführlich zu den Gerichtskosten → § 8.

[76] Sime, S. 65.

[77] Limitation Act 1980 (www.legislation.gov.uk/ukpga/1980/58).

[78] *„The court will serve the claim form except where …"*.

[79] Sime, S. 77, Rn. 6.39.

[80] Sime, S. 67, Rn. 6.15.

[81] So lange ist das vom Gericht gestempelte *claim form* also „gültig".

[82] Hauptwohnsitz einer natürlichen Person oder Firmensitz eines Unternehmens.

[83] Wenn diese nicht ausnahmsweise nachgeliefert werden sollen; in diesen Fällen muss auf dem *claim form* vermerkt sein *„particulars of claim to follow"*.

[84] Sime, S. 68, Rn. 6.21.

[85] Besonderheiten gelten für *commercial claims, personal injury claims* u. a. m.

[86] Abhängig davon, ob es sich um eine Klage auf einen bestimmten Geldbetrag handelt oder eine andere Klage.

[87] Wie vorherige Fußnote.

Dieses Buch enthält als **Anhänge 5–7** die Formulare N9, N9A und N9B. 49

Ein sehr praxisrelevantes Problem – vor allem in internationalen Fällen – besteht darin, wem[88] *(„who is to serve")* mit welcher Methode *(„mode of service")* rechtswirksam zugestellt werden darf. *Part 6* der *Civil Procedure Rules* beschäftigt sich in 52 Paragrafen (29 DinA4-Seiten) mit dem Thema *„Service of documents"*[89]. Hinzu kommen die zwei Practice Directions 6A *„Service within the UK"*[90] und 6B *„Service out of the jurisdiction"*[91]. All diese Zustellungsregeln im Detail darzustellen würde fünfzehn Seiten erfordern und den Rahmen dieses Praxishandbuchs sprengen.[92] 50

V. Reaktionsmöglichkeiten des Beklagten

Nach Zustellung der Klage inklusive *response pack* muss sich der Beklagte nun entscheiden, ob er den Anspruch (teilweise) anerkennt oder sich verteidigen will. Eine Übersicht der Optionen für den Beklagten findet sich im offiziellen Infoblatt ***N1C Notes for Defendant***[93], hier abgedruckt als **Anhang 8.** Im Wesentlichen hat der Beklagte drei Optionen: 51

- Beklagter reagiert gar nicht *(defendant does not respond)* → dann wird der Kläger sehr wahrscheinlich Versäumnisurteil *(judgment by default)* beantragen.
- Der Bekagte erkennt den Anspruch ganz oder teilweise an *(defendant admits the claim whole or in part)* → es ergeht ein Anerkenntnisurteil und – falls der Rest noch streitig bleibt – wird diesbezüglich weiter prozessiert.
- Der Beklagte bestreitet dem gesamten Anspruch *(defendent disputes the claim)* → der Zivilprozess schreitet voran (Schriftsätzte, Beweisaufnahme, Urteil).

Falls der Beklagte meint, dass er zu einem Gegenanspruch *(counter claim*[94]*)* berechtigt ist, wird er neben der Reaktion auf den Hauptanspruch ggf. eine Widerklage geltend machen. 52

G. Die Schriftsätze der Parteien

I. Allgemeine Anforderungen an die Aufbereitung des Prozessstoffs

Wie in Deutschland, wird der Prozessstoff für das Gericht durch Schriftsätze und Anlagen aufbereitet. Das englische Prozessrecht ist hier allerdings stringenter und verlangt den Parteien und ihren Anwälten erheblich mehr ab, vor allem der Klägerseite. So ist zum Beispiel die Anzahl der Schriftsätze streng begrenzt, alle relevanten Unterlagen sind offenzulegen, vorab zwischen den Parteien auszutauschen *(disclosure)* und übersichtlich zu ordnen, Zeugenaussagen und Gutachten sind vorab schriftlich abzufassen und ebenfalls zwischen den Parteien auszutauschen. 53

---

[88] Vor allem, wenn es sich um (noch dazu um ausländsche) Unternehmen, Stiftungen, Vereine, Trusts usw. handelt.

[89] www.justice.gov.uk/courts/procedure-rules/civil/rules/part06.

[90] www.justice.gov.uk/courts/procedure-rules/civil/rules/part06/pd_part06a.

[91] www.justice.gov.uk/courts/procedure-rules/civil/rules/part06/pd_part06b.

[92] Es sei daher – neben der Lektüre der oben zitierten Normen – verwiesen auf Browne/Catlow, S. 77–86 und Sime, S. 67–82.

[93] https://assets.publishing.service.gov.uk/government/uploads/system/uploads/attachment_data/file/772444/n1c-eng.pdf.

[94] CPR Part 20 (www.justice.gov.uk/courts/procedure-rules/civil/rules/part20) und PD 20 (www.justice.gov.uk/courts/procedure-rules/civil/rules/part20/pd_part20).

54 In einem engen Zeitfenster kurz vor der mündlichen Verhandlung *(trial)*, nämlich *„not more than 7 days and not less than 3 days before the start of the trial"*[95] muss die Klagepartei sämtliche Unterlagen geordnet, paginiert und mit übersichtlichem Inhaltsverzeichnis versehen dem Gericht übermitteln, das sog. *trial bundle*[96]. Bestandteil dieses *trial bundle* sind nicht nur die Schriftsätze und Dokumente, sondern hierzu gehören auch Ausdrucke[97] der relevanten Gesetze, der einschlägigen Rechtsprechung sowie die sogenannten *skeleton arguments,* also eine kurze Zusammenfassung der rechtlichen Argumentation, vergleichbar einem Prüfschema zu einer juristischen Klausur.

55 Der Unterschied zur Zivilprozesspraxis in Deutschland ist evident. Deutsche Rechtsanwälte verlassen sich nicht selten auf die römische Rechtsregel *da mihi facta, dabo tibi ius.* Frei übersetzt: Gib dem Gericht (nur) die Fakten, das Gericht kennt das Recht dann schon selbst. Darauf ruht sich so mancher deutsche Rechtsanwalt aus und verzichtet darauf, Urteile oder Kommentarfundstellen zu zitieren. Englische Gerichte erwarten von den Anwälten dagegen, dass der gesamte Prozessstoff inklusive der für die Entscheidung relevanten Gesetzesnormen und Urteile[98] im *trial bundle* mundgerecht präsentiert werden und dass die rechtliche Argumentation im *„skeleton argument"* präzise herausgearbeitet und stichpunktartig zusammengefasst ist[99]. Dem Gericht ist also eine vollständige, übersichtlich aufbereitete Prozessakte zu übergeben, auf deren Basis das Gericht seine Entscheidung treffen kann, im Idealfall ohne irgendwelche weiteren Quellen konsultieren zu müssen.

II. Wie viele Schriftsätze sind zulässig?

56 Ähnlich wie in einem deutschen Zivilprozess tauschen die Parteien zunächst Schriftsätze aus, die *statements of case.* Dabei handelt es sich mindestens um:

- *Particulars of Claim (PoC),* die Klagebegründung[100], und
- *Defence,* die Klageerwiderung.

57 In den meisten Verfahren, jedenfalls den komplexen Zivilprozessen, die im Fokus dieses Handbuchs stehen, nimmt die Klagepartei auch nochmals zur *Defence* Stellung durch:

- *Reply,* Replik

58 Damit haben die Parteivertreter dann besser alle relevanten Aspekte vorgetragen, denn weitere Schriftsätze sind nach CPR r 15.9 nur mit ausdrücklicher Erlaubnis des Gerichts gestattet:

> A party may not file or serve any statement of case after a reply without the permission of the court.

59 Die bei deutschen Zivilgerichten nicht selten zu findende Unsitte mancher Prozessanwälte, immer noch einen Schriftsatz und noch eine Stellungnahme einzureichen, gerne am Tag vor der mündlichen Verhandlung oder gar noch im Verhandlungstermin selbst, wird von englischen Gerichten nicht toleriert[101].

---

[95] CPR r 39.5(2).

[96] CPR r 39.5.

[97] Das *trial bundle* kann auch in elektronischer Form eingereicht werden.

[98] Hierzu auch ausdrücklich das BSB Handbook, Part 2, rC3.4: *„you must take reasonable steps to ensure that the court has before it all relevant decisions and legislative provisions"*.

[99] Die Schriftsätze sind dem Gericht auch als bearbeitbare Word-Dateien zu liefern, so dass das Gericht Passagen hieraus per *cut and paste* in sein Urteil übernehmen kann.

[100] Die entweder gleich zusammen mit der *Claim Form* oder erst später zugestellt werden kann.

[101] Es gibt in England nach der Verhandlung auch keine „Schriftsatzfrist zur Stellungnahme zum Ergebnis der Beweisaufnahme". *Barrister* können (und müssen) hierzu unmittelbar nach der Be-

Erhebt der Beklagte eine Widerklage *(counterclaim)*, erfolgt dies in der Regel zusammen mit der Klageerwiderung, also in einem einheitlichen Schriftsatz „*Defence and Counterclaim*". Die Klagepartei erwidert auf die Gegenklage dann zusammen mit der Replik, also „*Reply and Defence to Counterclaim*" usw. 60

III. Formale Anforderungen und Formatierung

Welche Art Schriftsatz oder sonstiges juristisches Dokument man vor sich hat, erkennt man am schnellsten, indem man den Titel des Dokuments zwischen den sogenannten „*Tramlines*" (Straßenbahnschienen) liest. Es hat sich in England traditionell eingebürgert, den Titel des Dokuments, seien es anwaltliche Schriftsätze oder Gerichtsbeschlüsse zwischen zwei Linien zu schreiben, also zum Beispiel bei einer Klagebegründung 61

PARTICULARS OF CLAIM

---

oder etwa bei einem gerichtlich protokollierten Vergleich:

CONSENT ORDER

Das erleichtert die schnelle Orientierung, denn auf den ersten Blick sehen prozessuale Dokumente alle sehr ähnlich aus, da in England die Schriftsätze der Parteien nicht auf den Briefbögen der jeweiligen Anwaltskanzleien eingereicht werden, sondern auf neutralem Papier, das in der Kopfzeile das Gericht und das Aktenzeichen nennt. Man sieht den Schriftsätzen also – mangels Kanzleilogo – nicht sofort an, ob sie vom Kläger- oder Beklagtenvertreter stammen, sondern muss aus dem Dokumententitel darauf schließen, von welcher Partei diese stammen. 62

Das Eingangsrubrum der prozessualen Dokumente (*formal heading* und *title of the proceedings*) sieht in etwa so aus: 63

IN THE HIGH COURT OF JUSTICE **CLAIM NO:. xxxx**
BUSINESS AND PROPERTY COURTS
OF ENGLAND & WALES

BETWEEN:

[Parteien]

Die Absätze *(paragraphs)* der Schriftsätze werden in der Regel mit arabischen Ziffern durchnummeriert und andere Schriftsätze beziehen sich auf diese Ziffern. So finden sich in einer *Defence* etwa Passagen wie: „*Paragraph 13*[102] *is admitted, but it's relevance is denied.*" 64

Die Prozessanträge, die ja auch bereits in der *Claim Form* enthalten sind, finden sich in aller Regel dann noch einmal am Ende der *Particulars of Claim.* 65

---

weisaufnahme im *closing statement* mündlich vortragen, Schriftsätze nach der mündlichen Verhandlung sind unüblich.

[102] Gemeint ist: „*of the particulars of claim*", also der Klagebegründung.

IV. Zustellungen im Parteibetrieb

66 Anders als in deutschen Zivilprozessen erfolgt die Zustellungen von Schriftsätzen[103] in aller Regel direkt von Partei zu Partei[104], wenn *solicitors* beteiligt sind, von Anwalt zu Anwalt. Beim Austausch zahlreicher Dokumente ist das Gericht in dieser Phase gar nicht beteiligt, sondern erhält diese Unterlagen (z. B. schriftliche Zeugenaussagen) erst im Rahmen des *trial bundle.*

67 Im Regelfall ist die Art der Zustellung *„personal service"*[105], also direkte Aushändigung an den Empfänger persönlich, belegt entweder durch Empfangsquittung oder durch Zustellungsprotokoll des Zustellungsboten. Ist ein Zustellungsempfänger unkooperativ[106] oder hat man keine aktuelle Wohnanschrift, kann die Zustellung mühsam werden. In England gibt es hierfür spezielle Dienstleister, sog. *process server,* die oft sogar mit Privatdetekteien zusammenarbeiten. Gelingt es auch einem solchen *process server* nicht, den Empfänger aufzuspüren und das Dokument persönlich zu übergeben, so kann man bei Gericht die Genehmigung einer Ersatzzustellung beantragen *(service by alternative method),* im Extremfall sogar durch Übermittlung der Unterlagen an eine E-Mail-Adresse oder einen Social Media Account.

68 Für Zustellungen an Personen außerhalb der Jurisdiktion der Gerichte des Vereinigten Königreichs siehe CPR Part 6 IV[107]. Solche formellen Zustellungen von Prozessdokumenten im Ausland erfolgen in der Regel über die Abteilung *„Foreign Process Section"* (FPS) der *Royal Courts of Justice*[108].

V. Prozessuale Wahrheitspflicht

69 Englische Gerichte sind im Hinblick auf die Einhaltung der prozessualen Wahrheitspflicht durch alle Beteiligten erheblich strenger als in Deutschland und zum Beispiel bei jeder Art „Parteivortrag ins Blaue"[109] hinein absolut humorlos.

1. Anwälte

70 Übernimmt ein deutscher Anwalt in seinen Schriftsatz ungeprüft den Sachvortrag seines Mandanten und stellt sich dieser später als falsch heraus, hat dies für den Anwalt in der deutschen Prozesspraxis in aller Regel keine Konsequenzen. Englische Anwälte, insbesondere *barrister,* unterliegen in dieser Hinsicht dagegen sehr strengen berufsrechtlichen Vorgaben *(professional conduct rules).* So regelt etwa das BSB Handbook für *barrister* in Part 2, C – Conduct Rules unter anderem[110]:

> **rC3**
> **You owe a duty to the court to act with independence in the interests of justice.** […] It includes the following specific obligations […]:
> 1. **you must not** knowingly or recklessly mislead or attempt to **mislead the court;**
> […];

---

[103] Anders für die *Claim Form,* die gemäß CPR r. 6.4 durch das Gericht zugestellt wird, wenn das Gerichts nicht anderes anordnet bzw. der Kläger selbst die Zustellung im Parteibetrieb beantragt.
[104] CPR r 6.21.
[105] CPR r 6.5 und 6.22.
[106] Öffnet also nicht die Tür, lässt sich verleugnen, nimmt die Unterlagen nicht entgegen usw.
[107] www.justice.gov.uk/courts/procedure-rules/civil/rules/part06#IV.
[108] Mehr dazu hier: www.gov.uk/guidance/service-of-documents-and-taking-of-evidence.
[109] Zur Abgrenzung „Indizienkette" einerseits und „bloße Vermutung" andererseits aus Sicht des deutschen Rechts siehe BGH 26.3.2019 – VI ZR 163/17, NJ 2019, 346.
[110] Hervorhebungen hinzugefügt.

3. you must take reasonable steps to **avoid wasting the court's time;**
4. you must take reasonable steps to **ensure that the court has before it all relevant decisions and legislative provisions;** […]

…

rC6

Your duty not to mislead the court will include the following obligations:

1. you must not:
   a. make submissions, representations or any other statement; or
   b. ask questions which suggest facts to witnesses

which you know, or are instructed, are untrue or misleading.

2. you must not call witnesses to give evidence or put affidavits or witness statements to the court which you know, or are instructed, are untrue or misleading, unless you make clear to the court the true position as known by or instructed to you.

Sowie speziell in Bezug auf die Erstellung von Schriftsätzen und schriftlichen Zeugenaussagen: 71

rC9

Your duty to act with honesty and with integrity under CD3 includes the following requirements:

1. you must not knowingly or recklessly mislead or attempt to mislead anyone;
2. **you must not draft any statement of case, witness statement, affidavit or other document containing:**
   a. any statement of fact or contention which is not supported by your client or by your instructions;
   b. **any contention which you do not consider to be properly arguable;**
   c. any allegation of fraud, unless you have clear instructions to allege fraud and you have reasonably credible material which establishes an arguable case of fraud;
   d. (in the case of a witness statement or affidavit) any statement of fact other than the evidence which you reasonably believe the witness would give if the witness were giving evidence orally;

Barristern ist es also nicht nur untersagt, wissentlich oder fahrlässig falsche Fakten vorzutragen. Sie dürfen zudem auch nicht selektiv nur günstige Rechtsprechung zitieren, sondern – siehe rC3.4 – müssen dem Gericht alle (!) entscheidungsrelevante Rechtsprechung vorlegen. Denn das Ziel ist Gerechtigkeit *(justice)*. 72

In Schriftsätzen sowie später im Gerichtssaal dürfen *barrister* nur vortragen, wovon sie selbst überzeugt sind. Was nicht gut vertretbar *(properly arguable)* ist, darf der *barrister* gar nicht erst vorbringen. 73

Für ***solicitors*** sind die Anforderungen nicht ganz so streng wie für *barrister*, aber auch für sie gilt ein Verbot, das Gericht in die Irre zu führen, SRA Code of Conduct, Ziffer 1.4: 74

> You do not mislead or attempt to mislead your clients, the court or others, either by your own acts or omissions or allowing or being complicit in the acts or omissions of others (including your client).

Ein *solicitor* darf somit in den Schriftsätzen keine falschen Informationen vortragen oder dulden, dass Zeugen dies tun. Erfährt ein Anwalt von seinem Mandanten, dass dieser gegenüber dem Gericht gelogen oder wesentliche Aspekte verschwiegen hat, muss der Anwalt darauf hinwirken, dass dies gegenüber dem Gericht richtiggestellt wird. Ist der Mandant hierzu nicht bereit, wird ein *solicitor* in der Regel das Mandat niederlegen, um die Gefahr berufsrechtlicher Sanktionen zu vermeiden[111]. 75

[111] Browne/Catlow, S. 261 f.

2. Parteien

76 Um neben den Anwälten auch die Parteien selbst[112] diesbezüglich zu disziplinieren, müssen gemäß CPR r 22.1 alle Schriftsätze am Ende jeweils ein förmliches *„statement of truth"* enthalten, das der Kläger bzw. der Beklagte persönlich unterschreiben muss. Den Wortlaut gibt die korrespondierende PD 22, 2.1[113] vor wie folgt:

Statement of Truth

I believe that the facts stated in this [name of document being verified] are true. I understand that proceedings for contempt of court may be brought against anyone who makes, or causes to be made, a false statement in a document verified by a statement of truth without an honest belief in its truth.

[signature of claimant or defendant/date]

77 Fehlt eine solche *„verification"*, und liefert die Partei diese auch nicht nach, kann das Gericht den gesamten Schriftsatz verwerfen *(strike out)*, CPR r 22.2(2)[114].

3. Zeugen und Sachverständige

78 Auch Zeugen und Sachverständige unterliegen einer strengen Wahrheitspflicht. Schriftliche Zeugenaussagen *(witness statements)* sowie Sachverständigengutachten müssen jeweils mit einem *statement of truth* versehen werden[115]. Sagen Zeugen oder Sachverständige in der Verhandlung aus, werden diese stets vor Beginn ihrer Vernehmung vereidigt, müssen also einen formellen *oath*[116] ablegen.[117]

H. Fallzuordnung und allgemeine Verfahrensleitung

I. Zuordnung des Falls

79 Spätestens nach Austausch der Schriftsätze, oft aber auch bereits früher, zum Beispiel nach Durchsicht der *particulars of claim*, wird der Fall einem Gericht (*County Court* oder *High Court*) und einem *track* zugewiesen *(case allocation)*, beides allerdings meist nur vorläufig *(provisional court and track allocation)*. Die allgemeinen Grundsätze der Zuständigkeit englischer Zivilgerichte wurde oben bereits dargestellt[118]. Nicht selten werden Fälle, die ein Kläger wegen eines hohen Streitwerts am *High Court* einreicht, im Ergebnis doch an den *County Court* verwiesen, weil der *High Court* den Fall als juristisch unkompliziert einstuft. Der umgekehrte Fall einer Verweisung nach oben ist auch denkbar, geschieht in der Praxis aber erheblich seltener.

80 Grundlage für die *allocation*-Entscheidung des Gerichts sind vorrangig die Angaben der Parteien im sechsseitigen ***„Directions Questionnaire"*** (Formular **N181**)[119] hier abgedruckt als **Anhang 9.** Darin wird unter anderem die Einschät-

---

[112] Für Zeugen und Sachverständige gilt die Wahrheitspflicht ebenfalls; siehe dazu sogleich → Rn. 78.
[113] www.justice.gov.uk/courts/procedure-rules/civil/rules/part22/pd_part22.
[114] www.justice.gov.uk/courts/procedure-rules/civil/rules/part22.
[115] CPR r. 3.2 (für Zeugen); PD 35 r. 3.3 (für Experts).
[116] Oaths Act 1978 (www.legislation.gov.uk/ukpga/1978/19).
[117] Details zum Zeugen- und Sachverständigenbeweis → § 7 Rn. 11 ff., 63 ff.
[118] → § 2 Rn. 9 ff.
[119] www.justice.gov.uk/courts/procedure-rules/civil/rules/part26; https://assets.publishing.service.gov.uk/government/uploads/system/uploads/attachment_data/file/1087080/N181.pdf.

zung der Parteien abgefragt, ob und wie viele Zeugen und zu hören sein werden, ob und wie viele Sachverständige nötig sind, wie viele Tage die mündliche Verhandlung dauern wird u. a. m.

II. Verfahrensleitung

81 *CPR Part 26*[120], die korrespondierende *Practice Direction 26*[121] sowie die jeweiligen *Court Guides* regeln sehr detailliert die Kompetenzen der Gerichte im Bereich *case management*, inklusive der Möglichkeit der Aussetzung für Vergleichsverhandlungen *(stay for settlement negotiations)* oder die Verweisung an einen Mediator.

82 Der Zivilprozess, insbesondere in komplexen Wirtschaftsverfahren, soll vom Gericht straff und effizient gemanaged werden. ***Active case management*** ist ein offizieller Begriff des englischen Prozessrechts, *CPR r 1.4* lautet:

Court's duty to manage cases

(1) The court must further the overriding objective by actively managing cases.
(2) Active case management includes –
  (a) encouraging the parties to co-operate with each other in the conduct of the proceedings;
  (b) identifying the issues at an early stage;
  (c) deciding promptly which issues need full investigation and trial and accordingly disposing summarily of the others;
  (d) deciding the order in which issues are to be resolved;
  (e) encouraging the parties to use an alternative dispute resolution procedure if the court considers that appropriate and facilitating the use of such procedure;
  (f) helping the parties to settle the whole or part of the case;
  (g) fixing timetables or otherwise controlling the progress of the case;
  (h) considering whether the likely benefits of taking a particular step justify the cost of taking it;
  (i) dealing with as many aspects of the case as it can on the same occasion;
  (j) dealing with the case without the parties needing to attend at court;
  (k) making use of technology; and
  (l) giving directions to ensure that the trial of a case proceeds quickly and efficiently.

83 Die Parteien und deren Anwälte sind verpflichtet, hierbei aktiv mitzuwirken, insbesondere die Ressourcen des Gerichts zu schonen[122]. Die Gerichte nehmen die Parteien hier in der Regel auch sehr intensiv in die Pflicht und erlassen detaillierte prozessleitende Verfügungen mit spezifischen Aufträgen und oft kurzen Fristen. Anträge auf Fristverlängerungen oder gar Verlegung eines Verhandlungstermins haben erheblich weniger Aussicht auf Erfolg als bei deutschen Zivilgerichten[123].

III. Vorbereitender Termin

84 Im Rahmen des *active case management* führt das Gericht – jedenfalls in *multi-track* Verfahren – mit den Anwälten der Parteien auch eine sogenannte ***case management***

[120] www.justice.gov.uk/courts/procedure-rules/civil/rules/part26.
[121] PD 26 – Case Management – Preliminary Stage: Allocation and Re-Allocation (www.justice.gov.uk/courts/procedure-rules/civil/rules/part26/pd_part26).
[122] CPR r 1.3.
[123] Zu den *„strict timetables"* und der harten Anwendungspraxis der englischen Gerichte siehe Frost et al., S. 179 mit Verweisungen auf zahlreiche Urteile, in denen englische Zivilgerichte ihr Ermessen in Bezug auf Deadlines sehr restriktiv ausgeübt haben.

conference *(CMC)* durch, oft auch bezeichnet als *costs and case management conference (CCMC)*[124].

85 Die Ziele der *CCMC* sind es, die zur Vorbereitung der mündlichen Verhandlung *(trial)* nötigen Maßnahmen zu klären, insbesondere die Offenlegung und den Austausch von Dokumenten *(disclosure)*, prozessuale Absprachen zu treffen und – für die Anwälte besonders wichtig – Kostenbudgets festzulegen.

86 Das Gericht wird auch anregen, das Verfahren zu entschlacken, indem die Parteien etwa bestimmte Teilaspekte des Rechtsstreits abschichten, unstreitig stellen, auf einzelne (weniger relevante) Zeugen verzichten usw. Anwälte sollten hier konstruktiv mitwirken und sich auf den Kern des Rechtsstreits fokussieren, auch weil das Gericht in der Regel die Anzahl der Verfahrenstage *(trial days)* knapp bemisst. Beruft man (zu) viele Zeugen, wird später die zur Verfügung stehende Zeit knapp.

87 Bereits für diese *CMC/CCMC* müssen die Parteivertreter zahlreiche Unterlagen vorbereiten und dem Gericht vorab[125] übermitteln, konkret:

- *CMC bundle* (bestehend mindestens aus den Schriftsätzen und ggf. weiteren zentralen Dokumenten wie Verträge oder Deeds)[126]
- *case summary* (Zusammenfassung des Sachverhalts)
- *list of issues* (stichpunktartige Aufzählung der faktischen und rechtlichen Streitpunkte)
- *disclosure report* (mit einem *statement of truth* versehene Auflistung aller Unterlagen und Dateien, deren Aufbewahrungsort und der mit der Offenlegung verbundene Aufwand)
- *cost budget* (ein vorläufiges Kostenbudget für die anwaltliche Tätigkeit)

88 Die letzten beiden Punkte sind für die Parteien und deren Anwälte von entscheidender Bedeutung. Der ***disclosure report*** (**Formular N263**[127] als **Anhang 10** abgedruckt) ist die Grundlage für die Entscheidung des Gerichts, in welchem Umfang die Offenlegung und der Austausch von Dokumenten angeordnet wird *(scope of disclosure)*[128]. Das Kostenbudget ist die Grundlage für die spätere Kostenerstattung vom Prozessgegner. Hier kämpfen die beteiligten Anwälte naturgemäß darum, dass für die eigenen Tätigkeiten *(witness statements, expert reports, disclosure)* ein möglichst hohes Budget genehmigt wird[129].

89 Die *CCMC* wird in der Regel als Telefon- oder Videokonferenz abgehalten und findet mehrere Monate vor[130] dem *trial date* statt, da aus der *CCMC* für die Parteien umfassende Arbeitsaufträge resultieren, die das Gericht in Form einer verfahrensleitenden Verfügung *(directions order)* übermittelt.

IV. Prozessleitende Verfügung

90 In dieser meist mehrseitigen *directions order* fasst das Gericht die Ergebnisse der *CMC/CCMC*, die Arbeitsaufträge an die Parteien sowie alle weiteren prozessualen Verfügungen zusammen. Um einen konkreten Eindruck vom hohen Detaillie-

---

[124] CPR Part 29 i. V. m. PD 29 Rn. 5.1 bis 5.9 (www.justice.gov.uk/courts/procedure-rules/civil/rules/part29/pd_part29#5.1).

[125] Üblicherweise mindestens 14 Tage vorher.

[126] Im Umfang aber noch erheblich kleiner als das spätere *trial bundle*, das dann auch Zeugenaussagen, Sachverständigengutachten und viele weitere Anlagen enthalten wird.

[127] www.gov.uk/government/publications/form-n263-disclosure-report.

[128] CPR r 3.5 i. V. m. PD 31A und PD 31B; Details zum Thema *disclosure* → Rn. 27 ff., 92 ff.

[129] Ausführlich zu den Prozesskosten und dem gerichtlich genehmigten Kostenbudget → § 8 Rn. 33 ff.

[130] Die *CMC* ist also nicht zu verwechseln mit dem relativ kurz vor dem *trial* stattfindenden *pre-trial review* (→ Rn. 115).

rungsgrad und den kurzen Fristen einer solchen Verfügung zu vermitteln, hier ein **Praxisbeispiel** aus einem realen Fall. Um die vom Gericht gesetzten Fristen für *witness statements*, Sachverständigenauswahl usw. einordnen zu können, hier die Eckdaten: Diese prozessleitende Verfügung erging am 15.12.2022, drei Wochen vorher hatte die *CCMC* stattgefunden. Die Verhandlung *(trial)* wurde für die zweite Septemberwoche 2023 angesetzt, also neun Monate nach der *directions order.*

CASE MANAGEMENT DIRECTIONS ORDER

Before His Honour Judge [Name Richter] sitting at the County Court at Central London UPON a costs and case management conference set down remotely by MS [Name] ("the CCMC") AND UPON hearing counsels for Claimant [Name Klägeranwalt] and Defendant [Name Beklagtenanwalt]

IT IS ORDERED that:

Allocation and assignment

1. The claim will proceed as Business and Property work in the Business and Property Work (Chancery).
2. The claim is assigned to His Honour Judge … for case management and trial.

ADR

3. At all stages the parties must consider settling this litigation by any means of Alternative Dispute Resolution (including Mediation); and party not engaging in any such means proposed by another must serve a witness statement giving reasons within 21 days of that proposal and not less than 28 days before trial; such witness statement must not be shown to the trial judge until questions of costs arise.
4. This claim be stayed until 27 January for the parties to try to settle the dispute by alternative dispute resolution or other means. The Claimant shall by 4:00 on 28 January notify the Court in writing as to whether settlement has been reached.
5. If settlement has been reached, the Claimant, on behalf of the parties, shall at the same time lodge a draft consent Order signed by all parties.

Disclosure

6. The following directions are made in respect of disclosure:
   a. By 4:00 on 24 February 2023 the parties must give each other standard disclosure of documents by list and category.
   b. In giving standard disclosure, each party shall carry out a reasonable search for electronic documents.
   c. By 4:00 on 10 March 2023 any request must be made to inspect the original of, or to provide a copy of, a disclosable document.
   d. Any such request for inspection unless objected to must be complied with within 14 days of the request.

Witnesses of fact

7. The parties shall serve on each other signed statements of witnesses of fact and any notices relating to evidence by 4:00 on 26 May 2023, in respect of the following witnesses:
   a. For the Claimant;
      i. The Claimant;
      ii. [Name und Anschrift Zeuge 2]
      iii. [Name und Anschrift Zeuge 3]
   b. For the Defendant
      i. The Defendant
8. The witness statements must comply with CPR PD 57AC as though the trial were one in the Business and Property Courts (the exemptions in paragraph 1.3 of PD 57AC apply unless there is a specific direction in these proceedings to the contrary).

9. Oral evidence will not be permitted at trial from a witness whose statement has not been served in accordance with this Order, except with the Court's permission.
10. If a witness is to give evidence at trial in a language other than English, the witness statement must be in that other language and must be served together with an English translation and a witness statement from the translator verifying the translation.

Expert witnesses

11. The parties have permission to rely upon a single joint expert as to the issue of whether [Beschreibung des Beweisthemas].
12. The following directions apply with respect to expert evidence:
    a. The parties are to agree the identity of the single joint expert by 4:00 on 24 February 2023.
    b. The parties are to agree a joint letter of instruction and to serve the same on the single joint expert by 4:00 on 10 March 2023.
    c. The expert's report is to be served by 4:00 on 21 April 2023.
    d. The parties may put written questions to the expert by 4:00 on 5 May 2023.
    e. The expert shall reply to any written questions in writing by 4:00 on 26 May 2023.
    f. A copy of these Directions must be served on the expert with their instructions.
    g. The expert may apply direct to the Court for directions where necessary under CPR rule 35.14.
    h. A party seeking to call the expert to give oral evidence at trial must apply for permission to do so before pretrial check lists are filed.
    i. Unless the parties agree in writing or the Court orders otherwise, the fees and expenses of the expert shall be paid by the parties giving instructions for the report equally, save that the costs of any questions falling outside of the scope of the expert's initial instructions shall be borne by the party raising them.

Pre-Trial Directions

13. The parties shall file Pre-Trial Checklists by 4:00 on 14 June 2023.
14. There shall be no Pre-Trial Review.

Trial

15. The case shall be listed for an in person trial before His Honour Judge … in a three-month trial window commencing on 1 July 2023 with a time estimate of four days. The first day is to be used for judicial pre-reading. The parties are not to attend until 10:30 on the second day. The fourth day is to be used for preparation and delivery of judgment.
16. There will be a telephone listing appointment on the first available date after 5 January 2023 in order to list the trial:
    a. The listing appointment will be conducted as a telephone conference pursuant to CPR PD paragraph 26.3; relevant information will be sent out with the notice of the date of the listing appointment;
    b. Each party must have dates to avoid for parties, witnesses and advocates;
    c. The parties are encouraged to agree a list of such dates, in which case one party may phone (without setting up a formal telephone conference) on behalf of all parties, provided that party certifies that the others have agreed. On receipt of the required information the Court will arrange the date over the phone at the time of the call;
    d. If the telephone appointment is not set up and the required information is not received by the time stated, the Court will proceed to list. In either case a formal notice of hearing will also be sent by post or DX. Thereafter, the hearing date will not be altered except on application on notice to a Circuit Judge;
    e. No telephone call after the appointment date and time will be considered or otherwise dealt with unless directed by the Court.
17. The parties must inform the Court immediately if the case settles.

Preparation for trial

18. Not more than seven nor less than three days before the trial, the Claimant shall file a Court and serve on the other parties an indexed and paginated bundle of documents for trial which complies with the requirements of CPR PD 32 paragraph 27.

19. The parties are to exchange skeleton arguments and send copies to the Court by email to [E-Mail-Adresse] at least 3 days before the trial together with an updated list of issues and a chronology (both agreed if possible).

Cost budgets

20. The Claimant's costs to be incurred shall be managed in accordance with the Precedent H dated 24 November 2022 (save for the removal of Contingent Cost A, and a reduction in the PTR phase to reflect there being no PTR) agreed by the Defendant in the total sum of £160,849.85.
21. The Defendant's costs to be incurred shall be managed in accordance with the Precedent H dated 14 December 2021, agreed for approved as set out below:
    a. Disclosure: £9,500;
    b. Witness Statements: £18,500;
    c. Expert Reports: £7,287.50;
    d. PTR: £680;
    e. Trial Preparation: £21,000;
    f. Trial: £18,000;
    g. Settlement/ADR: £10,000.
22. The parties are to each file and serve a revised Precedent H (front sheet only) by 4:00 on 22 December 2022.

Time limits

23. The above dates and time limits may be extended by agreement between the parties pursuant to CPR rule 2.11 or CPR rule 3.8, as the case may be. Nevertheless:
    a. The dates and time limits specified in paragraphs 4 (stay of proceedings), 7 (witnesses of fact), and 12 (expert evidence) may not be extended by more than 28 days without the permission of the Court.
    b. The trial listing cannot be varied without the permission of the court.

Costs of CCMC

24. Costs of CCMC in the case.

Dated 15 December 2022

V. Zwischenphase

Konnten sich die Parteien bis hierher immer noch nicht auf ADR oder einen Vergleich *(settlement)* verständigen, müssen die Parteien nun – in der *pre-trial stage* – zahlreiche Aufgaben erledigen, insbesondere die oft sehr arbeitsaufwendigen Themen **Offenlegung und Austausch von Dokumenten** *(disclosure/document exchange)* sowie Beibringung der **schriftlichen Zeugenaussagen** und **Sachverständigengutachten.** Ferner wird nun auch das Zeitfenster für die mündliche Verhandlung *(trial)* konkret festgelegt *(listing)* und den Parteien per ***notice of trial date*** formell mitgeteilt. 91

VI. Offenlegung und Austausch von Dokumenten

1. Grundprinzip der Offenlegungspflicht

Das englische Recht wendet im Zivilprozess das Grundprinzip der *disclosure* an, also *„all cards face up on the table"*.[131] Keine Partei darf entscheidungsrelevante 92

[131] Browne/Catlow, S. 183, Rn. 11.1; siehe auch: https://gowlingwlg.com/en/insights-resources/articles/2019/what-documents-must-be-disclosed-to-an-opponent/.

Dokumente in ihrem Besitz[132] verheimlichen, um sich dadurch zu ihren Gunsten ein objektiv ungerechtes Urteil zu verschaffen. Ziel des englischen Zivilprozesses ist *„real justice"*, was nur erreichbar ist, wenn dem Gericht alle relevanten Informationen vorgelegt werden[133].

93 Anders formuliert: Jeder Kläger ist gezwungen, die Erfolgsaussichten eines Verfahrens realistisch zu betrachten und sich zu überlegen, wie ein Gericht entscheidet, wenn diesem alle relevanten Dokumente vorgelegt werden.

94 Das Thema ***document disclosure*** ist schon ganz zu Beginn einer juristischen Auseinandersetzung, in der *pre-action correspondence* Phase, erstmals Thema, weil die Parteien bereits dort die für die Anspruchsbegründung wesentlichen Dokumente benennen müssen und diese der Gegenseite meist auch schon als Anhang zum *pre-action letter* übermitteln[134].

95 Spätestens jetzt, in der *pre-trial stage,* also nach Austausch der Schriftsätze und in Vorbereitung der Verhandlung, nimmt das Thema *disclosure* aber eine noch größere Dimension an, mit der deutsche Prozessparteien meist nicht rechnen. Es beginnt die Schlacht um die wechselseitige Offenlegung aller Unterlagen. Der Begriff *„document"* ist in diesem Kontext extrem weit definiert als „alles, was Informationen enthält" (CPR r 31.4):

> "Document" means anything in which information of any description is recorded

96 Neben Urkunden, Verträgen, Schriftstücken, Notizen, Briefen, Faxen, Fotos, Videos, E-Mails, SMS, Voice Mails, WhatsApp Nachrichten usw., sind dies auch alle Arten von Dateien (Schrift, Bild, Ton) auf Servern und Rechnern der Parteien und ihrer Mitarbeiter/innen und Subunternehmer.

2. Praktische Auswirkungen für Parteien und Anwälte

97 Sobald eine Partei einen zivilen Rechtsstreit erwägt, ist sie verpflichtet, alle *„documents"* unter ihrer Kontrolle[135], die mit dem möglichen Streitfall in Zusammenhang stehen, aufzubewahren *(duty to preserve documents).* PD 31B, Ziffer 7[136] verpflichtet Anwälte sogar, ihre prozesswilligen Mandanten ausdrücklich darauf hinzuweisen:

> Preservation of documents: As soon as litigation is contemplated, the parties' legal representatives must notify their clients of the need to preserve disclosable documents. The documents to be preserved include Electronic Documents which would otherwise be deleted in accordance with a document retention policy or otherwise deleted in the ordinary course of business.

---

[132] Genauer: unter ihrer Kontrolle, das umfasst auch Dokumente und Daten bei Dritten wie z. B. Steuerberatern, Tochterfirmen, Subunternehmern usw., CPR r 31.8.

[133] Browne/Catlow, S. 183, Rn. 11.1 mit Verweis auf die Entscheidung *Davies v Eli Lilly & Co* [1987] 1 WLR 428, dort Rn. 12: *„... litigation is not a war or even a game. It is designed to do real justice between opposing parties and, if the court does not have all the relevant information, it cannot achieve this object. But that said, there have to be safeguards. The party who is required to place all or most of his cards face up on the table is entitled to say, ‚Some of these cards are highly confidential. You may see them for the purpose of this litigation but, unless their contents are disclosed to all the world as part of the evidence given in open court, that contents must be used for no other purpose.' This is only fair, because, as has been well said, discovery of documents involves a serious invasion of privacy which can be justified only in so far as it is absolutely necessary for the achievement of justice."*

[134] Unter bestimmten Voraussetzungen kann das Gericht auf Antrag einer Partei sogar schon eine *disclosure* anordnen, bevor ein Zivilprozess überhaupt begonnen wurde, CPR r 31.16. Grob vergleichbar mit dem „Selbstständigen Beweisverfahren" gemäß §§ 485 ff. ZPO.

[135] Kontrolle erfasst dabei natürlich auch Dokumente im Besitz von Dritten, die Weisungen der Partei unterliegen, also etwa Subunternehmer, Berater usw.

[136] www.justice.gov.uk/courts/procedure-rules/civil/rules/part31/pd_part31b.

Insbesondere muss eine automatische Löschung von elektronischen Daten[137] verhindert werden. Um sich gegen einen etwaigen Vorwurf des Prozessgegners zu wappnen, man habe elektronische Daten gelöscht oder geändert, ist – je nach Natur des Rechtsstreits[138] – ggf. sogar eine validierte Dokumentation des IT-Datenbestandes sinnvoll. In derartigen Verfahren sollte jede Partei daher die eigene IT-Abteilung informieren und die nötigen Maßnahmen diskutieren. 98

Auf keinen Fall darf eine Prozesspartei Dokumente (wegen deren ungünstigen Inhalts) vernichten, löschen oder abändern, zum Beispiel umdatieren oder inhaltlich ergänzen. Kommt so etwas im Lauf des Verfahrens heraus, entweder weil das IT-System einer Partei durch einen Experten analysiert wird, der die Löschung bzw. Änderung von Dateien aufdeckt, oder weil ein Zeuge später nervös wird, dem Kreuzverhör durch den gegnerischen *barrister* nicht Stand hält und die Beseitigung von Unterlagen zugibt, drohen scharfe Sanktionen[139]. 99

Manchmal kommen (leitende) Mitarbeiterinnen und Mitarbeiter aus falsch verstandener Loyalität zum eigenen Unternehmen oder aus Angst, etwas falsch gemacht zu haben, von sich aus auf die Idee, Unterlagen oder Korrespondenz verschwinden zu lassen. Um dies zu verhindern, sollte die Unternehmensleitung, sobald ein möglicher Zivilprozess im Raum steht, an alle Beteiligten die Information und Anweisung herausgeben, dass nichts vernichtet werden darf. 100

Gleichzeitig sollen die Mitarbeiterinnen und Mitarbeiter aber auch keine neuen Dokumente schaffen, die negative Auswirkungen haben können. Oft tauschen sich Projektbeteiligte aus Naivität gerade dann intensiv untereinander aus, sobald sie davon hören, dass ein bestimmtes Projekt mit einem Kunden vor Gericht geht, meistens über den offiziellen Firmen-E-Mail-Account, der unter die *disclosure obligations* fällt. Als Anwalt ist man erstaunt, wie häufig Projektleiter/innen oder Mitglieder des Top-Managements untereinander Nachrichten verschicken, die jeden Prozessanspruch konterkarieren. 101

Litigation solicitors werden ihren Mandanten daher gleich zu Beginn des Mandats eine schriftliche Aufklärung zum Thema *disclosure*-Pflichten übermitteln und darin dazu raten, einen Rundbrief mit dem Tenor *„do not destroy anything, but also do not create anything new"* an die Belegschaft zu senden. Zur Veranschaulichung ist ein Beispiel eines solchen ausführlichen ***client care letter*** aus dem Bereich litigation als **Anhang 11** abgedruckt. 102

Der Umfang der Offenlegungspflicht wird von deutschen Mandanten so gut wie immer unterschätzt, weil es eine entsprechende Pflicht im deutschen Prozessrecht nicht ansatzweise gibt. Rule 31.6 der englischen Zivilprozessordnung schreibt für jeden Prozess vor: 103

Standard disclosure – what documents are to be disclosed

31.6 Standard disclosure requires a party to disclose only –
(a) the documents on which he relies; and
(b) the documents which –
(i) adversely affect his own case;
(ii) adversely affect another party's case; or
(iii) support another party's case; and
(c) the documents which he is required to disclose by a relevant practice direction.

---

[137] Unternehmen haben im Hinblick auf Art. 17 DSGVO häufig ein Datenlöschkonzept implementiert, das dafür sorgt, dass personenbezogene Daten nach Ablauf bestimmter Aufbewahrungsfristen gelöscht werden.

[138] Wenn es zum Beispiel um die Qualität der Daten einer medizinischen Patientenstudie eines Pharmaunternehmens geht.

[139] Sowohl auf Beweisführungsebene (der Vortrag gilt dann als nicht bewiesen) wie auf Prozesskostenebene; in extremen Fällen drohen Folgeprozesse wegen (versuchten) Prozessbetrugs.

104 Die verblüffende Passage ist natürlich (b)(i): „Dokumente, die sich auf den eigenen Fall negativ auswirken". Da reiben sich deutsche Kläger und ihre Prozessvertreter ungläubig die Augen. Man muss alles vorlegen, was den eigenen Klageanspruch torpediert? Ja, exakt so ist es! Weil es deutsche Mandanten nie glauben können, hier noch einmal in aller Deutlichkeit an einem Beispiel: Hat etwa der (potentielle) Prozessgegner weit vor Beginn des Rechtsstreits einen Brief geschickt, in dem steht: „Die von Ihnen gelieferte Industriemaschine ist mangelhaft und bringt nur 60 Prozent der vertraglich vereinbarten Leistung" und ein Projektleiter, Techniker oder Geschäftsführer vermerkt auf diesem Schreiben handschriftlich: „Mist, da haben die leider Recht, das hat ein anderer Kunde auch schon moniert", dann muss dieses Schreiben **mit dem handschriftlichen Kommentar des Mitarbeiters** dem Gegner offengelegt werden.

105 Die CPR r 31.9(2) nennt sogar – sehr lebensnah – ausdrücklich solche Dokumente, die mit Änderungen oder Anmerkungen versehen wurden und schreibt vor, dass diese – zusätzlich zum unbearbeiteten Original, als weiteres Dokument vorzulegen sind:

> A copy of a document that contains a modification, obliteration or other marking or feature

3. Durchführung der *disclosure*

106 Für das Mindestprogramm der ***„standard disclosure"*** genügt zunächst die Bearbeitung des dreiseitigen Formulars **N265**[140], das als **Anhang 12** abgedruckt ist. Bei diesen Minimalanforderungen bleibt es aber selten – vor allem in Wirtschaftsprozessen, bei denen um Vertragserfüllungs- oder Verletzungspflichten gestritten wird, für deren Einschätzung Verträge, Korrespondenz und Gesprächsnotizen relevant sind.

107 In *multi-track* Verfahren, bei denen das Thema Dokumentenaustausch in der Regel die größte Rolle spielt[141], erstellen die Parteien frühzeitig einen *disclosure report (Form N263)* und reichen diesen in Vorbereitung der *CMC/CCMC* bei Gericht ein[142]. Das Gericht ordnet auf Basis des *disclosure report* und des Vortrags der Parteien, warum bestimmte Dokumente relevant oder irrelevant sind, den Umfang der Offenlegung und das weitere Prozedere an. Dabei hat das Gericht – wie stets – auch die entstehenden Kosten und deren Verhältnismäßigkeit zu berücksichtigen (CPR r 31.5(7)). Unterbreiten die Parteien selbst einen Vorschlag zu Umfang und praktischer Durchführung der *disclosure,* wird das Gericht einem solchen einvernehmlichen Vorschlag in aller Regel folgen.

108 Da heutzutage viele relevante Dokumente (nur) in ektronischer Form existieren, muss jede Prozesspartei auf Anweisung des Gerichts gemäß PD 31B, Rn. 3[143] auch proaktiv nach elektronischen Dokumenten suchen *(duty to search)* und im ausführlichen, elfseitigen Formular **N264:** *Electronic documents questionnaire* (abgedruckt als **Anhang 13**) eidesstattlich versichern, dass und in welchem Umfang Suchen durchgeführt wurden und welche Dokumente diese Suchen zu Tage gefördert haben.

109 Seit 1.10.2022 gelten für alle Prozesse an den *Business and Property Courts* gemäß PD 57AD *„Disclosure in the Business and Property Courts"*[144] spezifische und in Teilbereichen noch weiter gehende Offenlegungs- und Austauschpflichten. Diese neue

---

[140] www.gov.uk/government/publications/form-n265-list-of-documents-standard-disclosure.
[141] Jedenfalls was den Arbeitsaufwand und die dadurch ausgelösten *legal costs* angeht.
[142] → Rn. 84.
[143] www.justice.gov.uk/courts/procedure-rules/civil/rules/part31/pd_part31b.
[144] www.justice.gov.uk/courts/procedure-rules/civil/rules/part-57a-business-and-property-courts/practice-direction-57ad-disclosure-in-the-business-and-property-courts.

Practice Direction erstzt die frühere PD 51U und ist das Ergebnis des seit 1.1.2019 laufenden Reformprojekts *„Disclosure Pilot Scheme"*[145], dessen Ziel es ist, eine effektive Offenlegung zu gewährleisten, ohne dass unverhältnismäßige Anwaltskosten enstehen. Das altbekannte Thema und in gewisser Hinsicht der Versuch einer Quadratur des Kreises. Die Reform befindet sich noch in vollem Gang. Erklärtes Ziel ist eine möglichst weitgehende Vorverlagerung der Offenlegung *(intial disclosure)*, eine Reduzierung der vorzulegenden Dokumente auf das Wesentliche[146] sowie die Ersetzung *des disclosure report* und des *electronic documents questionnaire* (CPR 31, PD 31A und PD 31B) durch ein einheitliches *disclosure review document.*

FAZIT

Das Thema *disclosure* ist juristisch komplex und für die Parteien erstens oft emotional („Warum darf der Gegner die internen Mails zwischen meinen Mitarbeitern lesen?") und zweitens oft entscheidungsrelevant. Diesen Aspekt sollten (nicht nur, aber auch deutsche) Prozessparteien daher sehr intensiv und frühzeitig mit ihren Anwälten besprechen.

VII. Erarbeitung und Austausch der *witness statements* und Expertengutachten

In dieser Phase des Verfahrens müssen die Parteien nun auch die schriftlichen Zeugenaussagen *(witness statements)* erarbeiten und – soweit nötig – Sachverständigengutachten *(expert reports)* einholen. 110

Anders als im deutschen Zivilprozess ist dies in England für die Prozessparteien, insbesondere die Klägerseite, mit enormem Arbeitsaufwand verbunden, da Zeugenaussagen in einem streng formalisierten Verfahren schriftlich niedergelegt und mit einer eidesstattlichen Versicherung versehen werden müssen. Ist die erste Sprache eines Zeugen nicht Englisch, verschärft sich die Problematik noch durch das Erfordernis beglaubigter Übersetzungen, da Zeugen stets in ihrer Muttersprache aussagen sollen, sogar wenn diese eigentlich ganz passables Englisch sprechen. Dies gilt nicht nur für die mündliche Gerichtsverhandlung selbst, bei der Dolmetscher anwesend sein müssen, sondern auch bereits bei der Verschriftlichung der Zeugenaussagen im Vorfeld. In großen Verfahren mit mehreren Zeugen, die keine englischen Muttersprachler sind, können so hunderte Seiten an beglaubigten Übersetzungen erforderlich werden, mit den entsprechenden Zusatzkosten. 111

Wegen der großen praktischen Bedeutung des Themas, siehe zu alldem ausführlich § 7. 112

VIII. Festlegung des Verhandlungstermins

1. *Trial listing* und *notice of trial date*

Üblicherweise fixiert das Gericht im Rahmen des *case management*[147] bald nach der *CMC/CCMC*, also etliche Monate vor dem *trial*[148], nun auch den konkreten Ver- 113

[145] www.judiciary.uk/guidance-and-resources/update-on-the-operation-of-the-disclosure-pilot-scheme-disclosure-pilot-july-2021/.
[146] Insbesondere dadurch, dass sich die Parteien frühzeitig darauf verständigen, was vorgelegt/ausgetauscht werden soll und was nicht.
[147] CPR r 29.2(2): *„The court will fix the trial date or the period in which the trial is to take place as soon as practicable."*
[148] Umfangreiche Prozesse vor dem *High Court* haben eine Vorlaufzeit von bis zu 15 Monaten, siehe zum Beispiel hier die *„trial date windows"* der *Chancery Division* www.gov.uk/guidance/trial-

handlungstermin *(trial date)*, oder wenigstens ein Zeitfenster *(trial date window)*. Diese offizielle Festsetzung des Verhandlungstermins *(trial listing)* teilt das Gericht den Parteien per *notice of trial date* mit und fordert den Kläger auf, die weitere Gerichtsgebühr für die Verhandlung *(trial fee)* zu zahlen[149]. Hier ein Beispiel:

Notice of Trial Date		In the ... Court at ... Claim number ... Date ...
[Name Kläger]	Claimant	
[Name Beklagter]	Defendant	

The trial of the above claim will take place at 10:30 AM on ... [Datum] at ... [Gericht und Adresse des Verhandlungsgebäudes].

Any application in the case must be made to the court where the case is to be tried.

The time allowed for the trial is 4 days, PARTIES TO ATTEND DAY 2 OF THE TRIAL[150]. Matter reserverd to ... [Name des Richters/der Richterin].

The timetable for the trial may be agreed by the parties, subject to the approval of the trial judge.

The claimant shall lodge at the court at least 7 days before the hearing an indexed bundle of documents contained in a ring binder and with each page clearly numbered.

Each party must inform the court immediately if the claim is settled whether or not it is then possible to file a draft consent oder to give effect to their agreement.

Please note: This case may be released to another judge, possibly at a different court[151].

Unless the claimant does by 4 PM on the ... [Datum] pay to the court the trial fee of **£1,175.00** or file a properly completed application for help with fees, then the claim will be struck out with effect from ... [selbes Datum wie Zahlungsfrist] without further order and, unless the court orders otherwise, claimant will also be liable for the costs the defendant has incurred. If the claim has been struck out, it will no longer exist and the hearing dates will be vacated.

[weitere allgemeine Hinweise zu Logistik und Ablauf]

2. Pre-trial checklist

114 Spätestens mit der Ankündigung des Termins verschickt das Gericht – jedenfalls in *multi-track* Verfahren – nun auch das vierseitige **Formular N170**[152], das sog. ***listing questionnaire*** (auch ***pre-trial checklist***)[153] und setzt eine Frist, bis zu der die

date-windows-for-chancery-division; Die gerichtsinterne Koordination der Verhandlungstermin am *High Court* obliegt dem *„Listing Officer"*; Sime, S. 426, Rn. 38.08.

149 The Civil Proceedings Fees Order 2008 (CPFO), schedule 1, Ziffer 2.1. (www.legislation.gov.uk/uksi/2008/1053/schedule/1).

150 Für den zweiten Verhandlungstag ist hier das persönliche Erscheinen der Parteien selbst angeordnet. Natürlich können diese auch an allen anderen Verhandlungstagen teilnehmen, wenn sie dies möchten.

151 Deutsche Juristen haben hier unter dem Gesichtspunkt des gesetzlichen Richters und eindeutiger Zuständigkeitsregeln ein erhebliches Störgefühl, in England ist das aber zulässig und in der Praxis auch nicht selten.

152 www.gov.uk/government/publications/form-n170-listing-questionnaire-pre-trial-checklist.

153 Für Verfahren am Commercial Court bestehen besondere Vorschriften für die pre-trial checklist; zum Download hier: www.gov.uk/government/publications/pre-trial-checklist-admiralty-and-commercial-court.

Parteien das ausgefüllte Formular mit Anlagen (insbesondere einem Vorschlag eines *trial timetable*) zurücksenden müssen. Da es einen konkreten Eindruck vom Detaillierungsgrad der Verhandlungsvorbereitung und von den Aufgaben der Parteien vermittelt, ist das Formular **N170** als **Anhang 14** abgedruckt.

IX. Vorbesprechung der mündlichen Verhandlung

Nach Auswertung der von den Parteien zurückgesandten *pre-trial checklists* setzt das Gericht bei Bedarf[154] einen ***pre-trial review (PTR)***[155] an, eine formelle Besprechung der Parteien mit dem Gericht, in der organisatorische Fragen diskutiert und im Nachgang meist auch vom Gericht im Rahmen eines Beschlusses *(pre-trial review directions)* verbindlich festgehalten werden. Hierzu gehören typischerweise folgende Aspekte: **115**

- Zeitplan der Verhandlung *(trial timetable)*[156]
- Welche Zeugen und Sachverständige müssen gehört werden?
- Technische Fragen (z. B. Präsentationstechnik, werden manche Zeugen oder Sachverständige per Videoübertragung gehört usw.)
- Inhalt des *trial bundle*

Im Unterschied zu der im früheren Verfahrensstadium ggf. bereits durchgeführten *case management conference (CMC)*[157] leitet den *pre-trial review* in der Regel bereits die konkrete Richterin bzw. der Richter, die oder der dann später auch die Verhandlung führt und das Urteil fällt *(trial judge).* **116**

FAZIT

Das Gericht hat im Rahmen des *case management* einen weiten Spielraum für Anordnungen *(directions)* an die Parteien und kann diese insbesondere zu umfassenden Vorbereitungsmaßnahmen verpflichten.

J. Mündliche Verhandlung

I. *Trial* als Höhepunkt und Abschluss des Verfahrens

Im Verhandlungstermin *(trial)* kulminieren die in den vorangegangenen Kapiteln geschilderten, meist Monate[158] langen Vorbereitungsmaßnahmen der Parteien und ihrer Berater. Allerdings erreicht tatsächlich nur ein geringer Bruchteil der ursprünglich eingereichten Klagen überhaupt diese Stufe[159], da die meisten Verfahren vorher durch Vergleich *(settlement)*[160] beendet werden[161], viele tatsächlich erst kurz vor dem Termin zur Verhandlung, wobei die Kosten für *barrister,* Zeugen und **117**

[154] Bei umfangreichen und/oder komplexen Prozessen so gut wie immer.
[155] CPR r 29.7 in Verbindung mit weiteren konkreten Regeln in den jeweiligen *Court Guides* (z. B. *Chancery Guide, King's Bench Guide*).
[156] Auf wie viele Tage wird der *trial* angesetzt? Zeitbegrenzungen für die Anhörung von Zeugen und Sachverständigen u. a. m.
[157] → Rn. 84.
[158] In komplexen (internationalen) Wirtschaftsprozessen nicht selten auch zwei bis drei Jahre.
[159] → § 5 Rn. 8.
[160] Oder durch die Entscheidung der Parteien zugunsten ADR.
[161] Sime, S. 427.

Sachverständige, die im Rahmen der mündlichen Verhandlung anfallen würden, einen massiven Vergleichsanreiz darstellen[162].

118 In den drei bis fünf Prozent der Fälle, in denen es tatsächlich zu einer mündlichen Verhandlung kommt, sind deutsche Mandanten und deren deutsche Rechtsberater oft verblüfft. Denn die Unterschiede zwischen einer mündlichen Verhandlung in einem deutschen Zivilprozess und einem *trial* in England könnten kaum größer sein. Nach Verständnis der englischen CPR ist ein *trial* der finale Paukenschlag des Verfahrens, an dessen Ende – sei der *trial* für einen Prozesstag angesetzt oder für zehn[163] – die Entscheidung *(judgment)* steht, oft als *ex tempore judgment*[164], also unmittelbar am Ende der Verhandlung.

119 Die Praxis in Deutschland ist völlig anders: Entweder ordnet das deutsche Zivilgericht einen „frühen ersten Termin" (§ 275 ZPO) an oder es lädt zur mündlichen Verhandlung, der eine Güteverhandlung vorausgeht (§ 278 ZPO) und zu der meist noch keine Zeugen oder Sachverständige geladen werden, denn die Parteien könnten sich ja einigen. In großen Zivilprozessen, insbesondere komplexen Wirtschaftsverfahren, finden nicht selten drei, fünf oder mehr separate Termine zur mündlichen Verhandlung statt, die oft Monate auseinander liegen. Die Parteien erhalten jeweils die Gelegenheit, Schriftsätze einzureichen und Anträge zu stellen, unter Umständen selbst nach dem letzten Termin, also nachdem alle Zeugen und Sachverständige gehört wurden. Das Urteil kommt dann Wochen oder Monate nach dem letzten Termin.

120 Aus englischer Sicht erscheint eine solche Aufspaltung von Verhandlungsterminen über einen langen Zeitraum absurd. Dort gibt es eine einzige zusammenhängende Verhandlung, sei es an einem Tag (so häufig bei Verfahren vor dem *County Court*), an drei bis fünf Tagen oder – im Extremfall äußerst komplizierter Wirtschaftsprozesse – über mehrere Wochen hinweg, aber stets „am Stück", also in unmittelbar aufeinander folgenden Werktagen *(consecutive days)*. Bis spätestens zu Beginn des *trial* müssen von den Parteien alle für relevant erachteten Fakten vorgetragen und Beweise herfür angeboten sein, denn es gibt nach englischer CPR in aller Regel keine weiteren Verhandlungstermine, keine Vertagung[165] und keine „Schriftsatzfrist", um nach Ende der Verhandlung noch weitere Argumente vorzutragen.

121 Das Gericht – in der Regel ein *single judge* – bereitet sich in den Tagen vor Beginn des *trial* durch Lektüre des *trial bundle* (inkl. der *skeleton arguments* und der *reading list*)[166] auf die Verhandlung vor[167], ebenso die *barristers,* die den Fall vortragen, Zeugen und Sachverständige vernehmen und – unter Einbeziehung der relevanten

---

[162] Bei einer auf 5 Tage angesetzten Verhandlung entstehen selbst einem relativ niedrigen *barrister*-Stundensatz von 600 Pfund gute 20.000 Pfund an Kosten allein für diesen, zusätzlich zu den Kosten des *solicitors,* der in aller Regel auch anwesend sein soll, da er oder sie die Fakten am besten kennt, zuzüglich Kosten für Zeugen, Sachverständige, Dolmetscher, Gerichtsschreiber u. a. m. In großen Wirtschaftsprozessen entstehen so allein durch den *trial* Gesamtkosten (also für beide Parteien zusammen) von 100.000 Pfund oder mehr.

[163] Wohlgemerkt unmittelbar aufeinander folgende Prozesstage!

[164] Solche „Stuhlurteile" sind in Deutschland die absolute Ausnahme, in England dagegen der Regelfall, auch in komplexen Verfahren.

[165] Ausnahme bei glaubhaft nachgewiesener Erkrankung einer Partei oder unverzichtbarer Zeugen.

[166] In Großprozessen kann das *trial bundle* viele hundert oder sogar einige tausend Seiten umfassen. In der Praxis liest der *trial judge* in solchen Verfahren nicht das ganze *trial bundle,* sondern nur ausgewählte Dokumente, insbesondere die *case summaries.*

[167] Bis dahin war die Richterin/der Richter, die/der den Fall entscheidet *(trial judge),* meist noch gar nicht mit der Akte befasst, weil die vorbereitenden Maßnahmen und prozessleitenden Verfügungen in der Regel ein *Master* oder sonstiger Justizbediensteter treffen, jedenfalls nicht derjenige, der später das eigentliche Urteil fällt.

Rechtsprechung – ihre Ansicht juristisch begründen. Dann ist (hoffentlich) alles gesagt, denn das Ziel ist, sofort im Anschluss an den *trial* das *judgment* zu verkünden.

II. Unmittelbare Vorbereitung der Verhandlung

In den letzten Wochen vor dem *trial* müssen die Parteien, vor allem die Klagepartei, zahlreiche Aufgaben erledigen *(final preparations for trial).* In dieser heißen Phase der Prozessvorbereitung wird es erfahrungsgemäß hektisch, da *barristers* oft noch Fragen zum Sachverhalt haben, die geklärt werden müssen, Zeugen versuchen, sich vom Erscheinen entbinden zu lassen, oder es tauchen technische Probleme bei der Zusammenstellung und Formatierung des *trial bundle* auf, das in komplexen Fällen mehrere tausend Seiten umfassen kann usw. 122

PRAXISTIPP

Die Prozessparteien (zum Beispiel die Geschäftsführer und Justiziare eines deutschen Unternehmens, das in England klagt) sollten mit solchen Komplikationen rechnen und bereits für die letzten zwei bis drei Wochen vor Beginn der Verhandlung entsprechende Ressourcen einplanen, jedenfalls aber verfügbar sein.

Folgende konkrete Maßnahmen stehen (spätestens jetzt) an: 123

1. Instruktion der *barristers*

Die *barristers* der jeweiligen Parteien, die natürlich bereits vor Monaten mandatiert wurden und meist auch an der Erstellung der Schriftsätze *(statements of case)* beteiligt waren, werden nun von den *solicitors* konkret für die anstehende Verhandlung instruiert, d.h. sie erhalten entweder bereits das *trial bundle*[168] mit allen Schriftsätzen, Dokumenten, Zeugenaussagen und Sachverständigengutachten, oder eine Vorstufe davon *(brief to counsel),* damit sie sich in die Details des Falls einarbeiten, auf die Befragung der Zeugen und Sachverständigen vorbereiten und das *case summary (skeleton argument)* sowie ihre Eröffnungs- *(opening address)* und Schlussplädoyers *(closing submissions)* erstellen können. Dies belegt erneut, dass die Hauptverantwortung für die Prozessführung insgesamt bei den *solicitors* liegt, da die *barristers* darauf angewiesen sind, dass ihnen alle relevanten Unterlagen, Informationen und auch bereits die grundlegende rechtliche Argumentation zugeliefert werden, bezeichnet als *briefing of counsel.* 124

2. Erstellung der Prozessmappe

Dies ist ein weiterer massiver Unterschied zur deutschen Prozesspraxis: Es ist die Aufgabe der Parteien, insbesondere der Klägerseite, rechtzeitig eine vollständige Prozessmappe *(trial bundle)* zu erstellen, die alle relevanten Unterlagen enthält. Mappe als Übersetzung für *„bundle"* klingt allerdings wohl zu harmlos. 125

Gemäß PD 32 Rn. 27.5[169] soll das *„bundle for hearing"* nämlich folgendes beinhalten: 126

---

[168] Hierzu sogleich → Rn. 125.
[169] www.justice.gov.uk/courts/procedure-rules/civil/rules/part32/pd_part32#27.1.

27.5 Unless the court orders otherwise, the trial bundle should include a copy of —
(a) the claim form and all statements of case;
(b) a case summary and/or chronology where appropriate;
(c) requests for further information and responses to the requests;
(d) all witness statements to be relied on as evidence;
(e) any witness summaries;
(f) any notices of intention to rely on hearsay evidence under rule 32.2;
(g) any notices of intention to rely on evidence (such as a plan, photograph etc.) under rule 33.6 which is not —
(i) contained in a witness statement, affidavit or experts' report;
(ii) being given orally at trial; and
(iii) hearsay evidence under rule 33.2;
(h) any medical reports and responses to them;
(i) any experts' reports and responses to them;
(j) any order giving directions as to the conduct of the trial; and
(k) any other necessary documents.[170]

127 Diese Liste vermittelt einen Eindruck, wie umfangreich das *bundle* in einem komplexen Wirtschaftsverfahren und wie viel Arbeit damit verbunden ist, sowohl inhaltlich (Stichworte *„case summary"* und *„chronology"*[171]) wie auch rein redaktionell. In großen Wirtschaftsverfahren kann diese „Prozessmappe" mehrere tausend Seiten umfassen, zumal in internationalen Fällen, weil hier neben den (z.B. deutschen) Originaldokumenten und Zeugenaussagen[172] auch noch englische Übersetzungen beigefügt werden müssen.

128 Das *bundle* kann – und in Verfahren vor dem *High Court* ist dies die Regel – zusätzlich[173] auch in elektronischer Form eingereicht werden, als sog. *„e-bundle"* im PDF-Format[174], wofür die englischen Gerichte strenge Formatierungsvorschriften herausgeben[175]. *Solicitor*-Kanzleien haben hierfür in der Regel spezielle Software und erfahrene Paralegals, die aus dutzenden bzw. hunderten von Einzeldokumenten ein einheitliches, fortlaufend durchnummeriertes Gesamt-PDF von mehreren hundert oder gar mehreren tausend Seiten erstellen, inklusive Inhaltsangabe *(Index)*, das eine Sprungnavigation im Dokument erlaubt[176].

129 Die Verantwortung für die vollständige und übersichtliche Erstellung (durchgehende Paginierung und Inhaltsverzeichnis!) liegt beim Kläger, genauer gesagt bei dessen *solicitors*, da laut CPR r 39.5(1) die Klägerseite *(claimant)* verpflichtet ist, das *trial bundle* bei Gericht einzureichen – und zwar in einem von CPR r 39.5(2) genau definierten Zeitfenster:

The claimant must file the trial bundle not more than 7 days and not less than 3 days[177] before the start of the trial.

---

[170] Unter „other documents" fallen auch die relevanten Gerichtsurteile *(relevant case law)*, welche die Anwälte dem Gericht in Form einer *„reading list"* mundgerecht aufbereitet vorlegen sollen.

[171] Also Sachverhaltszusammenfassung und chronologische Darstellung der Ereignisse.

[172] Laut CPR PD 32.19. Rn. 1(8) müssen ausländische Zeugen, deren erste Sprache nicht Englisch ist, ihre schriftliche Zeugenaussage in Ihrer Muttersprache erstellen und diese Version beglaubigen. Erst dann wird dieses *witness statement* ins Englische übersetzt.

[173] Gemäß PD 51O Rn. 13.1 muss derzeit noch ein *trial bundle* in Papierform abgegeben werden www.justice.gov.uk/courts/procedure-rules/civil/rules/part51/practice-direction-51o-the-electronic-working-pilot-scheme; das Gericht verlangt in der Regel zusätzlich auch ein e-bundle, das die Kanzleien aber meist ohnehin erstellen, weil dieses *bundle* viele Prozessbeteiligten benötigen.

[174] Manche Schriftsätze, insbesondere die *skeleton arguments,* verlangt das Gericht (zusätzlich) auch als Word-Datei, um Passagen daraus ggf. gleich in das Urteil übernehmen zu können.

[175] Siehe „General guidance on electronic court bundles" vom 29.11.2021: www.judiciary.uk/guidance-and-resources/general-guidance-on-electronic-court-bundles/.

[176] Ferner bieten in England zahlreiche externe Dienstleister die Erstellung von *e-bundles* an.

[177] Gemeint sind Werktage, nicht Kalendertage, siehe die Vorschriften zur Fristberechnung in CPR r 2.8(4).

130 In der Praxis stimmen die *solicitors* beider Prozessparteien den Inhalt des *bundle* untereinander ab, damit die Beklagtenseite nicht noch ein zusätzliches eigenes *bundle* einreichen muss. Das Gericht kann die Parteien nach PD 32 Ziffer 27.1 hierzu verpflichten:

> The court may give directions requiring the parties to use their best endeavours to agree a bundle or bundles of documents for use at any hearing.

131 Die Gesamtverantwortung bleibt aber beim *claimant* und es ist auch in dessen eigenem besten Interesse, dass diese Prozessmappe vollständig, übersichtlich und vor allem mit einem sorgfältig erstellten Inhaltsverzeichnis versehen ist. Das Gericht bereitet nämlich keine eigene Prozessakte vor, sondern verlässt sich auf das *bundle.* In Großprozessen mit *trial bundles* von mehreren tausend Seiten erstellen die Parteien (meist die Klägerseite) oft auch noch ein zusätzliches *„core bundle"*, eine Art *„best of"* mit den Schriftsätzen, *skeleton arguments*[178] und essentiellen Dokumenten sowie Gerichtsentscheidungen. Das *„core bundle"* ist die Empfehlung der Anwälte, welche Dokumente das Gericht vor der Verhandlung wirklich gelesen haben sollte[179].

PRAXISTIPP

Vor allem Kläger aus Deutschland unterschätzen den mit der Erstellung des *trial bundle* verbundenen Aufwand meist. Man sollte von Anfang an darauf achten, dass alle relevanten Unterlagen gut geordnet, in ausreichend hoher Auflösung (Hochleistungsscanner) und ohne handschriftliche Kommentare o.ä. vorliegen. Deutschsprachige Dokumente (Verträge, Memos usw.) sollten frühzeitig durch ein in England anerkanntes Übersetzungsbüro ins Englische übersetzt werden, um zu vermeiden, dass man wenige Wochen vor Abgabefrist des *trial bundle* noch hunderte Seiten in großer Hektik übersetzen lassen muss. Insgesamt gilt daher der Rat: Möglichst früh mit den Vorbereitungsmaßnahmen beginnen und sicherstellen, dass die Infrastruktur vorhanden ist.

3. Rechtliche Zusammenfassung

132 Jede Partei, in der Regel deren *barristers* in Abstimmung mit den *solicitors,* bereitet rechtzeitig vor dem Verhandlungstermin eine Zusammenfassung des Falles vor, die *case summary,* in der englischen Prozesspraxis auch als *„skeleton argument"* bezeichnet, wörtlich übersetzt also „das Gerippe der Rechtsargumente". Deutsche Juristen würden wohl eher sagen: ein stichpunktartiges juristisches Prüfschema.

133 Diese Zusammenfassung soll sowohl dem Gericht wie auch den Parteien dabei helfen, den Überblick zu behalten und sich auf die für die Entscheidung wesentlichen Punkte zu fokussieren. Die jeweiligen *barristers* arbeiten in den *skeleton arguments* heraus, welche entscheidungsrelevanten Fakten nach Austausch der Schriftsätze noch streitig sind und wer für diese Punkte die Beweislast trägt. Ebenso werden darin knapp und präzise die aus Sicht der jeweiligen Partei relevanten Rechtsargumente dargelegt, untermauert durch einschlägige Rechtsprechung *(case law, precedent),* die dem Gericht in Form einer *reading list* vorgelegt wird[180].

134 Die Kunst besteht darin, dem Gericht so knapp, stringent und präzise wie möglich die Argumentation darzulegen. Der Gedankengang im *skeleton argument* sollte in aller Regel auch den Leitfaden für die mündliche Präsentation des *barristers* in

[178] Dazu sogleich → Rn. 132.
[179] Browne/Catlow, S. 260, Rn. 14.1.3.3.
[180] Browne/Catlow, S. 259 f.

der Verhandlung bilden. Gerichte reagieren gereizt, wenn die *case summary* ausufert oder der *barrister* sich beim mündlichen Vortrag im *trial* dann nicht daran orientiert. In der berühmt gewordenen Entscheidung *R v Secretary of State for the Environment*[181] rügt Judge Holgate in zwei Absätzen (Randziffern 11 und 12) des Urteils, dass die Parteien, insbesondere die Klägerseite durch ein aufgeblähtes *trial bundle,* ausufernde und wenig verständliche *skeleton arguments* dem Gericht die Arbeit erschwert und damit die begrenzten Ressourcen der Justiz verschwendet haben. Ein Auszug aus Ziffer 11:

> ...such practices are likely to result in more time needing to be spent by the judge in pre-reading material so as to penetrate or decode the arguments being presented, the hearing may take longer, and the time needed to prepare a judgment may become extended. Consequently, a disproportionate amount of the Court's finite resources may have to be given to a case prepared in this way and diverted from other litigants waiting for their matters to be dealt with. Such practices do not comply with the overriding objective and the duties of the parties (CPR 1.1 to 1.3). They are unacceptable.

135 Die Auswahl der relevanten Dokumente und Informationen ist und bleibt für englische Prozessanwälte eine schwierige Gratwanderung.

4. Ladung von Zeugen und Sachverständigen

136 Auch hier ist die Praxis in England gänzlich anders als vor deutschen Zivilgerichten. Jede Partei ist selbst dafür verantwortlich, dass „ihre" Zeugen am Verhandlungstermin präsent sind. Das Gericht lädt nicht automatisch alle benannten Zeugen, sondern nur dann und soweit dies die jeweilige Partei ausdrücklich beantragt.

137 Jede Prozesspartei muss sich also überlegen, ob sie sich darauf verlassen kann, dass eine Zeugin bzw. ein Zeuge freiwillig erscheinen wird, eine formelle Ladung *(witness summons)* also entbehrlich ist. Bestehen Zweifel, ob ein Zeuge wirklich aus eigenem Antrieb erscheint, sollte die Partei diesen Zeugen vorsichtshalber über das Gericht förmlich laden lassen[182], was über das Formular N20 *„witness summons"*[183] erfolgt, wobei die Ladung mindestens sieben Tage vor dem Gerichtstermin zugestellt werden soll,[184] und die den Zeugen ladende Partei die finanzielle Entschädigung des Zeugen für Reisekosten und etwaigen Verdienstausfall garantieren muss[185]. Denn erscheint ein Zeuge nicht zum Verhandlungstermin, wird die erste Frage des Richters an die jeweilige Prozesspartei sein, ob der Zeuge formell geladen wurde. Ist die Antwort nein, gehen die Chancen auf eine Vertagung *(adjournment)* und Festsetzung eines neuen Verhandlungstermins zur Anhörung dieses Zeugen gegen Null.

138 Selbst bei Zeugen, die auch ohne Ladung zuverlässig freiwillig erscheinen würden, kann eine formelle Ladung nötig sein, wenn der Zeuge diese Ladung etwa für seinen Arbeitgeber benötigt. Auch Polizei- oder andere Beamte müssen formell geladen werden, da diese andernfalls nicht aussagen dürfen[186].

---

[181] [2017] EWHC 2259.

[182] CPR r 34.2.

[183] www.gov.uk/government/publications/form-n20-witness-summons; das ausgefüllte Formular muss in zweifacher Ausfertigung bei Gericht eingereicht werden; dies so rechtzeitig, dass es dem Zeugen noch mindestens sieben Tage vor dem Verhandlungstermin zugestellt werden kann.

[184] Für eine kurzfristigere Zustellung benötigt die ladende Partei die Genehmigung des Gerichts, die nur bei überzeugender Begründung erteilt wird, siehe CPR r 34.3(2)(a).

[185] Üblicherweise durch Hinterlegung eines angemessenen Betrags per Beifügung eines Schecks (siehe Blatt 2 des Formulars N20).

[186] Browne/Catlow, S. 258; jedenfalls, wenn es sich um Aussagen im Zusammenhang mit der Dienstausübung handelt.

139 Sachverständige *(expert witnesses)* haben in der Regel gegenüber einer Partei eine vertragliche Verpflichtung übernommen, ein Gutachten zu erstellen und hierzu im *trial* auszusagen. Diese müssen daher nicht formell per *witness summons* geladen werden, es sei denn, deren Arbeitgeber verlangt dies. Trotzdem sollte jede Partei ihre Experten einige Wochen vor dem Verhandlungstermin erinnern, den Zeitplan *(trial timetable)* übermitteln und sich vom Experten die Verfügbarkeit ausdrücklich bestätigen lassen.

HINWEIS

Bei grenzüberschreitenden Prozessen stellt sich oft das Problem, dass Zeugen, die – aus UK-Sicht – im Ausland wohnen, vom englischen Gericht nicht direkt geladen werden können. Eine wichtige Frage, die sich ein Kläger in Deutschland frühzeitig stellen muss: Hängt der Prozessausgang von der Aussage eines Zeugen ab, der in Deutschland wohnt, der aber nicht kooperativ ist, der also nicht freiwillig zur Gerichtsverhandlung in England anreisen wird und auch nicht zu einer Zeugenaussage per Videokonferenz bereit ist? Dann wird es sehr kompliziert, denn das englische Gericht hat keine Autorität, Zeugen außerhalb seiner Jurisdiktion unter Androhung von Konsequenzen zu laden, sondern muss ein schwerfälliges **internationales Rechtshilfegesuch** stellen, siehe CPR r 34.13: *„letter of request to the judicial authorities of the country in which the proposed deponent is".* Die Prozesspartei muss in diesen Fällen die an den Zeugen zu stellenden Fragen schriftlich niederlegen, übersetzen lassen und auf offiziellem Weg nach Deutschland übermitteln. Der in Deutschland wohnende Zeuge würde dann, Monate später, im Weg der internationalen Rechtshilfe von einem deutschen Richter angehört. Dieser protokolliert die Antworten und übermittelt sie zurück nach England, wo sie wieder ins Englische übersetzt werden. Man kann sich vorstellen, dass die Qualität einer solchen Zeugenaussage schwer zu bewerten ist, da sich das englische Gericht keinerlei persönlichen Eindruck vom Zeugen verschaffen kann. Handelt es sich bei diesem Zeugen für den Kläger aus Deutschland aber um das zentrale Beweismittel und ist der Zeuge nicht bereit, freiwillig zur Verhandlung in England zu erscheinen, bleibt keine Alternative, als diesen schwerfälligen Weg zu gehen.

III. Ablauf der Verhandlung

1. Verhandlungsort

140 Die örtliche Zuständigkeit *(venue)* wird in England flexibler gehandhabt als in Deutschland. Der Sitz des *High Court* ist im historischen Gebäudekomplex *The Royal Courts of Justice*[187] im Zentrum des *legal district* Londons[188]. Auch der *Central London County Court*[189] ist dort untergebracht[190]. Verhandlungen der *Chancery Division (Business and Property Courts)*[191], des *Commercial Court* und des *Technology and Construction Court* finden allerdings im modernen *The Rolls Building*[192] statt, etwa 200 Meter östlich vom historischen RCJ. Informationen über die Gerichtsgebäude, Lagepläne der Säle und Richterzimmer bis hin zu den E-Mail-Adressen und Telefonnummern der *Judges* und *Master* finden sich in den jeweiligen *Court Guides*[193].

[187] www.find-court-tribunal.service.gov.uk/courts/royal-courts-of-justice; ein Teil des Gebäudekomplexes ist auch für Führungen offen https://theroyalcourtsofjustice.com/.
[188] Adresse: Strand, London, WC2A 2LL.
[189] www.find-court-tribunal.service.gov.uk/courts/central-london-county-court.
[190] Adresse: Thomas More Building, Strand, London, WC2A 2LL.
[191] www.judiciary.uk/courts-and-tribunals/business-and-property-courts/.
[192] Adresse: 7 Rolls Building, Fetter Lane, London EC4A 1NL; www.judiciary.uk/courts-and-tribunals/business-and-property-courts/business-and-property-courts-more-information/available-in-the-rolls-building/.
[193] Zum Beispiel Annex 1 zum King's Bench Guide www.judiciary.uk/wp-content/uploads/2022/09/KB-Guide-2022-with-links-to-new-website.pdf.

141 Internationale Zivilprozesse, insbesondere Wirtschaftsverfahren, werden sehr häufig in London verhandelt, selbst wenn die beklagte Partei ihren Sitz gar nicht in London hat[194]. Dennoch haben natürlich sowohl der *County Court*[195] als auch der *High Court*[196] sogenannte Verhandlungszentren (*hearing centres* bzw. *trial centres*) in zahlreichen weiteren Städten über England und Wales verteilt.

2. Zeitplan und Ablauf

142 Der Ablauf der mündlichen Verhandlung sowie die für die einzelnen Stationen zur Verfügung stehende Zeit sind im sog. *trial timetable* streng geregelt. Auf diesen haben sich vorab die Parteien und das Gericht verständigt, in der Regel im *pre-trial review*[197].

143 Exemplarisch hier ein typischer *trial timetable* für einen einfach gelagerten *fast-track trial*, also einen Fall mit überschaubarem Umfang und ohne besondere rechtliche Schwierigkeit *(a simple one day trial)*[198]:

Opening speeches[199]	20 min
Cross-examination and re-examination of claimant's witnesses	90 min
Cross-examination and re-examination of defendant's witnesses	90 min
Defendant's closing submissions	15 min
Claimant's closing submissions	15 min
Judge preparing and delivering judgment[200]	30 min
Summary assessment of costs	30 min

144 In einem komplexen mehrtätigen *multi-track* Verfahren, wie es internationale Wirtschaftsstreitigkeiten meist sind, sieht ein typischer *trial timetable* in etwa so aus:

Verhandlungstag 1 *(trial day 1)*
Claimant's opening statement (opening address)
Defendant's/other parties' opening statement

[194] Auch wenn das offiziell niemand so deutlich ausspricht: Die besten Anwältinnen und Anwälte sowie die erfahrensten Richterinnen und Richter sind in London. Daher raten Prozessvertreter ihren Parteien häufig, den Prozess in London durchzuführen.

[195] Mehr zu den *County Court Centres* hier: www.judiciary.uk/courts-and-tribunals/county-court.

[196] Hier wird es im Detail unübersichtlich, da die Unterabteilungen *Chancery (Business and Property Court)* und die *Technology and Construction Courts* ihre jeweils eigenen *District Registries* eingerichtet haben, die Chancery Division zum Beispiel in Birmingham, Bristol, Cardiff, Manchester, Liverpool, Leeds und Newcastle. Der TCC dagegen in diesen Städten: Birmingham, Bristol, Cardiff, Chester, Exeter, Leeds, Liverpool, Manchester, Newcastle und Nottingham. Details zu den regionalen Gerichtszentren hier www.judiciary.uk/courts-and-tribunals/business-and-property-courts/chancery-division/chancery-division-regional-centres/ und hier www.judiciary.uk/courts-and-tribunals/high-court/technology-and-construction-court/regional-centres/.

[197] → Rn. 115.

[198] Beispiel für *timetable* aus Browne/Catlow, S. 261.

[199] Auch *„opening statement"* oder *„opening address"*. In einfach gelagerten Fällen verzichtet das Gericht nicht selten auf solche Eröffnungsplädoyers. Die Richterin oder der Richter teilt den Parteien in diesen Fällen mit, dass das Gericht die Akte bereits hinreichend genau kennt und man sofort in die Beweisaufnahme (Zeugen, Sachverständige etc.) einsteigen kann; Sime, S. 435, Rn. 39.38.

[200] In englischen Zivilprozess verkündet das Gericht sein Urteil viel häufiger als in Deutschland *„ex tempore"*, also gleich am Ende der mündlichen Verhandlung. Hierzulande sind solche „Stuhlurteile" eher selten. Natürlich haben aber auch in England Richterinnen und Richter die Möglichkeit, ihr Urteil erst später zu verkünden, genannt *„reserved judgment"*.

Verhandlungstage 2+3 ***(trial days 2+3; more if necessary)***
Examination-in-chief of claimant's witnesses[201]
Cross-examination of claimant's witnesses
Re-examination of claimant's witnesses
Examination-in-chief of defendant's witnesses[202]
Cross-examination of defendant's witnesses
Re-examination of defendant's witnesses
Expert evidence, if any (claimant's then defendant's)

Verhandlungstag 4 ***(trial day 4; or later if witness examination took longer)***
Claimant's closing statements[203]
Defendant's closing statements
Claimant's reply
Deliberation and judgment[204]
Costs and consequential orders

Schon auf den ersten Blick sind die Unterschiede zum deutschen Zivilprozess frappierend. Die Rolle des Gerichts ist erkennbar anders, nämlich passiver: Weder führt das Gericht zu Beginn der Verhandlung in den Sach- und Streitstand ein, wie im deutschen Zivilprozess, sondern die jeweiligen Parteivertreter *(barristers)* halten jeweils Eröffnungsplädoyers, in denen sie den Sachverhalt und die – aus ihrer Sicht relevanten – rechtlichen Argumente zusammenfassen. Noch befragt das Gericht die Zeugen, sondern dies erfolgt ebenfalls durch die Parteivertreter – und zwar deutlich konfrontativer als in einem deutschen Gerichtssaal. **145**

Überraschend erscheint für deutsche Juristen, dass die Befragung direkt mit dem Kreuzverhör beginnt[205]. Ein Zeuge hat im englischen Zivilprozess also keine „Aufwärmphase", in der er oder sie erst einmal im Zusammenhang – also ohne unterbrochen zu werden – von sich aus schildern kann, woran er oder sie sich erinnert. Stattdessen werden Zeugen in England sofort mit punktuellen Detailfragen bombardiert. Das hat den Hintergrund, dass die eigentliche Zeugenaussage (bezeichnet als *„evidence in-chief"*, also „Hauptbeweis") ja bereits in schriftlicher Form vorliegt. Hierauf beruft sich der Zeuge[206], so dass in der Verhandlung gleich die Gegenseite mit dem Kreuzverhör beginnt. Zeugen aus Deutschland wissen das oft nicht und sind dann überrascht, dass sie gleich vom Gegneranwalt – manchmal durchaus aggressiv – zu einzelnen Aspekten der Zeugenaussage in die Defensive gedrängt werden. Anwälte sollten deshalb sicherstellen, dass die eigenen Zeugen sich kurz vor der Verhandlung ihr eigenes schriftliches *witness statement* noch einmal sorgfältig durchlesen, um für das Kreuzverhör gewappnet zu sein und sich bei Daten, Namen oder anderen Details nicht in Widersprüche zu verheddern. **146**

---

[201] Wird, wie oben ausgeführt, meist ersetzt durch den Satz „ich berufe mich auf meine schriftliche Zeugenaussage".

[202] Wie zuvor.

[203] Auch *„closing submissions"*.

[204] In solchen komplexen Verfahren, in denen über mehrere Tage Zeugen und/oder Sachverständige gehört wurden, sind *"ex tempore judgments"*, also sofort mündlich verkündete Urteile, naturgemäß seltener, da das Gericht häufig noch Zeit braucht, die Ergebnisse der Beweisaufnahme zu verarbeiten und die juristischen Argumente abzuwägen. Das Gericht kann in solchen komplexen Prozessen die Parteien sogar auffordern, ihre *„closing statements"* (Abschlussplädoyers) auch in schriftlicher Form einzureichen.

[205] Auch anders als im US-amerikanischen Zivilprozess.

[206] Der Zeuge wird in der Regel zuerst vereidigt *(being sworn in)* und dann gefragt, ob seine schriftliche Zeugenaussage so korrekt ist.

147 Der Hauptunterschied zwischen der Befragung des eigenen Zeugen (*evidence-in-chief*[207] sowie *re-examination*) und dem Kreuzverhör gegnerischer bzw. feindlicher Zeugen (*cross-examination*) ist, dass bei ersterer die sog. *„leading questions"* (Suggestivfragen) verboten sind[208]. Also Fragen, die den Zeugen in eine gewisse Richtung lenken bzw. die gewünschte Aussage bereits implizieren, wie: „Ist es richtig, dass der Beklagte ihnen am 31.12.2023 um 23:59 Uhr die Armbanduhr gestohlen hat?" Erlaubt sind lediglich offene Fragen wie: „Was ist am 31.12.2023 gegen Mitternacht passiert?"

148 Im Kreuzverhör sind solche Suggestivfragen dagegen erlaubt. Es ist ja oft das Ziel des gegnerischen Anwalts, im Rahmen des Kreuzverhörs die Glaubwürdigkeit des Zeugen zu erschüttern, indem man Widersprüche und Unstimmigkeiten herausarbeitet. Nach dem Kreuzverhör hat der Anwalt derjenigen Partei, die den Zeugen benannt hat, noch einmal Gelegenheit zur *re-examination*, wobei aber nur auf Punkte aus dem Kreuzverhör eingegangen werden darf.

149 Üblicherweise werden zuerst Zeugen der Klägerseite angehört, danach die der Beklagtenseite. Dies steht aber nicht verbindlich in den *Civil Procedure Rules*, sondern hat sich als *„good practice order of play"* etabliert. Begründete Abweichungen von diesem „bewährten Spielablauf" sind daher möglich, etwa wenn ein Zeuge nur zu einer bestimmten Zeit verfügbar ist. Insbesondere bei mehrtägigen Verhandlungen werden Zeugen und Sachverständige häufig *„interposed"* (eingeschoben).

150 Die Richterin bzw. der Richter hält sich bei der Anhörung der Zeugen eher zurück und stellt in der Regel nur selbst Fragen, wenn nach der Befragung durch die *barristers* für das Gericht noch Punkte unklar geblieben sind.[209]

3. Öffentlichkeit und Protokollierung

151 Verhandlungen finden dem Grundsatz nach gemäß CPR r 39.2(1) öffentlich statt (*public hearing*). Das Gericht kann die Öffentlichkeit aber unter bestimmten Voraussetzungen ausschließen[210].

152 Gerichtsschreiber in Form von *„live court stenographers"* werden seit etwa 2012 aus Kosten- und Personalnotgründen nicht mehr eingesetzt. Von allen Verhandlungen vor dem *Crown Court* (Strafrecht) sowie vor den Zivil- und Familiengerichten[211] werden jedoch Audio-Aufzeichnungen gefertigt. Wer von einer Verhandlung eine Abschrift (*written record* oder *transcript*) benötigt[212], kann diese per Formular EX107[213] gegen Übernahme der Kosten[214] bestellen[215]. Diese Verschriftlichung der Audio-Aufzeichnung erfolgt nicht durch Gerichtsmitarbeiter, sondern durch externe Dienstleister, meist unter Einsatz von CAT-Software (*computer aided transcription*).

[207] Die – wie ausgeführt – in aller Regel durch die Bezugnahme auf die schriftliche Zeugenaussage ersetzt wird und nur ausnahmsweise als tatsächliche Befragung stattfindet.
[208] Edge/Mills, S. 76; dort auch zu den Ausnahmen vom Verbot.
[209] Sime, S. 437, Rn. 39.51.
[210] CPR r 29(2) und (3); Sime, S. 433 f.
[211] Nicht dagegen bei Verhandlungen am *Magistrates Court* und in der Regel auch nicht bei Tribunal-Verhandlungen.
[212] Wobei in der Regel kein besonderes berechtigtes Interesse erforderlich ist.
[213] www.gov.uk/government/publications/order-a-transcript-of-court-or-tribunal-proceedings-form-ex107.
[214] CPR r 39.9(3); Das Protokoll eines Verhandlungstags kostet in etwa 800 bis 1.500 Pfund.
[215] www.gov.uk/apply-transcript-court-tribunal-hearing.

4. Verhandlung per Videoübertragung

Die englischen Civil Procedure Rules erlauben in rule 3.1(2)(d) bereits seit April 1999 eine Verhandlung per Videoübertragung *(remote hearing):* 153

> to hold a hearing and receive evidence by telephone or by using any other method of direct oral communication

Die Möglichkeit, Parteien, Anwälte, Zeugen oder Sachverständige per Videoübertragung *(video link)* zuzuschalten, wird in England und Wales somit schon länger und erheblich häufiger genutzt als in deutschen Zivilprozessen[216]. Vorbereitende *hearings* im Rahmen des *active case management,* also etwa *case management conferences, listing hearings* oder *pre-trial reviews,* werden sogar ganz überwiegend per Telefon- oder Videokonferenz durchgeführt[217]. Aber auch bei den *trials* selbst wird die Option der Zuschaltung von Anwälten oder Zeugen per Video häufig genutzt. Die Covid-Pandemie 2020 hat diesen Trend zur Nutzung moderner Kommunikationsmittel durch die englische Justiz noch einmal massiv verstärkt[218]. 154

Die Nutzung von *„video conferencing"* in englischen Zivilprozessen, speziell die Anhörung von Zeugen und Sachverständigen per Video, ist in PD 32, Rn. 29.1 i. V. m. Annex 3[219] mit der Überschrift *„Video Conferencing Guidance"* genauer geregelt. Wollen die Parteien in einem Fall diese technischen Mittel intensiv nutzen, werden die technischen und organisatorischen Voraussetzung[220] im Rahmen des *case management* besprochen und das Prozedere dann vom Gericht per Verfügung *(remote hearing directions)*[221] festgelegt. 155

Das Haupteinsatzgebiet für Videoübertragungen sind Zeugen und Sachverständige. Aber auch *barristers* treten nicht selten per Videoübertragung auf, vor allem in *appeals,* wo keine Zeugenvernehmung stattfindet, sondern „nur" ein Rechtsgespräch mit dem Gericht. Sieht man sich zum Beispiel das Rubrum des Berufungsverfahrens des *High Court (King's Bench Division)* vom 16.1.2023 in der Sache *Richard Arthern V Ryanair Dac*[222] an, so findet man zu den Parteivertretern folgende Information: 156

> Sarah Prager (instructed by Irwin Mitchell LLP) for the Appellant/Claimant appeared remotely by video link
> Christopher Loxton (instructed by Kennedys Law LLP) for the Respondent/Defendant appeared remotely by video link
> Hearing date: Tuesday 13 December 2022

Beide *barrister* waren somit am 13.12.2022[223] nicht persönlich im Verhandlungssaal des *High Court* anwesend. Dies wird immer mehr zur gängigen Praxis. Man findet in den Urteilsdatenbanken wenige neuere Entscheidungen, bei denen nicht zumindest punktuell Video-Links genutzt wurden. 157

Um Missverständnisse zu vermeiden: Auch als *remote hearings* durchgeführte *trials* sind öffentlich, d.h. entweder muss wenigstens der Richter im öffentlich zugänglichen Sitzungssaal persönlich anwesend sein und die weiteren Beteiligten 158

[216] Obwohl § 128a ZPO dies auch hierzulande gestattet.
[217] Sime, S. 441, Rn. 40.02.
[218] Sime, S. 441, Rn. 40.01: *„... the coronavirus outbreak [...] resulted in the courts embracing computer technology for remote hearings for civil proceedings."*
[219] www.justice.gov.uk/courts/procedure-rules/civil/rules/part32/pd_part32#29.1.
[220] Sitzungssaal mit geeigneter IT-Infrastruktur, welche Video-Plattform (häufig „Skype for Business"), welche technischen Voraussetzungen auf Seiten der Beteiligten usw.
[221] Ein Beispiel einer solchen Verfügung ist abgedruckt in Sime, S. 445–447.
[222] [2023] EWHC 46 (KB); www.bailii.org/ew/cases/EWHC/KB/2023/46.html.
[223] Zehn Monate nach Aufhebung aller Covid-Restriktionen in UK am 24.2.2022.

werden zugeschaltet oder aber, auch das ist möglich, aber selten, das *remote hearing* wird per *live stream* im Internet übertragen[224].

5. Sonderproblem: Videoanhörung von Zeugen im Ausland

159 Es erscheint nun gerade bei internationalen Rechtsstreitigkeiten verlockend, im Ausland wohnende[225] Zeugen per Video-Link zu hören und die Beweisaufnahme auf diesem Weg ohne die Mühen und Kosten einer Anreise nach England durchzuführen. Dabei wird häufig übersehen (auch von englischen Anwälten), dass eine solche Anhörung eines Zeugen, der sich in Deutschland aufhält – selbst wenn der Zeuge damit einverstanden ist – eine unzulässige hoheitliche Tätigkeit (Vereidigung!) des englischen Gerichts außerhalb des eigenen Staatsgebietes darstellen kann[226]. Auf fremdem Territorium hat ein Gericht keine hoheitlichen Befugnisse. Zeugen, die sich außerhalb der Jurisdiktion des Prozessgerichts befinden, müssen daher i. d. R. per Rechtshilfeersuchen durch einen deutschen Richter angehört werden[227]. Eine direkte Videoschalte von Deutschland aus in einen englischen Gerichtssaal ist somit entweder gar nicht oder nur mit vorheriger Zustimmung bzw. Mitwirkung der zuständigen deutschen Stelle gestattet.

160 Aus englischer Perspektive enthält Annex 3 zu PD 32 in Ziffern 4 und 16 hierzu folgende Hinweise:

> (4) It should not be presumed that all foreign governments are willing to allow their nationals or others within their jurisdiction to be examined before a court in England or Wales by means of VCF. If there is any doubt about this, enquiries should be directed to the Foreign and Commonwealth Office (Legalisation Office) sopenquiries@fco.gov.uk with a view to ensuring that the country from which the evidence is to be taken raises no objection to it at diplomatic level. The party who is directed to be responsible for arranging the VCF (see paragraph 8 below) will be required to make all necessary inquiries about this well in advance of the VCF and must be able to inform the court what those inquiries were and of their outcome.
>
> (16) Some countries may require that any oath or affirmation to be taken by a witness accord with local custom rather than the usual form of oath or affirmation used in England and Wales. The VCF arranging party must make all appropriate prior inquiries and put in place all arrangements necessary to enable the oath or affirmation to be taken in accordance with any local custom. That party must be in a position to inform the court what those inquiries were, what their outcome was and what arrangements have been made. If the oath or affirmation can be administered in the manner normal in England and Wales, the VCF arranging party must arrange in advance to have the appropriate holy book at the remote site. The associate will normally administer the oath.

161 Ergänzend hierzu erließ der Chancellor of the High Court am 11.5.2021 eine *Practice Note*[228], die noch einmal klarstellt, dass die Partei, die *„video conferencing"* nutzen möchte, insbesondere Zeugen remote anhören will, die volle Verantwortung dafür trägt, dass alle ggf. nötigen rechtlichen Voraussetzungen (Genehmigung der zuständigen Stellen anderer Staaten) rechtzeitig vorliegen, spätestens zum *pre-trial review* (PTR).

---

[224] Sime, S. 444, Rn. 40.16 f.

[225] Aus UK-Sicht.

[226] Dies gilt nicht nur für Zeugenanhörungen sondern für jede Art der Beweisaufnahme auf dem Territorium außerhalb des Forumsstaats, etwa richterlicher Augenschein einer baulichen Anlage o.ä.

[227] → Rn. 139. Das Thema „Auslandszeugen" ist komplex. Für einen generellen Überblick siehe Münchener Kommentar zur Zivilprozessordnung, Band 3, 6. Aufl. 2022, Vorbemerkung zu 1972; speziell zum Verhältnis zwischen Deutschland und dem Vereinigten Königreich nach Brexit: ebenda, Rn. 7.

[228] www.judiciary.uk/guidance-and-resources/practice-note-witnesses-giving-evidence-remotely/.

FAZIT

Im Ergebnis schafft der Versuch einer Videoanhörung der Zeugen von Deutschland aus oft mehr Probleme als Vorteile. Zudem, von den rechtlichen Komplikationen abgesehen, ist es in vielen Fällen auch aus psychologischen Gründen nicht empfehlenswert, wichtige Zeugen *remote* zu hören. Das Gericht kann sich einen erheblich besseren persönlichen Eindruck vom Zeugen und seiner Glaubwürdigkeit verschaffen, wenn dieser persönlich im Gerichtssaal anwesend ist.

IV. Verschiebung und Vertagung

Die Verschiebung von Gerichtsterminen regeln CPR r 3.1(2)(b) i. V. m. PD 28, Ziffer 5.4 (für *fast track* Verfahren) bzw. PD 29 Ziffer 7.4 (für *multi-track* Verfahren). Im Hinblick auf die erheblich umfangreicheren Vorbereitungen (*trial bundle,* Ladung aller relevanten Zeugen und Sachverständigen) usw. sind sowohl Terminsverlegungen *(postponement)* als auch die Vertagung *(adjournement),* also die Ansetzung zusätzlicher Verhandlungstermine (etwa weil im ursprünglichen *trial* ein Zeuge nicht erschienen ist), in England die absolute Ausnahme. Anträge auf Terminverlegungen durch die Partei werden dort erheblich restriktiver gehandhabt als in Deutschland [229]. Selbst wenn ein ärztliches Attest[230] die Erkrankung einer Partei oder von Zeugen bestätigt, kann man nicht sicher davon ausgehen, dass eine Verlegung gewährt wird. Der Wortlaut der PD 29 Ziffer 7.4 belegt den restriktiven Ansatz: 162

> (1) The court will not allow a failure to comply with directions to lead to the postponement of the trial unless the circumstances are exceptional.
> [...]
> (6) Litigants and lawyers must be in no doubt that the court will regard the postponement of a trial as an order of last resort. Where it appears inevitable the court may exercise its power to require a party as well as his legal representative to attend court at the hearing where such an order is to be sought.
> (7) The court will not postpone any other hearing without a very good reason, and for that purpose the failure of a party to comply on time with directions previously given will not be treated as a good reason.

Prozessparteien aus Deutschland müssen sich darüber im Klaren sein, dass Anträge auf Terminsverlegung wenig Erfolgsaussichten haben. Je umfangreicher der Prozess, konkret je mehr Verhandlungstage angesetzt sind, desto weniger wird das Gericht geneigt sein, am Terminplan zu rütteln. 163

[229] Sime, S. 426, Rn. 38.09 mit Hinweis auf die Entscheidung *Mohun-Smith v TOB Investments Ltd* [2016] 1 WLR 2919 in dem der Beklagte am Morgen des Verhandlungstags eine Verlegung auf Basis eines Arztattestes beantragt hatte. Das Gericht verweigerte den Verlegungsantrag und verurteilte den (abwesenden) Beklagten zur Zahlung von 2,1 Millionen Pfund. In diesem speziellen Fall hob das Berufungsgericht das Urteil zwar wieder auf ([2016] EWCA Civ 403; www.bailii.org/ew/cases/EWCA/Civ/2016/403.html), dennoch zeigt die Entscheidung, wie riskant es ist, auf eine Terminsverlegung zu bauen.

[230] Ein inhaltsleeres Attest wie „X ist verhandlungsunfähig" oder „Y ist aus gesundheitlichen Gründen derzeit nicht reisefähig" genügt in England ohnehin nicht. Vielmehr muss ein überzeugender medical report vorgelegt werden, wenn man eine Chance haben will. Auch hier zeigen sich wieder die gravierenden Unterschiede zwischen England und Deutschland beim Thema Datenschutz.

K. Urteil

I. Verkündung

164 Anders als in Deutschland[231] verkünden englische Zivilgerichte ihre Entscheidung meist sofort am Ende der mündlichen Verhandlung in mündlicher Form *(ex tempore judgment)*[232], also im Anschluss an die Beweisaufnahme und die *closing statements* der Parteivertreter, ggf. nach einer kurzen Unterbrechung, in der das Gericht sein Urteil vorbereitet *(deliberation)*. Das schriftlich abgefasste Urteil wird den Parteien dann einige Tage später übermittelt.

165 In umfangreichen und/oder rechtlich komplexen Fällen hat das Gericht aber auch die Möglichkeit, das Urteil erst später zu verkünden *(reserved judgment)*. Das Prozedere bei solchen *reserved judgments* ist in PD 40E[233] sowie in den jeweiligen *Court Guides*[234] näher geregelt. Für deutsche Juristen erstaunlich ist, dass das Gericht den Parteivertretern zwei Tage vor der offiziellen Urteilsverkündung *(handing down of the judgment)* den Entwurf des Urteils *(draft judgment)* zuschickt[235]. Die Parteien erhalten damit Gelegenheit, das Gericht vor der Verkündung auf etwaige redaktionelle Versehen oder Tippfehler hinzuweisen[236]. Der Entwurf muss von den Parteivertretern aber bis zur Urteilsverkündung streng vertraulich behandelt werden, der Inhalt darf insbesondere nicht an die Medien durchgestochen werden.

166 Die Terminologie im Zusammenhang mit dem Wirksamwerden einer Gerichtsentscheidung in England ist verwirrend. Man hört folgende Formulierungen[237]:

- *„a judgment is given"*, womit meist die mündliche Urteilsverkündung am Ende des *trial* gemeint ist, aber auch ganz allgemein das Fällen einer Entscheidung;
- *„a judgment is handed down"*, was sich meist auf das Urteil in der schriftlichen Abfassung bezieht; und
- *„a judgment is entered"*, was sich auf den technischen Akt der offiziellen Registrierung einer Entscheidung durch das Gericht bezieht.

167 Die Übermittlung des schriftlichen Urteils erfolgt heutzutage in der Regel auf elektronischem Weg. Die typische moderne Standardformulierung, die man in Urteilen dazu liest lautet: *„This judgment was handed down remotely at 10.00am on 25 January 2023 by circulation to the parties or their representatives by e-mail and by release to the National Archives."*[238]

---

[231] Hierzulande sind solche sog. „Stuhlurteile" (§ 310 Abs. 1 S. 1, Alt. 1 ZPO) sehr selten.
[232] Brown/Catlow, S. 265, Rn. 14.2.6; Sime, S. 438, Rn. 39.52.
[233] www.justice.gov.uk/courts/procedure-rules/civil/rules/part40/pd_part40e.
[234] Hier etwa im Chancery Guide: www.judiciary.uk/guidance-and-resources/chancery-practice-note-remote-hand-down-of-judgments/.
[235] PD 40E Ziffer. 2.3.
[236] Rechtliche Argumentationen haben hier natürlich keinen Platz mehr, es geht rein um Endredaktion, da das *„handed down judgment"* dann auch sofort zur Veröffentlichung ans *National Archive* geschickt wird.
[237] Die nach meiner Erfahrung aber selbst von englischen Anwälten nicht immer trennscharf verwendet werden.
[238] Judgment des High Court (King's Bench Division) vom 25.1.2023; www.bailii.org/ew/cases/EWHC/KB/2023/112.html.

II. Urteilsinhalt und Formulierungsstil

1. Aufbau

Englische Zivilurteile sind anders aufgebaut als die deutscher Gerichte[239]. In England steht das Ergebnis der Entscheidung, der Tenor, nicht am Anfang (nach dem Rubrum), sondern erst am Ende des *judgment.* Hier der Aufbau eines englischen Urteils am Beispiel[240] des Musik-Urheberrechts-Rechtsstreits[241] („Shape of You") zwischen *Ed Sheeran and others v Sami Chokri and others*[242]: 168

- Rubrum (Gericht, Aktenzeichen, Richter, Parteien, Anwälte, Verhandlungstermine)
- Introduction
- The Issues
- The Witnesses
- The Law
- … [zahlreiche fallspezifische Kapitelüberschriften]
- Other Issues
- Relief

Das Kapitel *„relief"* enthält die eigentliche Entscheidung des Falles, allerdings nicht – wie man das von deutschen Urteilen kennt – in Form eines knapp gefassten, vollstreckungsfähig[243] präzise formulierten Tenors. 169

Stattdessen erstreckt sich im Beispielsfall *Sheeran v Chokri* der „Urteilstenor" über 15 Randziffern (gute zwei Seiten) und enthält nicht nur die Entscheidung selbst, sondern auch eine Zusammenfassung der wesentlichen Argumente der Parteien sowie die Gründe für die Entscheidung des Richters. Anders als in einem deutschen Urteil sind Entscheidung und Begründung also ineinander verwoben. So lauten die letzten drei Absätze der Entscheidung: 170

> 219 Finally, the defendants complain that Mr Oxendale (…) is not independent, because he has been instructed many times by the claimants and is effectively their "in-house adviser". Even if he was, that provides no reason to deny the declarations sought. I reject, in any event, that his prior connection with the claimants meant that he did not provide his report independently. As one of a handful of expert musicologists in this field, it is not surprising that he has been called on in an advisory capacity by the claimants on many occasions.
>
> 220 Accordingly, none of these points dissuades me from exercising my discretion to grant the declaration sought.
>
> 221 It also follows that the counterclaim falls to be dismissed.

Nur die Abweisung der Widerklage in Randnummer 221 ähnelt einer Formulierung wie man sie auch in einem deutschen Urteil finden würde. In der etwas um- 171

---

[239] Der Aufbau eines deutschen Zivilurteils ist: (1) Rubrum, (2) Tenor, (3) Tatbestand, (4) Entscheidungsgründe, (5) Rechtsmittelbelehrung (wenn erforderlich), (6) Unterschrift Richter/in(en).

[240] Ein absolut einheitlicher Aufbau ist nicht vorgeschrieben.

[241] Ed Sheeran (u.a.) verlangten die Feststellung, dass das Lied „Shape of You" kein Plagiat des Liedes „Oh Why" darstellt. Der Antrag findet sich in para. 207 des judgment: *„The claimants seek a declaration that in creating and exploiting Shape they have not infringed copyright in Oh Why."*

[242] [2022] EWHC 827 (Ch). Veröffentlicht auf BAILII: www.bailii.org/ew/cases/EWHC/Ch/2022/827.html.

[243] Für den Gerichtsvollzieher oder das Vollstreckungsgericht sollen nach Lektüre des Tenors eines deutschen Urteils keine Fragen mehr offen bleiben. Der Tenor soll aus sich heraus vollstreckbar sein.

ständlich formulierten Randziffer 220 versteckt sich die eigentliche Entscheidung, übersetzt in etwa:

> 220 Dementsprechend hält mich keiner der vorgebrachten Punkte davon ab, in Ausübung meiner Entscheidungsbefugnis die beantragte Erklärung zu gewähren."

2. Inhalt

172 Ein englisches Zivilurteil enthält in aller Regel mindestens Ausführungen dazu[244], ob der Anspruch besteht *(liability)*, in welchem Umfang *(quantum)*, ob Zinsen *(interest)* beansprucht werden können und wer die Prozesskosten trägt *(ruling on costs)*[245]. Der Sachverhalt, die Verfahrenshistorie und die rechtlichen Argumente der Parteien werden – jedenfalls bei Verfahren vor dem High Court – sehr ausführlich geschildert.

3. Stil

173 Es ist nicht ganz einfach, den gravierenden Unterschied in Stil und Tonalität zwischen deutschen und englischen Zivilurteilen abstrakt zu beschreiben. Englische Urteile sind „individueller", soll heißen, die Richterpersönlichkeit ist erkennbarer als in Deutschland. Schon deshalb, weil englische Richter in der ersten Person formulieren (*„I am not persuaded that…"; „I have no hesitation to reject…"*), im Unterschied zum auf Distanz und möglichst unpersönlich formulierten deutschen *„Das Gericht gelangte zu der Überzeugung,* dass…"). In England werden die ganz persönlichen Gedankengänge und Abwägungen, die die Richterin bzw. den Richter zu der Entscheidung geführt haben, sehr transparent dargelegt. Welche *barrister*-Argumentation hat das Gericht überzeugt, welche nicht? Agieren Parteien unvernünftig oder deren anwaltliche Vertreter unprofessionell, liest man auch nicht selten eine Verärgerung des Richters hierüber aus dem Urteil heraus.

174 Nehmen wir als **Beispiel** für diesen ganz persönlichen Formulierungsstil eine aktuelle Berufungsentscheidung des *High Court (King's Bench Division)* vom 16.1.2023 in der Sache *Richard Arthern v Ryanair DAC*[246]. Der Kläger Richard Arthern war in einem Ryanair Flugzeug ausgerutscht und schmerzhaft zu Boden gefallen. Er machte Ansprüche geltend mit dem Argument, das Personal der Fluggesellschaft habe nicht dafür gesorgt, dass der Mittelgang an Bord der Maschine trocken ist. Es war Winter und die Passagiere hatten beim Boarding nasse bzw. matschige Schuhe und der Kläger meinte vor allem, die Passagiere hätten besonders glitschige „Enteisungsflüssigkeit" an den Schuhen gehabt, wogegen Ryanair Vorkehrungen hätte treffen müssen. Die Richterin am County Court hatte die Klage abgewiesen. Der gefallene Passagier Richard Arthern wollte es nicht auf sich beruhen lassen und legt *appeal* zum *High Court (King's Bench Division)* ein. Dort führt Richterin Mrs Justice Farbei in ihrem Berufungsurteil nun unter anderem aus:

---

[244] Browne/Catlow, S. 265, Rn. 14.2.6.

[245] Wobei in *multi-track* Prozessen das Gericht nur die grundsätzliche Entscheidung trifft, welche Partei die Kosten zu tragen hat (bzw. mit welcher Quote). Über die tatsächliche Höhe der zu erstattenden Kosten entscheidet dann ein *„costs judge"* in einem separaten Verfahren *(detailed costs assessment)*, in dem die Parteien häufig über die Notwendigkeit und Angemessenheit der Anwaltskosten diskutieren. Hat eine Partei im Lauf des Verfahrens ein Part 36 Offer (Vergleichsangebot) gemacht, wird diese Partei nun den Antrag auf Begrenzung der Kostenerstattung gemäß CPR r 36.17 stellen.

[246] [2023] EWHC 46 (KB); www.bailii.org/ew/cases/EWHC/KB/2023/46.htmln.

3. Before me, Ms Sarah Prager[247] (who did not appear below) appeared for the appellant. Mr Christopher Loxton appeared for the respondent (as below). I am grateful to both counsel for their focused and helpful submissions.[248]

[...]

43. Having considered the authorities, I have reached the view that the judge applied the correct legal principles to the facts that she found. Her factual findings are rooted in the evidence before her. [...]

[...]

47. Ms Prager sought to persuade me[249] that Ms Doyle's evidence implied that liquid that did not dry quickly was unusual or unexpected. In my judgment, the judge was entitled to reach the view that such a conclusion was not inexorable – i.e., that no such implication arose – in cold weather when de-icing had taken place.
48. Standing back, I am not persuaded that the grounds of appeal seek anything other than the substitution of my judgment of what is "unusual" or "unexpected" for that of the judge. There is no traction in that approach: it would in effect amount to a rehearing and not a review. Accordingly, despite Ms Prager's attractive submissions, this appeal is dismissed.

FAZIT

Die englische Rechtstradition kennt eine erheblich individuellere Herangehensweise an die Diskussion von juristischen Argumenten. Die Überzeugungskraft konkreter Personen hat erhebliches Gewicht. In Randziffer 48 des Beispielurteils lobt Richterin Justice Farbei den „ansprechenden Vortrag" *(„attractive submissions")* der *barristerin* Prager, entscheidet dann aber, dass der Vortrag sie im Ergebnis dennoch nicht überzeugt hat.

In englischen Urteilen findet man kein anonymes *„das OLG Hamm entscheidet in ständiger Rechtsprechung, dass ..."*, sondern ein an einer individuellen Richterpersönlichkeit angedocktes *„... as Lord Scott said in the Deep Vein Thrombosis Group Litigation, para 14, the question whether an event is unusual or unexpected should be assessed from the viewpoint of the passenger ...*[250]*"*.

Mit diesem individuellen Stil untrennbar verbunden ist die Transparenz der Be- 175
teiligten für den Leser der Gerichtsentscheidung. Anders als in Deutschland nennen die im Volltext veröffentlichten englischen Zivilurteile die Klarnamen der Parteien ebenso wie die der Richter und der anwaltlichen Parteivertreter[251]. Auch diese Erkennbarkeit der Beteiligten macht die Lektüre englischer Urteile spannender und persönlicher.

Am besten bekommt man ein Gespür für die englische Art und Weise, ein Urteil 176
abzufassen, indem man sich einige *judgments* der Gerichte von England & Wales[252]

[247] Auch die jeweiligen *barristers* werden in englischen Urteilen mit ihren Namen bezeichnet, nicht – wie in Deutschland – anonym mit „der Klägervertreter" oder „die Beklagtenvertreterin".

[248] Nach einem solchen Lob für die Anwälte der Prozessparteien für ihre konstruktive und hilfreiche Mitwirkung sucht man in deutschen Urteilen vergeblich.

[249] Diese Passage *(„Frau Prager versuchte mich davon zu überzeugen...")* belegt besonders intensiv die persönliche Komponente der Argumentationstradition im Common Law. In einem deutschen Urteil würde das Gericht dies viel allgemeiner und losgelöst von den konkreten Prozessbeteiligten formulieren („Muss ein Passagier, der bei winterlichen Verhältnissen über ein Rollfeld zum einem Flugzeug geht, das erkennbar soeben enteist wurde, damit zu rechnen...").

[250] Bezeichnetes Berufungsurteil [2023] EWHC 46 (KB) para. 27; www.bailii.org/ew/cases/EWHC/KB/2023/46.html.

[251] Wenn nicht ganz ausnahmsweise das Gericht eine Anonymisierung angeordnet hat, etwa zum Schutz von Minderjährigen oder zur Wahrend von Geschäftsgeheimnissen o. ä.

[252] In der Unterrubrik zu England & Wales (www.bailii.org/databases.html#ew) sind diese nach Gerichten und nach Kalenderjahren abrufbar.

auf der frei zugänglichen Online-Urteilsdatenbank www.bailii.org im Volltext ansieht.

III. Besondere Urteile

1. Versäumnisurteil[253]

177 Reagiert der Beklagte nicht innerhalb der Antwortfrist von 14 Tagen auf die Zustellung der Klage, kann der Kläger den Erlass eines Versäumnisurteils *(default judgment)* beantragen[254], CPR r 12.3. Ähnlich wie unter deutscher Zivilprozessordnung ist das aber nicht zwingend das Ende des Verfahrens, weil der Beklagte auch jetzt noch begründete Einwendung vorbringen kann. Die Voraussetzungen für eine Aufhebung des Versäumnisurteils *(setting aside a default judgment)* sind allerdings erheblich strenger als nach deutscher ZPO, siehe CPR r. 13.2 und 13.3.[255]

2. Summarisches Urteil[256]

178 Reagiert der Beklagte zwar, reicht also eine Klageerwiderung ein, kommt das Gericht aber bereits nach Auswertung der Schriftsätze zum Ergebnis, dass die Klage entweder eindeutig begründet ist oder aber umgekehrt offensichtlich keinerlei Erfolgsaussicht hat, kann das Gericht – entweder auf Antrag[257] einer Partei oder von sich aus – ein *summary judgment* erlassen, also in der Sache ohne mündliche Verhandlung entscheiden[258]. CPR r 24.2. definiert die Voraussetzungen wie folgt:

> The court may give summary judgment against a claimant or defendant on the whole of a claim or on a particular issue if – (a) it considers that –
> (i) that claimant has no real prospect of succeeding on the claim or issue; or
> (ii) that defendant has no real prospect of successfully defending the claim or issue; and
> (b) there is no other compelling reason why the case or issue should be disposed of at a trial.

179 Die Anforderungen an diese Prüfung der (fehlenden) Erfolgsaussicht sind hoch. Ein *summary judgment* ergeht in der Praxis nur in ganz eindeutigen Fällen.[259]

FAZIT

Für grenzüberschreitende (Wirtschafts-)Prozesse mit hohen Streitwerten, die im Fokus dieses Praxishandbuchs stehen, haben *default* und *summary judgment* eher theoretische Bedeutung, da die Parteien solcher Prozesse in der Regel gut organisiert sind, strategisch überlegt agieren und vorher abgeklärt haben, ob die Gegenseite reagieren wird.

---

[253] Part 12 CPR; www.justice.gov.uk/courts/procedure-rules/civil/rules/part12.
[254] Siehe Formular N30 *"Judgment for claimant (in default)"* bzw. die High Court Version Form N30(HC).
[255] Ausführlich zu den Voraussetzungen sowie den Aufhebungsmöglichkeiten gegen ein default judgment siehe Sime, S. 134 ff.
[256] Part 24 CPR; www.justice.gov.uk/courts/procedure-rules/civil/rules/part24.
[257] Siehe Formular N244 *"Application for summary judgment on a claim for specific performance"* und PD 24 para. 7.2.
[258] Die deutsche ZPO kennt hierfür in Verfahren erster Instanz keine Entsprechung, das summary judgment hat eine gewisse Verwandtschaft mit der einstimmigen Zurückweisung einer Berufung wegen offensichtlicher Aussichtslosigkeit (§ 522 Abs. 2 ZPO).
[259] Details zum *summary judgment* bei Sime, S. 274 ff.

L. Rechtsmittel

Schon die Zivilklage in erster Instanz soll in England *ultima ratio* bleiben. Noch restriktiver werden Rechtsmittel *(appeals)* gegen Entscheidungen von Zivilgerichten gehandhabt. Sie sollen strengen Ausnahmecharakter haben[260] und Berufungen gegen Urteile des *County Court* und des *High Court* benötigen nach CPR r 52.3(1) die Genehmigung des Gerichts *(„permission to appeal")*. 180

Die Einzelheiten des Berufungsrechts[261] sind komplex, weshalb wir uns hier auf die Grundzüge beschränken[262]. Wer ein Rechtsmittel gegen eine Entscheidung eines englischen Zivilgerichts einlegen will, ist ohnehin auf die Beratung und Unterstützung durch Experten angewiesen, auch wenn rein formell kein Anwaltszwang besteht und man auch ein solches Rechtsmittel als *„litigant in person"* einlegen könnte. Ratsam ist dies selbstredend nicht. 181

I. Zuständigkeiten

Der Instanzenzug für Rechtsmittel in Zivilprozessen *(civil appeals structure)* ist durch den *Access to Justice Act 1999 (Destination of Appeals) Order 2016*[263] geregelt, wobei in speziellen Rechtsgebieten wieder Besonderheiten bestehen. Zudem existiert unter bestimmten Voraussetzungen die Möglichkeit einer „Sprung-Berufung" *(leapfrog appeal)* zum *Court of Appeal* oder gar zum *Supreme Court*. 182

II. Form und Frist sowie Berufungsgründe

Der Berufungskläger *(appellant)* muss innerhalb von 21 Tagen[264] ab Urteilsverkündung eine formelle *„appellant's notice"* zum Berufungsgericht erheben oder den Antrag auf Erlaubnis der Berufung *(„permission to appeal")* stellen[265], wobei der Anwalt meist eine Verlängerung der Frist beantragt. Auch von diesen Grundregeln sehen CPR und Practice Directions aber wieder zahlreiche Ausnahmen und Unterausnahmen vor. 183

Für diese *„appellant's notice"* ist das Formular N161 zu verwenden. Die Berufungsgründe *(grounds of appeal)* sind einzeln zu nummerieren und inhaltlich sorgfältig herauszuarbeiten, da in einer etwaigen späteren mündlichen Verhandlung *(appeal hearing)* ohne ausdrückliche Erlaubnis des Berufungsgerichts keine weiteren Gründe mehr nachgeschoben werden dürfen[266]. 184

Mögliche Berufungsgründe – vereinfacht dargestellt – sind: 185

- Rechtsanwendungsfehler *(appeal on a point of law)*,
- unrichtige Tatsachenfindung *(appeal against a finding of fact)* oder
- ein gravierender Verfahrensverstoß *(serious procedural irregularity)*.

---

[260] Sime, S. 560: *„There is a strong public interest in regarding judicial decisions as final and binding, and an open-ended appeals system would undermine this by encouraging unsuccessful litigants to have 'another bite at the cherry'"*.

[261] *„Appeals"* sind dabei nicht zu verwechseln mit *„judicial review"*, einer richterrechtlich geschaffenen Form der Rechtsaufsicht, ähnlich einer Dienstaufsichtsbeschwerde, siehe www.judiciary.uk/how-the-law-works/judicial-review/.

[262] Weiterführende Informationen in: Sime, S. 561–577.

[263] www.legislation.gov.uk/uksi/2016/917/contents.

[264] Regelfrist, es gibt aber auch kürzere Rechtsmittelfristen.

[265] CPR r 52.12(2)(b).

[266] CPR r 52.21(5).

III. Berufungsverfahren und Entscheidung

186 Das Berufungsgericht hat einen weiten Ermessenspielraum, wie es mit dem *appeal* verfährt. Es kann den Antrag ohne Anhörung ganz oder teilweise verwerfen *(strike out the whole or part of the appeal notice)* oder einen Verhandlungstermin *(hearing of appeal)* ansetzen.

187 Sofern das Gericht die Berufung nicht ohnehin verwirft, ist dem Berufungsbeklagten *(respondent)* Gelegenheit zur **Stellungnahme** *(respondent's notice)* per Formular N162 zu geben[267]. Eine solche Erwiderung ist aber nicht zwingend erforderlich[268].

188 **Neue Beweise** *(fresh evidence)* können in der Berufungsinstanz nur ganz ausnahmsweise vorgebracht werden[269]. Die dafür geltenden Prinzipien stellte bereits vor 70 Jahren das Urteil *Ladd v Marshall*[270] auf. Danach sind neue Beweisangebote nur zulässig, wenn dieses Beweismittel:

– bei vernünftiger Sorgfalt nicht auch bereits in der ersten Instanz hätte beigebracht werden können,
– mit erheblicher Wahrscheinlichkeit den Prozessausgang beeinflusst hätte, und
– überzeugend/glaubwürdig ist.[271]

189 In seiner **Entscheidung** kann das Berufungsgericht nach CPR r 52.20 insbesondere:

(a) die angegriffene Entscheidung bestätigen *(affirm)*, aufheben *(set aside)* oder abändern *(vary)*;
(b) einen konkreten Anspruch oder eine Einzelfrage zur Klärung an das untere Gericht verweisen *(refer any claim or issue for determination by the lower court)*;
(c) die erneute Verhandlung des gesamten Rechtsstreits anordnen[272].

M. Vollstreckung

I. Allgemeiner Rechtsrahmen und Formulare

190 Den allgemeinen Rahmen für die Vollstreckung *(enforcement)* von Urteilen und Beschlüssen heimischer (also englischer) Gerichte[273] geben die folgenden Parts der CPR[274] vor:

– *Part 70 – General Rules about Enforcement of Judgments and Orders*
– *Part 71 – Orders to Obtain Information from Judgment Debtors*
– *Part 72 – Third Party Debt Orders*

---

[267] CPR r 52.13.

[268] Es sei denn, der Berufungsbeklagte will andere Argumente für die Richtigkeit der Entscheidung vorbringen als die, auf die das Gericht erster Instanz die Entscheidung gestützt hat.

[269] CPR r 52.21(2).

[270] [1954] 1 WLR 1489.

[271] Im Original: *„if the evidence (i) could not have been obtained with reasonable diligence for use at the hearing in the lower court; (ii) would probably have an important influence on the result; and (ii) was apparently credible."*

[272] Wobei dies nur im absoluten Ausnahmefall erfolgen soll, siehe *White v White* [2001] 1 All ER 1.

[273] Zur Vollstreckung von (aus UK-Sicht) ausländischen Urteilen siehe CPR Part 74 und www.gov.uk/government/publications/civil-procedure-rules-court-forms/list-of-civil-court-forms-arranged-by-subject-matter#enforcement-of-foreign-judgments-here-incoming; für Urteile aus EU-Mitgliedsstaaten betreffend Zivilprozesse, die am oder vor dem 31.12.2020 eingeleitet *(commenced)* wurden, gilt nach wie vor EU-Rechtgemäß Art. 126 *EU-UK Withdrawal Agreement 2019.*

[274] Übersicht: www.justice.gov.uk/courts/procedure-rules/civil/rules.

– *Part 73 – Charging Orders, Stop Orders and Stop Notices*
– *Part 89 – Attachment of earnings*

ergänzt durch die korrespondierenden *Practice Directions* und zahlreiche offizielle Formulare. In der Online-Formularsammlung stehen in der Rubrik *„Enforcement"*[275] nicht weniger als 205 (!) PDF-Vordrucke zum Download, jedes für eine ganz spezielle Vollstreckungssituation. Allein für die Vollstreckung im Weg der Gehaltspfändung *(attachment of earnings)* existieren 22 Formulare.

Es überrascht daher nicht, dass für die Vollstreckung in englischen Kanzleien **191**
meist Spezialisten zuständig sind und dass die Zwangsvollstreckung in England und Wales erheblich höhere Kosten auslöst, als man das aus Deutschland gewohnt ist, da auch in dieser – letzten – Phase des Rechtsstreits die Anwälte und Paralegals nach Zeitaufwand abrechnen[276].

II. Vollstreckung von Geldforderungen[277]

Dem Vollstreckungsgläubiger *(judgment creditor)* steht ein Sortiment an mögli- **192**
chen Vollstreckungsmaßnahmen[278] gegen den Vollstreckungsschuldner *(judgment debtor)* zur Verfügung, das – jedenfalls in den groben Linien[279] – dem entspricht, was man auch aus Deutschland kennt. Hier eine Auswahl der gebräuchlichsten Vollstreckungsmaßnahmen:

(1) Antrag auf Offenlegung der Vermögensverhältnisse des Schuldners:
Dies erfolgt im Rahmen eines Gerichtstermins, in dem der Schuldner Dokumente vorlegen und Fragen des Gerichts beantworten muss.[280] Ist Schuldnerin eine Gesellschaft, trifft die Offenlegungspflicht den/die *„company officer"* (Geschäftsführer, Vorstand usw.).[281]

(2) Kontopfändung und Drittschuldner-Zahlungsverbot:
Auf Antrag des Gläubigers ordnet das Gericht die Pfändung von Konten oder den Arrest von Wertgegenständen an *(freeze assets or money in an account)*. Gegenüber der Bank oder dem Drittschuldner ergeht dann ein sog. *„third-party debt order"*.[282]

(3) Antrag auf Pfändung von Einkünften:
Bezieht der Schuldner ein Gehalt oder hat er sonstige Einkünfte, kann der Gläubiger die Pfändung dieser Einkünfte *(attachment of earnings)* beantragen.[283] Die Details (Voraussetzungen, Pfändungsfreigrenzen etc.) sind kompliziert, mehr dazu in *Leaflet EX323*[284].

---

[275] www.gov.uk/government/publications/civil-procedure-rules-court-forms/list-of-civil-court-forms-arranged-by-subject-matter#enforcement.

[276] Details zu Prozess- und Anwaltskosten → § 8.

[277] Bei Forderungen gegen Mieter siehe www.gov.uk/possession-claim-online-recover-property.

[278] www.gov.uk/make-court-claim-for-money/enforce-a-judgment.

[279] In der konkreten Durchführung bestehen bei genauer Betrachtung erhebliche Unterschiede.

[280] Form N316: Apply for an order for a debtor to attend court (www.gov.uk/government/publications/form-n316-application-for-order-that-debtor-attend-court-for-questioning).

[281] Form N316A: Application for order that officer of the debtor company attend court for questioning: www.gov.uk/government/publications/form-n316-application-for-order-that-debtor-attend-court-for-questioning.

[282] Form N349: Apply to the court for a 'third-party debt order': www.gov.uk/government/publications/form-n349-application-for-third-party-debt-order.

[283] Form N337: www.gov.uk/government/publications/form-n337-request-for-attachment-of-earnings-order.

[284] https://assets.publishing.service.gov.uk/government/uploads/system/uploads/attachment_data/file/865024/ex323-eng.pdf.

(4) Zwangssicherungshypothek:
Mit Formular N379[285] kann der Gläubiger beantragen, dass zwangsweise eine Sicherungshypothek auf ein Grundstück des Schuldners eingetragen wird *(charging order)*.[286]

(5) Antrag auf Sachpfändung durch Gerichtsvollzieher:
Meint der Gläubiger, dass der Schuldner im Besitz von Wertsachen ist, kann er beantragen, dass ein *bailiff* (auch: *enforcement officer*) den Schuldner aufsucht und solche Wertsachen zum Zweck der Verwertung pfändet *(request for warrant of control)*.[287]

193 Schlagen diese Vollstreckungsmaßnahmen fehl, kann der Gläubiger beantragen, dass der Schuldner als *„bankrupt"* erklärt wird.[288] Bei Unternehmen kann der Gläubiger die zwangsweise Abwicklung *(winding down)* in die Wege leiten.[289]

FAZIT

Dies ist nur ein grober Überblick über die typischen Standardmaßnahmen. Zwangsvollstreckung in UK ist komplex und bietet dem Gläubiger – gerade bei der Vollstreckung gegen Unternehmen und Kaufleute – auch weitere Optionen, etwa die sog. *„statutory demands"*.[290] Ist man als deutscher Gläubiger bereits so weit gekommen, ein englisches Gerichtsurteil erstritten zu haben, dann sollte man in der Phase der Vollstreckung nichts mehr riskieren und auch hier professionellen Rat einholen.

[285] www.gov.uk/government/publications/form-n379-application-for-charging-order-on-land-cpr-part-73.
[286] *to charge* = belasten.
[287] Details in Leaflet EX322 www.gov.uk/government/publications/how-to-ask-for-a-warrant-of-control-ex322.
[288] www.gov.uk/apply-to-bankrupt-someone.
[289] www.gov.uk/wind-up-a-company-that-owes-you-money.
[290] www.gov.uk/statutory-demands.

§ 7. Beweisführung

A. Grundlagen der Beweisführung im englischen Zivilprozess

Das Beweisrecht im englischen Zivilprozess (geregelt in *Parts 32–35 Civil Procedure Rules*[1] sowie dem *Civil Evidence Act 1995*) unterscheidet sich erheblich von der Herangehensweise in Deutschland[2]. Unter dem Stichwort *„control of evidence"* (CPR r 32.1) haben englische Gerichte einen weiten Ermessensspielraum, welche Themen sie überhaupt als beweisbedürftig ansehen, wie der Beweis *(evidence)* zu führen ist, welche Beweismittel zugelassen werden *(admission or exclusion of evidence)*, bis hin zur Frage, wie viele Minuten den Anwälten für die Befragung eines Zeugen zur Verfügung gestellt wird oder wie viele Seiten ein Gutachten maximal haben darf. Hunderte von Urteilen haben Ausnahmen und Unterausnahmen hinsichtlich der zivilrechtlichen Beweisführungsgrundsätze definiert. Dieses Buch kann sich als Praxisleitfaden naturgemäß nur auf die Grundzüge beschränken, wobei der Schwerpunkt auf den besonders relevanten Themen Zeugen- und Sachverständigenbeweis liegen soll, da deutsche Prozessparteien hier besonders häufig dramatischen Irrtümern unterliegen, die zu Fehlern in der Prozessstrategie führen. 1

I. Beweislast und Beweismaß

Der Kläger[3] *(claimant)* trägt die Beweislast *(burden of proof)* und muss das Gericht davon überzeugen, dass die von ihm behaupteten Tatsachen vorliegen. Die für dieses Prinzip häufig zitierte Entscheidung ist *Joseph Constantine Steamship Line Ltd v Imperial Smelting Corporation Ltd*[4]: 2

> he who asserts must prove, not he who denies.

Das gilt auch für negative Tatsachen, etwa für die Behauptung, dass ein Kaufpreis noch nicht bezahlt wurde[5]. 3

Das Beweismaß *(standard of proof)*, also der erforderliche Grad der Überzeugung des Gerichts, ist nach englischem Zivilrecht die „überwiegende Wahrscheinlichkeit" *(balance of probabilities test)*[6]. Das Gericht muss nach der Beweisaufnahme zum Ergebnis kommen, dass es die Tatsachenbehauptung des Klägers eher wahrscheinlich für zutreffend hält, als für unzutreffend[7]. Eine 51 Prozent Wahrscheinlichkeit reicht aus. Die volle Überzeugung des Gerichts, dass es definitiv und zu 100 Prozent so war, wie der Kläger behauptet, ist nicht erforderlich, um der Beweislast zu 4

---

[1] I. V. m. den zahlreichen *Practice Directions* und den ergänzenden Regelungen der jeweiligen *Court Guides.*

[2] Nur beispielhaft seien erwähnt das prinzipielle Verbot von Hörensagen-Zeugen (wobei wiederum zahlreiche Ausnahmen von diesem Grundsatz existieren), das Fehlen von Zeugnisverweigerungsrechten entsprechend § 383f ZPO, die Befragung von Zeugen durch die Parteivertreter (insbes. cross-examination) usw.

[3] Präziser: diejenige Partei, die eine für sich günstige Tatsache behauptet; das ist bei einer Zivilklage in aller Regel zunächst die Klägerseite.

[4] [1942] AC 154.

[5] Edge/Mills, S. 31.

[6] Sime, S. 437, Rn. 39.51.

[7] Umgangssprachlich bezeichnen englischen Juristen diese Hürde der Beweisführung als *„passing the judge"* (übersetzt: „am Richter vorbeikommen"), siehe Edge/Mills, S. 23.

genügen *(discharge of burden of proof)*. Hält das Gericht beide Alternativen für gleich wahrscheinlich, ist der Beweis nicht erbracht. Im Wortlaut der Entscheidung *Miller v Minister of Pensions*[8] liest sich das so:

> If the evidence is such that the tribunal can say: 'we think it more probable than not', the burden is discharged, but, if the probabilities are equal, it is not.

5 In seltenen Ausnahmekonstellationen wird ein höherer *standard of proof* verlangt, wie er im Strafrecht zur Anwendung kommt[9].

II. Beweisvermutungen

6 Eine wichtige Rolle im englischen Beweisrecht spielen rechtliche *(presumptions of law)* und tatsächliche *(presumptions of fact)* Beweisvermutungen[10]. Beispiele für unwiderlegliche rechtliche Vermutungen sind *Section 13(1) Civil Evidence Act 1968,* wonach strafrechtliche Verurteilungen in bestimmten Zivilprozessen unwiderlegliche Bindung entfalten, sowie *Section 50 Children and Young Persons Act 1933*[11], wonach Kinder unter zehn Jahren schuldunfähig sind. Widerlegliche rechtliche Vermutungen *(rebuttable presumptions of law)* sind zum Beispiel die Vermutung der ehelichen Abstammung *(legitimacy),* wenn ein Kind in der Ehe geboren wird; diese Vermutung kann aber durch DNA-Text widerlegt werden. Ebenso die Vermutung des Todes nach *Section 2 Presumption of Death Act 2013,* wenn jemand mindestens sieben Jahre vermisst wird[12].

B. Beweisantritt und Beweismittel

7 Zunächst trägt der Kläger in seiner Klagebegründung *(particulars of claim)* die anspruchsbegründenden Tatsachen vor. Der Beklagte muss zu all diesen Behauptungen *(allegations)* im einzelnen Stellung nehmen und in der Klageerwiderung *(defence)* ausführen, ob und inwieweit er diese *allegations* bestreitet, mit Nichtwissen bestreitet oder anerkennt. CPR r 16.5(1) formuliert dies wie folgt:

> In the defence, the defendant must deal with every allegation in the particulars of claim, stating —
> (a) which of the allegations are denied;
> (b) which allegations they are unable to admit or deny, but which they require the claimant to prove; and
> (c) which allegations they admit.

8 Einfaches Bestreiten ist nur zulässig, wenn der Beklagte keine eigenen Erkenntnisse über eine vom Kläger vorgetragene Tatsache haben kann (etwa weil diese allein in der Sphäre des Klägers liegt, wie ein von diesem behaupteter Schaden). In allen anderen Fällen muss der Beklagte substantiiert bestreiten, also begründen, warum der Vortrag falsch ist und wie es sich aus Sicht des Beklagten tatsächlich zugetragen hat, siehe CPR r 16.5(2):

> Where the defendant denies an allegation —
> (a) they must state their reasons for doing so; and

---

[8] [1947] 2 All ER 372, Para. 374.
[9] Edge/Mills, S. 33.
[10] Edge/Mills, S. 34–40.
[11] www.legislation.gov.uk/ukpga/Geo5/23–24/12/section/50.
[12] Zu all diesen Vermutungen siehe Edge/Mills, S. 36.

(b) if they intend to put forward a different version of events from that given by the claimant, they must state their own version.

PRAXISTIPP – Terminologie in Anwaltsschriftsätzen

Beim Vortrag des Sachverhalts und der Stellungnahme hierzu durch die Gegenseite verwenden englische Anwälte die folgenden Begriffe, meist im Passiv formuliert[13]:

it is alleged	→ es wird behauptet/vorgetragen
it is averred	→ es wird hiermit ausdrücklich bekräftigt
it is contended	→ es wird vorgebracht/in den Raum gestellt
it is admitted	→ es wird eingeräumt/unstreitig gestellt
it is contested	→ es wird bezweifelt/bestritten
it is denied[14]	→ es wird bestritten /zurückgewiesen
it is noted	→ es wird zur Kenntnis genommen[15]

Über die nach dem Austausch der Schriftsätze verbleibenden streitigen Tatsachen *(facts in issue)* wird Beweis erhoben, sofern das Gericht diese Tatsachen für entscheidungsrelevant hält *(relevance of evidence)*[16]. 9

Um vor Gericht einen Beweis anzutreten *(adducing evidence)*, stehen drei Arten von **Beweismitteln** für die konkrete Beweisführung zur Verfügung[17]: 10

- *Testimony:* Dies bezeichnet die beeidigten Aussagen von Zeugen *(witnesses of fact)* und Sachverständigen *(expert witness)*. Unter bestimmten Voraussetzungen können Zeugenaussagen und vor allem Sachverständigengutachten *(expert reports)* auch zur Beweisführung herangezogen werden, ohne dass der *witness* bzw. *expert* tatsächlich persönlich vernommen wird (bei Zeugen ist das allerdings selten)[18].
- *Documentary:* Dies bezeichnet die Beweisführung über den Inhalt einer Urkunde (etwa eines Vertrags, eines Testaments oder einer E-Mail), wobei die Herkunft und Echtheit *(authenticity)* der Urkunde ggf. durch einen Zeugen bestätigt *(proved)* werden muss, wenn die Gegenseite dies verlangt[19].
- *Real evidence:* Hier geht es um die physische Beschaffenheit einer Sache oder einer örtlichen Gegebenheiten (z.B. die Abschüssigkeit einer Straße oder der Zustand eines Gebäudes). Das Gericht nimmt diese persönlich in Augenschein, entweder im Gerichtssaal oder direkt vor Ort *(view by the court)*.

[13] Also *„it is admitted"* statt *„the Defendant admits"*.
[14] *„Denied"* ist tentendziell stärker als *„contested"*.
[15] Heißt frei übersetzt: wir halten diese Ausführungen des Gegners für irrelevant und nehmen diese zur Kenntnis, es ist aus unserer Sicht aber nicht nötig, weiter darauf einzugehen.
[16] CPR r 32.1(1); zu allem auch Edge/Mills, S. 5–8.
[17] Edge/Mills, S. 17 f.
[18] Details hierzu → Rn. 20 ff.
[19] Bestimmte öffentliche Dokumente, Registerauszüge u. a. sind *„automatically authenticated"*, müssen also nicht *proved* werden. Bei den übrigen Dokumenten gilt die Echtheitsvermutung *(deemed authenticity)*, d. h. die Echtheit wird auch ohne Beweisführung vermutet, wenn nicht die Gegenseite dies anzweifelt und rechtzeitig den Antrag nach CPR 32.19 stellt.

C. Zeugenbeweis

I. Zeugen

1. Hohe Praxisrelevanz trotz Unzuverlässigkeit

11 Auch in England sind Zeugenaussagen *(witness statements)* das häufigste und praktisch wichtigste Beweismittel, obwohl psychologische Untersuchungen deren Unzuverlässigkeit seit langem belegen. Die Erinnerung eines Zeugen *(witnesses of fact)* ist nie identisch mit der objektiven Realität, selbst wenn der Zeuge sich nach besten Kräften bemüht und auch keine Loyalitätskonflikte die Aussage beeinflussen. Es existieren ganze Bibliotheken an psychologischer und juristischer Fachliteratur zu den Themen verzerrter oder falscher Erinnerung[20].

2. Zeugenfähigkeit

12 Im Unterschied zur deutschen ZPO[21] sind in einem englischen Zivilprozess auch die Parteien selbst Zeugen, oft sogar die zentralen und für den Verfahrensausgang wichtigsten Zeugen. Die Unterscheidung zwischen Zeugenvernehmung und Parteieinvernahme kennt die englische CPR nicht, wobei das Gericht natürlich das jeweilige Eigeninteresse dieser Partei-Zeugen bei der Glaubwürdigkeitsprüfung *(assessment of credibility)* berücksichtigt[22].

13 Sachverständige *(experts)* werden oft ebenfalls als Zeugen bezeichnet. Da für diese *expert witnesses* aber andere prozessuale Vorschriften greifen, wird der Sachverständigenbeweis in § 7 D behandelt.

14 Die allgemeine Regel im *common law* ist, dass Zeugen *competent* and *compellable* sein müssen[23].

- *Competent,* also fähig, eine Zeugenaussage zu machen, ist prinzipiell jede natürliche[24] Person, die in der Lage ist, die Wahrheitspflicht sowie die Bedeutung eines Eides *(oath)* zu verstehen und vernünftige Auskunft *(rational testimony)* über einen Sachverhalt zu geben[25]. Bei Kindern[26] ab 14 Jahren wird das vermutet, wenn keine Anhaltspunkte für das Gegenteil vorliegen. Bei Kindern unter 14 Jahren muss das Gericht zunächst prüfen, ob das individuelle Kind die hierfür nötige Reife besitzt. Ebenso bei psychisch kranken Personen *(persons of unsound mind),* die als Zeugen benannt werden[27].

---

[20] Vgl. etwa das Standardwerk „Eyewitness Testimony" der Psychologie-Professorin Elizabeth Loftus zum Thema falsche Erinnerung, 1996; Howitt, Introduction to Forensic and Criminal Psychology, 6. Aufl.2018, dort Kapitel 13 „Eyewitness Testimony"; spannend und mit Bezug speziell zur Gerichtspraxis in England ist der Bericht der *British Psychological Society* (BPS) vom Juni 2008 mit dem Titel „Guidelines on Memory and the Law. Recommendations from the Scientific Study of Human Memory", auf Anfrage als PDF-Datei erhältlich von der BPS www.bps.org.uk.

[21] Die den Parteien die Zeugeneigenschaft verwehrt, § 447 ZPO.

[22] Allgemein zur Bewertung der Glaubwürdigkeit eines Zeugen durch das Gericht siehe Browne/Catlow, S. 206 f.

[23] Edge/Mills, S. 41.

[24] Juristische Personen als solche sind nicht *competent;* für eine *limited company* wurde dies bestätigt in *Penn Texas Corp v Murat Anstalt* [1964] 1 QB 40; Zeugenausssagen mit Wirkung für oder gegen eine solche juristische Person kann und muss vielmehr über ein vertretungsberechtigtes Organ erfolgen, etwa den *company director.*

[25] Edge/Mills, S. 46 f.

[26] Section 96 The Children Act 1989 (www.legislation.gov.uk/ukpga/1989/41/section/96/).

[27] Der hierfür anzuwendende "Test" wurde in der Entscheidung *R v Hayes [1977] 1 WLR 238* erstmals definiert. Selbst wenn eine solche Person als Zeuge zugelassen wird, muss das Gericht im Rahmen der Beweiswürdigung prüfen, wie viel Gewicht es dieser Aussage gibt.

– *Compellable,* also zu einer Aussage „zwingbar", ist prinzipell jede *competent person.* Ausnahmen hiervon sind im englischen Recht selten, im Wesentlichen sind ausgenommen nur Staatsoberhäupter und Diplomaten sowie – unter bestimmten Voraussetzungen – Bankmitarbeiter[28].

PRAXISTIPP

Auch wenn ein Zeuge prinzipiell *compellable* ist, kann das englische Gericht diesen nicht direkt zur Verhandlung laden *(to summon a witness),* wenn er im Ausland wohnt[29], da das englische Gericht außerhalb seiner Jurisdiktion keine hoheitlichen Befugnisse hat. Dieses bei internationalen Zivilstreitigkeiten sehr praxisrelevante Problem sollte jeder Kläger bereits bei den strategischen Vorüberlegungen sowie bei der konkreten (zeitlichen und organisatorischen Vorbereitung der mündlichen Verhandlung bedenken[30].

3. Aussageverweigerungsrecht

Ein verblüffender Unterschied zwischen deutschen und englischen Verfahren ist das fast vollständige Fehlen von Aussageverweigerungsrechten im englischen Zivilprozess. Die deutsche ZPO gewährt in § 383 Abs. 1 folgenden Personen ein Recht zur Zeugnisverweigerung aus persönlichen Gründen: 15

1. der Verlobte einer Partei;
2. der Ehegatte einer Partei, auch wenn die Ehe nicht mehr besteht;
2a. der Lebenspartner einer Partei, auch wenn die Lebenspartnerschaft nicht mehr besteht;
3. diejenigen, die mit einer Partei in gerader Linie verwandt oder verschwägert, in der Setenlinie bis zum dritten Grad verwandt oder bis zum zweiten Grad verschwägert sind oder waren;
4. Geistliche in Ansehung desjenigen, was ihnen bei der Ausübung der Seelsorge anvertraut ist;
5. Personen, die bei der Vorbereitung, Herstellung oder Verbreitung von periodischen Druckwerken oder Rundfunksendungen berufsmäßig mitwirken oder mitgewirkt haben, über […];
6. Personen, denen kraft ihres Amtes, Standes oder Gewerbes Tatsachen anvertraut sind, deren Geheimhaltung durch ihre Natur oder durch gesetzliche Vorschrift geboten ist […].

Zu den Gründen für dieses Zeugnisverweigerungsrecht für Ehepartner und Familienangehörige gehören der Familienfriede, der Schutz solcher Personen vor Loyalitätskonflikten und – aus Sicht der Justiz – die Vermeidung von falschen Zeugenaussagen[31]. 16

Das englische Recht bewertet den Aspekt Loyalitätskonflikt von Zeugen offensichtlich völlig anders, denn eine dem § 383 ZPO entsprechende Vorschrift sucht man in der englischen Zivilprozessordnung vergeblich. Nicht einmal der Ehegatte kann im englischen Zivilprozess eine Zeugenaussage verweigern, umso weniger 17

[28] Section 6 Banker's Books Evidence Act 1879 (www.legislation.gov.uk/ukpga/Vict/42–43/11): *"A banker or officer of a bank shall not, in any legal proceeding to which the bank is not a party, be compellable to produce any banker's book the contents of which can be proved under this Act, or to appear as a witness to prove the matters, transactions, and accounts therein recorded, unless by order of a judge made for special cause."*

[29] CPR r 34.13: *„Where a person to be examined is out of the jurisdiction – letter of request".*

[30] Zur Problematik Auslandszeuge → § 6 Rn. 139.

[31] Ausführlich zum Normzweck: MüKoZPO/Damrau/Weinland, 6. Aufl. 2020, ZPO § 383 Rn. 1–3.

Kinder, Eltern oder Geschwister einer Prozesspartei. Dies ist keineswegs ein „Versehen" oder eine noch offene Rechtsfrage, sondern vielmehr die klare und gewollte Entscheidung des Gesetzgebers, dass die Wahrheitsfindung im Zivilprozess Vorrang vor etwaigen Loyalitätskonflikten hat. Bis 1968 gewährte nämlich der *Evidence Amendment Act 1853* – wenn auch nur für Ehepartner *(spouses)* – noch ein Aussageverweigerungsrecht im Zivilprozess. Dieses wurde aber durch den *Civil Evidence Act 1968*[32] abgeschafft und auf den Bereich des Strafrechts begrenzt. Der Wortlaut von Section 16(3) lässt keine Zweifel offen:

> Section 3 of the Evidence (Amendment) Act 1853 (which provides that a husband or wife shall not be compellable to disclose any communication made to him or her by his or her spouse during the marriage) shall cease to have effect except in relation to criminal proceedings.

18 Ehegatten und Verwandte haben im englischen Zivilprozess also kein Aussageverweigerungsrecht. So mancher Kläger aus Deutschland, der ganz selbstverständlich davon ausging, dass das englische Prozessrecht ähnliche Aussageverweigerungsrechte kennt wie das deutsche, hat einen Rechtsstreit in England begonnen und war dann entsetzt, als ihm seine Anwälte irgendwann im laufenden Verfahren mitteilten (in der Regel wenn die schriftlichen Zeugenaussagen anstehen), dass seine Ehefrau, seine Kinder, Eltern und/oder seine Geschwister unter Eid vor Gericht aussagen und sich dem Kreuzverhör des gegnerischen *barristers* stellen müssen[33].

19 Existieren nach englischem Recht in Zivilrechtsstreitigkeiten überhaupt irgendwelche Zeugnisverweigerungsrechte? Wie steht es mit Rechtsanwälten, Steuerberatern oder Geistlichen?

- Gemäß Section 14 Civil Evidence Act 1968[34] kann jeder Zeuge die Beantwortung von Fragen[35] verweigern, die ihn selbst oder seinen Ehepartner dem Risiko einer strafrechtlichen Verfolgung aussetzen. Aber selbst hier gelten Einschränkungen und der Zeuge ist in der unangenehmen Lage, sich auf die potentielle Strafbarkeit berufen zu müssen.
- Geistliche (Pfarrer, Priester, Rabbi, Pastor, Reverend, Imam) haben nach englischem Recht ebenfalls kein Zeugnisverweigerungsrecht. Das in vielen Rechtsordnungen anerkannte *„clergy-penitent privilege"* (auch *„priest-penitent privilege"*) hat in England keine gesetzliche oder *common law* Grundlage. Es gibt zwar Stimmen, die davon ausgehen, dass ein englischer Zivilrichter Äußerungen als Beweis ausschließen kann, die jemand einem Geistlichen gegenüber in einer Beichte oder beichtähnlichen Situation getätigt hat[36], aber verlassen kann man sich darauf nicht.
- Wenigstens Anwälte und sonstige Berater im juristischen Umfeld können sich auf das *„legal professional privilege"* berufen und in bestimmten Situationen die

---

[32] www.legislation.gov.uk/ukpga/1968/64/section/16.

[33] Wobei diese Personen, wenn sie in Deutschland wohnen, natürlich nicht so einfach geladen werden können. Das Gericht zieht aber i. d. R. seine Schlüsse daraus, wenn die Gegenseite solche Personen als Zeugen benennt, diese sich aber weigern, nach England zu kommen oder im Rahmen eines Rechtshilfeersuchens dann die Aussage verweigern.

[34] www.legislation.gov.uk/ukpga/1968/64/section/14.

[35] Also – im Unterschied zu Deutschland – nicht das Erscheinen als Zeuge per se. Kommen muss der Zeuge prinzipiell zunächst. Nur die Beantwortung einzelner Fragen kann er oder sie ggf. verweigern. Das ist ein gravierender Unterschied in der Reichweite des Zeugnisverweigerungsrechts, da ein privilegierter Zeuge nach deutscher ZPO gar nicht erst zum Verhandlungstermin erscheinen muss, siehe § 386 ZPO.

[36] Grout, The Seal of the Confessional and the Criminal Law of England and Wales, (2020) 22(2) Ecclesiastical Law Journal 138–155.

Zeugenaussage sowie die Herausgaben von Unterlagen verweigern[37]. Selbst hier – im Verhältnis Anwalt zu Mandant – sind die Voraussetzungen eines Verweigerungsrechts aber restriktiver als in Deutschland.

FAZIT

Die Wahrheitsfindung hat im englischen Zivilprozessrecht Vorrang gegenüber den persönlichen Befindlichkeiten von Zeugen und ihren Angehörigen. Bevor sie einen Rechtsstreit initiieren, müssen deutsche Prozessparteien daher analysieren, ob Zeugen dem Fall schaden können, die in Deutschland die Aussage verweigern könnten, in England aber nicht.

II. Schriftliche Zeugenaussagen

1. Allgemeine Grundsätze

In einem englischen Zivilprozess werden Zeugenaussagen vorab schriftlich im Detail niedergelegt, zwischen den Parteien formell ausgetauscht *(pre-trial exchange*[38]*)* und lange vor der Verhandlung bei Gericht eingereicht. Zeugen werden also im Rahmen der Prozessvorbereitung frühzeitig durch *solicitors* kontaktiert und befragt. In einem aufwendigen Prozedere *(proofing of witness)* dokumentiert die *solicitor*-Kanzlei zunächst die Erinnerungen und Kenntnisse des Zeugen, eine Art Stoffsammlung. Hieraus wird dann in einem zweiten Schritt, meist durch einen *solicitor,* ggf. mit Unterstützung durch einen *barrister,* das eigentliche *witness statement*[39] erstellt, welches der Zeuge dann unterzeichnet. Zeugen müssen bereits hier, weit vor der mündlichen Verhandlung, durch Unterzeichnung eines *statement of truth* versichern, dass ihre schriftliche Aussage richtig und vollständig ist. 20

Ist ein Zeuge zu alldem nicht bereit, entweder weil er im Lager der Gegenseite steht *(hostile witness)* oder schlicht keine Lust auf den Zeitaufwand hat, oder weil er Nachteile oder Risiken für sich selbst befürchtet, etwa wegen einer bestehenden Vertraulichkeitsvereinbarung *(uncooperative witness, reluctant witness),* erstellt man als Ersatz für das (vom Zeugen verweigerte) *witness statement* ein sog. *witness summary*[40], also eine eigene Schilderung dessen, was man glaubt (und hofft), dass der Zeuge bestätigen kann und später in der mündlichen Verhandlung aussagen wird. 21

Sowohl *witness statement* als auch *witness summary* müssen alle entscheidungsrelevanten Punkte beinhalten und möglichst präzise sein, da eine spätere Ergänzung nur mehr ausnahmsweise und mit gerichtlicher Genehmigung möglich ist. Nachträgliche inhaltliche Korrekturen (z. B. eines Kalenderdatums, einer Uhrzeit etc.) sind zwar möglich, auch noch im *trial* selbst, machen den Zeugen aber nicht gerade glaubwürdiger. Daher ist bei der Erstellung der schriftlichen *witness statements* größtmögliche Sorgfalt ratsam. 22

In der mündlichen Verhandlung bezieht sich der Zeuge dann auf sein schriftliches *witness statement* und bestätigt – nun unter Eid – noch einmal, dass dieses richtig und vollständig ist[41]. Dadurch wird das *witness statement* zum *testimony.* Ohne 23

---

[37] Section 190 Legal Services Act (www.legislation.gov.uk/ukpga/2007/29/part/8/crossheading/legal-professional-privilege); siehe auch: www.lawsociety.org.uk/topics/civil-litigation/legal-professional-privilege-guide.

[38] CPR 32.4(2); Browne/Catlow, S. 207, Rn. 12.2.2.

[39] CPR r 32.4(1) sowie r 32.8 i. V. m. PD 32.

[40] CPR r 32.9.

[41] CPR r 32.5(2).

diese Vereidigung des Zeugen und ohne Möglichkeit der Gegenseite zur *cross-examination* hat das *witness statement* noch keinen Beweiswert[42].

2. Auswahl der Zeugen

24 Es steht den Parteien frei, welche Zeugen sie benennen und in welcher Reihenfolge sie diese Zeugen in der Verhandlung aufrufen[43]. Auch ein Zeuge, der bereits von der Gegenseite für bestimmte Tatsachen benannt wurde, kann von der anderen Partei ebenfalls als Zeuge benannt werden *(no property in a witness*[44]*)*. Natürlich sollte jede Partei mit ihrem Prozessvertreter vor der Benennung eines Zeugen jeweils sorgfältig analysieren:

- ob dieser Zeuge wirklich nötig ist (da jeder Zeuge erheblichen Arbeitsaufwand und damit Kosten verursacht); können also mehrere Personen einen bestimmten Sachverhalt bezeugen, so muss man nicht zwingend alle als Zeugen benennen, sondern sich auf einen oder maximal zwei Zeugen beschränken;
- ob der Zeuge, falls er oder sie im Ausland wohnt, zur Anreise nach England bereit ist[45];
- ob mit der Benennung eines Zeugen Risiken verbunden sind, etwa weil sich dieser vielleicht unkooperativ verhält oder vor Gericht einen ungünstigen Eindruck macht (z. B. sehr nervös und unsicher ist, oder aber – im Gegenteil – aggressiv und aufbrausend, wenn der gegnerische *barrister* zum Kreuzverhör ansetzt), oder weil der Zeuge möglicherweise einen Loyalitätskonflikt oder eine eigene Agenda hat (konträr zu den Interessen der ihn benennenden Partei). In solchen Fällen schadet ein Zeuge möglicherweise mehr als er nützt.

25 Kommt man zum Ergebnis, dass man einen bestimmten Zeugen zwingend benötigt, sollte man diesen möglichst mit psychologischem Gespür und Feingefühl kontaktieren und ihm oder ihr schonend beibringen, dass für *proofing* (dazu sogleich), *witness statement* und Vernehmung vor dem englischen Gericht etliche Stunden, bei Auslandszeugen meist sogar einige Tage an Mitwirkung nötig werden. Handelt es sich bei einem Zeugen nicht um einen Angestellten, der dies während der Arbeitszeit erledigt, oder um Familienmitglieder, die ein großes Eigeninteresse am positiven Prozessausgang haben, hält sich die Begeisterung der Zeugen nämlich oft in Grenzen. Nicht selten behaupten solche Personen dann, dass sie sich an nichts mehr erinnern, um den Strapazen zu entgehen.

3. Das „*formal witness statement*"

26 Die Erarbeitung eines formell korrekten und inhaltlich hochwertigen schriftlichen *witness statement*[46] ist anspruchsvoll, aufwendig und mühsam, da bereits Rule

[42] Edge/Mills, S. 49, Rn. 4.3.3; Wird der Zeuge also nicht zur Verhandlung geladen, um dort sein *witness statement* zu beeidigen und sich dem Kreuzverhör zu stellen, ist die Aussage faktisch wertlos. Sie kann zwar gemäß CPR 32.5(1)(b) i. V. m. Part 22 als *hearsay evidence* gewertet werden, dies hat in der Praxis aber keine Bedeutung.

[43] Edge/Mills, Rn. 4.7; wobei in der Praxis die Reihenfolge der Zeugen aus Praktikabilitätsgründen vorab festgelegt wird, da *trials* oft mehrere Tage dauern.

[44] Edge/Mills, S. 53, Rn. 4.6.1 mit Hinweis auf *Harmony Shipping Co SA v Saudi Europe Line Ltd* [1979] 1WLR 1380 CA.

[45] Zur Problematik Auslandszeuge und Ladung → § 6 Rn. 139.

[46] Eine gute Zusammenfassungaus Praktikersicht ist der Aufsatz der beiden *barrister* Charlotte Pender und Simon Heatly, Preparing witness statements: total recall or total reconstruction?, PLC Magazine, Ausgabe November 2018, erschienen am 25.10.2018; auch verfügbar online unter www.charlesrussellspeechlys.com/en/news-and-insights/insights/litigation--dispute-resolution/2018/preparing-witness-statements-total-recall-or-total-reconstruction/.

32.8 CPR in Verbindung mit der für alle Zivilprozesse geltenden ***Practice Direction 32, paras. 17–20***[47] strenge Anforderungen stellen **(Anhang 15).** Für Prozesse an den „*Business and Property Courts*", also insbesondere für Wirtschaftsstreitigkeiten, gelten darüber hinaus die noch rigideren formellen und inhaltlichen Anforderungen der ***Practice Direction 57AC***[48] **(Anhang 16).** Auch wenn diese *PD 57AC* mit ihrem Appendix „*Best Practice re Trial Witness Statements*" streng genommen nur für Verfahren vor *Business and Property Courts* gelten, halten sich englische Anwälte generell (also auch in anderen Zivilprozessen) an diese Richtlinie und die darin enthaltenen *Best Practice* Empfehlungen.

PRAXISTIPP

Wer entweder selbst als Zeuge vor einem englischen Zivilgericht erscheinen muss oder bei der Erarbeitung solcher schriftlicher Zeugenaussagen mitwirken will, sollte dringend beide *Practice Directions* im Volltext gelesen haben, die wegen der immensen praktischen Bedeutung daher auch im Anhang dieses Buchs abgedruckt sind (Anhänge 15 und 16).

Prozessbeteiligte aus Deutschland unterschätzen das Thema *witness statement* so gut wie immer. Vor allem deutsche Anwälte und Inhouse-Juristen haben oft die Einstellung: „Dann fassen wir halt die Stellungnahme des deutschen Zeugen auf Englisch zusammen und schicken diese nach London zu unseren Partneranwälten." Dieser Ansatz ist leider absolut naiv. 27

Was macht die Erarbeitung der schriftlichen Zeugenaussagen so anspruchsvoll und schwierig? Die englischen Zivilprozessregeln verlangen die Quadratur des Kreises: Einerseits soll die Aussage möglichst unverfälscht nur den tatsächlich beobachteten Lebenssachverhalt sowie das eigene Wissen des Zeugen wiedergeben, und zwar in dessen eigenen Worten (was bei Ausländern[49] bedeutet: in deren Muttersprache). Der Zeuge soll nur Fakten berichten, keine eigenen rechtlichen Wertungen abgeben oder Schlussfolgerungen ziehen[50]. Die Parteien und deren Anwälte sollen die Zeugenaussage nicht beeinflussen. Gleichzeitig aber soll die Zeugenaussage möglichst knapp und präzise sowie streng chronologisch und sinnvoll mit Zwischenüberschriften untergliedert sein. Sie soll ausschließlich zu den – aus rechtlicher Sicht – entscheidungsrelevanten Aspekten Stellung nehmen[51] und perfekt formatiert und mit Randziffern durchnummeriert sein[52]. 28

Diese Doppelanforderung „unverfälschter Zeugenwortlaut in dessen eigener Tonalität und ohne rechtliche Beeinflussung" einerseits und „so kurz und präzise wie möglich (jedoch ohne etwas Wesentliches auszulassen)[53], ohne Emotionen, 29

[47] www.justice.gov.uk/courts/procedure-rules/civil/rules/part32/pd_part32.

[48] www.justice.gov.uk/courts/procedure-rules/civil/rules/part-57a-business-and-property-courts/practice-direction-57ac-trial-witness-statements-in-the-business-and-property-courts.

[49] Ausländer aus britischer Sicht.

[50] Also nicht „B hat sich gegen A in Notwehr verteidigt" sondern „Ich habe am ... um ... Uhr von meinem Sitzplatz ... im Bierzelt aus gesehen, dass A dem B unvermittelt und ohne dass ich eine vorherige Provokation bemerkt habe, eine Bierflasche an den Kopf warf. Sofort danach hat B dem A mit der Faust ins Gesicht geschlagen".

[51] In der Entscheidung *JD Wetherspoon Plc v Harris and others* [2013] EWHC 1088 (Ch), führt der *High Court* in para. 32ff. aus, was typischerweise in *witness statements* enthalten sein sollte und – vor allem – was nicht. In dieser Entscheidung war das Gericht extrem verärgert über den (überflüssigen) Inhalt von *witness statements.*

[52] PD 32, para. 17 und 18.

[53] PD 57AC, Appendix, para 3.3: „*Trial witness statements should be as concise as possible without omitting anything of significance.*"

ohne subjektive Färbung und ohne irrelevante Ausführungen" andererseits, führt in der forensischen Praxis nicht selten zu einem absurden Eiertanz. Denn natürlich muss man Zeugen – sofern sie nicht selbst englische Juristen sind, die wissen, worauf es ankommt – an der Hand nehmen und ihnen zumindest sagen, welche Aspekte für die Fallentscheidung überhaupt relevant sind. In der Regel geschieht dies dadurch, dass ein *solicitor* oder *barrister* einen Fragenkatalog erstellt, den der Zeuge dann beantwortet.

30 Diese Fragen darf der Zeuge aber nicht etwa allein an seinem Computer beantworten und seine Stellungnahme dann dem Anwalt zur weiteren Bearbeitung schicken. Vielmehr soll dieses *„taking a witness statement"*, auch *„proofing a witness"*[54] genannt, laut *PD 32 para. 18.1(5)* in einer **Interview-Situation** erfolgen, am besten face-to-face, alternativ in einem Video-Call oder einem Telefonat. Der *solicitor* oder ein Kanzleimitarbeiter – in der Praxis meist ein Paralegal – stellt die Frage und schreibt dann die Antwort des Zeugen auf. Vorab informiert der Anwalt oder Kanzleimitarbeiter den Zeugen über die Anforderungen der *Practice Directions,* insbesondere über die Wahrheitspflicht und darüber, dass der Zeuge nur eigene Erinnerungen berichten darf, nichts, was er oder sie nur von Dritten gehört hat.

31 Die Grundidee ist, dass sich die Zeugenaussage lesen soll wie das Wortprotokoll einer mündlichen Aussage, wenn der Zeuge diese im Gerichtssaal gemacht hätte[55]. Sie muss daher auch in der ersten Person (ich-Form) formuliert sein. Ein weiterer Grund für die Interview-Situation ist, dass man sicherstellen will, dass der Zeuge bei der Beantwortung der Fragen nicht beeinflusst wird, dass also nicht etwa der Chef des Unternehmens hinter dem Zeugen (seinem Mitarbeiter) steht, diesem bei der Beantwortung über die Schulter sieht und im Extremfall die Zeugenaussage sogar beeinflusst *(„…das war doch in Wahrheit anders. Erinnern Sie sich denn nicht, dass ich in dem Meeting klar gesagt habe…").* Die Zeugen sollen daher alleine befragt werden.

32 Hier auszugsweise der relevante Wortlaut der Practice Direction 32, para. 18.1[56]:

> The witness statement must, if practicable, be **in the intended witness's own words** and must in any event be drafted **in their own language,** the statement should be **expressed in the first person** and should also state:
> **(…)**
> (5) the **process by which it has been prepared,** for example, face-to-face, over the telephone, and/or through an interpreter.

33 *Barristers* der Gegenseiten stellen später in der mündlichen Verhandlung nicht selten Fragen dazu, wie das *witness statement* zustande gekommen ist und versuchen, eine etwaige Einflussnahme[57] auf den Zeugen nachzuweisen.

34 Auf den Aspekt *„in the witness's own words"* legen die englischen Gerichte auch deshalb besonders viel Wert, weil sich bis etwa 2000 die Praxis etabliert hatte, dass englische Anwälte die Zeugenaussagen selbst formulierten und diese nicht selten mit umfangreichen rechtlichen Ausführungen *(legal argument)* überfrachteten, die dort nicht hingehörten und zu denen die Zeugen im Kreuzverhör dann oft auch nichts sagen konnten[58].

---

[54] Unter *„proofing a witness"* versteht man eine vorgeschaltete umfassende Bestandsaufnahme und Stoffsammlung mit dem Zeugen; hierzu sogleich noch ausführlich → Rn. 39.

[55] Siehe PD 32, para. 20.1: *"A witness statement is the equivalent of the oral evidence which that witness would, if called, give in evidence."*

[56] Hervorhebungen hinzugefügt.

[57] Insbesondere durch das sog. "Implantieren" von Erinnerungen indem man dem Zeugen nachträglich so viele Informationen gibt (zeigen von Fotos eines roten Autos), dass dieser glaubt, sich selbst daran zu erinnern, obwohl er vorher nicht mehr hätte sagen können, ob er ein rotes Auto gesehen hat.

[58] Browne/Catlow, Civil Litigation 2022/23, S. 209, Rn. 12.3.2.

Für die Anwälte bleibt das Thema *„taking and preparing witness statements"*, mit dem *litigation lawyer (solicitors* wie *barristers)* täglich zu tun haben, eine Gratwanderung. Da die Gerichte sehr empfindlich sind, wenn *witness statements* überflüssige, zu ausschweifende oder emotionale Ausführungen enthalten[59], kann ein *solicitor* nicht einfach sklavisch niederschreiben, was ein Zeuge zu einem bestimmten Thema spontan von sich gibt, sondern muss die Äußerungen juristisch und redaktionell aufbereiten[60]. Andererseits soll der Originalton des Zeugen *(„true voice of the witness")* erkennbar bleiben und man muss – jedenfalls im Anwendungsbereich der PD 57AC – kenntlich machen, wenn man im Rahmen der Protokollierung eines *witness statement* die Erinnerung des Zeugen „aufgefrischt" hat, etwa indem man dem Zeugen Dokumente oder Fotos vorgelegt hat. 35

Ebenso muss man im *witness statement* kenntlich machen, wie sicher sich ein Zeuge hinsichtlich einer bestimmten Tatsache ist. Ist die Erinnerung nicht mehr ganz klar, sollte der Zeuge im Zweifel besser Formulierungen verwenden wie *„to the best of my recollection"*, oder *„I believe the meeting took place on or around Tuesday, but it may also have been another day that week..."*, um sich im Kreuzverhör nicht angreifbar zu machen. Andernfalls verliert der Zeuge an Glaubwürdigkeit, wenn allzu präzise schriftliche Angaben sich später im Kreuzverhör als unzutreffend herausstellen. 36

Bezieht sich ein Zeuge in seiner Aussage auf Dokumente (z.B. einen Vertrag, eine Bestellung, ein Memo oder E-Mail), werden diese in der Regel als Anhang zum *witness statement* genommen oder es wird im Anhang zumindest eine Tabelle eingefügt, wo im *trial bundle* sich diese Dokumente befinden[61]. Englische Gerichte legen allerdings Wert darauf, dass ein Zeuge möglichst eigene Erinnerungen schildert[62], nicht lange Passagen aus Dokumenten zitiert oder gar eigene Interpretationen zu solchen Dokumenten oder Rechtsmeinungen präsentiert[63]. 37

Das übliche Einleitungsstatement eines Zeugen im schriftlichen *witness statement*, typischerweise Randziffern 1 bis 3 in einem als *„Introduction"* bezeichneten Kapitel, lautet in etwa: 38

1. I make this witness statement in defence of the claim that has been brought against me by .... The facts and matters set out herein are within my own knowledge unless otherwise stated and I believe them to be true. Where I refer to information supplied by others, the source of the information is identified; facts and matters derived from other sources are true to the best of my knowledge and belief.
2. Where I refer to documents in this witness statement I am referred to documents in the disclosure lists unless otherwise stated.
3. I have made this witness statement following extensive personal meetings, email and telephone discussions with my solicitors.

---

[59] Siehe statt vieler: *King v Telegraph Group Ltd* [2004] EWCA Civ 613 (18 May 2004), Ziffer 74: *„Mr Caldecott observed that large parts of this witness statement were unnecessary because they went to matters on which there was common ground or to peripheral or irrelevant issues or to matters on which excessive detail was wholly inappropriate in the new CPR context with its emphasis on what is necessary and proportionate. He also submitted that substantial sections of the statement were inadmissible: indeed, there were six paragraphs concerned with serious injury to the claimant's mental health, which is not mentioned in his statement of case, and three paragraphs relating to foreign publication, of which similarly no complaint is made."*

[60] Dies ist auch nicht verboten, solange der Inhalt der Zeugenaussage nicht verändert wird.

[61] PD 57AC, Appendix, para3.4: *„A trial witness statement should refer to documents, if at all, only where necessary. It will generally not be necessary for a trial witness statement to refer to documents beyond providing a list to comply with paragraph 3.2 of Practice Direction 57AC..."*

[62] Also z.B. „Ich erinnere mich, dass ich an Mr Smith am ... um etwa ... Uhr eine E-Mail geschickt habe, in der ich das Angebot vom ... bestätigt habe. Diese E-Mail ist hier als Anlage y beigefügt."

[63] *JD Wetherspoon Plc v Harris and others* [2013] EWHC 1088 (Ch), para. 32ff.

PRAXISBEISPIEL – Das *witness statement* des Duke of Sussex (Prince Harry) vom 24.2.2023

Parallel zur Erstellung dieses Buchmanuskripts im Sommer 2023 lief am Londoner *High Court (Business and Property Courts, Business List, Chancery Division)* die heiße Phase des Verfahrens von Prince Harry gegen Mirror Group Newspapers Limited als Herausgeber zahlreicher englischer Boulevardzeitungen (darunter „The Mirror", „People" und „Sunday Mirror"). Prince Harry verlangte Schadenersatz aufgrund rechtswidriger Berichterstattung, insbesondere wegen des „Hackens" privater Mobiltelefone *(illegal information gathering)*.
Sein 55-seitiges *witness statement* mit 200 Randnummern und 70 als Anlagen in Bezug genommenen Dokumenten ist ein gutes Beispiel einer hochprofessionell erstellten schriftlichen Zeugenaussage[64]. Am 6. und 7. Juni 2023 wurde Prince Harry persönlich als Zeuge gehört, also fast zwei volle Tage vom gegnerischen *barrister*[65] ins Kreuzverhör genommen. Die Tatsache, dass Prince Harry[66] persönlich erschien und keine Vernehmung per Videoübertragung beantragt hatte, belegt, dass er und seine Anwälte davon ausgehen, dass dies prozesstaktisch vorteilhafter ist. Das ausführliche *witness statement* wurde am 6. Juni von Prince Harry im Gerichtssaal bestätigt und als *evidence-in-chief* eingebracht *(it was referred to in open court)*. Der Inhalt ist somit öffentlich *(public domain)*[67]. Mehrere Zeitungen, darunter *The Independent*[68], sowie die *New York Times*[69], haben die vollständige Zeugenaussage online gestellt[70]. Eine lohnende, da lehrreiche Lektüre für alle, die einen Praxiseinblick in Formatierung, Gliederung, inhaltlichen Aufbau und Formulierungstechnik gewinnen möchten.

4. Vorstufe *„proofing of witness"*

39 Schriftliche Zeugenaussagen werden – sofern sie nicht sehr kurz und einfach sind[71] – meist in zwei getrennten Schritten erstellt. Bevor das eigentliche *witness statement* formuliert wird, erarbeiten *solicitors* mit den „eigenen" Zeugen (sofern sie *„friendly"* oder wenigstens *„cooperative"* sind) eine umfassende Stoffsammlung, *„proofing of witness"* (auch *„proof of evidence"*). Der den Zeugen benennende *solicitor* oder (häufiger) ein *para-legal* der Kanzlei geht hierfür in einem ausführlichen Meeting mit dem Zeugen alles durch, was dieser über den prozessrelevanten Sachverhalt weiß, welche Unterlagen, Fotos, sonstige Beweismittel etc. er hierzu vielleicht hat und welche sonstigen Hinweise der Zeuge noch geben kann, etwa zu weiteren Personen die ggf. ebenfalls als Zeugen in Frage kommen. Es wird also die gesamte

[64] Wobei es sich um den Sonderfall einer Zeugenaussage der Partei selbst handelt.

[65] Barrister Andrew Greene, KC, www.blackstonechambers.com/barristers/andrew-green-kc/.

[66] Trotz überwiegendem Aufenthalt in Kalifornien.

[67] Jedenfalls während der mündlichen Verhandlung, siehe CPR r 32.13(1): *„A witness statement which stands as evidence in chief is open to inspection during the course of the trial unless the court otherwise directs."*

[68] www.independent.co.uk/life-style/royal-family/prince-harry-witness-statement-today-b2352285.html.

[69] www.nytimes.com/interactive/2023/06/06/world/europe/prince-harry-mirror-statement.html.

[70] www.documentcloud.org/documents/23835120-bl-2019-001787-hrh-the-duke-of-sussex-v-mgn-witness-statement-of-prince-harry-the-duke-of-sussex sowie hier https://int.nyt.com/data/documenttools/prince-harry-mirror-statement/c3cf1a8d3d979b27/full.pdf.

[71] Etwa: „Ich stand am … um … als Fußgänger an der Kreuzung … und wartete auf Grün. Ich beobachtete, dass der rote BMW X5 mit dem Kennzeichen XYZ-123 von der Straße … kommend über die Kreuzung fuhr, obwohl er – wie ich – Rot hatte. Der rote BMW bremste im letzten Moment noch, kollidierte aber trotzdem mit dem von rechts kommenden Kfz …". In einem solchen Fall ist ein *proofing of witness* natürlich überflüssig, da die Zeugenaussage aus wenigen Sätzen besteht, keine komplizierten Hintergründe oder persönliche Beziehungen zwischen den Parteien und/oder Zeugen dokumentiert werden müssen.

Erinnerung de Zeugen ausgeleuchtet, ebenso Hintergründe, Querverbindungen, Loyalitäten und etwaige Eigeninteressen der verschiedenen Akteure.

Dieses *proofing* sollte möglichst frühzeitig erfolgen, solange die Erinnerung eines Zeugen noch frisch ist. Schriftlich dokumentiert wird dies wiederum – wie auch die spätere formelle Zeugenaussage – in der wörtlichen Rede (ich-Form), im Originalton *(true voice of the witness)* und in der Muttersprache des Zeugen. Der Ablauf der Schilderung erfolgt in der Regel in chronologischer Reihenfolge und verschiedene Themen werden durch Kapitelüberschriften kenntlich gemacht. 40

Diese Bestandsaufnahme, die meist erheblich umfangreicher ist als das spätere *witness statement,* zeigt den *solicitors* und ggf. auch den beigezogenen *barristern,* welcher Zeuge wozu etwas aussagen kann und wie konkret und belastbar die Erinnerung ist. Diese *proof of evidence* Protokolle erleichtern den Anwälten somit die Entscheidung, welche Zeugen wirklich relevant sind, von welchen Zeugen man also eine formelle Zeugenaussage benötigt. 41

5. Übersetzungen

In internationalen Fallkonstellationen kommt zu alldem oft auch noch die weitere Komplikation von Übersetzungen hinzu, da *witness statements* (und sogar das *proofing of witnesses*) prinzipiell in der Sprache des Zeugen erfolgen sollen. Selbst bei Zeugen die passables Englisch beherrschen, bevorzugen die englischen Anwälte den sicheren Weg und raten dazu, die Äußerungen des Zeugen lieber zunächst in dessen Muttersprache zu dokumentieren und erst dann ins Englische übersetzen zu lassen. 42

In der Praxis führt das zu erheblicher Mehrarbeit. Ein **typischer Arbeitsablauf** ist wie folgt: *Solicitor* (ggf. in Abstimmung mit einem *barrister*) erstellt eine Themenliste oder einen Fragenkatalog für das *proofing.* Diese Fragen werden in die Muttersprache des Zeugen übersetzt. Das *proofing* findet in der Muttersprache des Zeugen statt und wird in dieser Sprache schriftlich dokumentiert und sodann ins Englische übersetzt. Hieraus erstellt ein *solicitor* und/oder *barrister* dann entweder eine konkretere Fragenliste für das eigentliche *witness statement* oder es wird gleich ein Entwurf eines *witness statement* gedraftet. Dieses darf der Zeuge aber natürlich nur freigeben, wenn es vorher wieder in die Muttersprache übersetzt wurde, denn es soll sich ja um seinen eigenen Wortlaut handeln *(true voice).* Die Änderungen und Ergänzungen des Zeugen (in dessen Muttersprache) müssen dann wiederum in das englische *witness statement* eingebaut werden. Der Zeuge unterschreibt dann die muttersprachliche Version und beide Versionen werden bei Gericht eingereicht sowie zwischen den Parteien ausgetauscht. Bezieht sich der Zeuge auf ein Dokument, das nicht in seiner Muttersprache lautet, so muss auch dieses in dessen Sprache übersetzt werden. 43

Wer hier nicht sehr gut organisiert ist, dem laufen erstens die Kosten aus dem Ruder und zweitens die Zeugen davon, denn ein Zeuge, vor allem wenn dieser passables Englisch spricht und auch die englischen Originaldokumente versteht, kommt sich veräppelt vor, wenn seine Aussage ständig hin und her übersetzt wird. Vermeiden kann man das aber nur bei Zeugen, die Englisch (annähernd) auf muttersprachlichem Niveau beherrschen und in der späteren Verhandlung im Kreuzverhör darlegen können, dass sie alle Nuancen verstehen und somit eine Übersetzung des *witness statement* sowie ein Dolmetscher in der Verhandlung unnötig waren. 44

Die Risiken, die damit einhergehen, wenn man auf solche Übersetzungen verzichtet, illustriert die Entscheidung *Frenkel v Lyampert and others*[72]. Dort hatten die 45

[72] [2017] EWHC 2223 (Ch).

Anwälte für einen Zeugen aus Russland ein schriftliches *witness statement* (ausschließlich) in englischer Sprache vorgelegt. Später zeigte sich, dass der Zeuge nur sehr gebrochen Englisch sprach und etliche Begriffe, die in seiner „eigenen" Zeugenaussage standen, gar nicht verstand. Auf Nachfrage des Gerichts stellte sich heraus, dass der Zeuge seine schriftliche Zeugenaussage mit Hilfe seiner Frau und Tochter erstellt und dann von einem Bekannten ins Englische hatte übersetzen lassen. Das Gericht bezeichnete diese Art des Zustandekommens der Zeugenaussage als *„deeply unsatisfactory"* und wertete sie im Ergebnis als unbrauchbar.

6. Abgabe eines *„statement of truth"* durch Zeugen und Anwälte

46 Liegt das schriftliche *witness statement* endlich in finaler Fassung vor, muss der Zeuge dieses vor Einreichung bei Gericht und formaler Zustellung an den Prozessgegner unterzeichnen und folgendes *statement of truth*[73] abgeben. Ohne eine solche *„verification"* ist das *witness statement* wertlos. PD 32, para. 20.2 gibt hierfür diesen Wortlaut vor:

> To verify a witness statement the statement of truth is as follows:
>
> "I believe that the facts stated in this witness statement are true. I understand that proceedings for contempt of court may be brought against anyone who makes, or causes to be made, a false statement in a document verified by a statement of truth without an honest belief in its truth."

47 Im Anwendungsbereich der *PD 57AC*, also bei Prozessen vor den *Business and Property Courts*, muss ein Zeuge das allgemeine *statement of truth* noch durch folgende, erheblich strengere Versicherung *(confirmation of compliance)* ergänzen[74]:

> I understand that the purpose of this witness statement is to set out matters of fact of which I have personal knowledge. I understand that it is not my function to argue the case, either generally or on particular points, or to take the court through the documents in the case.
> This witness statement sets out only my personal knowledge and recollection, in my own words.
> On points that I understand to be important in the case, I have stated honestly (a) how well I recall matters and (b) whether my memory has been refreshed by considering documents, if so how and when.
> I have not been asked or encouraged by anyone to include in this statement anything that is not my own account, to the best of my ability and recollection, of events I witnessed or matters of which I have personal knowledge.

48 Der verantwortliche *solicitor*[75], der an der Erarbeitung des *witness statement* mitgewirkt oder das Prozedere überwacht hat und daher mitverantwortet, muss sodann am Ende ebenfalls eine anwaltliche Versicherung abgeben, dass die Vorgaben der Practice Direction 57AC eingehalten wurden:

> I hereby certify that:
> 1. I am the relevant legal representative within the meaning of PD 57AC.
> 2. I am satisfied that the purpose and proper content of trial witness statements, and proper practice in relation to their preparation, including the witness confirmation required by paragraph 4.1 of PD 57AC, have been discussed with and explained to [name of witness].

---

[73] CPR r 22.1(c).

[74] PD 57AC, para. 4.1.

[75] Also die Anwältin oder der Anwalt, die/der den Prozess in der *solicitor*-Kanzlei federführend bearbeitet.

3. I believe this trial witness statement complies with PD 57AC and paragraphs 18.1 and 18.2 of PD 32, and that it has been prepared in accordance with the Statement of Best Practice contained in the Appendix to PD 57AC.

Name: ......
Position: ......
Date: ......

FAZIT

Die unterschiedliche Herangehensweise der englischen und deutschen Zivilprozessordnungen an das Thema Zeugenbeweis ist frappierend. In deutschen Gerichtsverfahren erfährt das Gericht erst in der mündlichen Verhandlung, ob eine Zeuge den Parteivortrag, für den er oder sie benannt ist, wirklich bestätigt. In England ist – bis ins Detail – bereits vorher klar, ob und was ein Zeuge bestätigen kann und wird[76].

7. Notlösung *„witness summary"* bei unwilligen Zeugen

Was aber tun, wenn ein Zeuge schlicht nicht bereit ist, an der Erstellung einer schriftlichen Zeugenaussage mitzuwirken? Entweder, weil er oder sie im Lager des Prozessgegners steht (z.B. Ehefrau oder Bruder des Beklagten war mit in dessen Auto gesessen und soll nun bezeugen, dass der Beklagte bei Rot über die Ampel gefahren ist und damit einen Unfall schuldhaft verursacht hat) oder weil der Zeuge schlicht keine Lust hat, an einer mehrstündigen *witness proofing* Session teilzunehmen, gefolgt von Übersetzungen und einer weiteren *witness statement* Session. Manchmal fürchtet ein Zeuge auch negative berufliche Konsequenzen, wenn er etwa ungünstig über einen Vorgesetzten oder über Sicherheitsmängel im Betrieb aussagen soll. Hat man es mit solchen *hostile witnesses* oder *reluctant bzw. uncooperative witnesses*[77] zu tun, die man auch mit anwaltlicher Charme-Offensive und verbindlicher Zusage der Erstattung aller Kosten[78] und Verdienstausfälle nicht zur Mitwirkung bewegen kann, deren Aussage aber für den Prozessaugang dennoch unverzichtbar ist, dann bleibt nur die Option, bei Gericht die Erlaubnis zur Einreichung einer ***„witness summary"*** nach CPR r 32.9 zu beantragen. 49

In einer solchen *witness summary*[79] schildert man als anwaltlicher Parteivertreter diejenigen Fakten, von denen man guten Gewissens *(in good faith)* glaubt, dass der Zeuge diese in der mündlichen Gerichtsverhandlung bestätigen wird. Ist unbekannt, ob ein Zeuge etwas weiß, formuliert man das *witness summary* allgemeiner und gibt lediglich das Thema an, zu dem der Zeuge befragt werden soll. Dies entspricht in der Formulierung also in etwa einem Beweisangebot, wie deutsche Anwälte es in Schriftsätzen vornehmen. 50

[76] Ausgenommen sind die Fälle unkooperativer oder gar feindlicher Zeugen (→ Rn. 49 ff.).

[77] Nicht selten ist auch der Arbeitgeber des Zeugen das Problem, weil dieser keine Freistellung gewähren will.

[78] Hier stellt sich das schwierige Problem der Bezahlung bzw. Vergütung von Zeugen. Während die Erstattung tatsächlich entstandener Kosten (Flug, Hotel, Mietwagen, Essen ...) und Verdienstausfälle unproblematisch zulässig ist, wird es kritisch, wenn dem Zeugen eine darüber hinaus gehende Kompensation versprochen wird. Wo genau die Grenze einer *„unreasonable compensation"* liegt, ab derer die Aussage eines Zeugen keine Glaubwürdigkeit mehr hat, ist schwer zu bestimmen. Definitiv unzulässig sind Vereinbarungen mit Zeugen, wonach deren Vergütung vom Ausgang des Prozesses abhängt, siehe *Energysolutions EU Ltd v Nuclear Decommissioning Authority* [2016] EWHC 1988 (TCC). Aber selbst in solchen Fällen liegt es im Ermessen des Gerichts, wie viel Glaubwürdigkeit es einer solchen Zeugenaussage beigemessen will.

[79] Browne/Catlow, S. 211 f.

51 Der (unkooperative) Zeuge wird dann auf Antrag einer Partei vom Gericht geladen[80] (*witness summons,* CPR r 34[81]) und unter Eid befragt. Anders als bei *witness statements* genügt bei *witness summaries* nicht die einfache Bezugnahme auf das *witness summary,* sondern der Zeuge muss zunächst von der benennenden Partei befragt werden und mündlich aussagen *(evidence in chief).* Verhält er sich gegenüber dem Prozessvertreter der benennenden Partei feindselig *(hostile witness),* kann der Prozessvertreter das Gericht um die Genehmigung bitten, den Zeugen nach den Regeln der *cross-examination* befragen zu dürfen.

III. Zeugenbefragung in der Verhandlung

1. Beeidigung des *witness statement*

52 Zu Beginn jeder Vernehmung *(examination)* eines Zeugen im *trial* wird dessen schriftliches *witness statement* durch Bezugnahme *(reference)* eingeführt[82]. Das heißt, der Zeuge verweist nach seiner Vereidigung auf das eingereichte *witness statement,* bestätigt die Richtigkeit des Inhalts und stellt sich dann dem Kreuzverhör des Gegnervertreters. Erst dadurch wird das *witness statement* zum beweiskräftigen *testimony*[83].

53 Diese Bezugnahme auf das ausführliche schriftliche *witness statement,* das den Parteien sowie dem Gericht ja bereits bekannt ist, gilt als *evidence-in-chief,* also als Führung des „Hauptbeweises". Es erspart dem Zeugen und allen weiteren Prozessbeteiligten den Zeitaufwand, der nötig wäre, wenn jeder Zeuge seine schriftlich bereits vorgelegte, detaillierte Aussage noch einmal vorlesen müsste. In komplexen Verfahren kann eine Zeugenaussage viele Seiten lang sein. Andererseits bedeutet dies für Zeugen, dass diese ohne jede „Aufwärmphase" sofort dem Kreuzverhör ausgesetzt sind, also keine Chance hatten, dem Gericht ihre Erinnerungen zu präsentieren, ohne gleich in der Defensive zu sein.

54 In englischen Zivilgerichten findet somit nur selten eine mündliche *„examination-in-chief"* statt, also die tatsächliche Befragung der eigenen (selbst benannten) Zeugen. Ausnahmsweise kann das Gericht dies aber zulassen oder anordnen[84]. In diesem Fall hat ein den Zeugen befragender *barrister* zu beachten, dass sog *„leading questions"* prinzipiell[85] unzulässig sind.

2. Kreuzverhör

55 Unter Kreuzverhör *(cross-examination)* versteht man die Befragung von Zeugen, die von der Gegenseite benannt wurden oder die man – gegen deren Willen – selbst benannt hat[86]. Ein von der Gegenseite benannter Zeuge muss nicht unbedingt auch ein „feindlicher Zeuge" *(hostile witness)* sein. Es empfiehlt sich daher,

---

[80] Bei schwierigen Zeugen, die möglicherweise versuchen werden, die Zustellung der Ladung zu vereiteln, kann eine Partei die Ladung auch selbst durchführen; hierfür wird dann meist ein professioneller *„process server"* beauftragt, der die Ladung persönlich übergibt und diese Zustellung dokumentiert *(personal service);* siehe CPR r 34.6(1): *„A witness summons is to be served by the court unless the party on whose behalf it is issued indicates in writing, when he asks the court to issue the summons, that he wishes to serve it himself."*

[81] Der Zeuge kann in dieser Ladung auch angewiesen werden, bestimmte Dokumente oder sonstige Beweismittel mitzubringen, die er in Besitz hat, CPR r 34.2(1)(b).

[82] CPR r 32.5(2): *„Where a witness is called to give oral evidence under paragraph (1), his witness statement shall stand as his evidence in chief unless the court orders otherwise."*

[83] Ohne Beeidigung und Kreuzverhör bleibt es bloßer unbewiesener Parteivortrag.

[84] CPR r 32.5(2) am Ende.

[85] Ausnahmen vom Verbot gelten bei unstreitigen Aspekten und vor allem bei *„hostile witnesses".*

[86] McPeake, S. 165 ff.; Edge/Mills, S. 91 ff.

nicht allzu konfrontativ oder gar aggressiv vorzugehen, jedenfalls nicht von Anfang an. Oft genügt es, Erinnerungslücken oder Unsicherheiten beim Zeugen herauszuarbeiten, ohne diesen gleich der vorsätzlichen Lüge zu bezichtigen. Die Vernehmungstechnik besteht im Kreuzverhör meist aus kurzen „geschlossenen" Fragen, die den Zeugen in eine bestimmte Richtung lenken und die meist mit Ja oder Nein beantwortet werden können (z. B. „Stand die Ampel auf Rot, als der Wagen mit dem Kennzeichen XZY 123 über die Kreuzung fuhr?").

Der Vorteil des Kreuzverhörs ist, dass die Befragungstechnik nur wenigen Beschränkungen unterliegt, insbesondere *leading questions* zulässig sind. Ausnahmen gelten für minderjährige Zeugen und Opfer von (sexuellen) Gewalttaten[87]. Ferner gelten generell die Grenzen des anwaltlichen Berufsrechts für *barristers*, insbesondere *Part 2, Code of Conduct, Standards Boards Handbook*[88] (Hervorhebungen hinzugefügt): 56

rC3
You owe a duty to the court to act with independence in the interests of justice. This duty overrides any inconsistent obligations which you may have (other than obligations under the criminal law). It includes the following specific obligations which apply whether you are acting as an advocate or are otherwise involved in the conduct of litigation in whatever role (with the exception of Rule C3.1 below, which applies when acting as an advocate):

1. **you must not knowingly or recklessly mislead or attempt to mislead the court;**
2. you must not abuse your role as an advocate;
3. you must take reasonable steps to avoid wasting the court's time;
4. you must take reasonable steps to ensure that the court has before it all relevant decisions and legislative provisions;
5. you must ensure that your ability to act independently is not compromised.

rC4
Your duty to act in the best interests of each client is subject to your duty to the court.

rC5
Your duty to the court does not require you to act in breach of your duty to keep the affairs of each client confidential.

rC6
Your duty not to mislead the court will include the following obligations:

1. **you must not:**
   a. **make submissions, representations or any other statement; or**
   b. **ask questions which suggest facts to witnesses which you know, or are instructed, are untrue or misleading.**
2. **you must not call witnesses to give evidence or put affidavits or witness statements to the court which you know, or are instructed, are untrue or misleading,** unless you make clear to the court the true position as known by or instructed to you.

rC7
Where you are acting as an advocate, your duty not to abuse your role includes the following obligations:

1. **you must not make statements or ask questions merely to insult, humiliate or annoy a witness or any other person;**
2. you must not make a serious allegation against a witness whom you have had an opportunity to cross-examine unless you have given that witness a chance to answer the allegation in cross-examination;

[87] Edge/Mills, S. 92–97.
[88] www.barstandardsboard.org.uk/uploads/assets/f0d114af-9c5a-4be4-9dbffa9f80b1e47f/a5a31248-b892-486f-88176e4ca94938fd/Part-2-Code-of-Conduct18092019092228.pdf.

3. you must not make a serious allegation against any person, or suggest that a person is guilty of a crime with which your client is charged unless:
   a. you have reasonable grounds for the allegation; and
   b. the allegation is relevant to your client's case or the credibility of a witness; and
   c. where the allegation relates to a third party, you avoid naming them in open court unless this is reasonably necessary.
4. **you must not put forward to the court a personal opinion of the facts or the law unless you are invited or required to do so by the court or by law.**

57 Die Unterschiede zwischen den Rollen eines US-amerikanischen *attorney-at-law* und einem englischen *barrister* sind offensichtlich. Letzterer ist berufsrechtlich zu erheblich höherer Selbstkontrolle und Zurückhaltung verpflichtet.

3. Erneute Befragung nach Kreuzverhör

58 Nach Beendigung des Kreuzverhörs hat der Prozessbevollmächtigte, der den Zeugen benannt hat, noch einmal Gelegenheit, Fragen an den Zeugen zu stellen, falls der Prozessbevollmächtigte hierfür Bedarf sieht. Diese *re-examination* ist jedoch nur zu Aspekten gestattet, die im Kreuzverhör zur Sprache kamen *(„matters that arise out of cross-examination")*. Zweck der *re-examination* ist es, Unklarheiten zu beseitigen oder einen – aus Sicht der benennenden Partei – durch das Kreuzverhör entstandenen falschen Eindruck zu berichtigen[89].

4. Feindliche Zeugen

59 Die Vernehmung eines offen „feindlichen Zeugen" *(hostile witness)*, der abblockt oder möglicherweise sogar lügt, gehört zu den anspruchsvollsten Aufgaben eines Prozessbevollmächtigten. Das Ziel eines *barristers* sollte allerdings nicht unbedingt sein, einen „Zusammenbruch" des gegnerischen Zeugen im Stil des Hollywood-Films *„A Few Good Men"*[90] zu erreichen, in dem Tom Cruise als *cross-examination lawyer* Jack Nicholson – gegen dessen Willen – dazu bringt, den illegalen Befehl zuzugeben. In echten Zivilprozessen – zumal in England – geht es mangels Jury und wegen strengerer Berufsregularien für *barristers* erheblich weniger dramatisch und laut zu. Ferner ist es extrem selten, dass ein Zeuge, der sich einmal in ein Lügenkonstrukt verstrickt hat, dies im *trial* zugibt. Das realistische Ziel der Befragung ist daher vielmehr, Zweifel an der Glaubwürdigkeit oder an der Erinnerung des Zeugen zu etablieren, Widersprüche oder logische Fehler herauszuarbeiten, so dass das Gericht dem Wert der Zeugenaussage kein Gewicht beimisst.

5. Zeugenvernehmung per Videoübertragung

60 Der Einsatz von Videotechnik ist in englischen Zivilprozessen erlaubt und wird im Vergleich zu Deutschland auch viel häufiger genutzt[91]. Hinsichtlich eigener Zeugen sollte man sich aber gut überlegen, ob man diese Option überhaupt nutzen will. Prozesstaktisch ist dies meist nicht empfehlenswert, da das Gericht sich keinen so guten persönlichen Eindruck vom Zeugen verschaffen kann und es zudem möglicherweise so wirkt, dass es dem Zeugen nicht wichtig genug ist, zur Verhandlung anzureisen. Dies gilt natürlich umso mehr für die Prozesspartei selbst

---

[89] McPeake, S. 188.
[90] Eine Frage der Ehre, Columbia Pictures, 1992.
[91] Hierzu → § 6 Rn. 136 ff.

(Kläger oder Beklagter als Zeuge für den eigenen Fall[92]). Die Problematik einer Videovernehmung von Auslandszeugen wurde oben bereits erörtert[93].

6. Die Kunst der *„advocacy"*

Barristers betrachten die *advocacy* als hohe Kunst, in der sie lange Jahre geschult werden. Hierzu gehört – neben Rhetorik[94], Auftreten, Stimmschulung und Psychologie[95] – insbesondere die Befragungstechnik *(questioning skills)*, sowohl gegenüber eigenen Zeugen *(friendly witnesses)*, um diese in einem guten Licht und vor allem glaubwürdig darzustellen, als auch gegenüber feindlichen Zeugen im Kreuzverhör. Auch wenn – im Unterschied zu den USA[96] – in englischen Zivilprozessen heutzutage keine Jury mehr über den Fall entscheidet, sondern eine Richterin oder ein Richter[97], so haben Präsentationskunst und Vernehmungsgeschick der *barristers* in England nach wie vor einen hohen Stellenwert. 61

So spannend das Thema *advocacy* ist, es würde den Rahmen dieses Leitfadens sprengen, wollten wir auf die verschiedenen Theorien und Denkschulen zur Befragungstechnik[98] im Detail eingehen. Das Literaturverzeichnis enthält Empfehlungen zur Vertiefung[99]. 62

D. Sachverständigenbeweis

I. Überblick

Das englische Zivilprozessrecht unterscheidet zwischen „Tatsachenfragen" *(questions of fact)* einerseits[100], deren Vorliegen das Gericht selbst beurteilen kann, und Fragen der Wissenschaft, Technik oder Kunst *(scientific, technical or artistic issues)* andererseits, die einer Untersuchung und fachlichen Bewertung durch einen Experten bedürfen[101], der sodann seine qualifizierte Meinung *(expert opinion evidence)* zu dieser Frage abgibt, in aller Regel in Form eines schriftlichen Gutachtens 63

---

[92] Siehe oben das Beispiel der Klage von Prince Harry gegen die englische Boulevardpresse → Rn. 38.

[93] → § 6 Rn. 139.

[94] *Opening and closing speeches.*

[95] *Witness handling, detecting dishonesty.*

[96] Viele Grundprinzipien des Zivilprozesses in den USA (wobei man hier zwischen Federal und State Courts mit jeweils eigenen Prozessordnungen unterscheiden muss) und in England sind ähnlich. Dennoch bestehen im Detail erhebliche Unterschiede, gerade auch im Bereich *advocacy.* So kennt etwa das englische Recht keine *„depositions"*, also vorprozessuale (Video-)Zeugenbefragungen. In englischen Zivilprozessen existioert – anders als in USA – keine Jury. Und englischen *barristers* ist es berufsrechtlich ausdrücklich verboten *Code of Conduct Rule C9.4*), die eigenen Zeugen zu coachen, die Zeugenaussage also zu üben und diese auf das Kreuzverhör durch den gegnerischen Anwalt vorzubereiten, wie das in den USA nicht nur zulässig ist, sondern sogar zu den Pflichten eines Prozessanwalts gehört. Man kann daher Empfehlungen aus Lehrbüchern zum Zivilprozess aus USA nur sehr eingeschränkt auf England und Wales übertragen.

[97] Meist allein, denn selbst am *High Court* entscheidet in Zivilsachen in erster Instanz ein/e Einzelrichter/in.

[98] Aggressive Befragung versus vermeintlich naiver *„Columbo-Methode", "emotion labeling"* u. v. a. m.

[99] Als Einstieg empfehle ich Lyons, Advocacy – A practical Guide, Wildy, 2019; fachlich fundiert, gut lesbar und humorvoll geschrieben.

[100] Ob ein solcher Fakt vorliegt oder nicht, entscheidet das Gericht (in England in aller Regel ein/e Einzelrichter/in) selbst, auf Basis von Zeugenaussagen, Dokumenten- oder Sachbeweisen, Augenschein usw.

[101] Sime, S. 383, Rn. 35.01.

(expert report). Ob und in welchem Umfang ein Experte dann auch im *trial* selbst aussagen darf bzw. sich einem Kreuzverhör stellen muss, entscheidet das Gericht.

64 Detailliert geregelt wird das Thema Sachverständigenbeweis durch CPR Part 35[102] mit der Überschrift *„Experts and Assessors"*, der korrespondierenden *Practice Direction 35*[103] sowie dem für die anwaltliche und gutachterliche Praxis bedeutsamen Best Practice Leitfaden *„Guidance for the Instruction of Experts in Civil Claims 2014"*[104]. Für manche Rechtsgebiete (zum Beispiel Gutachten im Bereich Körperverletzung, Verkehrsunfälle u. a.) existieren zudem in den spezifischen *Practice Directions* noch weitere Regelungen[105]. Zudem enthalten die jeweiligen *Court Guides (Chancery Court Guide 2022, King's Bench Guide 2022 usw.)* jeweils ergänzende Vorschriften zum Expertenbeweis.

II. Qualifikation

65 Wer ist als Sachverständiger in einem Zivilprozess geeignet? Die *Guidance (2014)* definiert in Absatz 16 folgende Voraussetzungen:

> Experts must:
> a. have the appropriate expertise and experience for the particular instruction;
> b. are familiar with the general duties of an expert;
> c. can produce a report, deal with questions and have discussions with other experts within a reasonable time, and at a cost proportionate to the matters in issue;
> d. are available to attend the trial, if attendance is required; and
> e. have no potential conflict of interest.

66 Bereits die Frage der *„appropriate experience"* kann unter den Parteien streitig sein und Diskussionen mit dem Gericht auslösen[106]. Besonders wichtig ist aber, dass ein Experte – so fachlich qualifiziert er oder sie auch sein mag – sich bewusst ist, dass er gegenüber dem Gericht verpflichtet ist, seine **unabhängige** Expertise *(give independent evidence)* zur Verfügung zu stellen. Er darf sich also nicht davon beeinflussen lassen, wer ihn beauftragt oder zahlt[107].

67 Zudem darf ein Experte auch nicht etwaigen persönlichen Eitelkeiten nachgeben und ausschließlich seine persönliche Meinung darlegen, wenn ihm bewusst ist, dass in der Wissenschaft oder Technik zu diese Punkt auch andere Auffassungen vertreten werden. Dies gilt natürlich ganz besonders, wenn der konkret beauftragte Experte eine Mindermeinung vertritt. Der Experte darf kein eigenes Interesse am Ausgang des Zivilprozesses haben (auch nicht, weil er evtl. emotional im Lager seines Auftraggebers steht), sondern ist allein der Objektivität verpflichtet[108].

III. Beauftragung

68 Im Unterschied zum Zivilprozess in Deutschland, bei dem prinzipiell das Gericht Sachverständige auswählt und ernennt[109], beauftragen im englischen Zivil-

---

[102] www.justice.gov.uk/courts/procedure-rules/civil/rules/part35.
[103] www.justice.gov.uk/courts/procedure-rules/civil/rules/part35/pd_part35.
[104] In Kraft getreten bereits am 1.12.2014, aber immer noch unverändert gültig; die PD 35 verweist in Para. 1 ausdrücklich auf diese Guidance, die hier zum Download steht: www.judiciary.uk/wp-content/uploads/2014/08/experts-guidance-cjc-aug-2014-amended-dec-8.pdf.
[105] Siehe z. B. das *Personal Injuries Pre-Action Protocol,* para. 7 (www.justice.gov.uk/courts/procedure-rules/civil/protocol/prot_pic).
[106] Edge/Mills, S. 271.
[107] Edge/Mills, S. 272–274; Browne/Catlow, S. 223.
[108] Edge/Mills, S. 274 mit Verweis u. a. auf *Stubbs* [2006] EWCA Crim 2312.
[109] § 404 Abs. 1 ZPO.

prozess die Prozessparteien selbst solche Experten. Allerdings ist ein Sachverständigenbeweis nur zulässig, wenn das Gericht diesen ausdrücklich erlaubt. Natürlich kann jede Partei für interne Zwecke und auf eigene Kosten Privatgutachten erstellen lassen. Will eine Partei aber einen offiziellen Sachverständigenbeweis führen, das Gutachten also in den Prozess einführen und den Sachverständigen zur Verhandlung laden, muss die Partei das Gericht vorher um Erlaubnis fragen und die für den Sachverständigen in etwa entstehenden Kosten mitteilen. Die CPR regelt dazu in Rule 35.4:

> (1) No party may call an expert or put in evidence an expert's report without the court's permission.
> (2) When parties apply for permission they must provide an estimate of the costs of the proposed expert evidence and identify: (a) the field in which expert evidence is required and the issues which the expert evidence will address; and (b) where practicable, the name of the proposed expert.

Das Gericht entscheidet dann, ob und in welchem Umfang[110] ein solches Gutachten erforderlich ist. Dabei wird auch geprüft, ob die durch den Sachverständigen verursachten Kosten in einem vernünftigen Verhältnis zum Streitwert stehen. Nach CPR r 35.1[111] haben alle Beteiligten die Pflicht, Sachverständigenbeweise auf das unbedingt Nötige zu beschränken *(duty to restrict expert evidence).*

Der Sachverständige hat ein schriftliches Gutachten zu erstellen[112]. Adressat des Gutachtens ist stets das Gericht, nicht die Partei, auch wenn diese den Experten beauftragt hat und (zunächst[113]) bezahlt. Jeder Sachverständige hat laut CPR r 35.3[114] die vorrangige Pflicht, dem Gericht bei der Wahrheitsfindung zu helfen; diese Pflicht gegenüber dem Gericht ist ausdrücklich vorrangig vor etwaigen vertraglichen Pflichten gegenüber der beauftragenden Partei. Das schriftliche Gutachten muss eine entsprechende Klausel enthalten, in der der Sachverständige folgendes mit seiner Unterschrift bestätigt: 69

> I understand my overriding duty to the court and have complied and will
> continue to comply with it. I am aware of and have complied with the requirements of CPR 35 and PD 35 and the Guidance for the instruction of experts in civil claims (2014).
> I confirm that I have made clear which facts and matters referred to in this report are within my own knowledge and which are not. Those that are within my own knowledge I confirm to be true. The opinions I have expressed represent my true and complete professional opinions on the matters to which they refer.
> I understand that proceedings for contempt of court may be brought against anyone who makes, or causes to be made, a false statement in a document verified by a statement of truth without an honest belief in its truth.

Zur mündlichen Verhandlung geladen werden Experten in der Regel nur in *multi track* Verfahren, in weniger komplexen Prozessen bleibt es beim schriftlichen Gutachten[115]. Die Gegenseite kann in diesen Fällen aber schriftlich Fragen einreichen, zu denen der Experte dann ergänzend Stellung nehmen muss[116]. 70

---

[110] Buchstäblich in welchem Umfang, denn das Gericht kann sogar Höchstgrenzen hinsichtlich der Seitenzahlen eines solchen *expert report* anordnen.

[111] CPR r 35.1: „*Expert evidence shall be restricted to that which is reasonably required to resolve the proceedings.*"

[112] CPR r 35.5(1): „*Expert evidence is to be given in a written report unless the court directs otherwise.*"

[113] In der Hoffnung auf Kostenerstattung nach erfolgreichem Prozessausgang.

[114] 35.3: „*(1) It is the duty of experts to help the court on matters within their expertise. (2) This duty overrides any obligation to the person from whom experts have received instructions or by whom they are paid.*"

[115] CPR r 35.5(2): „*If a claim is on the small claims track or the fast track, the court will not direct an expert to attend a hearing unless it is necessary to do so in the interests of justice.*"

[116] CPR r 35.6.

IV. Einheitlicher gemeinsamer Sachverständiger

71 Wollen beide Prozessparteien zum selben Thema einen Sachverständigenbeweis anbieten[117], so kann – und wird in den meisten Fällen[118] – das Gericht anordnen[119], dass die Parteien sich auf einen Experten einigen sollen und diesen dann gemeinsam beauftragen (*single joint expert*, SJE)[120]. Können sich die Parteien nicht einigen, wählt das Gericht[121] den Sachverständigen selbst aus. CPR r 35.7 sagt dazu:

> (1) Where two or more parties wish to submit expert evidence on a particular issue, the court may direct that the evidence on that issue is to be given by a single joint expert.
> (2) Where the parties who wish to submit the evidence ('the relevant parties') cannot agree who should be the single joint expert, the court may: (a) select the expert from a list prepared or identified by the relevant parties; or (b) direct that the expert be selected in such other manner as the court may direct.

72 Naturgemäß werden die Parteien in dieser Konstellation häufig versuchen, den Sachverständigen in ihrem Sinn zu beeinflussen und diesen von ihrer Sicht der Dinge zu überzeugen. Die *CPR*[122], *Practice Direction*[123] und die *Guidance for the instruction of experts*[124] enthalten daher zahlreiche Verfahrensregelungen, wer mit dem SJE wie korrespondieren und diesem Instruktionen erteilen darf. Das wichtigste Grundprinzip ist Transparenz. Schreibt eine Partei dem SJE, so muss sie darüber auch die andere Partei informieren, also eine Kopie der Korrespondenz übersenden. Besprechungen mit dem Experten sollen nur bei gleichzeitiger Anwesenheit beider Parteien stattfinden.

73 Soll das Ergebnis des Gutachters später von beiden Parteien akzeptiert werden, ist neben dem fachlichen Standing des Gutachters wichtig, dass jede Partei davon überzeugt ist, dass der Gutachter wirklich alle relevanten Informationen zur Verfügung hatte. Es empfehlen sich daher ausführliche gemeinsame Besprechungen mit dem SJE, um den späteren Einwand der am Ende unterlegenen Partei zu vermeiden, der Sachverständige habe die Aspekte X oder Y nicht berücksichtigt.

74 Zur mündlichen Gerichtsverhandlung wird ein *single joint expert* üblicherweise nicht geladen, der *written expert report* genügt in aller Regel. Hält eine Partei das Ergebnis für falsch, muss es das Gericht von einem wesentlichen fachlichen oder methodischen Mangel des Gutachtens überzeugen.

V. Mehrere Sachverständige zum selben Beweisthema

75 Die Beauftragung eines jeweils eigenen Experten pro Prozesspartei zur selben Beweisfrage gestattet das Gericht nur ausnahmsweise. Es muss sich erstens um einen *multi track case* handeln, der den Kosten- und Zeitaufwand für mehr als einen Sachverständigen rechtfertigt, und es muss eine komplexe Frage zugrunde liegen. Dies ist vor allem dann der Fall, wenn die Parteien glaubhaft vortragen, dass zu

---

117 Zum Beispiel zur Frage, ob ein bestimmtes, vom Beklagten verwendetes Material den Bauvorschriften entsprochen hat oder nicht.

118 Aus Gründen der Kosten- und Zeiteffizienz sind Richter/innen gehalten, wo immer möglich joint expert reports zu erwirken, vgl. CPR r 35.4(3A); Edge/Mills, S. 282.

119 Per Beschluss oder im Rahmen einer *case management conference*.

120 Der *single joint expert* ist zu unterscheiden vom *„jointly selected expert"*; Details siehe Sime, S. 388, Rn. 35.28.

121 Wenn es in diesem Fall nicht doch gestattet, dass jede Partei ihren eigenen Sachverständigen bestellt.

122 Rule 35.8.

123 Para. 7.

124 Paras. 42–46.

diesem speziellen Beweisthema in der Wissenschaft verschiedene Auffassungen und Denkschulen vertreten werden[125].

In diesen Konstellationen, und nur in diesen, gestattet das Gericht *„concurring expert evidence“*[126]. Selbst in solchen Fällen bedeutet dies aber nicht, dass die Experten schlicht zwei voneinander unabhängige Gutachten einreichen dürfen. Das Gericht kann (und wird in der Regel) per Beschluss *(court order)* anordnen, dass die jeweiligen Gutachter ihre – möglicherweise – unterschiedlichen Ansichten untereinander diskutieren müssen und im Zug dieser fachlichen Diskussion entweder doch zu einer übereinstimmenden Auffassung kommen oder – wo das nicht gelingt – schriftlich darlegen müssen, welche fachlichen Meinungsverschiedenheiten nicht ausgeräumt werden konnten und worin exakt die Unterschiede bestehen. Ziel ist es, dem Gericht exakt vor Augen zu führen, wo die Auffassungen divergieren und welche Argumente für A und welche für B sprechen. 76

Verbleiben auch nach einer solchen Anordnung des Gerichts zur Diskussion noch fachliche Meinungsverschiedenheiten zwischen den Experten, kommt es in der mündlichen Verhandlung zum sog. *„hot tubbing“*. Das heißt, die Experten werden im *trial* nicht unabhängig voneinander/nacheinander vernommen, sondern sie müssen gleichzeitig in die *witness box*, wie in einer heißen Badewanne oder einem Dampfbad, und Fragen des Gerichts beantworten, die Position des jeweils anderen Experten kommentieren und bewerten. Je nachdem, welcher Experte das Gericht in dieser „Dampfbad-Session“ überzeugt, trägt den Sieg davon. 77

VI. Inhalt des Gutachtens

Zu einem solchen *„hot tubbing“* in der Verhandlung kommt es allerdings nur selten. In den meisten Fällen ist bereits das vorherige schriftliche Sachverständigengutachten fallentscheidend. Wie bereits ausgeführt, sind die Sachverständigen primär gegenüber dem Gericht verpflichtet, nicht gegenüber den sie beauftragenden Mandanten. Hinsichtlich Form und Inhalt des Sachverständigengutachtens verweist CPR r 35.10 auf die Practice Direction 35, para. 3: 78

Form and Content of an Expert's Report

3.1 An expert's report should be addressed to the court and not to the party from whom the expert has received instructions.

3.2 An expert's report must:

(1) give details of the expert's qualifications;

(2) give details of any literature or other material which has been relied on in making the report;

(3) contain a statement setting out the substance of all facts and instructions which are material to the opinions expressed in the report or upon which those opinions are based;

(4) make clear which of the facts stated in the report are within the expert's own knowledge;

(5) say who carried out any examination, measurement, test or experiment which the expert has used for the report, give the qualifications of that person, and say whether or not the test or experiment has been carried out under the expert's supervision;

(6) where there is a range of opinion on the matters dealt with in the report –

(a) summarise the range of opinions; and

(b) give reasons for the expert's own opinion;

---

[125] Sime, S. 389, Rn. 35.31.

[126] PD 35 para. 11: www.justice.gov.uk/courts/procedure-rules/civil/rules/part35/pd_part35#11.1.

(7) contain a summary of the conclusions reached;
(8) if the expert is not able to give an opinion without qualification, state the qualification; and
(9) contain a statement that the expert –
(a) understands their duty to the court, and has complied with that duty; and
(b) is aware of the requirements of Part 35, this practice direction and the Guidance for the Instruction of Experts in Civil Claims 2014.

3.3 An expert's report must be verified by a statement of truth (…)

79 Optisch sehen *expert reports* daher aus wie Anwaltsschriftsätze *(statements of case)* oder *witness statements,* d.h. sie werden in neutraler Formatierung eingereicht, nicht auf dem persönlichen Briefpapier des Experten.

80 Inhaltlich ist der Anspruch an einen *expert report* ebenfalls sehr hoch[127]. Es genügt nicht, die eigene Auffassung darzulegen. Vielmehr muss der Sachverständige den Stand der Wissenschaft und einen etwaigen wissenschaftlichen Streitstand *(range of opinion)* objektiv schildern. Erst auf dieser Basis stellt der Experte dann seine eigene Auffassung dar und begründet diese.

81 Das Gericht[128] ist nicht verpflichtet, der Meinung eines Experten zu folgen. Ein *expert witness* ist zu beurteilen wie jeder andere Zeuge auch[129], d.h. die Entscheidung, ob die Ausführungen glaubhaft und überzeugend sind, liegt in letzter Konsequenz beim Richter, wobei natürlich eine faktische Begründungshürde beim Gericht liegt, wenn es den Ausführungen eines Experten nicht folgen will. Eine Richterin oder ein Richter kann selbsverständlich nicht einfach in die Urteilsbegründung schreiben „Die Ausführungen des Sachverständigen haben mich nicht überzeugt“, sondern es müssen konkrete (hoffentlich berufungsfeste) Argumente vorgetragen werden, warum sich das Gericht anders entschieden hat.

VII. Ausländisches Recht als Beweisthema

82 In deutsch-englischen Rechtsstreitigkeiten muss das englische Gericht nicht selten bestimmte Fragen des – aus englischer Sicht – ausländischen Rechts klären, also etwa einen bestimmten Sorgfaltsmaßstab oder die Berechnung von Schadensersatz nach deutschem Recht. Ist in einem Prozess vor einem englischen Zivilgericht relevant, wie ausländisches (deutsches) Recht einen bestimmten Sachverhalt behandelt *(issues of foreign law),* muss hierüber Tatsachenbeweis erhoben werden. Es gelten somit prinzipiell dieselben Regeln wie für jeden Expertenbeweis, mit dem faktischen Unterschied, dass geeignete Sachverständige zum deutschen Recht häufig nicht in England zu finden sind, sondern in Deutschland beauftragt werden müssen. Da solche deutsche Rechtsexperten häufig noch nie zuvor für englische Gerichte tätig waren, muss man sie erst über die besonderen formellen und inhaltlichen Anforderungen an einen *expert report* nach CPR informieren und abklären, ob der konkrete Gutachter bereit ist, diese anspruchsvollen Vorgaben einzuhalten.

83 Was hierbei schief gehen kann, zeigt plastisch der aktuelle Fall *Lisa Pal v Dr Luc Damen*[130], in dem die Parteien jeweils einen belgischen Chirurgen mit einem Gutachten zu medizinischen Fragen beauftragt hatten[131]. Mit deutliche Worten verwirft Richter *Master Cook* in Randziffern 55 und 56 das Gutachten eines der Chi-

---

[127] Browne/Catlow, S. 225; Edge/Mills, S. 281; Guidance on the instruction of experts in civil claims, Rn. 48–62.

[128] In Strafverfahren die Jury.

[129] Edge/Mills, S. 274 (status of expert evidence).

[130] [2022] EWHC 004697 (QB), https://caselaw.nationalarchives.gov.uk/ewhc/qb/2022/4697.

[131] Dieser Maßstab gilt aber genauso für juristische Gutachten.

rurgen[132] vollständig, weil es formell und inhaltlich nicht ansatzweise den Anforderungen des englischen Rechts genügt. Hier das Zitat aus dem Urteil (Hervorhebungen hinzugefügt):

55. I conclude that **I can place no weight upon the evidence of Mr Steyvers.** The requirements of an expert's report are set out in PD 35 § 3.2: […]
56. Mr Steyvers' **report failed to comply with practically every requirement.** It appeared to me that he was acting as an advocate on behalf of his client's position which is perhaps not surprising as he acts for the Surgeon in Belgium. **He did not give any proper consideration to the evidence** of Ms Spronken and **did not fully consider the available documentary evidence** with the inevitable result that he **did not provide a balanced opinion** covering the range of possible opinions. The most obvious illustration of this tendency was his abrupt observation that Mr Beer's report "contains a lot of mistakes and incorrect information".

Um sich derart peinliche gerichtliche Generalkritik zu ersparen, die mit Klarnamen aller Beteiligten für jedermann offen und dauerhaft im Internet abrufbar ist, müssen die Anwälte potentiellen Experten die hohen Anforderungen des Gerichts an solche *expert reports* vorab verdeutlichen. **84**

Hinzu kommt das Sprachproblem. Selbst wenn der Gutachter gut Englisch beherrscht, ist es häufig sinnvoll und dient der fachlichen Präzision, das Gutachten zunächst in deutscher Sprache zu erstellen und dann professionell übersetzen zu lassen. Nicht selten entstehen Missverständnisse durch Verwendung englischer Begriffe, die im *common law* Rechtskreis eine andere Konnotation haben als im deutschen Recht oder die in einem bestimmten fachlichen Kontext mit einer anderen Bedeutung aufgeladen sind, als der deutsche Experte denkt. **85**

Oft haben die Parteien bereits im Vorfeld des Gerichtsprozesses und unabhängig voneinander Rat bei deutschen Rechtsexperten eingeholt (Anwälte, Juraprofessoren, Notare). Das Gericht kann – wie stets bei divergierenden Gutachten – anordnen, dass die Experten sich untereinander besprechen und eine gemeinsame Stellungnahme erarbeiten *(„discussion between experts")*[133]. Nur wenn hiernach immer noch unterschiedliche Auffassungen dazu bestehen, was nach deutschem Recht in der konkreten Fallkonstellation gilt, werden die Experten zum *„hot tubbing"* geladen. **86**

Konkrete Instruktionen zum Thema ***„Expert evidence of foreign law"*** finden sich im ***Chancery Guide 2022***[134], S. 70, Randziffern 9.46 bis 9.50, die hier wegen der Praxisrelevanz für deutsch-englische Wirtschaftsstreitigkeiten[135] zitiert werden sollen: **87**

9.46 Foreign law is a matter of fact to be proved by evidence, but CPR 32.1(b)/(c), 35.1, 35.3 (1) and 35.5(1) give the court flexibility in determining how it is to be proved at trial.
9.47 The parties should consider and, if possible, agree in advance of the CMC what issues of foreign law are or may be disputed such that they may be issues for determination at trial.
9.48 The parties should consider and, if possible, agree in advance of the CMC what approach to invite the court to take, if there are foreign law issues to be determined. Various approaches can be adopted, including but not limited to the following:

---

[132] Das Gutachten des anderen belgischen Arztes fand etwas mehr Gnade, weil es wenigstens die Formalitäten einhielt und den Sachverhalt ausführlich darstellte, inhaltlich sparte *Master Cook* in para. 57 des Urteils aber auch hier nicht an Kritik: *„Mr Delvaux's report was presented in a manner which complied with CPR 35 however, there are parts of his reasoning which do not withstand logical analysis […]"*.

[133] CPR r 35.12; Guidance for the Instruction of Experts in Civil Claims 2014, Ziffer. 70.

[134] www.judiciary.uk/wp-content/uploads/2023/01/Chancery-Guide-2023-23-6-23-web.pdf.

[135] Die ja häufig vor den *Business and Property Courts Chancery Division des High Court* verhandelt werden.

(a) The court may make directions as set out above, treating an expert of foreign law in the same way as other experts providing evidence in the proceedings.
(b) The court may direct an exchange of expert reports and other procedural steps as set out above, but on the basis that the foreign law experts will not give evidence at trial, either at all or only on limited issues, although their evidence is not agreed. The trial advocates may make submissions at trial by reference to the reports and foreign law materials filed.
(c) The parties may agree the nature and importance of sources of foreign law, but choose not to file expert evidence, leaving the matter to submissions by the trial advocates, referring to source materials they have obtained from their own research.
(d) If the parties have retained foreign lawyers to advise them on issues of foreign law, they may agree it is not necessary to instruct a separate foreign law expert to provide the expert evidence, and instead their foreign lawyer may be directed to assist the court with source documents and/or witness evidence on relevant legal principles (see Chapter 8 on witness evidence).
(e) The court may limit the expert evidence to identification of the relevant sources of foreign law and relevant legal principles, with the trial advocates making submissions based on such materials.

9.49 It will be open to the court at the CMC to defer any decision on whether, and if so on what issues, the foreign law experts are to give evidence at trial.

9.50 Where there is a PTR and there is a previous direction of the court for foreign law expert evidence to be adduced at trial, the parties should consider in advance of the PTR whether, and if so to what extent, such evidence is still reasonably required for the trial (see Chapter 11 PTR).

FAZIT

Ist in einem Rechtsstreit vor einem englischen Gericht absehbar, dass (auch) Fragen des deutschen Rechts relevant werden, sollten die Parteien versuchen, sich frühzeitig auf einen gemeinsamen Rechtsexperten zu verständigen und diese Rechtsfrage möglichst abzuschichten. Neben dem bereits genannten Personenkreis können geeignete Anlaufstellen hierfür – je nach Thema – auch neutrale Stellen wie das Max-Planck-Institut[136] oder das Deutsche Notarinstitut[137] sein.
Dreht sich dagegen der Kern des Rechtsstreits um eine streitige Frage des deutschen Rechts, so müssen die Parteien äußersten Wert darauf legen, dass dem/den Sachverständigen die hohen Anforderungen der englischen Zivilprozessordnung bewusst sind und abklären (vertraglich vereinbaren), dass der Sachverständige nötigenfalls zum *trial* anreisen und sich einer *„hot tubbing"* Session aussetzen wird.

E. Besondere Beweisarten

I. Zeuge vom Hörensagen

88 Wie in Deutschland[138] ist auch im englischen Zivilprozess heutzutage das Beweismittel eines Zeugen vom Hörensagen *(hearsay)* prinzipiell zulässig *(admissable),* siehe Civil Evidence Act 1995, section 1(1):

> In civil proceedings evidence shall not be excluded on the ground that it is hearsay.

[136] www.mpipriv.de/rechtsauskuenfte-gutachten.
[137] Welches Anfragen allerdings nur über Notare annimmt und keine Gutachten direkt für ein englisches Gericht erstellen wird. Diese Option greift also nur, wenn die Parteien das Ergebnis freiwillig akzeptieren.
[138] Siehe etwa: BGH 1.3.2018 – IX ZR 179/17, NJW-RR 2018, 506.

Dies überrascht auf den ersten Blick, da im *common law* eine lange Tradition gegen den Hörensagen-Beweis besteht[139], die *„rule against hearsay"*[140]. Die hauptsächlich angeführten Gründe für die Skepsis des *common law* gegen dieses Beweismittel sind[141]: 89

- „Hörensagen" ist nicht das beste, nämlich unmittelbare Beweismittel. Statt einen Zeugen über die (angebliche) Äußerung eines Dritten berichten zu lassen *(second hand evidence),* sollte man den Dritten selbst als Zeugen vernehmen.
- Der Dritte hat die Äußerung getätigt, ohne unter Eid zu stehen und über seine Wahrheitspflicht belehrt worden zu sein.
- Das Gericht kann sich keinen unmittelbaren Eindruck von der Glaubwürdigkeit des Dritten und dem Grad seiner Erinnerungssicherheit verschaffen.

Trotz der prinzipiellen Zulässigkeit dieses Beweisangebots, muss die anbietende Partei strenge Voraussetzungen erfüllen. Gemäß Section 2 CEA 1995 in Verbindung mit CPR r 33.2 muss die Partei, die *hearsay evidence* nutzen will, dies dem Gegner rechtszeitig vorher ankündigen und begründen, warum nicht der sachnähere Beweis geführt wird, also der Dritte selbst als Zeuge geladen wird. Es gilt also der Vorrang des sachnäheren Beweismittels. 90

Ferner hat die Gegenseite gem. Section 3 CEA 1995 i.V.m. CPR r 33.4 die Möglichkeit, den Dritten (also die Person, die die Äußerung gemacht hat) zum Kreuzverhör zu laden. 91

Das Gericht hat besonders sorgfältig zu prüfen, welches Gewicht es einem solchen Hörensagenbeweis zumisst. Hierfür gibt CEA 1994 in Section 4 einige Abwägungskriterien: 92

Considerations relevant to weighing of hearsay evidence.

(1) In estimating the weight (if any) to be given to hearsay evidence in civil proceedings the court shall have regard to any circumstances from which any inference can reasonably be drawn as to the reliability or otherwise of the evidence.

(2) Regard may be had, in particular, to the following—
   (a) whether it would have been reasonable and practicable for the party by whom the evidence was adduced to have produced the maker of the original statement as a witness;
   (b) whether the original statement was made contemporaneously with the occurrence or existence of the matters stated;
   (c) whether the evidence involves multiple hearsay;
   (d) whether any person involved had any motive to conceal or misrepresent matters;
   (e) whether the original statement was an edited account, or was made in collaboration with another or for a particular purpose;
   (f) whether the circumstances in which the evidence is adduced as hearsay are such as to suggest an attempt to prevent proper evaluation of its weight.

Die Details rund um die Definition[142] des Begriffs *hearsay,* die Zulässigkeitsvoraussetzungen sowie den Beweiswert sind komplex. Wer sich für das Thema Hörensagenbeweis im Common Law über die zitierten Prozesshandbücher hinaus interessiert, findet eine ausführliche Darstellung der historischen Entwicklung bis zur Verabschiedung des *Civil Evidence Act* im 89-seitigen *Law Commission Report No. 216* vom September 1993 mit dem Titel *„The hearsay rule in civil proceedings"*[143]. 93

---

[139] Sime, S. 370, Rn. 33.02; Edge/Mills, S. 164; Browne/Catlow, S. 214, 216.

[140] Wobei auch im *common law* stets Ausnahmen von diesem Verbot für bestimmte Konstellationen bestanden; Sime, S. 370, Rn. 33.02.

[141] Edge/Mills, S. 166.

[142] Etwa die Abgrenzung zur Einführung von Dokumenten, die (schriftliche) Aussagen Dritter enthalten oder von Tonaufnahmen Aussagen Dritter, vgl. Sime, S. 371, Rn. 33.07.

[143] Download unter: https://assets.publishing.service.gov.uk/government/uploads/system/uploads/attachment_data/file/271979/2321.pdf.

II. Beweis des „schlechten Charakters"

94 Aus deutscher Anwaltssicht eher befremdlich erscheint die Möglichkeit, auch im Zivilprozess[144], allerdings unter eng definierten Voraussetzungen, sog. *character witnesses* zu benennen, um die Glaubwürdigkeit des Prozessgegners oder eines gegnerischen Zeugen zu unterminieren[145]. In der Praxis, vor allem bei hier im Focus stehenden Wirtschaftsprozessen[146], hat dieses Beweismittel allerdings wenig Relevanz[147].

---

[144] Im englischen Strafprozess hat das Thema eine erheblich höhere Bedeutung.

[145] Edge/Mills, S. 114–118.

[146] Anders sieht es bei *„defamation claims" oder „tort claims"* aus, bei denen die Charaktereigenschaften einer Prozesspartei im Zentrum stehen können.

[147] So kommen die Begriffe character evidence und character witness im 600-seitigen Standard-Lehrbuch *„A Practical Approach to Civil Litigation"* von Stuart Sime (2022) an keiner Stelle vor.

§ 8. Die Kosten eines Zivilrechtsstreits

A. Gerichtsgebühren

Die Gerichtsgebühren *(court fees)* sind hinsichtlich der Planbarkeit des Kostenrisikos noch nicht das eigentliche Problem. Diese sind nämlich in der *Civil Proceedings Fees Order* 2008 (CPFO), in der geänderten[1] Version von 2014[2] und den dazugehörigen Kostentabellen 2008[3] und 2014 *(Schedule 1)*[4] in England ähnlich präzise geregelt wie in Deutschland (wenn auch weniger detailliert abgestuft und mit einer Obergrenze). 1

Die allgemeine Gerichtsgebühr, die bei Erhebung der Klage anfällt und vom Kläger zu zahlen ist *(issue fee)*, beläuft sich, je nach Streitwert, zwischen 35 Pfund und einem Maximum von 10.000 Pfund, konkret: 2

1 Starting proceedings (High Court and County Court)	
1.1 On starting proceedings (including proceedings issued after permission to issue is granted) to recover a sum of money where the sum claimed:	
(a) does not exceed £300;	*£35*
(b) exceeds £300 but does not exceed £500;	*£50*
(c) exceeds £500 but does not exceed £1,000;	*£70*
(d) exceeds £1,000 but does not exceed £1,500;	*£80*
(e) exceeds £1,500 but does not exceed £3,000;	*£115*
(f) exceeds £3,000 but does not exceed £5,000;	*£205*
(g) exceeds £5,000 but does not exceed £10,000;	*£455*
(h) exceeds £10,000 but does not exceed £200,000;	*5% of claim value*
(i) exceeds £200,000 or is not limited.	*£10,000*

Anders als in Deutschland ist damit aber noch nicht die gesamte gerichtliche Tätigkeit abgedeckt. Vor allem[5] für die Durchführung der mündlichen Verhandlung *(trial)* fällt eine weitere Gerichtsgebühr an, die mit Festsetzung des Verhandlungstermins fällig wird. Konkret sieht Schedule 1 dazu vor: 3

2 General Fees (High Court and County Court)	
(a) the ***multi-track;***	
(b) the ***fast track;***	*£1175*

[1] Kritisch zur Kostenreform 2014 der Civil Justice Counsel in dieser Stellungnahme www.judiciary.uk/wp-content/uploads/2015/01/cjc-court-fee-response-december2014.pdf.

[2] The Civil Proceedings Fees (Amendment) Order 2014 www.legislation.gov.uk/uksi/2014/874/contents/made.

[3] www.legislation.gov.uk/uksi/2008/1053/schedule/1.

[4] www.legislation.gov.uk/uksi/2014/874/schedule/made.

[5] Daneben fallen in bestimmten Konstellationen weitere Gebühren sowie Kosten für vom Gericht erstellte Kopien, durchgeführte Zustellung usw an. Details im Merkblatt EX50A.

*(c) the **small claims track** where the sum claimed:*	*£545*
(i) does not exceed £300;	*£27*
(ii) exceeds £300 but does not exceed £500;	*£59*
(iii) exceeds £500 but does not exceed £1,000;	*£85*
(iv) exceeds £1,000 but does not exceed £1,500;	*£123*
(v) exceeds £1,500 but does not exceed £3,000;	*£181*
(vi) exceeds £3,000.	*£346*

4 Weitere Informationen und Erläuterungen zu den englischen Gerichtsgebühren finden sich in den offiziellen Informationsblättern **EX50**[6] und **EX50A**[7].

5 Ein für deutsche Kläger[8] lästiges praktisches Problem ist, dass man diese Gerichtsgebühren nicht von Deutschland aus per Überweisung bezahlen kann, da *HMCTS* keine Kontodaten (IBAN) für eine internationale Überweisung herausgibt. Man muss also entweder einen Auslandsscheck über englische Pfund per Post senden (und hoffen, dass dieser Scheck erstens ankommt und zweitens von *HMCTS* zugeordnet werden kann) oder – die bessere Lösung – die Gerichtsgebühren über die englischen *solicitors* begleichen lassen, die in aller Regel einen *HMCTS Fee Account*[9] haben, den man allerdings faktisch nur als in UK niedergelassene Kanzlei einrichten kann.

B. Das Problem der unplanbaren Anwaltskosten

6 Die Gerichtskosten sind also noch überschau- und vor allem exakt planbar. Ganz anders bei den Anwaltskosten. Es sagt einiges über die seit jeher besondere Bedeutung der Prozesskosten aus, dass in England bereits seit 1977 eine Berufsvereinigung für auf Kostenrecht spezialisierte Anwälte existiert, die *Association of Costs Lawyers (ACL).*[10] Warum nimmt das Thema Anwaltskosten so viel Raum ein?

7 Ausgangsprinzip im englischen[11] Zivilprozess ist – wie in Deutschland[12] – die Kostenerstattungspflicht der unterlegenen Partei (*„loser pays basis").* Wer den Prozess verliert, trägt also nicht nur seine eigenen Anwaltskosten und die Gerichtsgebühren[13], sondern hat auch der Gegenseite Kosten zu erstatten. Allerdings sind die Anwaltsgebühren nicht – wie in Deutschland – anhand Gebührenordnungen und Streitwerttabellen exakt festgelegt.[14] Zu erstatten sind nach englischem Recht vielmehr die in jedem konkreten Fall "erforderlichen und angemessenen Kosten".

---

[6] www.gov.uk/government/publications/fees-in-the-civil-and-family-courts-main-fees-ex50.

[7] https://assets.publishing.service.gov.uk/government/uploads/system/uploads/attachment_data/file/1157289/ex50a-civil-and-family-court-fees_May_2023.pdf.

[8] Vor allem für diejenigen, die ohne Hilfe englischer Anwälte einen Anspruch selbst einklagen wollen *(litigants in person);* solche Ansprüche stehen nicht im Fokus diese Leitfadens.

[9] www.gov.uk/government/publications/form-fee-account-application-form-fee-account-customer-application-form.

[10] www.associationofcostslawyers.co.uk; vor 2011 unter dem Namen *„Association of Law Costs Draftsmen".*

[11] Anders in den USA, wo gemäß der sog. *American Rule of Costs* die Parteien eines Zivilverfahrens prinzipiell die eigenen Anwaltskosten tragen müssen, auch bei Prozesserfolg (es gibt einige spezialgesetzliche Ausnahmen von diesem Grundsatz und Verträge zwischen Unternehmen enthalten in USA of *fee shifting* Klauseln).

[12] § 91 ZPO; Ausnahme bei arbeitsgerichtliche Urteilsverfahren in erster Instanz (§ 12a ArbGG).

[13] Diese sind in der The Civil Proceedings Fees Order 2008 (CFPO), Schedule 1 klar geregelt (www.legislation.gov.uk/uksi/2008/1053/schedule/1).

[14] Ausnahme: die 2008 für Verkehrsunfallschäden eingeführten *„fixed costs"* gemäß CPR, Part. 45.

So die in CPR 44.2 enthaltene allgemeine Regel *(general rule)*, die aber buchstäblich sowohl mit einem „wenn", als auch mit einem „aber" verbunden ist. Der Wortlaut[15] ist nämlich: 8

CPR 44.2
(2) **If** the court decides to make an order about costs –
(a) the **general rule** is that the unsuccessful party will be ordered to pay the costs of the successful party; **but**
(b) the court may make a different order.

Der dieser allgemeinen Regel vorhergehende Absatz 44.2 (1) hebt ausdrücklich den weiten Ermessenspielraum des Gerichts im Hinblick auf die Kostenentscheidung hervor. Das Ermessen umfasst die Frage, ob überhaupt, wie viel und wann der Gegenseite Kosten zu erstatten sind: 9

44.2
(1) The court has **discretion** as to –
(a) **whether** costs are payable by one party to another;
(b) **the amount** of those costs; and
(c) **when** they are to be paid.

Als relevante Kriterien, die das Gericht bei seiner Ermessensentscheidung berücksichtigen soll, nennen Absätze (4) und (5) neben dem Grad des Obsiegens[16] noch weitere Aspekte, die bei deutschen Juristen und deren Mandanten Verblüffung auslösen, nämlich „das Verhalten der Parteien" *(conduct of the parties)* sowie ob die Art und Weise der Prozessführung „vernünftig" *(reasonable)* war. 10

Wegen der immensen Auswirkungen dieser Norm auf das Verhalten der Prozessbeteiligten und deren Prozessvertreter, seien auch diese Absätze im vollen Wortlaut zitiert. 11

(4) In deciding what order (if any) to make about costs, the court will have regard to all the circumstances, including –
(a) the **conduct** of all the parties;
(b) whether a party has succeeded on part of its case, even if that party has not been wholly successful; and
(c) any admissible offer to settle made by a party which is drawn to the court's attention, and which is not an offer to which costs consequences under Part 36 apply.
(5) The conduct of the parties includes –
(a) conduct before, as well as during, the proceedings and in particular the extent to which the parties followed the Practice Direction – Pre-Action Conduct or any relevant pre-action protocol;
(b) whether it was reasonable for a party to raise, pursue or contest a particular allegation or issue;
(c) the manner in which a party has pursued or defended its case or a particular allegation or issue; and
(d) whether a claimant who has succeeded in the claim, in whole or in part, exaggerated its claim.

Wer verstehen will, warum sich *litigation solicitors* in England so streng an die *pre-action conduc*t Vorgaben halten und warum sie ihre Briefe und Schriftsätze so zurückhaltend und vorsichtig formulieren, findet hier die Erklärung: Jede Abweichung von den *practice directions*, Übertreibungen, unnötige[17] Aggressivität und vor allem die Ablehnung eines formellen Vergleichsvorschlags *(part 36 offer)*[18] der 12

---

[15] Hervorhebungen vom Autor.
[16] Hat das Gericht den eingeklagten Anspruch also in voller Höhe zugesprochen oder nur zu einem Teil.
[17] Aus Sicht des später darüber entscheidenden Kostenrichters.
[18] Hierzu bereits → § 5 Rn. 34 ff.

Gegenseite, rächt sich später bei der Kostenentscheidung. Deshalb werfen sich *solicitors* in ihrer vorprozessualen Korrespondenz auch häufig wechselseitig „unvernünftiges Verhalten" vor. Man dokumentiert damit für die spätere Kostenentscheidung, dass man selbst frühzeitig zu einer gütlichen Einigung bereit gewesen wäre, nur der unvernünftige und prozesswütige Gegner nicht.

13 In der Praxis erhält daher eine Prozesspartei in England und Wales, selbst wenn sie zu 100 Prozent obsiegt, so gut wie nie alle ihrer Kosten erstattet. Auf einem Anteil von zehn bis 30 Prozent der Kosten bleibt man in der Regel sogar bei vollem Obsiegen sitzen.

14 Allerdings muss man einräumen, dass dies auch bei deutschen Zivil- und Wirtschaftsprozessen faktisch oft der Fall ist, da viele Rechtsanwältinnen und Rechtsanwälte[19] nicht bereit sind, zu reinen RVG-Tarifen tätig zu werden, sondern Stundenhonorarvereinbarungen abschließen, die das RVG-Honorar erheblich übersteigen können. In diesem Fall erstattet der Gegner dann natürlich auch nur die RVG-Gebühren. Allerdings haben Mandanten in Deutschland die Wahl, ob sie auf eine solche Honorarvereinbarung eingehen wollen oder nach einer Kanzlei suchen, die den Fall auf reiner RVG-Basis annimmt.

C. Jackson Report

15 Der aktuelle Status Quo des englischen Kostenrechts ist auch das Ergebnis einer umfassenden Untersuchung im Jahr 2009. Wegen der allgemeinen Unzufriedenheit mit den häufig als unverhältnismäßig hoch empfundenen *„costs of litigation"* beauftragte der damalige *Master of the Rolls* im November 2008 Lord Justice Rupert Jackson mit einer unabhängigen und umfassenden Untersuchung sowie der Erarbeitung von Empfehlungen. Im Dezember 2009 präsentierte Lord Jackson den 584-seitigen Abschlussbericht[20] mit dem Titel *„Review of Civil Litigation Costs: Final Report"*, in englischen Juristenkreisen bekannt als *„Jackson Report"*.

16 Das Vorwort zu seinem Bericht, gleichzeitig eine Zusammenfassung, besteht aus ganzen zwei Sätzen:

> In some areas of civil litigation costs are disproportionate and impede access to justice. I therefore propose a coherent package of interlocking reforms, designed to control costs and promote access to justice.

17 Die zentrale Empfehlung war somit, neben den Kriterien *„necessary and reasonable"* auch einen Weg zu finden, dass die Kosten verhältnismäßig *(proportionate)* sind und niemand davon abgehalten wird, wegen eines im Vergleich zum Streitwert unverhältnismäßigen Kostenrisikos auf die Geltendmachung seiner Ansprüche zu verzichten.

18 Die englische Justiz ist seither fast laufend mit größeren und kleineren Reformen des *Costs Management*[21] sowie der Modifizierung von Kostenerstattungsregeln befasst. Dabei werden für verschiedene Anspruchsarten und Rechtsgebiete teils unterschiedliche Lösungsansätze verfolgt,[22] darunter:

- *„no cost rule"* für *non-personal injury claims* unterhalb 10.000 Pfund Streitwert
- *"fixed recoverable costs"* für Geldforderung zwischen 25.000 und 100.000 Pfund (ab Oktober 2023)

---

[19] Vor allem bei niedrigen und mittleren Streitwerten.

[20] PDF-Download unter www.judiciary.uk/wp-content/uploads/JCO/Documents/Reports/jackson-final-report-140110.pdf.

[21] CPR r 3.12-3.21, als Unterbereich des Case Management, CPR, Part 3.

[22] Ausführlich hierzu: Sime, S. 180–192.

- *„cost capping"* und *„Beddoe Orders"*[23]
- u. a. m.

Zur Frage, ob die auf seinem Bericht beruhenden Reformen erfolgreich waren, zog Lord Justice Jackson in einer Rede mit dem Titel *„Was it all worth it?"* vor der Cambridge Law Faculty am 5.3.2018 ein gemischtes Fazit.[24] 19

Die Reform des Prozesskostenrechts ist aktuell noch im vollem Gang. Erst im Mai 2023, wurde der Abschlussbericht[25] der vom *Civil Justice Council* eingesetzten Arbeitsgruppe veröffentlich[26], der eine Analyse und Vorschläge zur Fortentwicklung folgender Bereiche enthält: 20

- *Guideline hourly rates*
- *Costs budgeting*
- *Pre-action and digitisation*
- *Consequences of the extension of fixed recoverable costs*

Justiz und Anwaltschaft in England tun sich nach wie vor schwer mit der praktischen Umsetzung des Ziels der Verhältnismäßigkeit der Kosten *(proportionate costs)*.[27] So haben die Einführung der *no cost rule* und der *fixed recoverable costs* (FRC) in der Praxis dazu geführt, dass qualifizierte Anwältinnen und Anwälte an solchen Fällen nicht mehr interessiert sind, es sei denn der Mandant ist bereit, auch für den Fall des Obsiegens einen großen Teil seiner Anwaltskosten selbst zu zahlen, was wiederum den Prozess wirtschaftlich *ad absurdum* führt[28]. Dies wiederum hat zur Folge, dass Kläger alleine vor Gericht ziehen *(litigants in person)*. Man kann sich leicht denken, dass dies nicht zur Entlastung der Gerichte beiträgt, da Laien die Prozessabläufe nicht kennen, oft unstrukturierte und unvollständige Schriftsätze einreichen usw. 21

Es würde den Rahmen eines Praxisleitfadens sprengen, wollte man das hoch komplexe und in fast allen Aspekten kontrovers[29] diskutierte Thema Prozesskosten und deren Erstattungsfähigkeit erschöpfend darstellen. Wir konzentrieren uns daher im nächsten Kapitel auf die allgemeinen Grundzüge des *Costs Management*, vor allem die Pflicht zur Erstellung eines Prozesskostenbudgets. 22

---

[23] Sime, S. 188–191.

[24] www.judiciary.uk/wp-content/uploads/2018/03/speech-lj-jackson-was-it-all-worth-it-mar2018.pdf.

[25] Costs Review Final Report May 2023, Download unter: https://www.judiciary.uk/wp-content/uploads/2023/05/Civil-Justice-Council-Costs-Report-FINAL-May-2023.pdf.

[26] www.judiciary.uk/civil-justice-council-costs-review-final-report/.

[27] Zu den praktischen Problemen, die das Ziel der Kostenkontrolle mit sich bringt, sowie zu anwaltlichen Gebührenvereinbarungen wie *„conditional fee agreements* (CFAs)", *„damages-based agreements* (DBAs) usw. in Frost et al., S. 184–186.

[28] Bei mittleren Streitwerten um die 50.000 Pfund können die Anwaltskosten den Streitwert weit übersteigen, wenn der Sachverhalt komplex ist, Zeugen und/oder Sachverständige gehört werden müssen.

[29] In Ziffer 1.4 seiner Rede thematisiert LJ Jackson, ebenso humorvoll wie plastisch, die Widerstände aus der Anwaltschaft gegen Kostenreduzierende Maßnahmen: *"Will reducing litigation costs make lawyers love you? No. Lawyers generally don't like change and they particularly dislike anyone meddling with costs. Therefore, the task [...] did generate quite a few irate letters to newspapers and numerous onslaughts in the legal journals. Almost everyone perceives the public interest as residing in a state of affairs which coincides with their own commercial interests. That is not dishonesty or disingenuousness. It is just human nature."*

D. Costs Management

23 Gesetzliche Vorschriften zum Kostenmanagement wurden zum 1.4.2013 eingeführt und seither mehrfach ergänzt und überarbeitet[30]. Diese Regeln gelten vor allem für *multi-track claims*[31] und verfolgen zwei Hauptzwecke: Die Pflicht zur frühzeitigen Erstellung von *Costs Budgets* für das gesamte Verfahren[32] soll den Parteien von Anfang an konkret vor Augen führen, welche Kosten auf sie zukommen[33]. Zum anderen soll der Druck, sich mit der Gegenseite bereits vorab auf ein Kostenbudget für alle zukünftigen Verfahrensstufen zu einigen[34], die Anwälte disziplinieren, die Kosten später nicht ausufern zu lassen.

I. Litigation Costs Budgets

24 Sind die *Costs Management Rules* anwendbar, so müssen die Parteien[35] Kostenbudgets[36] erstellen, untereinander austauschen und diese – idealerweise in einer zwischen den Parteien bereits abgestimmten Version *(agreed budgets)* – bei Gericht einreichen, spätestens 21 Tage vor der ersten *Case Management Conference*[37].

25 Die *Practice Direction 3D* konkretisiert, wie diese Kostenbudgets zu erstellen sind und enthält im Anhang offizielle Formulare in Form bearbeitbarer Excel-Dokumente für das ursprüngliche Budget und etwaige spätere Ergänzungen und Nachträge. Die Kosten sind nach Verfahrensstufen aufzuschlüsseln und die Tabelle ist unterteilt in „bereits angefallen" *(incurred)* und „noch zu erwarten" *(estimated)* sowie in „Auslagen" *(disbursements)* und Zeithonorar *(time costs).*

---

[30] CPR r 3.12 bis 2.21.

[31] CPR 3r 12.1(1); die Norm nennt zahlreiche Ausnahmen, so gilt das Costs Management nicht für Prozess mit einem Streitwert von 10 Millionen Pfund oder mehr.

[32] CPR r 3.13(1).

[33] Sime, S. 180, Rn. 16.02; dies soll natürlich auch die Bereitschaft für einen Vergleich oder die Nutzung von ADR erhöhen.

[34] CPR r 3.13(2).

[35] Ausgenommen sind *„litigants in person"*, also anwaltlich nicht vertretene Parteien, was aber bei *multi track claims* sehr selten vorkommt und wovon man auch nur dringend abraten kann.

[36] Details zu Inhalt und Format: Sime, S. 181 f., Rn. 16.08-16.14.

[37] CPR r 3.13(1).

Costs budget of [Claimant / Defendant] dated [ ]					page 1
In the:	to be completed				
Parties:	to be completed				
Claim number:	to be completed				
Work done / to be done	**Incurred**		**Estimated**		**Total (£)**
	Disbs (£)	**Time costs (£)**	**Disbs (£)**	**Time costs (£)**	
Pre-action costs					
Issue /statements of case					
CMC					
Disclosure					
Witness statements					
Expert reports					
PTR					
Trial preparation					
Trial					
ADR / Settlement discussions					
Contingent cost A: [explanation]					
Contingent cost B: [explanation]					
GRAND TOTAL (including both incurred costs and estimated costs)					
This estimate <u>excludes</u> VAT (if applicable), success fees and ATE insurance premiums (if applicable), costs of detailed assessment, costs of any appeals, costs of enforcing any judgment and [complete as appropriate]					
Approved budget					£ -
Budget drafting	***1% of approved budget or £1,000***				£ -
Budget process	**2%**				£ -
Statement of Truth		dated			
This budget is a fair and accurate statement of incurred and estimated costs which it would be reasonable and proportionate for my client to incur in this litigation.					
Signed					
Position					

Abb. 2: *Annex A zu Practice Direction 3D*

Das Budget muss mit einem *„statement of truth"* abschließen und von einem *solicitor* der Partei unterzeichnet werden. Übersteigen die Gesamtkosten der Partei nicht die Grenze von 25.000 Pfund, so genügt diese einseitige Variante des Excel-Formulars *(one page only version)*. Sind die Kosten höher, wie in *multi-track* Verfahren meistens der Fall, so müssen detailliertere Angaben eingereicht werden *(full 7 page version)*. Spätere Ergänzungen, also Erhöhungen des Budgets, werden vom Gericht nur mit guter Begründung genehmigt[38]. Diese Budgets sind Grundlage für 26

[38] CPR r 3.15A.

die spätere Kostenentscheidung des Gerichts, also für die Frage, wie viel Erstattung der obsiegenden Partei zugebilligt wird[39].

II. Stundensätze

27 Der größte Kostenblock in einem Zivilprozess sind die Anwaltskosten. Traditionell[40] orientiert sich die Vergütung von *solicitors* und *barristers* in England und Wales nicht – wie in Deutschland – nach dem Streitwert, sondern nach der Qualifikation des Rechtsberaters sowie nach dem Ort, an dem diese Berater ihren Kanzleisitz haben. Stundensätze in Central London sind bei ähnlicher Qualifikation des Anwalts doppelt so hoch wie in der Provinz.

28 Verbindliche Gebührentabellen für Anwälte existieren nicht. Allerdings orientieren sich die Gerichte[41] bei den Kostenentscheidung[42] an der „Stundensatz-Richtlinie",[43] die vom *Master of the Rolls* herausgegeben wird.[44] Nachdem die vorangegangenen Stundensatz-Empfehlungen seit 2010 unverändert geblieben waren, gelten aktuell diese zum 1.10.2021 erhöhten Sätze[45]:

Solicitors' guideline hourly rates

Guideline figures for carrying out a summary assessment of court courts, listed by a pay band and grade for different parts of the country.

Grade	Fee earner	London 1	London 2	London 3	National 1	National 2
A	Solicitors and legal executives with over 8 years' experience	£512	£373	£282	£261	£255
B	Solicitors and legal executives with over 4 years' experience	£348	£289	£232	£218	£218
C	Other solicitors or legal executives and fee earners of equivalent experience	£270	£244	£185	£178	£177

[39] CPR r 3.18 i. V. m. CPR r 44.4(3)(h).
[40] Die Einführung des Kriteriums der Verhältnismäßigkeit *(costs proportionality)* u. a. durch das Urteil *West v Stockport NHS Foundation Trust* [2019] EWCA Civ 1220 verändert diese traditionelle Sichtweise gerade.
[41] PD 44 para. 9.
[42] Sowohl bei der Genehmigung vorläufiger *Legal Budgets* als auch später bei der finalen Kostenentscheidung.
[43] Die formelle Bezeichnung lautet "*Guide to the Summary Assessment of Costs*" und ist in der aktuellen und vollständigen Fassung von 2021 hier als PDF verfügbar: www.judiciary.uk/wp-content/uploads/2021/08/Guide-to-the-Summary-Assessment-of-Costs-2021-Final1.pdf.
[44] www.judiciary.uk/guidance-and-resources/master-of-the-rolls-accepts-recommended-changes-to-guideline-hourly-rates-2.
[45] Veröffentlicht auf www.gov.uk/guidance/solicitors-guideline-hourly-rates.

Grade	Fee earner	London 1	London 2	London 3	National 1	National 2
D	Trainee solicitors, paralegals and other fee earners	£186	£139	£129	£126	£126

29 Die Tabelle zeigt, dass erfahrene *solicitors* (mit mehr als acht Jahren Berufserfahrung) in Region London 1 satte 512 Pfund netto pro Stunde berechnen dürfen (also plus Mehrwertsteuer, falls diese anfällt), während sich die Kollegen mit Kanzleien in Kleinstädten wie Barnstaple oder Berwick-upon-Tweed mit 255 Pfund begnügen müssen. Höhere Stundensätze als in der Guideline Tabelle aufgeführt geltend zu machen ist möglich, insbesondere in umfangreichen und rechtlich komplexen[46] Fällen, erfordert aber eine überzeugende Begründung durch die Kanzlei, die solche höheren Stundensätze beansprucht.

30 Diese Stundensätze (als Ausgangspunkt)[47] sind relevant für alle Bereiche der forensischen Kosten. Sie gelten für sowohl für das *costs budgeting* (Kostenplanung), finden Eingang in das Formular N260: *Statement of Costs (summary assessment)*[48] und sie sind Grundlage für die finale Kostenentscheidung des Gerichts *(detailed asessment of costs).*

31 Die für die Einschaltung der *barristers* entstehenden Gebühren *(counsel's fees)* werden ebenfalls durch die *solicitor*s über das Formular N260 abgerechnet, aufgeschlüsselt in *„fees for advice/conference/documents"* einerseits und *„fees for hearing"* andererseits.[49] *Barrister*-Gebühren stellen also Auslagen *(expenses)* der *solicitor*-Kanzlei dar und der das Kostenformular unterzeichnende *solicitor* muss bestätigen, dass diese externen Gebühren tatsächlich angefallen und bezahlt sind.

32 Eine offizielle Empfehlung der Stundensatzhöhe existiert für *barristers* nicht. *Barristers* legen ihre Gebühren nach pflichtgemäßem Ermessen selbst fest. Die Berufsaufsicht, das *Bar Standards Board,* schreibt dazu auf ihrer Website: *„There is no standard amount that a barrister will charge. Barristers are allowed to set their own prices for their services. It is up to you to decide whether you think the price is reasonable, and whether you want to hire that particular barrister."*[50] In der Praxis findet man eine riesige Preisspanne von 175 Pfund für Berufsanfänger am Land bis zu 900 Pfund oder mehr für *King's Counsels* in London.

32a **Gebühren für nichtanwaltliches Personal:** Wichtig für die realistische Einschätzung der Gesamtkosten eines Verfahrens ist, dass auch die Tätigkeit von Rechtsreferendaren *(trainee solicitors)* und Rechtsanwaltsfachangestellten *(paralegals)* in England und Wales mit beachtlichen Stundensätzen veranschlagt wird (laut aktuellen *guidelines* zwischen 186 und 126 Pfund netto). In Deutschland ist der gesamte Verwaltungsapparat einer Kanzlei mit den gesetzlichen Gebühren mitvergütet[51]. Da

[46] Etwa wegen Auslandsbezug und damit einhergehenden Problemen des internationalen Rechts.
[47] Ziffer 27 des *„Guide to the Summary Assessment of Costs"* beschreibt dies so: *„guideline rates are not scale figures: they are broad approximations only […] intended to provide a starting point for those faced with summary assessment. They may also be a helpful starting point on detailed assessment".*
[48] Siehe CPR PD44 9.5; Formular verfügbar hier: www.gov.uk/government/publications/form-n260-statement-of-costs-summary-assessment.
[49] Siehe Blatt 3 des Formulars N260.
[50] www.barstandardsboard.org.uk/for-the-public/finding-and-using-a-barrister/barristers-fees.html.
[51] Auch deutsche Anwaltskanzleien vereinbaren mit Ihren Mandanten manchmal, dass der Zeitaufwand von Assistenzpersonal vergütet werden muss, aber ein Anspruch auf Erstattung solcher Kosten von der Gegenseite existiert im deutschen Prozesskostenrecht nicht. Erstattet werden hier die reinen RVG-Tarife. Kanzlei-Infrastruktur und Personal sind in der RVG-Systematik bereits inkludiert.

englische Zivilprozesse erheblich mehr Aufwand auslösen (Stichworte disclosure, Kostenbudgets, schriftliche Zeugenaussagen usw.) sind die Kostenblöcke für *paralegals* in der Regel ganz erheblich. Deutsche Mandanten unterschätzen dies meist und denken nur an den Stundenaufwand, der bei den Anwältinnen und Anwälten selbst anfällt.

III. Costs Management Orders

33 Das Gericht nimmt durch *costs management orders* (CPR r 3.15) Einfluss auf das für den weiteren Verfahrensverlauf zur Verfügung stehende Kostenbudget, das die Grundlage für den späteren Kostenerstattungsbeschluss des Gerichts ist. Soweit die Parteien sich auf ein Budget geeinigt haben, nimmt das Gericht dies zu Protokoll. Soweit kein solches *„agreed budget"* vorliegt, nimmt das Gericht zu Protokoll, ob und inwieweit das Gericht die im *cost budget* aufgeführten Kosten genehmigt *(approval)*. Die Genehmigung des Kostenbudgets hängt nicht nur davon ab, ob das Gericht die von den Anwälten aufgeführten Maßnahmen für sinnvoll und vernünftig *(reasonable)* hält, sondern auch, ob diese angesichts des Streitwerts verhältnismäßig sind *(proportionality test)*[52].

34 Indirekt hat die Entscheidung des Gerichts, in welchem Umfang Kosten genehmigt *(approved)* werden damit auch Einfluss darauf, wie umfassend die Anwälte der Parteien hier weiter tätig werden, zum Beispiel im Rahmen des Dokumentenaustauschs *(disclosure)*. Weiß eine Kanzlei, dass hierfür 5.000 Pfund zur Verfügung stehen, wird sie sich eher auf das absolut Wesentliche fokussieren als wenn für *„document exchange and review"* ein Budget von 30.000 Pfund genehmigt ist.

35 In komplexen Fällen setzt das Gericht eine *costs management conference*[53] an, in der die Parteien ihre Gründe erläutern können, warum sie die jeweiligen Positionen in ihrem Budget für in dieser Höhe erforderlich halten.

36 Das Ergebnis ist dann ein verbindliches *costs budget*, entweder weil die Parteien sich – ggf. nach Einwirkung des Gerichts – doch vollständig geeinigt haben *(agreed budget)* oder weil das Gericht das Budget – in der Regel in geänderter, sprich in einzelnen Positionen reduzierter Fassung *(revised budget)* – genehmigt hat *(approved budget)*. Natürlich kann jede Partei im Rahmen ihrer Prozessführung mehr Geld ausgeben als im *costs budget* vom Gericht abgesegnet, solche Mehrkosten sind dann aber, auch im Erfolgsfall, nicht erstattungsfähig.

---

[52] CPR r 44.3(5); Sime, S. 184, Rn. 16.18.
[53] CPR r 3.16.

Anhang: Muster und Formulare

1. Formulare englisches Gerichtswesen[1]

Sortiert nach Themenbereichen

A
Administrative Appeals Chamber (Upper Tribunal) forms
Administrative Court forms
Admiralty forms
Adoption forms
Agricultural lands and drainage forms
Asylum support forms

B
Bankruptcy and insolvency forms
Business and Property Courts (England and Wales) forms

C
Care Standards (First-tier Tribunal) forms
Chancery forms
Charity Tribunal forms
Children Act forms
Civil forms
Civil Procedure Rules forms
Claims Management Services forms
Commercial Court forms
County Court forms
County Court Business Centre forms
Court costs forms
Court of Appeal Civil Division forms
Court of Appeal Criminal Division forms
Court of Protection forms
Criminal Case Management forms
Criminal Injuries Compensation forms
Criminal Procedure Rules forms
Crown Court forms

D
Deed Poll forms
Divorce and civil partnership dissolution forms

E
Employment Appeal Tribunal forms
Employment Tribunal forms
Enforcement forms
Environment Tribunal forms
European cross-border claims

F
Family law forms
Fees and help with fees forms

G
Gangmasters forms
Gender Recognition Panel forms
General
General Regulatory Chamber (First-tier Tribunal) forms

H
Housing forms
Housing Act 2004 and Housing and Planning Act 2016 applications forms

I
Immigration and Asylum Chamber (Upper Tribunal) forms
Immigration and Asylum Tribunal forms

J
Jury Service forms

K
King's Bench forms

L
Land Registration (First-tier Tribunal) forms
Lands Chamber (Upper Tribunal) forms
Leasehold enfranchisement and extension applications forms
Leasehold (management) dispute applications forms
Legal aid forms

M
Magistrates' court forms
Mediation forms
Mental Health Tribunal forms
MP expenses forms

P
Park homes applications forms
Payment on account forms
Planning Court forms

[1] www.gov.uk/government/collections/court-and-tribunal-forms.

Primary Health Lists Tribunal forms
Probate forms
Property possession forms
Proscribed Organisations Appeal Commission forms

R

Rent applications forms
Residential Property (First-tier Tribunal) forms
Right to Buy applications forms
Road traffic accident small claim forms
Road Traffic Act personal injury forms
Royal Courts of Justice forms

S

Social Security and Child Support forms
Special Educational Needs and Disability Tribunal forms
Special Immigration Appeals Commission forms

T

Tax (First-tier Tribunal) forms
Technology and Construction Court forms
Tenants' Association applications forms
Traffic Enforcement Centre forms

U

Upper Tribunal (Tax and Chancery Chamber) forms

2. Offizielle Formulare der Zivilgerichte nach Themenbereichen[1]

Bereits das **Inhaltsverzeichnis der Formulare** lässt die beeindruckende Zahl der Muster-Prozessformulare erahnen. Um den Rahmen des Buches nicht zu sprengen, listen wir die einzelnen Formulare nur zu bestimmten, besonders relevanten Themen, die in der folgenden Tabelle **fett** hervorgehoben sind. Verzichtet wurde insbesondere auf die Liste der Formulare zur Zwangsvollstreckung *(enforcement)*, da sich allein hinter diesem Themenbereich gut 200 Templates verbergen. Aufgenommen wurden dagegen, wegen der immensen praktischen Bedeutung und der Fremdheit für deutsche Prozessparteien, die zahlreichen Musterformulare im Kontext vorprozessuales Verhalten *(pre-action)*. Die vollständige Liste ist online abrufbar.

Viele Formulare enthalten Hinweise, auf welchen Normen der CPR oder der PD sie beruhen.

Inhaltsverzeichnis:

- **Addition and substitution of parties**
- **Additional claims**
- Administration order procedure (County Court)
- Administrative Court forms
- Admiralty Court forms
- **Anonymity orders**
- Antisocial behaviour proceedings
- **Appeals**
- **Applications**
- **Arbitration forms**
- Bail
- Bills of sale
- **Case management**
- **Chancery Court forms**
- **Change of solicitor**
- Children and protected parties
- **Circuit Commercial Court forms**
- **Commercial Court forms**
- **Contempt of court proceedings**
- Competition Appeal Tribunal
- **Conditional fees**
- Confiscation and forfeiture
- Consumer Credit Act proceedings
- **Costs**
- **Court fees**
- Court Funds Office forms
- **Court record form**
- Crown proceedings
- **Damages**
- Deeds poll
- **Default judgment**
- **Derivative claims**
- **Directors disqualification forms**
- **Disclosure and inspection of documents**
- **Discontinuance**
- Discrimination
- Enforcement **(siehe Hinweis oben)**
- Enforcement of English judgments abroad (outgoing)
- Enforcement of foreign judgments here (incoming)
- Equality proceedings
- Estates, trusts and charities
- Europe
- **Evidence**
- **Filing of documents**
- Financial list claims
- Further information
- Habeas corpus
- Inheritance act forms
- Injunctions
- Judgments and orders
- Landlord and tenant claims (part 56)
- Legal representatives
- **Offers to settle**
- Possession claims
- Possession orders
- **Pre-action**
- Presumption of death proceedings forms
- Probate proceedings forms
- Quashing an acquittal
- Receivers
- **Response to claim**
- **Service of claim form**
- Service of other documents
- **Starting proceedings**
- **Summary judgment**
- **Supply of documents**
- Technology and Construction Court forms
- Traffic enforcement
- Transfer

[1] www.gov.uk/government/publications/civil-procedure-rules-court-forms/list-of-civil-court-forms-arranged-by-subject-matter.

Liste der einzelnen Prozessformulare zu den ausgewählten Themen:

Addition and substitution of parties

See part 19 and PD 19Ap

- No.52 Notice of claim to non-parties (rule 19.8A(4)(a)(i))
- No.52A Notice of judgment or order to non-parties (rule 19.8A(4)(a)(i))

See also PF52 order in the King's Bench Division for case management and costs management directions in the multi-track (part 29)

Additional claims

- N211 Part 20 claim form
- N211A Part 20 notes for claimant
- N211C Part 20 notes for defendant
- N212 Part 20 notice of issue
- N213 Part 20 acknowledgment of service
- PF20A Application for permission to issue an additional claim under rules 20.4(2)(b), 20.5(1) or 20.7(3)(b)
- PF20B Application for directions in an additional claim
- PF21 Order for permission to make an additional claim under rules 20.4(2)(b), 20.5(1) or 20.7(3)(b) and directions following such permission
- PF22 Notice claiming contribution or indemnity against another defendant (rule 20.6)

Anonymity orders

- PF10 Anonymity and prohibition of publication order

Appeals

- N161 Appellant's notice
- N161A Guidance notes on completing appellant's notice
- N161B Important notes for respondent
- N161C Guidance notes on completing form N161
- N162 Respondent's notice
- N162A Guidance notes on completing respondent's notice
- N163 Skeleton arguments
- N164 Appellant's notice (small claims track only)
- N165 Certificate of notification or non-notification (appeals from the Court of Protection to the Court of Appeal)
- N460 Reasons for allowing or refusing permission to appeal (including referral to the Court of Appeal (civil division))
- N460HC Reasons for allowing or refusing permission to appeal and referral to the Court of Appeal

Applications

See part 23 and PD 23A

- N244 Application notice – notes for guidance
- N244A Notice of hearing of an application
- N244(CC) Application notice (Commercial Court)
- N244(FLCH) Application notice (Financial List Chancery Court)
- N244(FLCC) Application notice (Financial List Commercial Court)
- N245 Application for suspension of a warrant and/or variation of an instalment order
- N246 Claimants reply to defendants application to vary instalment order
- N246A Claimants reply to defendants application to suspend warrant of execution
- N294 Claimants application for a variation order

Arbitration forms

See part 62 and PD 62, and the Admiralty and Commercial Courts guide, the Circuit Commercial Court guide, and the Technology and Construction Court guide

- N8 Claim form (arbitration) as contained in appendix A of PD 62
- N8A Notes for claimant (arbitration) as contained in appendix A of PD 62
- N8B Notes for defendant (arbitration) as contained in appendix A of PD 62
- N15 Acknowledgment of service (arbitration) as contained in appendix A of PD 62
- N244 Application notice for stay of legal proceedings under section 9 of the Arbitration Act 1996
- PF166 Certificate as to finality, etc. of arbitration award for enforcement abroad (Arbitration Act 1996, s.58)
- PF167 Order to stay proceedings under section 9 of the Arbitration Act 1996 (rule 62.8)

Case management
See parts 3, 26, 27, 28 and 29

Allocation
- N149A Notice of proposed allocation to small claims track
- N149B Notice of proposed allocation to fast track
- N149C Notice of proposed allocation to multi-track
- N152 Notice that [defence] [counterclaim] has been filed
- N153 Notice of allocation or listing hearing
- N154 Notice of allocation to fast track
- N155 Notice of allocation to multi-track
- N156 Order for further information (for allocation)
- N157 Notice of allocation to small claims track
- N158 Notice of allocation to small claims track (preliminary hearing)
- N159 Notice of allocation to small claims track (no hearing)
- N160 Notice of allocation to small claims track (with parties consent)

Case management and costs management directions
- N170 Listing questionnaire (pre-trial checklist)
- N171 Notice of date for return of listing questionnaire
- N172 Notice of trial date
- N174 Notice to defendant that claim struck out (non-payment of fee)
- N174A Notice to claimant that counterclaim struck out (non-payment of fee)
- N180 Directions questionnaire (small claims track)
- N181 Directions questionnaire (fast and multi-track)
- PF16 Notice of court's proposal to make an order of its own initiative (rules 3.3(2) and 3.3(3))
- PF17 Order made on court's own initiative without notice (rule 3.3(4) and (5))
- PF43 Application for security for costs under rule 25.12 and 25.13
- PF44 Order for security for costs (rules 25.12 and 25.13)
- PF49 Form to be returned with allocation question including dates for first CMC
- PF52 Order for case management directions and costs management directions in the multi-track (part 29)
- PF52A Shortened form of PF52 in the King's Bench Division for multi-track case and costs management directions in mesothelioma and asbestosis claims
- PF53 Order for separate trial of an issue (rule 3.1(2)(i))
- PF74 Order for trial of a whole claim or of an issue by master or district judge (PD 2B para. 4.1)
- PF168 Order on application to transfer claim from High Court to County Court (sections 40(1) and (2) County Courts Act 1984: High Court and County Courts Jurisdiction Order 1991 rule 30.3)
- Model directions and standard directions referred to in rule 29.1(2) and available on www.justice.gov.uk/courts/procedure-rules/civil
- Application by person subject to a civil proceedings order or an all proceedings order to begin or continue proceedings, or make an application in proceedings (form of). See PD 3A para. 7

Civil restraint orders
- N19 Limited civil restraint order

- N19A Extended civil restraint order
- N19B General civil restraint order
- N244 Application notice

Failure to comply or unless order

- N367 Notice of hearing to consider why fine should not be imposed
- N368 Order fining a witness for non-attendance
- N370 Order of commitment or imposing a fine for insult or misbehaviour
- PF8 Standard "unless" order or other order upon failure to file directions questionnaire (rule 26.3, PD 26 paragraph 2.5, and Form N181)
- PF84B Judgment on request arising from failure to comply with an order made under rule 3.5(1) (rule 3.5(2))
- PF84C Application for entry of judgment on failure to comply with an order made under rule 3.5(1) (rule 3.5(5))
- PF84D Judgment on application arising from a failure to comply with an order made under rule 3.5(1) (rule 3.5(1) and (5))
- PF85A Application for order arising on failure to comply with a condition imposed under rule 3.1(3)
- PF85B Order on application arising from a failure to comply with a condition imposed under rule 3.1(3)
- PF84A Request for judgment on failure to comply with an order made under rule 3.5(1) (rule 3.5(2)

Order to sue or defend on behalf of others

- N202 Order for party to sue or defend on behalf of others having the same interest
- N203 Notice to persons on whose behalf party has obtained leave to sue or defend
- N204 Notice to person against whom party has obtained leave to sue or defend on behalf of others

Relief from sanctions

- 71 Evidence in support of application for relief from sanctions (rule 3.8 and 3.9)

Transfer

- N328 Notice of transfer of proceedings to the High Court
- PF168 Order on application to transfer claim from High Court to County Court (section 40(1) and (2) County Courts Act 1984; High Court and County Courts Jurisdiction order 1991 (as amended) rule 30.3)
- PF168A Order on court's own initiative to transfer claim from High Court to County Court (section 40(10 and (2) County Courts Act 1984; High Court and County Court Jurisdiction Order 1991 (as amended) rule 30.3)
- PF197 Application for order for transfer from the Royal Courts of Justice to a district registry or vice-versa or from one district registry to another (rule 30.2(4))
- PF198 Order for transfer from the Royal Courts of Justice to a district registry or vice-versa or from one district registry to another (rule 30.2(4))

Chancery Court forms

- CH1 Case management directions for normal use in Chancery Division (part 3)
- CH2 Full draft case management directions (part 3)
- CH3 Order for costs and case management conference and trial date (part 3)
- CH4 Unless order (rule 3.1(3) and 3.4(2)(c))
- CH5 Order for service out
- CH6 Group litigation order (rule 19.10–15 and PD 19B)
- CH7 Notice of claim to non-parties (rule 19.8A)
- CH8 Notice of judgment or order to non-parties (rule 19.8A)
- CH9 Witness statement or affidavit in support of application for appointment of new litigation friend for child (part 21)
- CH10 Order for an injunction (intended action) (part 25)
- CH11 Order for interim injunction (part 25)
- CH12 Order for stay for ADR (PD 26 paragraph 3.1–4)

- CH13 Executor's or administrator's account (Part 40; PD 40A)
- CH14 Order stating results of proceedings on usual accounts and inquiries in admin claim (Part 40; PD 40A)
- CH15 Common form of order for sale (rule 40.16)
- CH16 Order nominating person to execute sale (rule 40.16)
- CH17 Order for account and inquiry (PD 40A)
- CH18 Order for partnership account and inquiry (PD 40A)
- CH19 Result of partnership account and inquiry (PD 40A)
- CH20 Result of account of money due (PD 40A)
- CH21 Order declaring that a solicitor has ceased to act (rule 42.3)
- CH22 Mortgage: suspended possession order (part 55)
- CH23 Mortgage possession order (part 55)
- CH24 Order appointing administrator pending determination of probate claim (Part 57 section 1 and PD 57A paragraph 8)
- CH25 Security of receiver/administrator pending determination of probate claim (Part 57 section 1 and PD 57A paragraph 8)
- CH26 Order in probate claim involving compromise (part 57 section 1)
- CH27 Handing out testamentary documents for examination (rule 57.5)
- CH28 Revocation or refusal of grant of probate (rule 57.6)
- CH29 Order pronouncing for some words, against others (part 57 section 2)
- CH30 Order pronouncing for completed copy/torn up will (part 57 section 2)
- CH31 Tomlin order – 1975 Act (part 57 section 5)
- CH32 Order for approval of compromise (part 57 section 4)
- CH33 Order granting permission to make application under 1975 Act after time expired (part 57 section 4)
- CH34 Order for claimant to be defendant – 1975 Act (part 57 section 4)
- CH35 Order for provision under 1975 Act (part 57 section 4)
- CH36 Enforcing charging order (single defendant)
- CH37 Enforcing charging order (multiple defendants)
- CH38 Order for distribution of a Lloyd's estate
- CH39 Lloyd's estate form of witness statement
- N1(CHFL) Claim form (part 7, Chancery Division Financial List)
- N1C(CCCHFL) Notes for the defendant replying to a part 7 claim form Financial List
- N9(CHFL) Acknowledgment of service (part 7 Chancery Division Financial List)
- N208(CHFL) Claim form (Part 8, Chancery Division Financial List)
- N210(CHFL) Acknowledgment of service (part 8, Chancery Division Financial List)
- N211(CHFL) Claim form (Part 20, Chancery Division Financial List)
- N213(CHFL) Acknowledgment of service (part 20, Chancery Division Financial List)
- N244(CHFL) Application notice (Chancery Division Financial List)
- N265(CHFL) Standard disclosure (Chancery Division Financial List)

Change of solicitor
- N434 Notice of change of solicitor
- PF147 Application by another party for order declaring that solicitor has ceased to act by reason of death etc. (rule 42.4 and PD 42 paragraph 4)
- PF148 Order declaring that solicitor has ceased to act by reason of death etc (rule 42.2 and PD 42 para. 4)
- PF149 Application by solicitor for declaration that he has ceased to act (rule 42.3 and PD 42 para. 3)
- PF150 Order declaring that solicitor has ceased to act for a party (rule 42.3 and PD 42 para. 3.3)

Commercial Court forms
See part 58 and PD 58 and the Admiralty and Commercial Courts guide
- N1(CC) Claim form (part 7)
- N1C(CC) Notes for defendant on replying to part 7 claim form
- N9(CC) Acknowledgment of service

- N208(CC) Claim form (part 8)
- N208C(CC) Notes for defendant on replying to part 8 claim form
- N210(CC) Acknowledgment of service (part 8)
- N211(CC) Claim form (additional claims – part 20)
- N211C(CC) Notes for part 20 defendant on replying to part 20 claim form
- N213(CC) Acknowledgment of service (part 20 claim)
- N244(CC) Application notice in the Commercial Court
- N265(CC) List of documents: standard disclosure in the Commercial Court
- Pre-trial checklist progress monitoring information sheet
- N1(CCFL) Claim form (part 7, Commercial Court Financial List)
- N1C(CCCHFL) Notes for the defendant replying to a part 7 claim form Financial List
- N9(CCFL) Acknowledgment of service (part 7, Commercial Court Financial List)
- N208(CCFL) Claim form (part 8, Commercial Court Financial List)
- N210(CCFL) Acknowledgment of service (part 8 Commercial Court Financial List)
- N211(CCFL) Claim form (part 20, Commercial Court Financial List)
- N213(CCFL) Acknowledgment of service (part 20, Commercial Court Financial List)
- N244(CCFL) Application notice (Commercial Court Financial List)
- N265(CCFL) Standard Disclosure (Commercial Court Financial List)
- No.94 Order for production of documents in marine insurance claim (Part 49D PD paragraph 7)

Contempt of court proceedings
- N600 Contempt application
- N601 Summons under rule 81.6(3)
- N602 Warrant to secure attendance at court under rule 81.7(2)
- N603 Order under rule 81.9
- N604 Warrant of committal under rule 81.9

Costs
- EX80A Legal aid or Legal Services Commission assessment certificate
- N251 Notice of funding of case or claim
- N252 Notice of commencement of assessment of bill of costs
- N253 Notice of amount allowed on provisional assessment
- N253A Notice of provisional assessment (general form)
- N254 Request for default costs certificate
- N255 Default costs certificate
- N255(HC) Default costs certificate (High Court version)
- N256 Final costs certificate
- N256(HC) Final costs certificate (High Court version)
- N257 Interim costs certificate
- N258 Request for provisional detailed assessment (general form)
- N258A Request for detailed assessment (Legal aid or Legal Services Commission only)
- N258B Request for detailed assessment (cost payable out of a fund other than the Civil Legal Aid Fund)
- N258C Request for detailed assessment hearing pursuant to an order under Part 3 of the Solicitors Act 1974
- N259 Notice of appeal against a detailed assessment
- N260 Statement of costs (summary assessment) PD 44 paragraph 9.5
- N261 Provisional assessment hearing notice
- PF43 Application for security for costs under rule 25.12 and 25.13
- PF44 Order for security for costs (rules 25.12 and 25.13)
- No.96 Certificate of order for costs against the Crown

Model forms of bills of costs
- Precedent AA: New Model bill of costs (PD 51L)
- Precedent A: Model form of bill of costs (PD 47)
- Precedent B: Model form of bill of costs (detailed assessment of additional liability only) (PD 47)

- Precedent C: Model form of bill of costs (payable by defendant and the LSC) (PD 47)
- Precedent D: Model form of bill of costs (alternative form, single column for amounts claimed, separate parts for costs payable by the LSC only) (PD 47)
- Precedent E: Legal aid and LSC schedule of costs (PD 47)
- Precedent F: Certificates for inclusion in bill of costs (PD 47)
- Precedent G: Points of dispute and reply (PD 47)
- Precedent H: Costs budget (part 3 PD 3E and PD 47)
- Precedent H: Costs budget notes for guidance
- Precedent J: Solicitors Act 1974: Part 8 claim form under part 3 of the act (PD 47)
- Precedent K: Solicitors Act 1974: order for delivery of bill (PD 47)
- Precedent L: Solicitors Act 1974: order for detailed assessment (client) (PD 47)
- Precedent M: Solicitors Act 1974: order for detailed assessment (solicitors) (PD 47)
- Precedent P: Solicitors Act 1974: breakdown of costs (PD 47)
- Precedent Q: Model form of breakdown of the costs claimed for each phase of the proceedings (PD 3E)
- Precedent R: budget discussion report
- Model form of prospective costs order in proceedings under rule 64.2(a), see appendix A to PD 64A

Court fees
- EX50 Civil and family court fees
- EX50A Full list of fees applicable in the civil and family courts
- EX160 Apply for help with fees
- EX160A Guide as to how to apply for help with fees
- EX160B Undertaking to apply for remission of a court fee or tribunal fee, or to pay a court fee for tribunal fee – emergency applications only
- EX160C Fee remissions contribution calculator
- Fee account – the easy way to pay court fees

Court record form
- PF48 Court record form

Damages
See Part 41 and PD 41A and PD 41B
Form annexed to PD 41A (example of an award of provisional damages after trial)

Default judgment
- N30 Judgment for claimant (in default)
- N30(HC) Judgment for claimant (in default) (High Court version)
- N205A Notice of issue (specified amount) and request for judgment
- N205B Notice of issue (unspecified amount) and request for judgment
- N225 Request for judgment and reply to admission (specified amount)
- N227A Request for judgment by default (amount to be decided by the court)
- PF9 Application for default judgment for possession of land (rule 12.4(2))
- No.41 Default judgment upon request in claim relating to detention of goods (rule 12.4(1)(c))
- No.42 Default judgment in claim for possession of land (rule 12.4(2)(a))

Derivative claims
See notice annexed to PD 19C Notice in relation to derivative claims

Directors disqualification forms
See practice direction – directors' disqualification proceedings
- N500 Claim form – Directors disqualification application
- N500A Notes for claimant – Directors disqualification application
- N500B Notes for defendant – Directors disqualification application
- N501 Claim form – Directors disqualification section 8A application

- N501A Notes for claimant – Directors Disqualification Section 8A application
- N501B Notes for defendant – Directors disqualification section 8A application
- N502 Acknowledgment of service – Directors disqualification application
- N503 Acknowledgment of service – Directors disqualification section 8A application
- N504 Pre-trial checklist – Directors disqualification

Disclosure and inspection of documents
- N263 Disclosure report
- N264 Electronic documents questionnaire
- N265 List of documents
- N266 Notice to admit facts or admission of facts
- N268 Notice to prove documents at trial
- PF56 Request for further information or clarification (part 18 and PD 18)
- PF57 Application for further information or clarification (part 18 and PD 18, paragraph 5)
- PF58 Order for further information or clarification (part 18 and PD 18)

Discontinuance
- N279 Notice of discontinuance (rule 38.3)

Evidence
- Witness statement (form of) – see rule 32.8 and PD 32
- Witness summaries (form of) – see rule 32.9 and PD 32
- Statement of truth (form of) See rule 22.1 and PD 22 paragraphs 1–5
- N20 Witness summons
- N21 Order for examination of deponent before the hearing
- N266 Notice to admit facts/admission of facts
- N285 General form of affidavit
- N288 Order to produce prisoner
- PF67 Evidence in support of application to make order of the Supreme Court of the UK an order of the High Court of Justice (PD 40B 13.2)
- PF68 Order making an order of the Supreme Court of the UK an order of the High Court of Justice (PD 40B paragraph 13.3)
- PF72 List of exhibits handed in at trial (PD 39A paragraph 7)
- PF78 Solicitor's undertaking as to expenses on issue of letter of request (rule 34.13(6)(b))
- PF152 Evidence in support of application for examination of a witness and production of documents under the Evidence (Proceedings in Other Jurisdictions) Act 1975 (rule 34.17 and PD 34 paragraph 6.3)
- PF153 Certificate following examination under the Evidence (Proceedings in Other Jurisdictions) Act 1975 (rule 34.19(2))
- No.32 Order for examination within jurisdiction of witness before trial or hearing (rule 34.8)
- No.33 Application for an order for the issue of a letter of request to judicial authorities out of the jurisdiction (rule 34.13 and PD 34A paragraph 5)
- No.34 Order for the issue of a letter of request to judicial authorities out of the jurisdiction (rule 34.13)
- No.35 Draft letter of request for examination of witness out of jurisdiction (to be filed by a party under rule 34.13(6))
- No.37 Order for appointment of special examiner to take evidence of witness out of jurisdiction (rule 34.13(4) and PD 34A paragraph 5.8)
- No.93 Order under Evidence (Proceedings in Other Jurisdictions) Act 1975

Video conferences – see PD 32 paragraph 29 and annex 3 to that practice direction

Filing of documents
See rule 5.5 and PD 5A and PD 5B

Offers to settle
- N242A Notice of offer to settle (part 36 section 1)
- N242 Notice of payment into court pursuant to order (part 37)

Pre-action
See practice direction entitled pre-action conduct and protocols

Freezing injunctions
- N244 Application notice
- Order (1) Annexed to PD 25A, and (2) annexed to the Admiralty and Commercial Courts guide

Part 36 offers
N242A Notice of offer to settle (part 36 section 1)

Pre-action protocols
- Clinical negligence
- Annex B Form for requesting medical records
- Annex C Templates for letters of notification, claim and response

Dilapidations of commercial property
- Annex B schedule of dilapidations where prepared by a surveyor
- Annex C schedule of dilapidations where prepared by the landlord

Judicial review
- Annex A Letter before claim
- Annex B Response to a letter before claim
- Annex C Notes on public funding for legal costs in judicial review

Disease and Illness
- Annex A Letter requesting occupational records including health records
- Annex A1 Application on behalf of a potential claimant for use where a disease claim is being investigated
- Annex B Template for letter of claim
- Annex C Guidance for cases involving mesothelioma – early notification letter
- Annex D Early notification letter for use in cases involving mesothelioma

Housing disrepair
- Annex A – Letter of claim
- Annex B – Letter of instruction to expert
- Annex C – Schedule of disrepair
- Annex D – Special damages form

Low value personal injury employers' and public liability claims
- EL1 Claim notification form (EL1): Low value personal injury claims in employers' liability – accident only (£1,000 to £25,000)
- EL2 Claim notification form (EL2): Low value personal injury claims in employers' liability – accident only (£1,000 to £25,000) – defendant only
- ELD1 Claim notification form (ELD1): Low value personal injury claims in employers' liability – disease (£1,000 to £25,000)
- ELD2 Claim notification form (ELD2): Low value personal injury claims in employers' liability – disease (£1,000 to £25,000) – defendant only
- EPL3 Medical report form
- EPL4 Interim settlement pack and response to interim settlement pack
- EPL5 Stage 2 settlement pack and response to settlement pack
- EPL6 and EPL7 Court proceedings pack (part A) and (part B)
- PL1 Claim notification form – public liability accidents
- PL2 Defendant only – claim notification form – public liability accidents

Low value personal injury road traffic accident claims
- RTA1 Claim notification form
- RTA2 Defendant only claim notification form

- RTA3 Medical report form
- RTA4 Interim settlement pack and response to interim settlement pack
- RTA5 Stage 2 settlement pack and response to settlement pack
- RTA6 and RTA7 Court proceedings pack (part A – part B)

Personal injury
- Annex B: Templates for letters of claim and response
- Annex C: Standard disclosure lists
- Annex D: Template for letters of instruction to medical expert

Possession claims for mortgage arrears
- N123 Mortgage pre-action protocol checklist

Pre-action disclosure
- N244 Application notice

Search injunctions
- N244 Application notice
- Order (1) annexed to PD 25A, and (2) annexed to the Admiralty and Commercial Courts guide

Response to claim
See parts 9, 10, 11, 15 16 and part 55

Part 7 claims
- N1C Notes for defendant on replying to claim form
- N1D Notes for defendant on replying to claim form served out of the jurisdiction
- N1(FD) Notes for defendant on replying to claim form (Consumer Credit Act 1974 claim)
- N9 Response pack (including acknowledgment of service)
- N9A Admission of claim for specified amount of money
- N9B Defence and counterclaim to claim for specified amount of money
- N9C Admission of claim for unspecified amount of money or of claim otherwise than for money
- N9D Defence and counterclaim to claim for unspecified amount of money or to claim otherwise than for money
- N10 Notice from court to claimant that acknowledgment of service has been filed
- N11 Defence form
- N225A Notice of part admission (specified amount)
- N226 Notice of admission (unspecified amount)
- N236 Notice of defence that amount claimed has been paid

Part 8 claims
- N210 Acknowledgment of service (part 8 claim)
- N210A Acknowledgment of service (part 8 claim for costs only claim)
- N210B Acknowledgment of service (part 8 claim PAP LV claims PD 8B)
- N210C Acknowledgment of service (Part 81, section 4 Charities Act 2011)
- N10 Notice from court to claimant that acknowledgment of service has been filed

Part 55 Possession Claims
- N11 Defence form
- N11B Defence form (accelerated possession procedure)
- N11D Defence form (demotion of tenancy)
- N11M Defence form (mortgaged residential premises)
- N11R Defence form (rented residential premises)
- N133 Witness statement of the defendant to oppose the making of an interim possession order

Service of claim form
See part 6 and practice directions 6A and 6B

Service within the jurisdiction
- N205A Notice by court to claimant of issue and service of part 7 claim form (specified amount of money)
- N205B Notice by court to claimant of issue and service of part 7 claim form (unspecified amount of money)
- N205C Notice by court to claimant of issue and service of part 7 claim form (non-money claim)
- N209 Notice by court to claimant of issue and service of part 8 claim form
- N209A Notice by court to claimant of issue and service of a low value personal injury claim in a road traffic accident claim
- N215 Certificate of service
- N216 Notice by court to claimant of outcome of postal service of claim form by the court
- N217 Order for service of claim form by an alternative method or at an alternative place
- N218 Notice of service on partnership
- PF1 Application for time (rule 3.1(2)(a)) (other than an application to extend time for service of a claim form)
- PF2 Order for time (rule 3.1(2)(a))
- PF3 Application for an extension of time for serving a claim form (rule 7.6)
- PF4 Order for extension of time for serving a claim form (rule 7.6)
- PF5 Order as to service in claim for possession where premises empty
- PF113 Evidence on application for service by an alternative method or at an alternative place
- PF130 Form of advertisement of service by an alternative method (rule 6.15) 33CH

Service out of the jurisdiction
- N224 Request for service of claim form out of the jurisdiction under rule 6.43
- N224A Request for service of claim form on a state under rule 6.44
- N242A Request for service of a claim form on a state under rule 6.44
- N510 Notice by claimant to court for service of claim form out of the jurisdiction where permission of the court is not required
- PF6A Application for permission to serve claim form out of jurisdiction (rules 6.36 and 6.37)
- PF6B Order for permission to serve claim form out of jurisdiction (rule 6.37(5))

Translation of claim form see rule 6.45

Starting proceedings
Part 7 Claims
See part 7 and practice directions 7A, 7B, 7C, 7D and 7E and part 16 and PD 16
- N1 Part 7 Claim form
- N1A Notes for claimant on completing a claim form
- N1SDT Part 7 Claim form for use in the Claim Production Centre and Money Claim Online
- N440 Application for time under section 129 of the Consumer Credit Act 1974
- PF177 order for partnership membership statement (PD 71 paragraph 5A)

Part 8 Claims
See part 8 and practice directions 8A and 8B,
- N208 Part 8 claim form
- N208A Notes for claimant on completing a part 8 claim form
- N206 Notice of issue (fixed date summons)

See part 65 antisocial behaviour and harassment
- N16A Application for an injunction

See also part 77 and PD 77 as to starting proceedings for a serious crime prevention order
See elections: LOC002 I want to challenge the outcome of an election and how do I apply for relief

Part 55 possession claims
See part 55 and practice directions 55A and 55B
- N5 Claim form for possession of property
- N206B Notice of issue (possession claims)

- N5B Claim form for possession of property (accelerated possession procedure)
- N6 Claim for demotion of tenancy / suspension of right to buy
- N7A Notes for defendant (rented residential property)
- 7D Notes for defendant (demotion / suspension claim)
- N11D Defence form to a claim for a demotion order
- N119 Particulars of claim for possession (rented residential premises)
- N119A Notes for guidance on completing particulars of claim (rented residential premises)
- N122 Particulars of claim for a demotion order
- N206D Notice of issue (demotion claim)
- N206A Notice of issue (accelerated possession procedure) (assured shorthold tenancy)
- N120 Particulars of Claim for possession (mortgaged residential premises)
- N7 Notes for defendant (mortgaged residential property)
- N5A Claim form for relief against forfeiture
- N7B Notes for defendant (forfeiture of the lease)
- N121 Particulars of claim for possession (trespassers)
- N130 Application for possession including application for interim possession order
- Application to suspend warrant of possession (form of) see PD 55B paragraph 13

Summary judgment
- N244 Application for summary judgment on a claim for specific performance (see PD 24 para. 7.2)
- PF11 Application for part 24 Judgment on the whole of a claim or on a particular issue (Part 24)
- PF13 Order under part 24 imposing condition of payment into court (rule 3.1(3) and PD 24 paras 5.1 and 5.2)
- PF15 Order under part 24 for detailed assessment of solicitor's bill of costs and for judgment on the amount found due thereunder
- No.44 Part 24 judgment for claimant
- No.44A Part 24 judgment for defendant
- No.44B Order under part 24 refusing judgment and giving directions as to the future conduct of the case

Supply of documents
- N244 Application notice under rule 5.4D(1)(a)
- Written request under rule 5.4D(1)(b)

Transfer
- N328 Notice of transfer of proceedings to the High Court
- PF168 Order on application to transfer claim from High Court to County Court (section 40(1) and (2) County Courts Act 1984; High Court and County Courts Jurisdiction order 1991 (as amended) rule 30.3)
- PF168A Order on court's own initiative to transfer claim from High Court to County Court (section 40(10 and (2) County Courts Act 1984; High Court and County Court Jurisdiction Order 1991 (as amended) rule 30.3)
- PF197 Application for order for transfer from the Royal Courts of Justice to a district registry or vice-versa or from one district registry to another (rule 30.2(4))
- PF198 Order for transfer from the Royal Courts of Justice to a district registry or vice-versa or from one district registry to another (rule 30.2(4))

3. Klageerhebungsformular: N1 Claim Form

Claim Form

In the	
Fee Account no.	
Help with Fees - Ref no. (if applicable)	**H W F – –**
	For court use only
Claim no.	
Issue date	

You may be able to issue your claim online which may save time and money. Go to www.moneyclaim.gov.uk to find out more.

Claimant(s) name(s) and address(es) including postcode

SEAL

Defendant(s) name and address(es) including postcode

Brief details of claim

Value

Defendant's name and address for service including postcode

	£
Amount claimed	
Court fee	
Legal representative's costs	
Total amount	

For further details of the courts www.gov.uk/find-court-tribunal.
When corresponding with the Court, please address forms or letters to the Manager and always quote the claim number.

© Crown Copyright 2022

Claim no.	

You must indicate your preferred County Court Hearing Centre for hearings here (see notes for guidance)

Do you believe you, or a witness who will give evidence on your behalf, are vulnerable in any way which the court needs to consider?

☐ Yes. Please explain in what way you or the witness are vulnerable and what steps, support or adjustments you wish the court and the judge to consider.

☐ No

Does, or will, your claim include any issues under the Human Rights Act 1998?

☐ Yes

☐ No

Claim no.	

Particulars of Claim

- [ ] attached
- [ ] to follow

Statement of truth

Note: you are reminded that a copy of this claim form must be served on all other parties.

I understand that proceedings for contempt of court may be brought against a person who makes, or causes to be made, a false statement in a document verified by a statement of truth without an honest belief in its truth.

☐ **I believe** that the facts stated in this claim form and any attached sheets are true.

☐ **The claimant** believes that the facts stated in this claim form and any attached sheets are true. **I am authorised** by the claimant to sign this statement.

Signature

☐ Claimant

☐ Litigation friend (where claimant is a child or protected party)

☐ Claimant's legal representative (as defined by CPR 2.3(1))

Date

Day Month Year

Full name

Name of claimant's legal representative's firm

If signing on behalf of firm or company give position or office held

Claimant's or claimant's legal representative's address to which documents should be sent.

Building and street

Second line of address

Town or city

County (optional)

Postcode

If applicable

Phone number

DX number

Your Ref.

Email

Find out how HM Courts and Tribunals Service uses personal information you give them when you fill in a form: https://www.gov.uk/government/organisations/hm-courts-and-tribunals-service/about/personal-information-charter

4. Klageerhebungsformular: N1(CC) Claim Form Commercial Court

Claim Form

In the	High Court of Justice Business and Property Courts of England and Wales King's Bench Division Commercial Court

	for court use only
Claim no.	
Issue date	

Claimant(s)

SEAL

Defendant(s)

Name and address of Defendant receiving this claim form

	£
Amount claimed	
Court fee	
Legal representative's costs	
Total amount	

The court office at the Admiralty and Commercial Court Listing Office, Rolls Building, 7 Rolls Buildings, Fetter Lane, London EC4A 1NL is open between 10 am and 4.30 pm Monday to Friday. When corresponding with the court, please address forms or letters to the Court Manager and quote the claim number.

N1(CC) Claim form (CPR Part 7) (09.22)

© Crown copyright 2022

Claim No.	

Brief details of claim

Particulars of claim (*attached)(*will follow if an acknowledgment of service is filed that indicates an intention to defend the claim)

Claimant's or legal representative's address to which documents or payments should be sent if different from overleaf including (if appropriate) details of DX, fax or e-mail.

Statement of truth

I understand that proceedings for contempt of court may be brought against a person who makes, or causes to be made, a false statement in a document verified by a statement of truth without an honest belief in its truth.

☐ **I believe** that the facts stated in this claim form and any attached sheets are true.

☐ **The Claimant** believes that the facts stated in this claim form and any attached sheets are true. **I am authorised** by the claimant to sign this statement.

Signature

☐ Claimant

☐ Litigation friend (where claimant is a child or protected party)

☐ Claimant's legal representative (as defined by CPR 2.3(1))

Date

Day Month Year

Full name

Name of claimant's legal representative's firm

If signing on behalf of firm or company give position or office held

Find out how HM Courts and Tribunals Service uses personal information you give them when you fill in a form:
https://www.gov.uk/government/organisations/hm-courts-and-tribunals-service/about/personal-information-charter

5. Zustellungsbestätigung: Form N9

Response pack

You should read the 'notes for defendant' attached to the claim form which will tell you when and where to send the forms.

Included in this pack are:

- either **Admission Form N9A** (if the claim is for a specified amount)
  or **Admission Form N9C** (if the claim is for an unspecified amount or is not a claim for money)
- either **Defence and Counterclaim Form N9B** (if the claim is for a specified amount)
  or **Defence and Counterclaim Form N9D** (if the claim is for an unspecified amount or is not a claim for money)
- **Acknowledgment of service** (see below)

	Complete
If you admit the claim or the amount claimed and/or you want time to pay	the admission form
If you admit part of the claim	the admission form and the defence form
If you dispute the whole claim or wish to make a claim (a counterclaim) against the claimant	the defence form
If you need 28 days (rather than 14) from the date of service to prepare your defence, or wish to contest the court's jurisdiction	the acknowledgment of service
If you do nothing, judgment may be entered against you	

Acknowledgment of service

In the	
Claim No.	
Claimant (including ref.)	
Defendant	

Defendant's full name if different from the name given on the claim form

Address to which documents about this claim should be sent (including reference if appropriate)

Postcode

If applicable	
Telephone no.	
Fax no.	
DX no.	
Your ref.	

E-mail

Tick the appropriate box

1. I intend to defend all of this claim ☐
2. I intend to defend part of this claim ☐
3. I intend to contest jurisdiction ☐

(My) (Defendant's) date of birth is __/__/____

If you file an acknowledgment of service but do not file a defence within 28 days of the date of service of the claim form, or particulars of claim if served separately, judgment may be entered against you.

If you do not file an application to dispute the jurisdiction of the court within 14 days of the date of filing this acknowledgment of service, it will be assumed that you accept the court's jurisdiction and judgment may be entered against you.

If served outside the jurisdiction see CPR rule 6.35 and 6.37(5).

Signed

(Defendant) (Defendant's legal representative) (Litigation friend)

Position or office held (if signing on behalf of firm or company)

Date __/__/____

For further details of the courts www.gov.uk/find-court-tribunal. When corresponding with the Court, please address forms or letters to the Manager and always quote the claim number.

© Crown copyright 2014

6. Anerkenntnis: Form N9A

Admission (specified amount)

- You have a limited number of days to complete and return this form
- Before completing this form, please read the notes for guidance attached to the claim form

When to fill in this form

- You are admitting all of the claim **and** you are asking for time to pay; **or**
- You are admitting part of the claim. (You should also complete form N9B).

How to fill in this form

Individual

- Tick the correct boxes and give as much information as you can. Then sign and date the form. If necessary provide details on a separate sheet add the claim number and attach it to this form.
- Make your offer of payment in box 11 on the back of this form. If you make no offer the claimant will decide how much and when you should pay.

Organisation

- If you are not an individual, you should ensure you attach a financial statement showing your companies profit, loss, assets and liabilities to support any offer of payment made in box 11. Ensure you tick the correct box and complete sections 1, 9 (if applicable) and 12. If you are a Limited Company, the claimant is under no obligation to accept your offer.
- You can get help to complete this form at any County Court or Citizen Advice Bureau.

Where to send this form

- **If you admit the claim in full**
  Send the completed form to the **claimants address** shown on the claim form as one to which documents should be sent.
- **If you admit only part of the claim**
  Send the form **to the issuing court** at the address given on the claim form, together with the defence form (N9B).

How much of the claim do you admit?

☐ I admit the full amount claimed as shown on the claim form **or**

☐ I admit the amount of £ ______

1 Personal/Organisation details

Surname/ Organisation	
Forename	

☐ Mr ☐ Mrs ☐ Miss ☐ Ms

☐ Married ☐ Single ☐ Other (specify) ______

Date of birth D D M M Y Y Y Y

Address

Phone no.

Name of court	
Claim No.	
Claimant (including ref.)	
Defendant	

2 Dependants *(people you look after financially)*

Number of children in each age group

☐ under 11 ☐ 11-15 ☐ 16-17 ☐ 18 & over

Other dependants *(give details)*

3 Employment

☐ **I am employed as a** ______

My employer is ______

Jobs other than main job *(give details)* ______

☐ **I am self employed as a** ______

Annual turnover is £ ______

☐ **I am not** in arrears with my national insurance contributions, income tax and VAT

☐ **I am** in arrears and I owe £ ______

Give details of:

(a) contracts and other work in hand

(b) any sums due for work done

☐ **I have been unemployed for** ___ years ___ months

☐ **I am a pensioner**

4 Bank account and savings

☐ **I have a bank account**

☐ The account is **in credit** by £ ______

☐ The account is **overdrawn** by £ ______

☐ **I have a savings or building society account**

The amount in the account is £ ______

5 Residence

I live in ☐ my own house ☐ lodgings ☐ my jointly owned house ☐ council accommodation ☐ rented accommodation

N9A Form of admission (specified amount) (04.14)

© Crown copyright 2014

6 Income

My usual take home pay *(including overtime, commission, bonuses etc.)*	£	per
Income support	£	per
Child benefit(s)	£	per
Other state benefit(s)	£	per
My pension(s)	£	per
Others living in my home give me	£	per
Other income *(give details below)*		
	£	per
	£	per
	£	per
Total income	**£**	**per**

7 Expenses

(Do not include any payments made by other members of the household out of their own income)

I have regular expenses as follows:

Mortgage *(including second mortgage)*	£	per
Rent	£	per
Council tax	£	per
Gas	£	per
Electricity	£	per
Water charges	£	per
TV rental and licence	£	per
HP repayments	£	per
Mail order	£	per
Housekeeping, food, school meals	£	per
Travelling expenses	£	per
Children's clothing	£	per
Maintenance payments	£	per
Others *(not court orders or credit debts listed in boxes 9 and 10)*		
	£	per
	£	per
	£	per
Total expenses	**£**	**per**

8 Priority debts

(This section is for arrears only. Do not include regular expenses listed in box 7.)

Rent arrears	£	per
Mortgage arrears	£	per
Council tax/Community Charge arrears	£	per
Water charges arrears	£	per
Fuel debts: Gas	£	per
Electricity	£	per
Other	£	per
Maintenance arrears	£	per
Others *(give details below)*		
	£	per
	£	per
Total priority debts	**£**	**per**

9 Court orders

Court	Claim No.	£	per
		£	per
		£	per
		£	per
Total court order instalments		**£**	**per**

Of the payments above, I am behind with payments to *(please list)*

10 Credit debts

Loans and credit card debts *(please list)*

	£	per
	£	per
	£	per

Of the payments above, I am behind with payments to *(please list)*

11 Offer of payment

☐ I can pay the amount admitted on

or

☐ I can pay by monthly instalments of **£**

If you cannot pay immediately, please give brief reasons below

12 Declaration

I declare that the details I have given above are true to the best of my knowledge

Signed

Position or office held
(if signing on behalf of firm or company)

Date

7. Verteidigungsanzeige und Gegenklage: Form N9B

Defence and Counterclaim
(specified amount)

Name of court	
Claim No.	
Claimant (including ref.)	
Defendant	

- Fill in this form if you wish to dispute all or part of the claim and/or make a claim against the claimant (counterclaim).
- You have a limited number of days to complete and return this form to the court.
- Before completing this form, please read the notes for guidance attached to the claim form.
- Please ensure that all boxes at the top right of this form are completed. You can obtain the correct names and number from the claim form. The court cannot trace your case without this information.

How to fill in this form

- Complete sections 1 and 2. Tick the correct boxes and give the other details asked for.
- Set out your defence in section 3. If necessary continue on a separate piece of paper making sure that the claim number is clearly shown on it. In your defence you must state which allegations in the particulars of claim you deny and your reasons for doing so. **If you fail to deny an allegation it may be taken that you admit it.**
- If you dispute only some of the allegations you must
  - specify which you admit and which you deny; and
  - give your own version of events if different from the claimant's.
- If you wish to make a claim against the claimant (a counterclaim) complete section 4.
- Complete and sign section 5 before sending this form to the court. Keep a copy of the claim form and this form.

1. How much of the claim do you dispute?

☐ I dispute the full amount claimed as shown on the claim form.

or

☐ I admit the amount of £

If you dispute only part of the claim you must **either**:

- pay the amount admitted to the person named at the address for payment on the claim form (see How to Pay in the notes on the back of, or attached to, the claim form). Then send this defence to the court

or

- complete the admission form **and** this defence form and send them to the court.

☐ I paid the amount admitted on __/__/____

or

☐ I enclose the completed form of admission
(go to section 2)

2. Do you dispute this claim because you have already paid it? *Tick whichever applies*

☐ **No** *(go to section 3)*

☐ **Yes** I paid £ to the claimant

on __/__/____
(before the claim form was issued)

Give details of where and how you paid it in the box below *(then go to section 5)*

3. Defence (If you need to continue on a separate sheet put the claim number in the top right hand corner.)

(continue over the page)

© Crown copyright 2018

Claim No.	

Defence (continued)

4. If you wish to make a claim against the claimant (a counterclaim)

- To start your counterclaim, you will have to pay a fee. Court staff can tell you how much you have to pay.
- You may not be able to make a counterclaim where the claimant is the Crown (e.g. a Government Department). Ask at your local county court office for further information.

If your claim is for a specific sum of money, how much are you claiming? £

I enclose the counterclaim fee of £

My claim is for *(please specify nature of claim)*

What are your reasons for making the counterclaim?
If you need to continue on a separate sheet put the claim number in the top right hand corner.

5. Signed - To be signed by you or by your solicitor or litigation friend.

*(I believe) (The defendant believes) that the facts stated in this form are true.
*I am duly authorised by the defendant to sign this statement.

**delete as appropriate*

Position or office held
(If signing on behalf of firm or company)

Date / /

Defendant's date of birth, if an individual / /

Give an address to which notices about this case can be sent to you

Postcode

	If applicable
Telephone no.	
Fax no.	
DX no.	

E-mail	

Find out how HM Courts and Tribunals Service uses personal information you give them when you fill in a form: https://www.gov.uk/government/organisations/hm-courts-and-tribunals-service/about/personal-information-charter

8. Informationsblatt für Beklagte: Form N1C

Notes for defendant on replying to the claim form

Please read these notes carefully - they will help you decide what to do about this claim. Further information may be obtained from the court in a series of free leaflets

- If this claim form was received with the particulars of claim completed or attached, you must reply within 14 days of the date it was served on you. If the words 'particulars of claim to follow' are written in the particulars of claim box, you should not reply until after you are served with the particulars of claim (which should be no more than 14 days after you received the claim form). If the claim was sent by post, the date of service is taken as the second business day after posting (see post mark). If the claim form was delivered or left at your address the date of deemed service will be the second business day (see CPR rule 6.14) after delivery.
- You may either:
  - pay the total amount i.e. the amount claimed, the court fee, and solicitor's costs (if any)
  - admit that you owe all or part of the claim and ask for time to pay, or
  - dispute the claim
- If you do not reply, judgment may be entered against you.
- The notes below tell you what to do.
- The response pack will tell you which forms to use for your reply. (The pack will accompany the particulars of claim if they are served after the claim form).
- Court staff can help you complete the forms of reply and tell you about court procedures. But they cannot give legal advice. If you need legal advice, for example about the likely success of disputing the claim, you should contact a solicitor or a Citizens Advice Bureau immediately.

Registration of Judgments: If this claim results in a judgment against you, details will be entered in a public register, the Register of Judgments, Orders and Fines. They will then be passed to credit reference agencies which will then supply them to credit grantors and others seeking information on your financial standing. **This will make it difficult for you to get credit.** A list of credit reference agencies is available from Registry Trust Ltd, 173/175 Cleveland Street, London W1T 6QR.

Costs and Interest: Additional costs and interest may be added to the amount claimed on the front of the claim form if judgment is entered against you. In a county court, if judgment is for £5,000 or more, or is in respect of a debt which attracts contractual or statutory interest for late payment, the claimant may be entitled to further interest.

Your response and what happens next

How to pay

Do not bring any payments to the court - they will not be accepted.

When making payments to the claimant, quote the claimant's reference (if any) and the claim number.

Make sure that you keep records and can account for any payments made. Proof may be required if there is any disagreement. It is not safe to send cash unless you use registered post.

Admitting the Claim

Claim for specified amount

If you admit all the claim, take or send the money, including the court fee, any interest and costs, to the claimant at the address given for payment on the claim form, within 14 days.

If you admit all the claim and you are asking for time to pay, complete Form N9A and send it to the claimant at the address given for payment on the claim form, within 14 days. The claimant will decide whether to accept your proposal for payment. If it is accepted, the claimant may request the court to enter judgment against you and you will be sent an order to pay. If your offer is not accepted, the court will decide how you should pay.

If you admit only part of the claim, complete Form N9A and Form N9B (see 'Disputing the Claim' overleaf) and send them to the court within 14 days. The claimant will decide whether to accept your part admission. If it is accepted, the claimant may request the court to enter judgment against you and the court will send you an order to pay. If your part admission is not accepted, the case will proceed as a defended claim.

Claim for unspecified amount

If you admit liability for the whole claim but do not make an offer to satisfy the claim, complete Form N9C and send it to the court within 14 days. A copy will be sent to the claimant who may request the court to enter judgment against you for an amount to be decided by the court, and costs. The court will enter judgment and refer the court file to a judge for directions for management of the case. You and the claimant will be sent a copy of the court's order.

© Crown copyright 2013

If you admit liability for the claim and offer an amount of money to satisfy the claim, complete Form N9C and send it to the court within 14 days. The claimant will be sent a copy and asked if the offer is acceptable. The claimant must reply to the court within 14 days and send you a copy. If a reply is not received, the claim will be stayed. If the amount you have offered is **accepted -**

- the claimant may request the court to enter judgment against you for that amount.
- if you have requested time to pay which is not accepted by the claimant, the rate of payment will be decided by the court.

If your offer in satisfaction is **not accepted -**

- the claimant may request the court to enter judgment against you for an amount to be decided by the court, and costs; and
- the court will enter judgment and refer the court file to a judge for directions for management of the case. You and the claimant will be sent a copy of the court's order.

Disputing the claim

If you are being sued as an individual for a specified amount of money and you dispute the claim, the claim may be transferred to a local court i.e. the one nearest to or where you live or carry on business if different from the court where the claim was issued.

If you need longer than 14 days to prepare your defence or to contest the court's jurisdiction to try the claim, complete the Acknowledgment of Service form and send it to the court within 14 days. This will allow you 28 days from the date of service of the particulars of claim to file your defence or make an application to contest the court's jurisdiction. The court will tell the claimant that your Acknowledgment of Service has been received.

If the case proceeds as a defended claim, you and the claimant will be sent a Directions Questionnaire. You will be told the date by which it must be returned to the court. The information you give on the form will help a judge decide whether your case should be dealt with in the small claims track, fast track or multi-track. After a judge has considered the completed questionnaires, you will be sent a notice of allocation setting out the judge's decision. The notice will tell you the track to which the claim has been allocated and what you have to do to prepare for the hearing or trial. **Leaflets telling you more about the tracks are available from the court office.**

Claim for specified amount

If you wish to dispute the full amount claimed or wish to claim against the claimant (a counterclaim), complete Form N9B and send it to the court within 14 days.

If you admit part of the claim, complete the Defence Form N9B and the Admission Form N9A and send them both to the court within 14 days. The claimant will decide whether to accept your part admission in satisfaction of the claim (see under 'Admitting the Claim - specified amount'). If the claimant does not accept the amount you have admitted, the case will proceed as a defended claim.

If you dispute the claim because you have already paid it, complete Form N9B and send it to the court within 14 days. The claimant will have to decide whether to proceed with the claim or withdraw it and notify the court and you within 28 days. If the claimant wishes to proceed, the case will proceed as a defended claim.

Claim for unspecified amount/return of goods/non-money claims

If you dispute the claim or wish to claim against the claimant (counterclaim), complete Form N9D and send it to the court within 14 days.

Personal injuries claims:
If the claim is for personal injuries and the claimant has attached a medical report to the particulars of claim, in your defence you should state whether you:

- agree with the report **or**
- dispute all or part of the report **and** give your reasons for doing so **or**
- neither agree nor dispute the report **or** have no knowledge of the report

Where you have obtained your own medical report, you should attach it to your defence.

If the claim is for personal injuries and the claimant has attached a schedule of past and future expenses and losses, in your defence you must state which of the items you:

- agree **or**
- dispute **and** supply alternative figures where appropriate **or**
- neither agree nor dispute or have no knowledge of.

Address where notices can be sent

This must be either the business address of your solicitor or European Lawyer or your own residential or business address within the UK or in any other European Economic Area state.

Statement of truth

This must be signed by you, by your solicitor or your litigation friend, as appropriate.

Where the defendant **is a registered company or a corporation** the response must be signed by either the director, treasurer, secretary, chief executive, manager or other officer of the company **or** (in the case of a corporation) the mayor, chairman, president or town clerk.

9. Fragebogen für Fallzuordnung: Form N181

HM Courts &
Tribunals Service

Name of court

Claim number

N181

Directions questionnaire

Fast track, Intermediate track and Multi-track

To be completed by, or on behalf of

Who is the

☐ Legal representative for the

☐ First ☐ Claimant
☐ Second ☐ Defendant
☐ Third ☐ Party
☐

in this claim.

You should note the date by which this questionnaire must be returned and the name of the court it should be returned to since this may be different from the court where the proceedings were issued.

If you have settled this claim (or if you settle it on a future date) and do not need to have it heard or tried, you must let the court know immediately.

If the claim is not settled, a judge will allocate it to an appropriate case management track. To help the judge choose the most just and cost-effective track, you must now complete the directions questionnaire.

You should write the claim number on any other documents you send with your directions questionnaire. Please ensure they are firmly attached to it.

©Crown copyright 2023

A. Settlement

Under the Civil Procedure Rules parties should make every effort to settle their case before the hearing. This could be by discussion or negotiation (such as a roundtable meeting or settlement conference) or by a more formal process such as mediation. The court will want to know what steps have been taken. Settling the case early can save costs, including court hearing fees.

For legal representatives only

I confirm that I have explained to my client the need to try to settle; the options available; and the possibility of costs sanctions if they refuse to try to settle.

☐ I confirm

For all

Your answers to these questions may be considered by the court when it deals with the questions of costs: see Civil Procedure Rules Part 44.

1 Given that the rules require you to try to settle the claim before the hearing, do you want to attempt to settle at this stage?

☐ Yes. Do you want a one month stay?

- ☐ Yes
- ☐ No

☐ No. The reasons why I consider it inappropriate to try to settle the claim at this stage are

Note 1: The court may order a stay, whether or not all the other parties to the claim agree. Even if you are requesting a stay, you must still complete the rest of the questionnaire.

More information about mediation, the fees charged and a directory of mediation providers is available online from www.civilmediation.justice.gov.uk This service provides members of the public and businesses with contact details for national civil and commercial mediation providers, all of whom are accredited by the Civil Mediation Council.

B. Court

High Court only

1 The claim has been issued in the High Court. Do you consider it should remain there?

☐ Yes. It should remain in the Division or List shown below

☐ No. I prefer the case to be heard in the following County court hearing centre:

Note 1: High Court cases are usually heard at the Royal Courts of Justice or certain Civil Trial Centres. Fast or multi-track trials may be dealt with at a Civil Trial Centre or at the court where the claim is proceeding.

Trial - all cases

2 Is there any reason why your claim needs to be heard at a particular court or hearing centre?

☐ Yes. I believe it should be heard at the court/hearing centre listed below because:

Name of court or hearing centre

Reason why it should be heard here

☐ No

C. Pre-action protocols

1. You are expected to comply fully with the relevant pre-action protocol. Have you done so?

☐ Yes

☐ No. I have not complied, or have only partially complied because:

Note 1: Before any claim is started, the court expects you to have complied with the relevant pre-action protocol, and to have exchanged information and documents relevant to the claim to assist in settling it. To find out which protocol is relevant to your claim see: https://www.justice.gov.uk/courts/procedure-rules/civil/rules/pd_pre-action_conduct

D. Case management information

Applications

1. Have you made any application(s) in this claim?

☐ Yes. I have made the following application(s):

For hearing on
Day Month Year

☐ No

Note 1: It is important for the court to know if you have already made any applications in the claim (or are about to issue one), what they are for and when they will be heard. The outcome of the applications may affect the case management directions the court gives.

Allocation to track

2. This case should be **allocated to**:

☐ Fast Track
☐ Intermediate Track
☐ Multi-track

3. Is this agreed with the other party?

☐ Yes
☐ No. Give brief reasons for the proposed track.

Note 2: The basic guide by which claims are normally allocated to a track is the amount in dispute, although other factors such as the complexity of the case will also be considered. The scope of each track is specified here https://www.justice.gov.uk/courts/procedure-rules/civil/rules/part26

4. **Fast and Intermediate Track (only)** – Assignment to complexity band

This case should be assigned to complexity band:

☐ Band 1
☐ Band 2
☐ Band 3
☐ Band 4
☐ Not applicable. Please explain why.

Note 4: When a claim is allocated to the fast track or the intermediate track, unless it is a NIHL case, the court must also assign the claim to a complexity band. The complexity bands numbered 1 to 4 provide an ascending scale of allowable costs proportionate with the complexity of the claim.

For rules on Assignment within the fast track and the intermediate track, please refer to https://www.justice.gov.uk/courts/procedure-rules/civil/rules/part26

5. Is this band agreed?

☐ Yes

☐ No

6. Brief reasons for the proposed band:

Disclosure of electronic documents (multi-track cases only)

If you are proposing that the claim be allocated to the multi-track:

7. Have you reached agreement, either using the Electronic Documents Questionnaire in Practice Direction 31B or otherwise, about the scope and extent of disclosure of electronic documents on each side?

☐ Yes. Is an agreement likely?

  ☐ Yes

  ☐ No

☐ No

8. If there is no agreement and no agreement is likely, what are the issues about disclosure of electronic documents which the court needs to address, and should they be dealt with at the Case Management Conference or at a separate hearing?

Disclosure of non-electronic documents (all cases)

9. What directions are proposed for disclosure?

Notes 9: In Fast and Intermediate track cases,the provision that rule 28.2 applies and in relation to multi-track cases rule 31.5 applies.

For all multi-track cases, except personal injury

10. Have you filed and served a disclosure report (form N263) (see Civil Procedure Rules Part 31)?

☐ Yes

☐ No

11. Have you agreed a proposal in relation to disclosure that meets the overriding objective?

☐ Yes. You must ensure this is contained within the proposed directions attached and give the draft order number below.

☐ No

Note 11: This applies to all non-PI cases both multi-track and FRC.

E. Experts

1. Do you wish to use expert evidence at the trial or final hearing?

☐ Yes

No

2. Have you already copied any experts' report(s) to the other party(ies)?

☐ None yet obtained

☐ Yes

☐ No

3. Do you consider the case suitable for a single joint expert in any field?

☐ Yes

☐ No

Note E: There is no presumption that expert evidence is necessary, or that each party will be entitled to their own expert(s). Therefore, the court requires a short explanation of your proposals with regard to expert evidence.

4. Please list any single joint experts you propose to use and any other experts you wish to rely on. Identify single joint experts with the initials 'SJ' after their name(s). Please provide justification of your proposal and an estimate of costs.

Expert's name	Field of expertise (e.g. orthopaedic surgeon, surveyor, engineer)	Justification for expert and estimate of costs

F. Witnesses

1. Which witnesses of fact do you intend to call at the trial or final hearing including, if appropriate, yourself?

Witness name	Witness to which facts

Use of the Welsh language

If any party is legally represented then when filing any witness evidence, the legal representatives must notify the court in writing that:

a) they have advised their client of the entitlement of any party or witness to give evidence in the Welsh Language in accordance with the Welsh Language Act 1993 (which is not dependant on whether they are fluent in English)

b) instructions have been taken as to whether any party or witness will exercise that entitlement, in which case the legal representatives must so inform the court so that arrangements can be made by the court for instantaneous translation facilities to be made available without charge

Any **unrepresented party** or witness for such a party being entitled to give evidence in the Welsh Language in accordance with the principle of the Welsh Language Act 1993 must notify the court when sending to the court their witness evidence whether any party or witness will exercise that entitlement whereupon the court will make arrangements for instantaneous translation facilities to be made available without charge.

G. Trial or Final hearing

1. How long do you estimate the trial or final hearing will take?

day(s) hour(s)

or

☐ more than three days

2. Are there any days within the next 12 months when you, an expert or an essential witness will not be able to attend court for trial or final hearing?

☐ Yes. Give details in the table below

☐ No

Name	Dates not available

If any of these dates change, you should tell the court immediately.

Note 1: Give the best estimate you can of the time that the court will need to decide this case. If, later you have any reason to shorten or lengthen this estimate you should let the court know immediately.

You should only enter those dates when you, your expert(s) or essential witnesses will not be available to attend court because of holiday or other commitments.

H. Costs

Do not complete this section if:

1) you do not have a legal representative acting for you

2) the case is subject to fixed costs

If your claim is likely to be allocated to the multi-track, form Precedent H must be filed in accordance with CPR 3.13.

☐ I confirm Precedent H is attached.

I. Other information

1. Do you intend to make any applications in the future?

☐ Yes. I intend to make an application for

☐ No

2. In the space below, set out any other information you consider will help the judge to manage the claim.

Vulnerability

3. Do you believe you, or a witness who will give evidence on your behalf, are vulnerable in any way which the court needs to consider?

☐ Yes. Please explain in what way you or the witness are vulnerable and what steps, support or adjustments you wish the court and the judge to consider.

☐ No

J. Directions

You must attempt to agree proposed directions with all other parties.

Whether agreed or not a draft of the order for directions which you seek must accompany this form.

All proposed directions for multi-track cases must be based on the directions at www.justice.gov.uk/courts/procedure-rules/civil

All proposed directions for fast and intermediate track cases must be based on CPR Part 28.

Signature

☐ Legal representative for the

☐ First
☐ Second
☐ Third
☐

☐ Claimant
☐ Defendant
☐ Party

Date

Day Month Year

Your name

Postal address

First line of address

Second line of address

Town or city

County (optional)

Postcode

If applicable

Phone number

DX number

Your reference

Email

10. Fragebogen zu vorhandenen Dokumenten: Form N263

Disclosure report

Name of court	Claim No.

To be completed by, or on behalf of,

who is [1st][2nd][3rd][ ][Claimant][Defendant]
[Part 20 claimant] in this claim

1. Please decribe in the table below (or in a separate document filed with this report), using the number 1, 2 etc., all documents which exist or may exist and which may be relevant to the issues in the case and in respect of each such document, where and with whom it may be found, and in the case of electronic documents how the same are stored.

No.	Document description	Where it may be found	(if an electronic document) how it is stored

Note: If an Electronic documents questionnaire (Form N264) has been exchanged, it must be filed with this report.

2. Please state in the box below the broad range of costs that could be involved in giving standard disclosure in this case, including the costs of searching for and disclosing any electronically stored documents.

3. To the extent that this is not already dealt with in Section D4 of your Directions Questionnaire, please state in the boxes below your proposed directions for disclosure to include what particular scope and form of disclosure and related directions you propose for yourself and the other parties by reference to CPR 31.5 (6) and (7) and if not standard the broad range of costs for disclosure.

If not standard, broad range of costs	Form of disclosure (CPR 31.5 (6))

Other disclosure directions (CPR 31.5 (7))

I believe that the facts stated in this Disclosure Report are true.

Signature

[Legal Representative for the][1st][2nd][3rd][ ]
[Claimant][Defendant][Part 20 claimant]

Date

/ /

Your name and full postal address

Postcode

If applicable	
Telephone no.	
Fax no.	
DX no.	
Your ref.	

E-mail	

© Crown copyright 2013

11. Beispiel eines anwaltlichen Mandanteninformationsschreibens zu litigation & disclosure[1]

[NAME OF CLIENT]
[ADDRESS]
[DATE]

Dear [NAME OF CLIENT CONTACT]

Dispute with [NAME OF OPPONENT]: disclosure obligations and important instructions about [NAME OF CLIENT]'s documents

I refer to our discussion [yesterday] regarding [NAME OF CLIENT]'s dispute with [NAME OF OPPONENT]. I am writing to explain [NAME OF CLIENT]'s obligations to disclose documents to [NAME OF OPPONENT] [in these proceedings **OR** if proceedings are commenced]. This letter also sets out important instructions about [NAME OF CLIENT]'s documents.

Duty of disclosure

The disclosure obligation in each case will depend on a number of factors, including the procedural "track" to which the case is allocated (for example, fast track or multi-track) and whether electronic documents will have to be disclosed.

The court will usually make an order setting out the required scope of disclosure, at the first case management conference. However, document preservation obligations will arise even before the order is made.

For fast track claims and multi-track claims that include a claim for personal injuries, the usual order will be for what is known as standard disclosure. This requires each party to disclose to the opposing party the documents on which it relies, that adversely affect its case or another party's case, or that support another party's case. The court rules set out a procedure to be followed when giving standard disclosure. Under that procedure, the documents are usually disclosed by serving a list of documents on the opposing party. The underlying principle is that the court can only deal with the case justly if all of the relevant material is out in the open.

For multi-track claims (other than those including a claim for personal injuries), standard disclosure is not the default, but is still one option. The court will decide what is appropriate for the case from a menu of options. There is considerable flexibility. The court will make its order having in mind what is known as the "overriding objective" (which means dealing with cases justly and at proportionate cost) and the need to limit disclosure to what is necessary to deal justly with the case. There is no set procedure in the rules for giving anything other than standard disclosure. Instead, the judge will give directions on how disclosure is to be given. It is likely, in such cases, that aspects of the standard disclosure procedure, such as the requirement for lists of documents, will be adopted.

Parties are compelled to disclose to each other any damaging documents, as well as helpful ones. The disclosure process therefore helps parties to assess their realistic chances of success in the litigation; it is not unusual for disputes to settle either shortly before or shortly after disclosure.

---

[1] Solche Informationsschreiben *(client care letters)* verschicken *Solicitors* zu Beginn eines Mandats an den eigenen Mandanten.

The duty of disclosure is strict, and the courts take it very seriously. As [NAME OF CLIENT]'s solicitor, I am under a duty to inform you of your obligations, and ensure that you understand them. This letter contains a significant amount of important information. Therefore, I enclose a summary of "Disclosure dos and don'ts", to provide a checklist of the main points.

Disclosure in multi-track cases

In substantive disputes, such as [NAME OF CLIENT]'s dispute with [NAME OF OPPONENT], the court may make an order for something other than standard disclosure if the case is allocated to the multi-track. Possible orders that the court may make in these cases are:

- An order for a party to disclose the documents on which it relies and, at the same time, to request any specific disclosure it requires from any other party.
- An order that directs, where practicable, the disclosure to be given by each party on an issue-by-issue basis.
- An order for each party to disclose documents which, it is reasonable to suppose, may contain information that will enable that party to advance its own case or damage the case of any other party, or leads to an enquiry that has either of those consequences.
- Standard disclosure.
- An order dispensing with disclosure (although this is unlikely).
- Any other order that the court considers appropriate.

There is no set procedure in the rules where an order is made for something other than standard disclosure. Instead, the judge will give directions on how disclosure is to be given. It is likely, in such cases, that aspects of the standard disclosure procedure, such as the requirement for lists of documents, will be adopted.

In multi-track cases, there are more onerous requirements on the parties in their preparation for disclosure. Each party must file and serve a disclosure report, not less than 14 days before the first case management conference (CMC). This report must:

- Briefly describe matters such as the documents that exist that are (or may be) relevant to the matters in issue and where, and with whom, the documents are (or may be) located.
- Describe how any electronic documents are stored.
- Estimate the broad range of costs that could be involved in giving standard disclosure (and of giving the disclosure proposed, if that is something other than standard disclosure), including the costs of searching for and disclosing electronic documents).
- State which type of disclosure order will be sought.

We will need to carefully consider what might be the most appropriate approach to disclosure in this case, to ensure that what is proposed is proportionate. This is something we should discuss in detail once we have done some preliminary scoping to get a feel for issues such as the likely volume of documentation, and how many electronic documents will have to be disclosed.

Not less than seven days before the first CMC, the parties must discuss, and seek to agree, a proposal for the disclosure exercise. In most cases, the court will make the disclosure order at that CMC.

It is important to be aware that the time periods specified in the rules are deadlines. It is likely that work preparing the disclosure report, and discussions with the opposing party (or parties), will have to start significantly earlier.

I have set out below further information about the disclosure process in general. It assumes that an order for standard disclosure is made but most of the duties and requirements will apply whatever disclosure order is made in this case. I will discuss with you the disclosure options in more detail, and which type of disclosure order I consider should be sought [in the proceedings **OR** if proceedings are commenced], in due course. If a different type of disclosure order is made in this case, I will explain to you if there are any different procedural requirements.

Duty to disclose documents, including electronic data

[NAME OF CLIENT]'s duty is to disclose documents. "Document" has a very wide meaning under the court rules. It includes all media in which information of any description is recorded: for example, computer records and emails, as well as paper.

The definition of a document also extends to electronic material that is not easily accessible, such as electronic documents stored on servers and back-up systems, and electronic documents that have been deleted. It also includes information stored and associated with electronic documents, known as metadata.

Duty to disclose documents that are, or have been, in the party's control

[NAME OF CLIENT] will be obliged to disclose helpful or damaging documents that are, or have been, in its control. "Control" also has a specific meaning under the court rules. It is not limited to documents that [NAME OF CLIENT] has (or previously had) in its possession. It also includes documents that [NAME OF CLIENT] has (or had) the legal right to possess, inspect or copy (for example, documents held by [NAME OF CLIENT]'s third-party professional agents, such as other firms of solicitors, or accountants).

The reasonable search

A party's obligation is to conduct a **reasonable** search for documents that are, or have been, in its control. This means that [NAME OF CLIENT] is not obliged to carry out an exhaustive search for documents, sparing no expense and leaving no stone unturned.

What constitutes a reasonable search will depend on the facts of each case, but there are certain factors that the court will apply when assessing the reasonableness of a search. These include:

- Number of documents.
- Nature and complexity of the proceedings.
- Ease and expense of retrieval of any particular document.
- Significance of any document likely to be located during the search.

When considering the ease and expense of retrieval of electronic documents, specific points to consider include:

- Accessibility of electronic documents (including email communications) on computer systems, servers, back-up systems and other electronic devices or media.
- Location of relevant documents, data, computer systems, servers, back-up systems and other electronic devices or media that may contain such documents.
- Likelihood of locating relevant data.
- Cost of recovering, disclosing and providing inspection of any relevant electronic documents.
- Likelihood that electronic documents will be materially altered in the course of recovery, disclosure or inspection.

Another factor to consider in the context of electronic documents is the availability of documents, or contents of documents, from other sources.

Depending on the circumstances, it may be reasonable to search for electronic documents by means of agreed keyword searches.

When determining the extent of the search for documents that is required in each case, the underlying principle is proportionality. Disclosure can be the most costly aspect of any piece of litigation. The court will be looking to manage the disclosure exercise so as to facilitate a just outcome, but with an eye to balancing the sums in issue with the cost of litigating. We will discuss how these principles apply to the present case, and the extent of the search required, when we meet.

Dealing with electronic documents

Specific procedures apply for the disclosure of electronic documents (often referred to as e-disclosure).

The procedural rules include an optional Electronic Documents Questionnaire that highlights the information and issues we will need to consider. A copy of the questionnaire is enclosed for your information.

It is possible that we will need IT consultants to assist with the search for electronic documents, to ensure that no material is inadvertently destroyed or altered during the search process.

[As I mentioned when we spoke, given the technical considerations that apply to electronic documents, it would be helpful if [NAME OF CLIENT]'s IT manager could join us when we meet to discuss disclosure.]

We should have a better understanding of the potential scope of electronic disclosure, after our meeting. In the meantime, please advise everyone within [NAME OF CLIENT] with access to any electronic documents (including emails and Word files or documents) that might be connected with this case, not to access, alter or destroy them until we have had the opportunity to agree how the material should best be preserved for review.

The procedural rules expressly require me to notify you, as soon as litigation is contemplated, of the need to preserve disclosable documents, including electronic documents that would otherwise be deleted in accordance with a document retention policy or in the ordinary course of business. It is essential for you to consider whether any standard document retention policies need to be suspended. Failure to comply with this could lead to the court drawing adverse inferences: for example, if any disclosable documents are destroyed. Please contact me straight away if you have any queries about this, or if there are likely to be practical difficulties in implementing these instructions.

The practicalities of the disclosure exercise and preparing a list of documents

In multi-track claims that do not include a claim for personal injuries, the court may give directions on matters such as the required scope of searches for documents, whether lists of documents are required and in what format documents are to be disclosed.

If there is a large volume of electronic documents, we may need to consider whether external IT consultants should be appointed to assist with the e-disclosure process.

Once we have determined the necessary scope of the search for documents, the next step will be to conduct the search. Once the documents have been located, my team will review the materials and decide which documents must be disclosed.

If lists are to be exchanged, we will then draft a list of the documents that are required to be disclosed.

The documents are usually listed in a prescribed court form. I enclose a copy of this form for your information. There are alternative options available for listing electronic documents. We will consider those options in more detail, once we have established whether there is likely to be a significant volume of electronic documents to disclose.

The disclosed documents will be described in the list of documents in one of the three sections:

- Relevant documents that [NAME OF CLIENT] currently has, and which [NAME OF OPPONENT] may view or "inspect". These documents will be listed either individually or by category.
- Relevant documents that [NAME OF CLIENT] currently has, but which [NAME OF OPPONENT] may not inspect: for example, privileged documents (see below). By convention, these documents are described generally rather than being individually listed but recent case law suggests that the nature of the documents should be stated and the factual basis of the grounds giving rise to the claim for privilege should be set out.
- Relevant documents that [NAME OF CLIENT] has had, but no longer has. By convention, originals of documents that have been sent to third parties are described generally, but if there are documents likely to be relevant to the matter, that [NAME OF CLIENT] should have but does not have, these will need to be identified specifically.

Documents that [NAME OF OPPONENT] will not be allowed to inspect (although their existence must be disclosed)

The main categories of documents that are privileged are:

- Confidential communications passing between a party and its legal advisers, in which the party is seeking or obtaining legal advice. It applies to transactional advice as well as advice regarding contentious matters. These documents are subject to legal advice privilege.
- Certain confidential communications made when litigation is likely or has begun, passing between a party and its legal advisers, a party and third parties (for example, potential witnesses) and, in certain circumstances, the legal advisers and third parties, where the main purpose of the communication is to seek or obtain evidence for use in the litigation, or to provide advice on the litigation. These documents are subject to litigation privilege.
- Correspondence and other communications generated as part of a genuine attempt to settle an existing dispute. These documents are subject to "without prejudice" privilege.

Where documents are privileged, it is extremely important that you do not take any steps that might result in privilege being lost (or "waived"). This may occur if confidentiality in the material is lost. Therefore, please take care not to circulate any existing documents that might be relevant to the dispute either within or outside [NAME OF CLIENT] until we have discussed the position further.

Confidential documents

Unless [NAME OF CLIENT] has a right or duty to withhold inspection, it will not be able to prevent [NAME OF OPPONENT] from seeing any documents that are required to be disclosed just because they are confidential. However, the court rules prevent a party that has acquired documents on disclosure from using those documents outside the litigation in which they are disclosed, except in certain circumstances: for example, if the court's permission is obtained.

If there are any commercially sensitive relevant documents that you do not want [NAME OF OPPONENT] to see, we will need to consider whether and, if so, to what extent, we can ask the court to put in place some specific protective measures. Sometimes, for example, it is possible to obtain an order that an opponent's legal advisers (but not the opponent) may inspect those documents.

The disclosure statement

The list of documents must contain a disclosure statement that is signed by a senior representative of [NAME OF CLIENT]. This will usually be the person within [NAME OF CLIENT] who has co-ordinated or taken overall responsibility for the search for documents. [Please start to give some thought as to who the appropriate person will be in this case.]

The disclosure statement must set out the extent of the search that has been made to locate documents that are required to be disclosed, and provide specific information regarding the search for electronic documents and the specific media searched.

The person signing the disclosure statement must certify that they understand the duty of disclosure and, to the best of their knowledge, have carried out the duty. They must expressly state that they believe that the extent of the search was reasonable in all the circumstances. This is a serious matter. Signing a disclosure statement without an honest belief that it is true carries the risk of proceedings for contempt of court, and the penalty of imprisonment.

Important points to consider now

There are a number of important points to bear in mind before we meet to discuss [disclosure **OR** this matter] further.

Please ensure that, as far as possible, anyone in [NAME OF CLIENT|] who might be affected by these points is informed of the position as soon as possible.

The points are as follows:

- **Do not destroy documents.**

  Now that litigation is [contemplated **OR** in progress], please take steps to ensure that [NAME OF CLIENT] suspends any routine document destruction policies that it has in place.

The list of documents will need to state what has happened to any documents that have been lost or destroyed. A suggestion that potentially important documents may have been lost or destroyed after the proceedings began could be very damaging to [NAME OF CLIENT]'s case. As I stated above, the court rules expressly require me to notify you, as soon as litigation is contemplated, of the need to preserve disclosable documents, including electronic documents that would otherwise be deleted in accordance with a document retention policy or in the ordinary course of business. Failure to comply with this could lead to the court drawing adverse inferences.

Do not create documents (or annotate or amend existing documents).

It is very important that [NAME OF CLIENT] does not create any new documents that it might have to disclose to [NAME OF OPPONENT] that could damage [NAME OF CLIENT]'s case.
Some documents that are created may be protected by litigation privilege. However, you will need to monitor carefully any communications about the dispute by personnel within the [NAME OF CLIENT], whether internal or external. This includes communications between, or involving, those who are not witnesses or potential witnesses, or who are not involved in making decisions about the way in which the litigation should be conducted. It may be appropriate to inform your personnel not to communicate about the dispute at all, unless they are instructed to do so. In any event, you should inform your personnel to take particular care when using email.
You should also inform your personnel not to amend, or in any way annotate, existing documents. Documents containing any relevant annotations will be treated as separate documents and may need to be disclosed even if the original document was not disclosable. Informal annotations, in particular, can be prejudicial to the case of the party that is obliged to disclose them.

Do not ask any third party to send you documents.

There are certain documents that [NAME OF CLIENT] may not have in its possession, and may not have the legal right to possess, inspect or copy (for example, the working papers of [NAME OF CLIENT]'s third-party professional agents, such as other firms of solicitors, or accountants). Those third-party documents will not be disclosable, unless they come into [NAME OF CLIENT]'s possession.
It is therefore extremely important that neither you nor any of [NAME OF CLIENT]'s other personnel ask any third parties to send you (or me) documents that may relate to the dispute, until I have had the opportunity to assess the documents they propose to send.
It is likely, however, that most documents held by professional third parties on [NAME OF CLIENT]'s behalf are, on a proper analysis, within its control. If so, those documents will be disclosable if they assist or damage any party's case.

Ensure that you comply with relevant data protection legislation.

It will be important to ensure that you keep in mind the relevant data protection requirements. Data protection issues are something we can discuss further when we meet.

Costs

For the purposes of the disclosure report, it will be necessary to prepare an estimate of the broad range of costs that could be involved in giving standard disclosure (and whatever form of disclosure we propose for the case). As I have mentioned, if there is a significant volume of electronic documentation, we should consider the potential benefits of appointing external IT consultants to assist with the exercise. If we decide that is appropriate in this case, we will obtain separate quotes for their work. We will provide you with estimates once these are available.
In some cases, it will also be necessary to provide a detailed budget for the costs of the case as a whole (including the costs of the disclosure exercise). This will be prepared based on the order for disclosure that we decide to propose.

However, if the court ultimately makes a different type of disclosure order, the costs estimates are likely to vary. If that happens, we will provide you with revised estimates.

Next steps

If you would like further information on the disclosure process, or would like to discuss any of the points raised in this letter, please let me know.

Yours sincerely,

[Name of law office][2]

---

[2] In England ist es Tradition, dass nicht ein konkreter Anwalt mit seinem Namen unterschreibt, sondern dass mit dem Namen der Kanzlei gezeichnet wird.

12. Formular bei einfacher Dokumentenoffenlegung: Form 265

List of documents: standard disclosure

Notes

- The rules relating to standard disclosure are contained in Part 31 of the Civil Procedure Rules.
- Documents to be included under standard disclosure are contained in Rule 31.6
- A document has or will have been in your control if you have or have had possession, or a right of possession, of it **or** a right to inspect or take copies of it.

In the	
Claim No.	
Claimant (including ref)	
Defendant (including ref)	
Date	

Disclosure Statement

I, the above named

☐ Claimant ☐ Defendant

☐ Party (if party making disclosure is a company, firm or other organisation identify here who the person making the disclosure statement is and why he is the appropriate person to make it)

state that I have carried out a reasonable and proportionate search to locate all the documents which I am required to disclose under the order made by the court on (date of order)

☐ I did not search for documents:-

☐ pre-dating

☐ located elsewhere than

☐ in categories other than

☐ for electronic documents

☐ I carried out a search for electronic documents contained on or created by the following: (list what was searched and extent of search)

☐ I did not search for the following:-

☐ documents created before ☐

documents contained on or created by the ☐ Claimant ☐ Defendant

☐ PCs ☐ portable data storage media
☐ databases ☐ servers
☐ back-up tapes ☐ off-site storage
☐ mobile phones ☐ laptops
☐ notebooks ☐ handheld devices
☐ PDA devices

documents contained on or created by the ☐ Claimant ☐ Defendant

☐ mail files ☐ document files
☐ calendar files ☐ web-based applications
☐ spreadsheet files ☐ graphic and presentation files

documents other than by reference to the following keyword(s)/concepts
(delete if your search was not confined to specific keywords or concepts)

I certify that I understand the duty of disclosure and to the best of my knowledge I have carried out that duty. I further certify that the list of documents set out in or attached to this form, is a complete list of all documents which are or have been in my control and which I am obliged under the order to disclose.

I understand that I must inform the court and the other parties immediately if any further document required to be disclosed by Rule 31.6 comes into my control at any time before the conclusion of the case.

☐ I have not permitted inspection of documents within the category or class of documents (as set out below) required to be disclosed under Rule 31(6)(b)or (c) on the grounds that to do so would be disproportionate to the issues in the case.

Signed **Date**

(Claimant)(Defendant)('s litigation friend)

List and number here, in a convenient order, the documents (or bundles of documents if of the same nature, e.g. invoices) in your control, which you do not object to being inspected. Give a short description of each document or bundle so that it can be identified, and say if it is kept elsewhere i.e. with a bank or solicitor

I have control of the documents numbered and listed here. I do not object to you inspecting them/producing copies.

List and number here, as above, the documents in your control which you object to being inspected. (Rule 31.19)

I have control of the documents numbered and listed here, but I object to you inspecting them:

Say what your objections are

I object to you inspecting these documents because:

List and number here, the documents you once had in your control, but which you no longer have. For each document listed, say when it was last in your control and where it is now.

I have had the documents numbered and listed below, but they are no longer in my control.

13. Formular betreffend Offenlegung digitaler Dokumente/Dateien: Form 264

Electronic documents questionnaire

(Civil Procedure Rules Practice Direction 31B)

WARNING: Unless the court makes some other order, the answers given in this document may only be used for the purposes of the proceedings in which the document is produced unless it has been read to or by the court or referred to at a hearing which has been held in public or the Court gives permission or the party who has completed this questionnaire agrees.

Please read the notes at the end of this form before completing the questionnaire

Part 1 – Your disclosure

Extent of a reasonable search

Date range and custodians

1. What date range do you consider that your searches for Electronic Documents should cover ('the date range')?

2. Identify the custodians or creators of your Electronic Documents whose repositories of documents you consider should be searched.

Note - Include names of all those who may have or have had custody of disclosable documents, including secretaries, personal assistants, former employees and/or former participants. It may be helpful to identify different dates for particular custodians.

© Crown copyright 2010

Communication

3. Which forms of electronic communication were in use during the date range (so far as is relevant to these proceedings)?

Note – Column D - State the geographical location (if known). Consider (at least) servers, desktop PCs, laptops, notebooks, handheld devices, PDA devices, off-site storage, removable storage media (for example, CD-ROMs, DVDs, USB drives, memory sticks) and databases.

Note – (i) email - Consider all types of e-mail system (for example, Outlook, Lotus Notes, web-based accounts), whether stored on personal computers, portable devices or in web-based accounts (for example, Yahoo, Hotmail, Gmail).

Note – (ii) Other - For example, instant messaging, voicemail, VOIP (Voice Over Internet Protocol), recorded telephone lines, text messaging, audio files, video files.

A	B	C	D	E
Communication	In use during the date range? (Yes/No)	Are you searching for relevant documents in this category? (Yes/No)	Where and on what type of software/ equipment/media is this communication stored?	(a) Are back-ups or archives of this communication available; and (b) if so, are you searching the back-ups or archives?
i) E-mail				
ii) Other (provide details for each type)				

Electronic Documents

4. Apart from attachments to e-mails, which forms of Electronic Documents were created or stored by you during the date range?

Note – Column D - State the geographical location (if known). Consider (at least) servers, desktops and laptops.

Note – Electronic images - For example, .pdf, .tif, .jpg.

Note – Other - For example, PowerPoint or equivalent, specialist documents (such as CAD Drawings).

A	B	C	D	E
Document Type	In use during the date range? (Yes/No)	Are you searching for relevant documents in this category? (Yes/No)	Where and on what type of software/ equipment/media are these documents?	(a) Are back-ups or archives of these documents available, and (b) if so, are you searching the back-ups or archives?
i) Word (or equivalent - state which)				
ii) Excel (or equivalent -				

 © Crown copyright 2010

state which)				
iii) Electronic Images				
iv) Other (state which)				

Databases of Electronic Documents

5. In the following table identify database systems, including document management systems, used by you during the date range and which may contain disclosable Electronic Documents.

A	B	C	D	E
Name	Brief description	Nature of data held	Are you disclosing documents held in this database? (Yes/No)	Proposals for provision of relevant documents to or access by other parties to this litigation
1.				
2.				

Method of search

Key words

Note - Where Keyword Searches are used in order to identify irrelevant documents which are to be excluded from disclosure (for example a confidential name of a client or customer), a general description of the type of search may be given

6. Do you consider that Keyword Searches should be used as part of the process of determining which Electronic Documents you should disclose? ☐ Yes ☐ No

If Yes, please provide details of –

(1) the keywords used or to be used (by reference, if applicable, to individual custodians, creators, repositories, file types and/or date ranges); and

(2) the extent to which the Keyword Searches have been or will be supplemented by a review of individual documents.

 © Crown copyright 2010

Other types of automated searches

7. Do you consider that automated searches or automated techniques other than Keyword Searches (for example, concept searches or clustering) should be used as part of the process of determining which Electronic Documents you should disclose? ☐ Yes ☐ No

If Yes, please provide details of –

(1) the process(es) used or to be used (by reference, if applicable, to individual custodians, creators, repositories, file types and/or date ranges);

(2) the extent to which the processes have been or will be supplemented by a review of individual documents; and

(3) how the methodology of automated searches will be made available for consideration by other parties.

8. If the answer to Question 6 or 7 is 'Yes', state whether (a) attachments to e-mails (b) compressed files (c) embedded files and (d) imaged text will respond to your Keyword Searches or other automated search.

9. Are you using or intending to use computer software for other purposes in relation to disclosure? ☐ Yes ☐ No

If Yes, please provide details of the software, processes and methods to be used.

 © Crown copyright 2010

Potential problems with the extent of search and accessibility of Electronic Documents

Note - See Practice Direction 31B, which refers to the following matters which may be relevant: (a) the number of documents involved; (b) the nature and complexity of the proceedings; (c) the ease and expense of retrieval of any particular document; (d) the availability of documents or contents of documents from other sources; and (e) the significance of any document which is likely to be located during the search.

10. Do any of the sources and/or documents identified in this Electronic Documents Questionnaire raise questions about the reasonableness of the search which ought to be taken into account? ☐ Yes ☐ No

If Yes, please give details.

11. Are any documents which may be disclosable encrypted, password-protected or for other reasons difficult to access, or do you have any reason to believe that they may be? ☐ Yes ☐ No

If Yes, please state which of the categories identified at Questions 3, 4 and 5 above are affected, and your proposals for making them accessible.

Note - For example, back-ups, archives, off-site or outsourced document storage, documents created by former employees, documents stored in other jurisdictions, documents in foreign languages.

12. Are you aware of any other points in relation to disclosure of your Electronic Documents which require discussion between the parties? ☐ Yes ☐ No

If Yes, please give details.

Preservation of Electronic Documents

13. Do you have a document retention policy? ☐ Yes ☐ No

If Yes, please give details

 © Crown copyright 2010

14. Have you given an instruction to preserve Electronic Documents? ☐ Yes ☐ No

If Yes, when did you do so?

Inspection

15. Subject to re-consideration after receiving the responses of other parties to this Electronic Documents Questionnaire, (a) in what format and (b) on what media do you intend to provide to other parties copies of disclosed documents which are or will be available in electronic form?

16. Subject to re-consideration after receiving the responses of other parties to this Electronic Documents Questionnaire, do you intend to provide other parties with Disclosure Data electronically? ☐ Yes ☐ No

If Yes, in what format and on what media?

17. Insofar as you have available or will have available searchable OCR versions of Electronic Documents, do you intend to provide the searchable OCR version to other parties? ☐ Yes ☐ No

Note - There is no requirement that you should obtain OCR versions of documents, and this question is directed only to OCR versions which you have available or expect to have available to you. If you do provide OCR versions to another party, they will be provided by you on an 'as is' basis, with no assurance to the other party that the OCR versions are complete or accurate. You may wish to exclude provision of OCR versions of documents which have been redacted.

If No, why not?

© Crown copyright 2010

Part 2 - The disclosure of other parties

The extent and content of their search

18. Do you at this stage have any proposals about the date ranges which should be searched by other parties to the proceedings? ☐ Yes ☐ No

If Yes, please provide details.

19. Do you at this stage have any proposals about the custodians or creators whose repositories of documents should be searched for disclosable documents by other parties to the proceedings? ☐ Yes ☐ No

If Yes, please provide details.

Note - Include names of all those who may have or have had custody of disclosable documents, including secretaries, personal assistants, former employees and/or former participants. It may be helpful to identify different dates for particular custodians.

20. Do you consider that the other party(ies) should disclose all available Metadata attaching to any documents? ☐ Yes ☐ No

If Yes, please provide details of the documents or categories of documents.

Note - 'Metadata' is information about the document or file which is recorded in the computer, such as the date and time of creation or modification of a word-processing file, or the author and the date and time of sending of an e-mail. The question is directed to the more extensive Metadata which may be relevant where for example authenticity is disputed.

Proposals for the method to be adopted for their searches

21. Do you at this stage have any proposals about the Keyword Searches, or other automated searches, which should be applied by other parties to their document sets? ☐ Yes ☐ No

If Yes, please provide details.

© Crown copyright 2010

Inspection

22. Subject to re-consideration after receiving the responses of other parties to this Electronic Documents Questionnaire, (a) in what format and (b) on what media do you wish to receive copies of disclosed documents which are or will be available in electronic form?

23. Subject to re-consideration after receiving the responses of other parties to this Electronic Documents Questionnaire, do you wish to receive Disclosure Data electronically? ☐ Yes ☐ No

If Yes, in what format and on what media?

STATEMENT OF TRUTH

*[I believe] [The [claimant] [defendant] believes] that the facts stated in the answers to this Electronic Documents Questionnaire are true.

*I am duly authorised by the [claimant] [defendant] to sign this statement.

Full name	
Name of legal representative's firm	
Signed	
Position or office held *(if signing on behalf of firm or company)*	
Date	

**delete as appropriate*

© Crown copyright 2010

Guidance Notes:

1. Technical expressions as defined in Civil Procedure Rules, Practice Direction 31B are:

(a) **"Data sampling"** means the process of checking data by identifying and checking representative individual documents;

(b) **"Disclosure Data"** means data relating to disclosed documents, including for example the type of document, the date of the document, the names of the author or sender and the recipient, and the party disclosing the document;

(c) **"Electronic Document"** means any document held in electronic form. It includes, for example, e-mail and other electronic communications such as text messages and voicemail, word-processed documents and databases, and documents stored on portable devices such as memory sticks and mobile phones. In addition to documents that are readily accessible from computer systems and other electronic devices and media, it includes documents that are stored on servers and back-up systems and documents that have been deleted. It also includes Metadata and other embedded data which is not typically visible on screen or a print out;

(d) **"Electronic Image"** means an electronic representation of a paper document;

(e) **"Electronic Documents Questionnaire"** means the questionnaire in the Schedule to this Practice Direction;

(f) **"Keyword Search"** means a software-aided search for words across the text of an Electronic Document;

(g) **"Metadata"** is data about data. In the case of an Electronic Document, Metadata is typically embedded information about the document which is not readily accessible once the Native Electronic Document has been converted into an Electronic Image or paper document. It may include (for example) the date and time of creation or modification of a word-processing file, or the author and the date and time of sending an e-mail. Metadata may be created automatically by a computer system or manually by a user;

(h) **"Native Electronic Document"** or **"Native Format"** means an Electronic Document stored in the original form in which it was created by a computer software program; and

(i) **"Optical Character Recognition (OCR)"** means the computer-facilitated recognition of printed or written text characters in an Electronic Image in which the text-based contents cannot be searched electronically.

2. The questions in the Electronic Documents Questionnaire are not intended to give rise to any implication about how disclosure should or should not be carried out. They are intended only to provide information to other parties and to the court.

3. Further facts and matters may come to parties' attention over the course of the proceedings which affect the answers to the Electronic Documents Questionnaire. Where detailed information is not yet available at the time the Electronic Documents Questionnaire is first answered, parties should give such information as they can, and supplement or amend their answers when further information is available. Answers should be updated by notifying other parties and the court without undue delay, and in any event before each case management conference at which disclosure is likely to be considered.

4. Some of the questions in the Electronic Documents Questionnaire require only a brief answer which may need to be elaborated after Electronic Documents Questionnaires have been exchanged. The purpose of such questions is to assist the parties in identifying the points which may require elaboration in order for meaningful discussions to take place between them.

5. Questions which refer to sources of Electronic Documents that are not considered to be relevant may be answered with a statement to that effect.

 © Crown copyright 2010

6. Questions about 'your' documents and about software, hardware or systems used by 'you' are directed, in the case of solicitors, to the solicitor's lay client's documents or to documents prepared on the lay client's behalf.

© Crown copyright 2010

14. Fragebogen zur Vorbereitung der mündlichen Verhandlung: Form N170

HM Courts & Tribunals Service

Name of court

Claim number

N170

Pre-trial checklist

Listing questionnaire

Last date for filing with court office

Day	Month	Year

Date(s) fixed for trial or trial period

To be completed by, or on behalf of

Who is the

☐ Legal representative for the

☐ First	☐ Claimant
☐ Second	☐ Defendant
☐ Third	☐ Party
☐	

in this claim.

This form must be **completed** and **returned** to the court no later than the date given above. If not, your statement of case may be struck out or some other sanction imposed.

If the claim has settled, or settles before the trial date, you must let the court know immediately.

Legal representatives only:
If no costs management order has been made. You must **attach** estimates of costs incurred to date, and of your likely overall costs. In substantial cases, these should be provided in compliance with CPR.

For multi-track claims only, you must also attach a proposed timetable for the trial itself.

Find out how HM Courts and Tribunals Service uses personal information you give them when you fill in a form: https://www.gov.uk/government/organisations/hm-courts-and-tribunals-service/about/personal-information-charter

©Crown copyright 2023

1. Confirmation of compliance with directions

1.1 I confirm that I have complied with those directions already given which require action by me.

☐ Yes

☐ No. Tell us which directions you have still to comply with and the date by which this will be done.

Directions	Date

1.2 I believe that additional directions are necessary before the trial takes place.

☐ Yes. You should attach an application and a draft order.

☐ No

Note 1.2: Include in your application all directions needed to enable the claim **to be tried on the date, or within the trial period, already fixed**. These should include any issues relating to experts and their evidence, and any orders needed in respect of directions still requiring action by any other party.

1.3 Have you agreed the additional directions you are seeking with the other party(ies)?

☐ Yes

☐ No

2. Witnesses

2.1 How many witnesses (including yourself) will be giving evidence on your behalf at the trial? (Do not include experts – see Section 3)

2.2 If the trial date is not yet fixed, are there any days within the trial period you or your witnesses would wish to avoid if possible? (Do not include experts – see Section 3)

Please give details

Name of witness	Dates to be avoided, if possible	Reason

2.3 Do you or any of your witnesses require any special facilities or arrangements at court, such as a witness with a disability?

☐ Yes. My witnesses require the following:

☐ No

2.4 Will you be providing an interpreter for any of your witnesses?

☐ Yes

☐ No

3. Experts

You may not use an expert's report or have your expert give oral evidence unless the court has given permission. If you do not have permission, you must make an application (see section A2 above)

3.1 Please give the information requested for your expert(s)

Name	Field of expertise	Joint expert?	Is report agreed?	Has permission been given for oral evidence?
		☐ Yes ☐ No	☐ Yes ☐ No	☐ Yes ☐ No
		☐ Yes ☐ No	☐ Yes ☐ No	☐ Yes ☐ No
		☐ Yes ☐ No	☐ Yes ☐ No	☐ Yes ☐ No

3.2 Has there been discussion between experts?

☐ Yes

☐ No

3.3 Have the experts signed a joint statement?

☐ Yes

☐ No

3.4 If your expert is giving oral evidence and the trial date is not yet fixed, is there any day within the trial period which the expert would wish to avoid, if possible?

☐ Yes. Give details in the table below.

☐ No

Name	Dates to be avoided, if possible	Reason

4. Legal representation

4.1 Who will be presenting your case at the trial?

☐ You

☐ Solictor

☐ Counsel

4.2 If the trial date is not yet fixed, is there any day within the trial period that the person presenting your case would wish to avoid, if possible?

☐ Yes. I would like to avoid the following dates

Name	Dates to be avoided, if possible	Reason

☐ No

2.3 Do you or any of your witnesses require any special facilities or arrangements at court, such as a witness with a disability?

☐ Yes. My witnesses require the following:

☐ No

2.4 Will you be providing an interpreter for any of your witnesses?

☐ Yes

☐ No

3. Experts

You may not use an expert's report or have your expert give oral evidence unless the court has given permission. If you do not have permission, you must make an application (see section A2 above)

3.1 Please give the information requested for your expert(s)

Name	Field of expertise	Joint expert?	Is report agreed?	Has permission been given for oral evidence?
		☐ Yes ☐ No	☐ Yes ☐ No	☐ Yes ☐ No
		☐ Yes ☐ No	☐ Yes ☐ No	☐ Yes ☐ No
		☐ Yes ☐ No	☐ Yes ☐ No	☐ Yes ☐ No

3.2 Has there been discussion between experts?

☐ Yes

☐ No

3.3 Have the experts signed a joint statement?

☐ Yes

☐ No

3.4 If your expert is giving oral evidence and the trial date is not yet fixed, is there any day within the trial period which the expert would wish to avoid, if possible?

☐ Yes. Give details in the table below.

☐ No

Name	Dates to be avoided, if possible	Reason

4. Legal representation

4.1 Who will be presenting your case at the trial?

☐ You

☐ Solictor

☐ Counsel

4.2 If the trial date is not yet fixed, is there any day within the trial period that the person presenting your case would wish to avoid, if possible?

☐ Yes. I would like to avoid the following dates

Name	Dates to be avoided, if possible	Reason

☐ No

5. The trial

5.1 Has the estimate of the time needed for trial changed?

☐ Yes. I estimate the whole trial will take, including both parties' cross-examination and closing arguments

days hours

☐ No

5.2 If different from original estimate have you agreed with the other party(ies) that this is now the total time needed?

☐ Yes

☐ No

5.3 Is the timetable for trial you have attached agreed with the other party(ies)?

☐ Yes

☐ No

6. Fast track and Intermediate track cases only

The court will normally give you 3 weeks notice of the date fixed for a fast and intermediate track trial unless, in exceptional circumstances, the court directs that shorter notice will be given.

6.1 Would you be prepared to accept shorter notice of the date fixed for trial?

☐ Yes

☐ No

7. Vulnerability

7.1 Do you believe you, or a witness who will give evidence on your behalf, are vulnerable in any way which the court needs to consider?

☐ Yes. Explain in what way you or the witness are vulnerable and what steps, support or adjustments you wish the court and the judge to consider.

☐ No

8. Document checklist

8.1 I attach to this questionnaire

☐ An application and fee for additional directions

☐ A proposed timetable for trial

☐ A draft order

9.

Signature

☐ Legal representative for the

☐ First ☐ Claimant
☐ Second ☐ Defendant
☐ Third ☐ Party
☐

Date

Day Month Year

Your name

Postal address

First line of address

Second line of address

Town or city

County (optional)

Postcode

If applicable

Phone number

DX number

Your reference

Email

15. Anforderungen an schriftl. Zeugenaussagen: PD 32 (Auszug)

WITNESS STATEMENTS

Heading

17.1 The witness statement should be headed with the title of the proceedings (see paragraph 4 of Practice Direction 7A and paragraph 5 of Practice Direction 20); where the proceedings are between several parties with the same status it is sufficient to identify the parties as follows:

	Number:
A. B. (and others)	Claimants/Applicants
C. D. (and others)	Defendants/Respondents
	(as appropriate)

17.2 At the top right hand corner of the first page there should be clearly written:

(1) the party on whose behalf it is made,
(2) the initials and surname of the witness,
(3) the number of the statement in relation to that witness,
(4) the identifying initials and number of each exhibit referred to,
(5) the date the statement was made; and
(6) the date of any translation.

Body of witness statement

18.1 The witness statement must, if practicable, be in the intended witness's own words and must in any event be drafted in their own language, the statement should be expressed in the first person and should also state:

(1) the full name of the witness,
(2) his place of residence or, if he is making the statement in his professional, business or other occupational capacity, the address at which he works, the position he holds and the name of his firm or employer,
(3) his occupation, or if he has none, his description,
(4) the fact that he is a party to the proceedings or is the employee of such a party if it be the case; and
(5) the process by which it has been prepared, for example, face-to-face, over the telephone, and/or through an interpreter.

18.2 A witness statement must indicate:
(1) which of the statements in it are made from the witness's own knowledge and which are matters of information or belief, and
(2) the source for any matters of information or belief.

18.3 An exhibit used in conjunction with a witness statement should be verified and identified by the witness and remain separate from the witness statement.

18.4 Where a witness refers to an exhibit or exhibits, he should state 'I refer to the (description of exhibit) marked'…".

18.5 The provisions of paragraphs 11.3 to 15.4 (exhibits) apply similarly to witness statements as they do to affidavits.

18.6 Where a witness makes more than one witness statement to which there are exhibits, in the same proceedings, the numbering of the exhibits should run consecutively throughout and not start again with each witness statement.

Format of witness statement

19.1 A witness statement should:

(1) be produced on durable quality A4 paper with a 3.5cm margin,
(2) be fully legible and should normally be typed on one side of the paper only,
(3) where possible, be bound securely in a manner which would not hamper filing, or otherwise each page should be endorsed with the case number and should bear the initials of the witness,
(4) have the pages numbered consecutively as a separate statement (or as one of several statements contained in a file),
(5) be divided into numbered paragraphs,
(6) have all numbers, including dates, expressed in figures,
(7) give the reference to any document or documents mentioned either in the margin or in bold text in the body of the statement ; and
(8) be drafted in the witness's own language.

19.2 It is usually convenient for a witness statement to follow the chronological sequence of the events or matters dealt with, each paragraph of a witness statement should as far as possible be confined to a distinct portion of the subject.

Statement of Truth

20.1 A witness statement is the equivalent of the oral evidence which that witness would, if called, give in evidence; it must include a statement by the intended witness in their own language that they believe the facts in it are true13.

20.2 To verify a witness statement the statement of truth is as follows:

> 'I believe that the facts stated in this witness statement are true. I understand that proceedings for contempt of court may be brought against anyone who makes, or causes to be made, a false statement in a document verified by a statement of truth without an honest belief in its truth.'

20.3 Attention is drawn to rule 32.14 which sets out the consequences of verifying a witness statement containing a false statement without an honest belief in its truth.

> (Rule 22.1(9) sets out the procedure to be followed where the person who should sign a document which is verified by a statement of truth is unable to read or sign the document other than by reason of language alone.)

21 Omitted

Alterations to witness statements

22.1 Any alteration to a witness statement must be initialled by the person making the statement or by the authorised person where appropriate (see paragraph 21).

22.2 A witness statement which contains an alteration that has not been initialled may be used in evidence only with the permission of the court.

Filing of witness statements

23.1 If the court directs that a witness statement is to be filed14, it must be filed in the court or Division, or Office or Registry of the court or Division where the action in which it was or is to be used, is proceeding or will proceed.

23.2 Where a witness statement is in a foreign language—

(a) the party wishing to rely on it must—
  (i) have it translated; and
  (ii) file the foreign language witness statement with the court; and
(b) the translator must sign the original statement and must certify that the translation is accurate.

Certificate of court officer

24.1 Where the court has ordered that a witness statement is not to be open to inspection by the public[15] or that words or passages in the statement are not to be open to inspection[16] the court officer will so certify on the statement and make any deletions directed by the court under rule 32.13(4).

Defects in affidavits, witness statements and exhibits

25.1 Where:

(1) an affidavit,
(2) a witness statement, or
(3) an exhibit to either an affidavit or a witness statement,

does not comply with Part 32 or this practice direction in relation to its form, the court may refuse to admit it as evidence and may refuse to allow the costs arising from its preparation.

25.2 Permission to file a defective affidavit or witness statement or to use a defective exhibit may be obtained from a judge[17] in the court where the case is proceeding.

16. Anforderungen an Zeugenaussagen in Wirtschaftsprozessen: PD 57AC

1. General

1.1 This Practice Direction is made under rule 57A.3. It concerns witness statements for use at trials in the Business and Property Courts and applies to new and existing proceedings, but only to trial witness statements signed on or after 6 April 2021. For the avoidance of doubt, nothing in this Practice Direction affects —

(1) affidavit evidence,
(2) evidence in a witness statement other than a trial witness statement, or
(3) the general powers of the court under rule 32.1, to control, exclude or limit factual witness evidence.

(Rule 32.6 provides for evidence in proceedings other than at trial; rule 32.15 provides where evidence may or must be given in the form of an affidavit.)

1.2 In this Practice Direction (including the Appendix) –

"relevant court guide" means any of the court guides referred to by paragraph 1.7 of Practice Direction 57AA that is applicable to the proceedings,

"relevant legal representative" means, in relation to a trial witness statement, a legal representative authorised to conduct litigation who has had responsibility for ensuring that the purpose and proper content of trial witness statements and proper practice in relation to their preparation have been explained to and understood by the witness (and "legal representative" has the meaning given in rule 2.3),

"trial" means a final trial hearing, whether of all issues or of only one or some particular issues, in proceedings (except as provided in paragraph 1.3 below) in any of the Business and Property Courts under CPR Part 7 or Part 8 or upon an unfair prejudice petition under section 994 of the Companies Act 2006 or a contributory's just and equitable winding up petition under section 122(1)(g) of the Insolvency Act 1986,

"trial witness statement" means a witness statement that is served pursuant to an order made under rule 32.4(2), or pursuant to rule 8.5 or an order made under rule 8.6(1)(b), or that is prepared for the trial of an unfair prejudice petition or a contributory's just and equitable winding up petition, including supplemental or reply witness statements where allowed by the court, and

"relevant party" means the party by or on behalf of whom the witness statement is served (and for the avoidance of doubt includes a party who is also a witness, as regards their own trial witness statement).

(Rule 32.4(2) requires the court to order service of witness statements for use at trials; rules 8.5 and 8.6 provide for the service and use of written witness evidence in proceedings under Part 8.)

1.3 This Practice Direction does not apply to the following proceedings, unless the court at any stage directs that it is to apply:

(1) an application under Part VII of the Financial Service and Markets Act 2000 for an order sanctioning an insurance business transfer scheme, a banking business transfer scheme, a reclaim fund business transfer scheme or a ring-fencing transfer scheme;
(2) an application under Part XXV of the Financial Services and Markets Act 2000 for an injunction or restitution in connection with contravention of relevant requirements, as defined in that Act;
(3) an application for an order under the Insolvency Act 1986 (other than a contributory's just and equitable winding up petition under s.122(1)(g) of that Act), under the Insolvency (England and Wales) Rules 2016, under any enactment or statutory instrument providing for a special insolvency or administration regime, and under Schedule 2 to The Cross-Border Insolvency Regulations 2006;

(4) a claim made under the Companies Act 2006 listed in Part II of Practice Direction 49A of the Civil Procedure Rules (whether in relation to limited companies or limited liability partnerships), an application for an order under Part 26A of that Act, a claim to restore a company to the register under section 1029 of that Act and a claim under Council Regulation (EC) No 2157/2001 listed in Part III of Practice Direction 49A;
(5) an application under Part II of The Companies (Cross-Border Mergers) Regulations 2007;
(6) proceedings falling within CPR Part 57, which applies to probate claims, claims for the rectification of wills, claims to substitute or remove a personal representative, and claims under the Inheritance (Provision for Family Dependants) Act 1975, the Presumption of Death Act 2013 and the Guardianship (Missing Persons) Act 2017;
(7) proceedings in the Intellectual Property Enterprise Court falling within Section V of Practice Direction 63;
(8) proceedings under CPR Part 64, which applies to certain claims relating to the administration of estates of deceased persons or trusts (Section I of Part 64), and to charity proceedings (Section II of Part 64);
(9) proceedings in the Technology and Construction Court relating to adjudication awards under Section 9 of the TCC Guide.

1.4 If a rule or other Practice Direction requires some matter to be stated in a witness statement that will be a trial witness statement, that requirement still applies

1.5 In the event of inconsistency between this Practice Direction and any other Practice Direction the provisions of this Practice Direction shall prevail.

2. The purpose of a trial witness statement

2.1 The purpose of a trial witness statement is to set out in writing the evidence in chief that a witness of fact would give if they were allowed to give oral evidence at trial without having provided the statement.

(Rule 32.2(1)(a) provides that in general any fact which needs to be proved at trial by the evidence of witnesses is to be proved by their oral evidence given in public, and rule 32.4(1) defines a witness statement as a signed statement containing the evidence the witness would be allowed to give orally.)

2.2 Trial witness statements are important in informing the parties and the court of the evidence a party intends to rely on at trial. Their use promotes the overriding objective by helping the court to deal with cases justly, efficiently and at proportionate cost, including by helping to put parties on an equal footing, saving time at trial and promoting settlement in advance of trial.

(The overriding objective is defined in rule 1.1.)

3. The content of witness statements

3.1 A trial witness statement must contain only –

(1) evidence as to matters of fact that need to be proved at trial by the evidence of witnesses in relation to one or more of the issues of fact to be decided at trial, and
(2) the evidence as to such matters that the witness would be asked by the relevant party to give, and the witness would be allowed to give, in evidence in chief if they were called to give oral evidence at trial and rule 32.5(2) did not apply.

(Rule 32.5(2) provides that where a witness is called to give oral evidence at trial, their witness statement shall stand as their evidence in chief unless the court orders otherwise.)

3.2 A trial witness statement must set out only matters of fact of which the witness has personal knowledge that are relevant to the case, and must identify by list what documents, if any, the witness has referred to or been referred to for the purpose of providing the evidence set out in their trial witness statement. The requirement to identify documents the witness has referred to or been referred to does not affect any privilege that may exist in relation to any of those documents.

3.3 A trial witness statement must comply with paragraphs 18.1 and 18.2 of Practice Direction 32, and for that purpose a witness's own language includes any language in which the witness is sufficiently fluent to give oral evidence (including under cross-examination) if required, and is not limited to a witness's first or native language.

(Paragraph 18.1 of Practice Direction 32 requires a trial witness statement to be in the witness's own words, if practicable, and to be drafted in the witness's own language and in the first person; paragraphs 18.1(1) to (5) and 18.2 set out further requirements; paragraph 23 of Practice Direction 32 provides that a party who relies on a witness statement in a foreign language must also file a translation.)

3.4 Trial witness statements should be prepared in accordance with –

(1) the Statement of Best Practice contained in the Appendix to this Practice Direction, and
(2) any relevant court guide, for which purpose, in the event of any inconsistency, the Statement of Best Practice takes precedence over any court guide.

4. Confirmation of compliance

4.1 A trial witness statement must be verified by a statement of truth as required by rule 22.1(b) and paragraph 20.2 of Practice Direction 32 and, unless the court otherwise orders, must also include the following confirmation, signed by the witness:

"I understand that the purpose of this witness statement is to set out matters of fact of which I have personal knowledge.

I understand that it is not my function to argue the case, either generally or on particular points, or to take the court through the documents in the case.

This witness statement sets out only my personal knowledge and recollection, in my own words.

On points that I understand to be important in the case, I have stated honestly (a) how well I recall matters and (b) whether my memory has been refreshed by considering documents, if so how and when.

I have not been asked or encouraged by anyone to include in this statement anything that is not my own account, to the best of my ability and recollection, of events I witnessed or matters of which I have personal knowledge."

4.2 Any application for permission to vary or depart from the requirement to include the statement set out in paragraph 4.1 above may be made, and generally should be made, without notice, for determination without a hearing.

4.3 A trial witness statement must be endorsed with a certificate of compliance in the following form, signed by the relevant legal representative, unless the statement is signed when the relevant party is a litigant in person or the court orders otherwise:

"I hereby certify that:

1. I am the relevant legal representative within the meaning of Practice Direction 57AC.
2. I am satisfied that the purpose and proper content of trial witness statements, and proper practice in relation to their preparation, including the witness confirmation required by paragraph 4.1 of Practice Direction 57AC, have been discussed with and explained to [name of witness].
3. I believe this trial witness statement complies with Practice Direction 57AC and paragraphs 18.1 and 18.2 of Practice Direction 32, and that it has been prepared in accordance with the Statement of Best Practice contained in the Appendix to Practice Direction 57AC.

Name: ....
Position: ....
Date: ...."

4.4 Any application to dispense with the certificate of compliance referred to in paragraph 4.3 above, or for permission to vary or depart from the form for it there set out, may be made, and generally should be made, without notice, for determination without a hearing.

5. Sanctions

5.1 The court retains its full powers of case management and the full range of sanctions available to it and nothing in paragraph 5.2 or paragraph 5.3 below confines either.

5.2 If a party fails to comply with any part of this Practice Direction, the court may, upon application by any other party or of its own motion, do one or more of the following –

(1) refuse to give or withdraw permission to rely on, or strike out, part or all of a trial witness statement,
(2) order that a trial witness statement be re-drafted in accordance with this Practice Direction or as may be directed by the court,
(3) make an adverse costs order against the non-complying party,
(4) order a witness to give some or all of their evidence in chief orally.

5.3 The court may, upon application by any other party or of its own motion, strike out a trial witness statement not endorsed with a certificate of compliance pursuant to paragraph 4.3 above if there is reason to consider that the relevant party was acting in person when it was signed in order to avoid the application of paragraph 4.3 above to the statement.

Appendix to Practice Direction 57AC

(Statement of Best Practice in relation to Trial Witness Statements)

1. Introduction

1.1 This Appendix contains the Statement of Best Practice referred to in paragraph 3.4(1) of Practice Direction 57AC that should be followed in relation to trial witness statements as defined in paragraph 1.2 of that Practice Direction. For the avoidance of doubt, nothing in this Appendix removes or limits any privilege that would otherwise attach to documents generated by or for the purpose of obtaining evidence for use in litigation.

1.2 In this Appendix –
a "leading question" means a question that expressly or by implication suggests a desired answer or puts words into the mouth, or information into the mind, of a witness.

1.3 Witnesses of fact and those assisting them to provide a trial witness statement should understand that when assessing witness evidence the approach of the court is that human memory:

(1) is not a simple mental record of a witnessed event that is fixed at the time of the experience and fades over time, but
(2) is a fluid and malleable state of perception concerning an individual's past experiences, and therefore
(3) is vulnerable to being altered by a range of influences, such that the individual may or may not be conscious of the alteration.

2. Principles

2.1 The content of any trial witness statement should be limited to the evidence in chief the relevant party and its legal representatives (if the party is represented) believe the witness would give if

(1) rule 32.5(2) did not apply (so the witness statement would not stand as the evidence in chief of the witness), and
(2) the principles set out in paragraphs 2.2 to 2.6 were followed.

2.2 In trials in the Business and Property Courts, often many matters of fact do not require witness evidence, either because they are common ground or because witness testimony adds nothing of substance to the disclosed documents. The fact that there is or may be an issue concerning what the disclosed documents mean or show does not, without more, mean that witness evidence is required.

2.3 Factual witnesses give evidence at trials to provide the court with testimony as to matters of which they have personal knowledge, including their recollection of matters they witnessed personally, where such testimony is relevant to issues of fact to be determined at trial, and:

(1) a matter will have been witnessed personally by a witness only if it was experienced by one of their primary senses (sight, hearing, smell, touch or taste), or if it was a matter internal to their mind (for example, what they thought about something at some time in the past or why they took some past decision or action),
(2) for the avoidance of doubt, factual witness testimony may include evidence of things said to a witness, since the witness can testify to the statement made to them, if (a) the fact that the statement was made to the witness is itself relevant to an issue to be determined at trial or (b) the truth of what was said to the witness is relevant to such an issue and the statement made to the witness is to be relied on as hearsay evidence.

2.4 The duty of factual witnesses is to give the court an honest account of matters known personally to them (including, if relevant to the issues in the case, what they recall as to matters witnessed personally by them or what they would or would not have done or thought if the facts, or their understanding of them, had been different). It is improper to put pressure of any kind on a witness to give anything other than their own account, to the best of their ability and recollection, of the matters about which the witness is asked to give evidence.

2.5 The evidence in chief of a factual witness, if not given by witness statement, must be given to the court without the use of leading questions (except where their use has been permitted by the court).

2.6 During evidence in chief given otherwise than by witness statement, the witness's memory may be refreshed by being shown a document, but only if the witness created or saw the document while the facts evidenced by or referred to in the document were still fresh in their mind, so that they would have known if they were accurate or inaccurate.

3. Practice

General

3.1 Paragraphs 3.2 to 3.8 below apply to all trial witness statements. Paragraphs 3.9 to 3.13 below do not apply to a trial witness statement where the relevant party (as defined in paragraph 1.2 of Practice Direction 57AC) is a litigant in person when the statement is prepared and signed. Paragraphs 3.14 to 3.16 below apply only to a trial witness statement where the relevant party is a litigant in person when the statement is prepared and signed.

3.2 Any trial witness statement should be prepared in such a way as to avoid so far as possible any practice that might alter or influence the recollection of the witness other than by refreshment of memory as described in paragraph 2.6 above.

3.3 Trial witness statements should be as concise as possible without omitting anything of significance.

3.4 A trial witness statement should refer to documents, if at all, only where necessary. It will generally not be necessary for a trial witness statement to refer to documents beyond providing a list to comply with paragraph 3.2 of Practice Direction 57AC, unless paragraph 3.7 below applies or the witness's evidence is required to:

(1) prove or disprove the content, date or authenticity of the document;
(2) explain that the witness understood a document, or particular words or phrases, in a certain way when sending, receiving or otherwise encountering a document in the past; or
(3) confirm that the witness saw or did not see the document at the relevant time;

but in the case of (1) to (3) above if (and only if) such evidence is relevant. Particular caution should be exercised before or when showing a witness any document they did not create or see while the facts evidenced by or referred to in the document were fresh in their mind. Where a trial witness statement does refer to a document, it should not exhibit the document but should give a reference enabling it to be identified by the parties, unless it is a document being produced or disclosed by the witness that has not been disclosed in the proceedings.

3.5 The document list to comply with paragraph 3.2 of Practice Direction 57AC should identify or describe the documents in such a way that they may be located easily at trial. Documents disclosed in the proceedings may be listed by disclosure reference. Privileged documents may be identified by category or general description.

3.6 Trial witness statements should not –

(1) quote at any length from any document to which reference is made,
(2) seek to argue the case, either generally or on particular points,
(3) take the court through the documents in the case or set out a narrative derived from the documents, those being matters for argument, or
(4) include commentary on other evidence in the case (either documents or the evidence of other witnesses), that is to say set out matters of belief, opinion or argument about the meaning, effect, relevance or significance of that other evidence (save as set out at paragraph 3.4 above).

3.7 On important disputed matters of fact, a trial witness statement should, if practicable –

(1) state in the witness's own words how well they recall the matters addressed,
(2) state whether, and if so how and when, the witness's recollection in relation to those matters has been refreshed by reference to documents, identifying those documents.

3.8 The preparation of a trial witness statement should involve as few drafts as practicable. Any process of repeatedly revisiting a draft statement may corrupt rather than improve recollection.

Represented Parties

3.9 Any witness providing a trial witness statement should have explained to them, by the legal representatives of the relevant party, the purpose and proper content of such a statement and proper practice in relation to its preparation, before they are asked to prepare or consider any draft statement and, wherever practicable, before any evidence is obtained from them (by interview or otherwise). This should include ensuring that the witness has read, or reading to them, the witness confirmation required by paragraph 4.1 of Practice Direction 57AC.

3.10 Wherever practicable –

(1) a trial witness statement should be based upon a record or notes made by the relevant party's legal representatives of evidence they obtained from the witness,
(2) any such record or notes should be made from, and if possible during, an interview or interviews (using any convenient format, for example face to face meeting, video or telephone call or conference, webchat or instant messaging),

If a trial witness statement is based upon evidence obtained from the witness by other means (for example by written answers to a questionnaire or the exchange of emails or other forms of correspondence, or by the witness preparing their own draft statement), the guidance set out in this Appendix should still be followed, so far as possible and modified as necessary.

3.11 An interview to obtain evidence from a witness –

(1) should avoid leading questions where practicable, and should not use leading questions in relation to important contentious matters,
(2) should use open questions as much as possible, generally limiting closed questions to requests for clarification of or additional detail about prior answers, and
(3) should be recorded as fully and accurately as possible, by contemporaneous note or other durable record, dated and retained by the legal representatives.

3.12 If a trial witness statement is not based upon evidence obtained by means of an interview or interviews, that should be stated at the beginning of the statement and the process used instead should be described (to the extent possible without waiver of privilege).

(Paragraph 18.1(5) of Practice Direction 32 provides that any trial witness statement should state the process by which it has been prepared.)

3.13 The legal representatives of the relevant party should assist the witness as to the structure, layout and scope of the statement and may take primary responsibility for drafting it, but in that case the content should be taken from, and should not go beyond, the content of the record or notes referred to in paragraph 3.10(1) above where such a record or such notes exists or exist. If the legal representatives wish to indicate in a draft for a trial witness statement that further evidence is sought from the witness to clarify or complete the statement, that should be done by non-leading questions for the witness to answer in their own words and not by proposing content for approval, amendment or rejection by the witness.

Litigants in Person

3.14 Any witness providing a trial witness statement should read and understand the statement set out in paragraph 4.1 of Practice Direction 57AC, before any draft for the trial witness statement is prepared. That applies to a litigant in person in relation to their own trial witness statement, if there is one, as well as to other witnesses providing statements.

3.15 A litigant in person should understand that any trial witness statement must set out only what the witness providing the statement says are known personally to them or says they remember about matters witnessed personally by them. That applies to the litigant in person's own trial witness statement, if there is one, as well as to any witness statements provided by other witnesses. Witness statements must not be used to argue the litigant's case.

3.16 A trial witness statement may be prepared by reference to answers provided by the witness to questions posed by the relevant party. Where that is done, (1) leading questions should be avoided where possible, especially on important points, and (2) a full record should be kept by the relevant party of the questions posed and the answers provided, whatever form the trial witness statement takes. The content of any trial witness statement should be in the witness's own words so far as practicable and no one should suggest to any witness what factual account they should or might wish to give (or not give) in a statement.